U0529473

投资者关注对股票定价的影响研究

Research on the Impact of Investor Attention on Stock Pricing

向 诚 著

中国社会科学出版社

图书在版编目(CIP)数据

投资者关注对股票定价的影响研究/向诚著. —北京：中国社会科学出版社，2021.9
ISBN 978-7-5203-9104-7

Ⅰ.①投… Ⅱ.①向… Ⅲ.①投资者—影响—股票价格—研究 Ⅳ.①F830.91

中国版本图书馆 CIP 数据核字（2021）第 184175 号

出 版 人	赵剑英
责任编辑	车文娇
特约编辑	张　硕
责任校对	周　昊
责任印制	戴　宽

出　　版	中国社会科学出版社
社　　址	北京鼓楼西大街甲 158 号
邮　　编	100720
网　　址	http://www.csspw.cn
发 行 部	010-84083685
门 市 部	010-84029450
经　　销	新华书店及其他书店
印刷装订	北京君升印刷有限公司
版　　次	2021 年 9 月第 1 版
印　　次	2021 年 9 月第 1 次印刷
开　　本	710×1000　1/16
印　　张	24
插　　页	2
字　　数	358 千字
定　　价	138.00 元

凡购买中国社会科学出版社图书，如有质量问题请与本社营销中心联系调换
电话：010-84083683
版权所有　侵权必究

出 版 说 明

为进一步加大对哲学社会科学领域青年人才扶持力度，促进优秀青年学者更快更好成长，国家社科基金 2019 年起设立博士论文出版项目，重点资助学术基础扎实、具有创新意识和发展潜力的青年学者。每年评选一次。2020 年经组织申报、专家评审、社会公示，评选出第二批博士论文项目。按照"统一标识、统一封面、统一版式、统一标准"的总体要求，现予出版，以飨读者。

全国哲学社会科学工作办公室

2021 年

序

信息是资本市场的基本要素。随着信息技术的高速发展，市场信息呈现爆炸式增长。根据美国管理和信息技术专家詹姆斯·迈天的统计，在20世纪结束前的30年里，人类生产的信息超过了过去五千年信息生产的总和。市场信息的极大富裕，反而凸显个人在注意力上的相对贫穷，即使是完全理性的投资者也无法保持对所有信息的同时关注，而只有那些为投资者关注到的信息，才能被反映到资产价格中去。近年来，市场信息极大丰富与投资者注意力相对贫穷这一矛盾及其对资产定价的影响越发得到国内外学者的重视，成为行为金融学领域新的研究热点。

前人的研究表明，投资者因注意力有限而只能选择性关注市场信息的特征至少会在三个方面影响资产定价过程。首先，在注意力约束下，投资者对特定股票的关注往往导致投资者对这些股票的净买入，即造成注意力驱动交易行为。其次，对市场信息的选择性关注导致投资者对市场信息反应不足，从而诱发盈余惯性、动量效应等有悖于有效市场理论的市场异象，并造成个股收益率某种程度上的可预测性。最后，投资者注意力有限的特征还会对上市公司管理者、分析师、监管部门等其他市场参与者的行为产生显著影响，进而影响市场整体信息扩散与定价过程。

鉴于投资者关注对资产定价过程和效率的重要影响，在已有研究的基础上进一步深化这一领域的研究，有助于理解市场信息的传递扩散过程，在实践中可以为股票市场参与者的决策过程提供参考。

笔者通过文献梳理发现，这一领域在以下三个方面尚存在一定的研究空间。

首先，已有研究大都集中于投资者关注对个股定价过程的影响，相对较少从行业和市场整体层面研究投资者关注的市场影响。与异质性的个股信息相比，不同公司吸收相同行业或市场信息的速度差异，更能体现投资者关注对资产定价过程的影响；同时，在面临注意力约束时，投资者会优先关注市场和行业层面的信息，从行业和市场整体层面研究投资者关注的市场影响更有助于真实地理解市场吸收整合信息与投资者投资决策的过程。

其次，投资者注意力的有限性造成市场信息不能及时反映资产价格，引发系统性的资产错误定价。而关注公司资本市场表现的公司管理者或控股股东有强烈的动机，在公司管理决策中通过择时或迎合等策略，对投资者的非理性行为心理偏差加以利用，以应对，甚至主动制造公司股票的错误定价现象。换言之，投资者的行为心理偏差可能同样显著影响公司的运营管理决策。因此，投资者的注意力有限特征是否影响、如何影响上市公司管理决策，成为投资者关注领域的前沿问题，但其相关研究还存在一定的缺失。

最后，已有研究大多专注于个人投资者的注意力有限特征，相对忽视机构投资者的注意力约束。任何个体或机构的时间、精力都是有限的，且机构投资者持有的资产类别、资产数量与决策复杂程度远胜于个人投资者，无论其经济与人力资源如何丰富，也无法在同一时间关注所有的市场信息。同时，机构投资者与个人投资者对市场信息的关注方向存在较大差异，已有的以个人投资者注意力约束为研究对象的研究结果对机构投资者并不直接适用。因此，机构投资者作为资本市场的重要参与者和主要外部治理力量，其注意力约束对资本市场运行效率存在何种影响，是兼具重要学术与实务研究意义但又尚未得到充分研究的重要问题。

针对已有研究的不足，本书首先分析了个人投资者在个股、行业和市场层面的注意力配置策略对其资产配置本地偏差、行业动量效应和市场整体波动水平等的影响；其次，从股价崩盘风险的视角，研究了个人投资者关注的时变特征对公司信息披露决策的影响及其经济后果；最后，从实地调研、外生行业信息冲击和股票指数成分股调整三个视角，阐述了机构投资者对个股关注程度的时变特征对公司信息环境和股票定价效率的影响。

本书可能的创新和特色有以下几个方面。

第一，在研究工具上存在一定创新。本书基于投资者注意力配置与其资产配置的紧密关联，利用上市公司简称为本地投资者在百度中搜索的次数占全国投资者搜索总次数的比例，度量投资者对本地公司的关注程度，进而利用这一关注程度间接度量投资者资产配置的本地偏差倾向。这一度量方式的理论与实证依据坚实，数据来源规范可靠，度量指标直观易懂，度量结果吻合A股市场实际状况，能够达到有效度量A股市场投资者本地偏差倾向的目的，在严谨性、便捷性、时效性等方面较已有度量方式有一定优势，为本领域相关研究提供了可借鉴的研究工具。

第二，在研究视角上有所创新。本书验证了公司透明度通过影响公司受关注程度而非信息不对称程度影响公司股票定价过程的路径，为理解公司透明度对公司股票市场表现的影响提供了新的视角；本书还打破了机构投资者完全理性、同时关注所有市场信息的假设，从实地调研、外生行业信息冲击和股票指数成分股调整三个视角，探讨了当面临注意力约束时，机构投资者对个股关注程度的配置策略和时变特征对股票定价效率的影响，深化了对机构投资者监督治理作用的影响因素和作用路径的认识。

第三，在理论上有所创新。本书通过理论模型展示了个人投资者的注意力约束对本地股票、历史收益突出股票的非理性偏好，以及机构投资者注意力约束对其监督治理活动的作用，为从投资者关注视角解释个人投资者股票配置本地偏差、个股收益率横截面差异以及股票知情交易概率等市场现象提供了理论基础。

此外，本书构建了投资者关注影响行业层面信息扩散与股票定价过程的理论模型，从投资者关注视角，在一个统一的理论框架内，对行业内股票收益率的领先—滞后效应、行业收益对市场整体未来收益的引领效应以及行业层面股价动量效应等市场现象做出了合理解释。

  由于本书研究涉及资产定价、微观结构、公司财务和会计等多个学科知识，受笔者自身学术水平和研究能力等方面的限制，本书不可避免地存在研究不够深入、部分研究内容分析严谨度有待提高等不足。首先，本书以实证研究为主，未能系统展示投资者关注与资产定价理论模型创新方面的内容。其次，本书分别对投资者关注在个股、行业和市场层面的影响进行研究，未能在这三个层面形成统一的整体性研究。最后，除有限关注外，个人投资者还存在处置效应、保守主义、过度自信等非理性行为偏差，在如何区分投资者有限关注与其他行为偏差的市场影响方面，本书还存在一定的完善空间。以上局限与不足，恳请读者包涵。

向　诚

2021 年 2 月

摘　　要

本书分别从个股、行业和市场三个层面，分个人和机构投资者两个维度，研究了投资者的关注程度对A股市场股票定价过程的影响。具体研究内容包括：

在个人投资者维度，第一，以公司简称为本地投资者在百度中搜索的次数占全国投资者搜索总次数的比例，度量投资者对本地公司的关注程度，发现投资者对本地股票的过度关注提高了个股风险溢价水平，强化了个股股价与市场、行业以及同区域个股的同步性，并削弱了个股的定价效率。

第二，发现透明度低的公司盈余公告期异常交易量更低，盈余惯性现象更强；当多家公司同一天发布盈余公告时，透明度更高的公司盈余惯性更弱，表明投资者优先关注透明度更高公司的盈余公告，验证了公司透明度通过投资者关注影响个股定价的路径。

第三，发现个股上月的日收益率的突出程度越强，其下月的收益率越低。这一负向影响在那些以往更受关注的个股，以及更难套利的个股中显著更强，且在市场情绪高涨时更强，表明投资者在注意力不足时，非理性地给予那些更为突出的股票收益更高决策权重，从而造成个股被错误定价。

第四，发现在投资者关注度低时披露年报的公司，在披露年报后的52周内有着更高的股价崩盘风险。这一效应在管理者越可能隐藏负面消息的公司中越强，表明当管理者有意识地选择在投资者关注度低的时期披露年报时，其可能的动机是隐藏其中的负面消息，而这一行为将为公司股价在未来崩盘埋下隐患。

第五，通过理论模型和实证研究指出，行业信息在行业内的逐步扩散，引发行业内个股之间存在收益率的领先—滞后效应，导致投资者对行业股价变动中蕴含的重要市场信息反应滞后，使行业收益率对市场未来收益率具有显著的预测作用，并诱发行业层面的股价动量效应。

第六，发现加入投资者关注度指标后，对A股市场指数日内波动的预测误差可最多减少36%；个人投资者存在市场层面的注意力驱动交易行为，同时，个人投资者对市场关注程度上升后，其风险厌恶水平提高，但投资者的高乐观情绪对这一效应有弱化作用。

在机构投资者维度，首先，发现机构投资者对公司调研频率越高，公司股价未来崩盘的风险越低，而股价同步性则越高。这一影响与调研过程中挖掘到的公司价值相关信息数量显著正相关，表明机构投资者通过实地调研活动表达对公司的关注时，有通过挖掘和扩散公司特质信息、抑制公司隐藏利空信息和利用私有信息套利的倾向。

其次，发现机构投资者因外生性行业信息冲击而降低对特定行业公司的关注程度时，这些行业公司的股票知情交易概率显著上升。这一分心效应的大小与公司自身治理质量以及公司信息透明度显著负向相关，表明机构分心时因改变公司信息环境而影响公司股票定价效率。

最后，发现入选沪深300指数显著降低了个股的股价方差比，且这一影响受到成分股自身治理环境的影响，符合指数调整效应导致机构投资者更加关注成分股进而需要更为积极地对其进行监督治理的作用机制。同时，中介效应检验表明公司信息透明度对这一影响存在部分中介作用。

关键词：投资者关注　本地偏差　盈余惯性　动量效应　股价崩盘风险　市场波动　突出理论　分心效应

Abstract

This book studies the impact of both institutional and individual investors' attention on stock pricings at firm, industry and market-level in China's A-share market. The content of this book is as follows.

For the impact of individual investors, first, this book uses the percentage of local investors' internet search volume on stock names to measure to what extent investors over-allocate their attention and money to local stocks. It is found that investors' local bias in attention allocation increases individual stocks' risk premium, enhances their price sychronicity, and decreases their pricing efficiency.

Second, this book finds that less transparent firms have fewer abnormal trading volumes, and stronger post-earnings announcement drifts. When multiple firms release earnings announcements on the same day, more transparent firms show weaker drifts. These results show that firm transparency affects asset pricing through investors' attention allocation rather than information uncertainty.

Third, this book documents that the salience of stocks' daily returns in the current month is significantly and negatively related to their returns in the next month. This negative relationship is more pronounced in stocks with higher arbitrage limitations and in periods of higher market sentiment. These findings support that because of limited attention, investors irrationally overweight stocks with salient payoffs and cause mispricings of these stocks.

Fourth, this book finds that firms disclosing annual reports during periods of lower market attention are associated with higher future stock price crash risk. This impact is more pronounced for firms where managers are more likely to hide bad news. These findings imply that managers strategically disclose annual reports during periods of low market attention to hide bad news, which increases firms' future stock price crash risks.

Fifth, this book provides theoretical and empirical evidence that investors' inattention causes industrial information to diffuse gradually. Because of this, returns of low attention stocks are positively correlated with past returns of high attention stocks belonging to the same industry, and returns of industries informative about macroeconomic fundamentals will lead that of the aggregate market. The gradual diffusion of industrial information also causes industrial momentum.

Sixth, this book finds that including the proxy of aggregate market attention in the market volatility forecasting model reduces up to 36% in-sample forecast error. Meanwhile, attention drives individual investors' trading at market-level. Investors are more risk aversion when they pay more attention to the market. But this effect is weakened by investors' optimistic sentiment during the period of high market attention.

For the impact of institutional investors' attention, first, this book finds that firms more visited by institutional investors show higher future stock price crash risks and less stock price synchronicity. This effect is positively related to the amount of information discovered during such visits, implying that these visits constrain managers' tendency to hide bad news or to arbitrage with private information, and hence improve the stock pricing efficiency.

Second, this book finds that when institutional investors are distracted by extreme returns for a specific industry, they exogenously pay less attention to firms out of this industry. The magnitude of this effect is negatively related to corporate governance quality and information transparency, suggesting that distracted institutional investors cause the change in the information environment and, thus, the change in stock pricing.

Finally, it is found that the constituents of the CSI 300 index are associated with lower stock price variance ratios. This effect is somewhat determined by firms' governance environment, showing that institutional investors pay more attention to the constituents of the CSI 300 index and more actively monitor these firms. Besides, the mediating effect test suggests that this effect is partly mediated by firms' information transparency.

Key Words: Investor attention; Local bias; Post-earnings announcement drift; Momentum effect; Stock price crash risk; Market volatility; Salience theory; Distraction effect

目 录

第一章 绪论 …………………………………………………… （1）
 第一节 研究背景 ……………………………………………… （1）
 第二节 研究目标 ……………………………………………… （5）
 第三节 研究意义 ……………………………………………… （7）
 第四节 研究内容 ……………………………………………… （9）

第二章 投资者关注与股票定价已有研究综述 ……………… （11）
 第一节 投资者关注概念与度量 ……………………………… （11）
 第二节 投资者关注影响资产定价的理论研究 ……………… （17）
 第三节 投资者关注影响股票定价的经验证据 ……………… （27）
 第四节 本章小结 ……………………………………………… （37）

第三章 个人投资者关注与资产配置本地偏差 ……………… （39）
 第一节 个人投资者关注与资产配置本地偏差的
    相关性分析 …………………………………………… （41）
 第二节 个人投资者本地关注度对个股定价的影响检验 …… （50）
 第三节 本章小结 ……………………………………………… （73）

第四章 个人投资者关注与盈余惯性：公司透明度的视角 …… （75）
 第一节 个人投资者关注与公司透明度的相关性分析 ……… （77）
 第二节 公司透明度与盈余惯性：个人投资者关注的视角 …… （85）
 第三节 本章小结 ……………………………………………… （109）

第五章　个人投资者关注与股票收益：突出理论的视角 …………（112）
第一节　突出理论概述 ……………………………………（114）
第二节　基于突出理论的股票定价思路与实证研究设计 …………………………………………………（117）
第三节　股票收益突出性影响股票定价的实证检验 ………（124）
第四节　本章小结 …………………………………………（142）

第六章　个人投资者关注与股价崩盘风险 ……………………（145）
第一节　个股股价崩盘诱因分析 …………………………（147）
第二节　个人投资者关注影响股价崩盘风险的实证研究设计 …………………………………………（151）
第三节　个人投资者关注影响股价崩盘风险的实证检验 …………………………………………………（162）
第四节　本章小结 …………………………………………（180）

第七章　个人投资者关注与行业层面股票定价 ………………（181）
第一节　个人投资者关注影响行业股票定价的理论推导 ……（182）
第二节　个人投资者关注影响行业股票定价的实证检验 ……（187）
第三节　本章小结 …………………………………………（208）

第八章　个人投资者关注与股票市场整体定价效率 …………（210）
第一节　个人投资者关注影响股票市场整体定价的实证设计 …………………………………………（212）
第二节　个人投资者关注影响股票市场整体定价的实证检验 …………………………………………（217）
第三节　本章小结 …………………………………………（236）

第九章　机构投资者关注与股票定价：实地调研的视角 ………（237）
第一节　实地调研制度背景与文献综述 …………………（239）

第二节　机构实地调研影响股票定价的实证研究设计 …… (243)
　　第三节　机构实地调研影响股票定价的实证研究结果 …… (250)
　　第四节　本章小结 …………………………………………… (267)

第十章　机构投资者关注与股票定价：外生信息
　　　　　冲击的视角 ……………………………………… (269)
　　第一节　外生信息冲击影响机构投资者关注与股票定价的
　　　　　　理论模型 ………………………………………… (271)
　　第二节　外生信息冲击影响机构投资者关注与股票定价的
　　　　　　实证设计 ………………………………………… (274)
　　第三节　外生信息冲击影响机构投资者关注与股票定价的
　　　　　　实证结果 ………………………………………… (282)
　　第四节　本章小结 …………………………………………… (294)

第十一章　机构投资者关注与股票定价：股指成分股
　　　　　　调整的视角 …………………………………… (295)
　　第一节　股指成分股调整相关研究回顾 …………………… (296)
　　第二节　基于沪深300指数备选股制度的研究设计 ……… (299)
　　第三节　基于沪深300指数备选股制度的实证研究结果 … (303)
　　第四节　基于公司信息透明度的中介效应检验 …………… (312)
　　第五节　本章小结 …………………………………………… (314)

第十二章　结论与展望 ………………………………………… (316)
　　第一节　主要研究结论 ……………………………………… (316)
　　第二节　创新与不足 ………………………………………… (320)
　　第三节　未来研究展望 ……………………………………… (322)

参考文献 ………………………………………………………… (326)
索　引 …………………………………………………………… (357)

Contents

Chapter 1　Introduction ··· (1)
　　Section 1　Research backgrounds ································ (1)
　　Section 2　Research objectives ································· (5)
　　Section 3　Significance of the research ·························· (7)
　　Section 4　Research content ···································· (9)

**Chapter 2　A review of existing research on investor attention
　　　　　　and stock pricing** ····································· (11)
　　Section 1　Concepts and metrics of investor attention ············ (11)
　　Section 2　Theoretical studies on the impact of investor attention
　　　　　　　on asset pricing ····································· (17)
　　Section 3　Empirical evidence on the impact of investor attention
　　　　　　　on stock pricing ···································· (27)
　　Section 4　Summary of the chapter ····························· (37)

**Chapter 3　Individual investors' attention and local bias
　　　　　　in asset allocation** ··································· (39)
　　Section 1　Analyzing the relationship between individual investors'
　　　　　　　attention and local bias in asset allocation ············ (41)
　　Section 2　Testing the impact of individual investors' local
　　　　　　　attention on stock pricing ···························· (50)
　　Section 3　Summary of the chapter ····························· (73)

Chapter 4 Individual investors' attention and PEAD: The perspective of firm transparency ……………… (75)

    Section 1 Analyzing the relationship between individual investors' attention and firm transparency ……………………… (77)

    Section 2 Firm transparency and PEAD: The perspective of individual investors' attention ……………………… (85)

    Section 3 Summary of the chapter ……………………… (109)

Chapter 5 Individual investors' attention and stock returns: The perspective of the salience theory ………… (112)

    Section 1 An overview of the salience theory ……………… (114)

    Section 2 Stock pricing ideology and empirical methodology based on the salience theory ……………………… (117)

    Section 3 Empirical testing on the impact of stock return salience on stock pricing ……………………… (124)

    Section 4 Summary of the chapter ……………………… (142)

Chapter 6 Individual investors' attention and stock price crash risk ……………………………………………… (145)

    Section 1 Causes of firm-level stock price crash risk ……… (147)

    Section 2 Impact of individual investors' attention on stock price crash risk: Empirical design ……………… (151)

    Section 3 Impact of individual investors' attention on stock price crash risk: Empirical results ……………… (162)

    Section 4 Summary of the chapter ……………………… (180)

Chapter 7 Individual investors' attention and industry-level stock pricing ……………………………………… (181)

    Section 1 Impact of individual investors' attention on industry-level stock pricing: Theoretical models …………… (182)

Section 2	Impact of individual investors' attention on industry-level stock pricing: Empirical results	(187)
Section 3	Summary of the chapter	(208)

Chapter 8 Individual investors' attention and market-level pricing efficiency (210)

Section 1	Individual investors' attention and market-level pricing efficiency: Empirical design	(212)
Section 2	Individual investors' attention and market-level pricing efficiency: Empirical results	(217)
Section 3	Summary of the chapter	(236)

Chapter 9 Institutional investors' attention and stock pricing: The perspective of corporate site visits (237)

Section 1	An overview of the institutional backgrounds and related studies on corporate site visits	(239)
Section 2	Impact of corporate site visits on stock pricing: Empirical methodology	(243)
Section 3	Impact of corporate site visits on stock pricing: Empirical results	(250)
Section 4	Summary of the chapter	(267)

Chapter 10 Institutional investors' attention and stock pricing: The perspective of exogenous information shocks (269)

Section 1	Impact of exogenous information shocks on the relationship between institutional investors' attention and stock pricing: Theoretical models	(271)
Section 2	Impact of exogenous information shocks on the relationship between institutional investors' attention and stock pricing: Empirical design	(274)

Section 3　Impact of exogenous information shocks on the relationship between institutional investors' attention and stock pricing: Empirical results ……(282)
Section 4　Summary of the chapter ……………………………(294)

Chapter 11　Institutional investors' attention and stock pricing: The perspective of stock index additions ………(295)
Section 1　A review of the studies on stock indexadditions ……(296)
Section 2　Empirical design based on the backups for the CSI300 index ………………………………………………(299)
Section 3　Empirical results based on the backups for the CSI300 index ………………………………………………(303)
Section 4　Testing the moderating role of firm information transparency ……………………………………(312)
Section 5　Summary of the chapter ……………………………(314)

Chapter 12　Conclusion and outlook ……………………………(316)
Section 1　Main research conclusions …………………………(316)
Section 2　Contributions and shortcomings ……………………(320)
Section 3　An outlook on future research ……………………(322)

References …………………………………………………………(326)

Index …………………………………………………………………(357)

第一章
绪　论

第一节　研究背景

与传统金融理论假设市场信息能够快速而准确地反映到资产价格中不同,行为金融学家指出,由于市场摩擦以及投资者的认知偏差等原因,信息在市场中只能逐步扩散,从而造成资产价格变动的有迹可循。这些认知偏差包括过度自信(Daniel et al., 1998)、保守主义、代表性启发(Representativeness Heuristic)(Barberis et al., 1998)、处置效应(Grinblatt & Han, 2005)等。近年来,投资者的另一个认知偏差——有限关注(Limited Attention),对市场信息扩散和资产价格的影响,日益得到行为金融学者的关注。市场信息快速准确反映到资产价格中的一个重要隐含假设,是投资者在同一时间具有无限的信息获取和处理能力。而早在1973年,诺贝尔经济学奖获得者Kahneman就指出,人的注意力是一种稀缺的认知资源(Kahneman, 1973),一旦被占用就不能用作他途,这意味着任何人在同一时间的信息处理能力都是极为有限的,只能选择性地关注和获取信息。然而,在信息时代来临之前,个体获取信息的渠道相对有限,股票市场参与者面临的主要问题是信息稀缺,因此投资者注意力有限的特征并未引起金融学者的足够重视。

从 20 世纪 80 年代开始，随着信息技术的高速发展，市场信息呈现爆炸式增长。根据美国管理和信息技术专家詹姆斯·迈天（1997）的统计，在 20 世纪结束前的 30 年里，人类生产的信息已经超过了过去五千年信息生产的总和。因此，当前投资者面临的问题已经不再是信息不足，而是信息过剩，即使是完全理性的投资者也无法保持对所有信息的同时关注（Sims，2006）。Huberman 和 Regev（2001）发表在 *Journal of Finance* 上的文章描述了一个投资者仅部分关注市场信息的行为影响资产价格的典型案例。1998 年 5 月 3 日，美国《纽约时报》报道称一家名为 EntreMed 的小型生物科技公司在癌症研究领域取得一项重大技术突破，5 月 4 日，该公司股票开盘价格飙升至 85 美元/股，并最终以 51.81 美元/股收盘，较上一个交易日收盘价（12.06 美元/股）上涨近 330%。然而，早在 5 个月前，世界顶级科学杂志 *Nature* 便已经对这一消息进行过报道，却并未导致 EntreMed 公司股价如此高幅度的上涨。Huberman 和 Regev（2001）对此的解释是，尽管 *Nature* 为世界顶级科学期刊，但对投资者而言，热门财经媒体《纽约时报》更容易得到他们的关注。

EntreMed 公司的案例充分表明，市场信息的极大富裕反而会凸显个人在注意力上的贫穷，只有那些被投资者关注到的信息，才能被反映到资产价格中去。在 Huberman 和 Regev（2001）之后，市场信息极大丰富与投资者注意力相对贫穷这一矛盾及其对资产定价的影响愈加得到国内外学者的重视，成为行为金融学领域新的研究热点。

已有研究表明，投资者因注意力有限而只能选择性关注市场信息的特征至少会在三个方面影响资产定价过程。首先，投资者买入股票时面临成千家公司的选择，在注意力的约束下，只有为投资者关注到的股票才能进入投资者的股票选择集，因此，投资者对特定股票的关注往往导致投资者对这些股票的净买入，即造成注意力驱动交易行为（Barber & Odean，2008）。如 Cooper 等（2001）发现，在互联网泡沫的时候，一个卖花的公司将名字改成 Rose.com 就可以在上市三个月之后获得接近100%的超额收益。其次，对市场信息的选择性关注导致投资者对市场信息反应不足，从而诱发盈余惯性、动量效应等有悖于有效市场理论的市场异象（Dellavigna & Pollet, 2009; Da et al., 2014; 张圣平等，2014），投资者对个股关注程度越高，个股价值相关信息反映到股票价格中的速度越及时，个股盈余惯性与动量效应则越弱。同时，投资者关注对个股信息扩散速度的影响，还将造成个股收益率某种程度上的可预测性（Hou, 2007; Cohen & Lou, 2012）。最后，投资者有限关注的特征还会对上市公司管理者、分析师、监管部门等其他市场参与者的行为产生显著影响，进而影响市场整体信息扩散与定价过程（权小锋和吴世农，2010; Fang et al., 2014; Lin et al., 2014）。例如，Doyle 和 Magilke（2009）发现管理者存在对盈余预测公告发布的时间进行择机的行为，在市场收盘后或星期五，即投资者对公司的关注度较低时发布坏的盈余预测消息，以尽可能"隐藏"对公司不利的坏消息，相反在市场正常交易时释放利好的盈余预测消息。

概括而言，投资者对信息的关注忽视影响市场传递、扩散和吸收价值相关信息的过程，从而影响资产定价过程与定价效率。因此，研究投资者对市场信息关注程度及其市场影响，有助于理解市场整合吸收信息与资产定价的真实过程，对动量效应、盈余惯性等有悖于有效市场理论的各种市场异象进行解释。尽管在过去十几年里，投资者关注领域研究越发受到重视，并得到了丰富的研究成果，但通过文献梳理可以发现，这一领域在以下方面尚存在一定研究空间。

第一，已有研究表明，投资者倾向于过度持有地理上与自身临近的上市公司的股票，即存在资产配置的本地偏差现象（Local Bias）。鉴于投资者注意力配置与其资产配置的紧密联系，投资者是否存在类似的过度关注本地股票的现象，这一现象对其资产配置本地偏差倾向以及个股定价过程存在何种影响，是有价值的研究议题，而已有研究尚且较少涉及这一领域。

第二，现有研究主要通过媒体报道、分析师覆盖度、机构投资者持股数量、个股量价表现以及个股在互联网中的搜索量等从公司外部观察其在市场中的受关注程度，公司内部运营管理特征是否直接影响公司受关注度，进而影响其资产定价过程则较少得到研究。

第三，多数研究认为，投资者的注意力有限性主要通过诱发注意力驱动交易直接影响股票价格。尽管这一注意力驱动交易行为得到了大量实证研究的支撑，但随着投资者关注领域研究的发展，学者提出了更多理论模型用以刻画注意力约束对资产定价过程的潜在影响机制，其中有代表性的是Bordalo等（2012）提出的突出理论（Salience Theory）。这些新的理论模型是否能够更好地解释面临注意力约束时，投资者的股票投资决策过程，以及这一决策对股票定价的影响，还需要得到更多实证研究的检验。

第四，由于注意力约束，投资者只会选择性地关注市场信息，特别是个股层面信息（Peng & Xiong, 2006），而对个股利空信息的关注不足可能导致公司利空信息在市场中的累积和集中爆发，进而导致崩盘风险。同时，在面临注意力约束时，信息的披露时机与形式影响投资者对信息的关注程度，因此，管理者可以通过对披露时机与形式的主动选择，影响利空信息为投资者关注和理解的程度（Hirshleifer & Teoh, 2003），进而达到隐藏利空信息的目的。概括而言，投资者注意力有限的特征可能影响股票价格吸收整合利空信息的过程，进而影响股票价格的崩盘风险。然而，国内外已有研究都尚未探讨投资者关注程度与个股股价崩盘风险之间的关联。

第五，已有研究大都集中于投资者关注对个股定价过程的影响，相对较少从行业和市场整体层面研究投资者关注的市场影响，而市场和行业层面信息是否得到投资者足够关注的市场影响无疑相较于个股信息更大、更广；同时，Peng和Xiong（2006）指出，在面临注意力约束时，投资者会优先关注市场和行业层面信息，从行业和市场整体层面研究投资者关注的市场影响更有助于理解市场吸收整合信息与投资者投资决策的过程。

第六，已有研究大多专注于个人投资者的注意力有限特征，相对忽视机构投资者的注意力约束。而任何个体或机构的时间、精力都是有限的，且机构投资者持有的资产类别、资产数量与决策复杂程度远胜于个人投资者，无论其经济与人力资源如何丰富，也无法在同一时间关注所有的市场信息（Kacperczyk et al.，2016；Schmidt，2019）。同时，机构投资者与个人投资者对市场信息的关注方向存在较大差异（Ben-Rephael et al.，2017），已有的以个人投资者注意力约束为研究对象的研究结果对机构投资者并不直接适用。因此，机构投资者作为资本市场的重要参与者和主要外部治理力量，其注意力约束对资本市场运行效率存在何种影响，是兼具重要学术与实务研究意义但尚未得到充分研究的重要问题。

综合而言，投资者关注对资产定价过程的重要影响，以及这一领域在上述方面研究的相对不足，成为本书的主要研究背景。

第二节　研究目标

本书的总体研究目标，是基于投资者的注意力有限特征，研究我国 A 股市场投资者在个股、行业以及市场三个层面的关注程度，对 A 股市场信息扩散、资产价格、交易行为模式、市场波动、市场运行效率等方面的影响，为我国 A 股市场监管部门、投资者、分析师、上市公司管理者等市场参与者在投资决策、市场监管、风险管理、公司财务决策等方面提供具有借鉴意义的实证依据。

具体而言，本书拟围绕以下研究目标开展研究。

（1）本书拟基于投资者注意力配置与其资产配置的相关性，通过投资者对本地公司的关注程度间接度量投资者资产配置的本地偏差程度，验证 A 股市场投资者本地偏差倾向的存在性，进而检验投资者本地关注对个股风险溢价、股价特质信息含量以及定价效率的影响，探讨理性信息假说与非理性行为偏差假说对 A 股市场本地偏差现象的解释能力，在为本地偏差的成因讨论提供新的实证证据的同时，揭示投资者关注的地域差异对 A 股个股定价过程的影响。

（2）盈余惯性是长期广泛存在于全球股票市场中的市场异象之一，投资者因注意力有限而对盈余公告信息反应不足是盈余惯性的重要成因。公司透明度是公司重要运营管理特征，是公司对信息披露内容、时机和形式进行选择的直接结果。本书拟通过检验公司透明度这一重要运营管理特征对公司盈余惯性的影响，验证公司透明度对个股受投资者关注程度的影响以及其在个股定价效率上的反映。

（3）Bordalo 等（2012）基于投资者面临注意力约束的基本假设提出突出理论，构建了一个全新的个体风险决策框架。该理论相较于行为金融领域的基石理论——前景理论，存在一些明显的优势。但除 Cosemans 和 Frehen（2021）针对美国股票市场的研究以外，能够直接支撑突出理论的实证研究还较为少见。有必要在美国以外的市场中对该理论进行检验，以验证其普适性。本书拟对突出理论的理论框架及其对股票定价过程的启示进行梳理，进而以 A 股市场为对象，对这些启示进行实证检验，丰富对投资者关注影响股票定价的机制与路径的理解。

（4）投资者对信息的关注程度和解读效率受信息形式和披露时机影响的特征，可能成为管理者隐藏利空信息的重要基础。鉴于此，管理者可能利用投资者对市场关注程度的时变特征，对公司重要信息的披露时机进行战略性的选择，以最大化自身利益。基于这一逻辑，本书拟研究公司管理者是否试图在投资者对股票市场关注程度较低时披露利空信息，以降低这些消息的市场影响，从而导致公司股价在未来崩盘的风险上升，以在丰富有关股价崩盘影响因素研究的同时，进一步揭示投资者注意力的有限性影响股票定价效率的机制与路径。

（5）与异质性的个股信息相比，不同公司对相同行业信息反应速度的差异，更能体现投资者关注对资产定价过程的影响（Cohen & Lou，2012）；同时，对资产按行业等分类以简化投资决策过程是投资者的重要行为特征（Barberis & Shleifer，2003），理解投资者对行业层次信息的反应模式对于理解投资者的真实投资决策过程及其对资产价格的影响至关重要。据此，本书拟从理论模型和实证研究两个方面检验投资者关注对行业层面信息在行业内和行业间扩散模式的影响，以及这一影响对行业层面股票收益率变动的影响。

（6）对市场波动的预测是金融市场监管、金融衍生产品定价、金融风险度量与管理的核心内容，投资者交易模式与风险厌恶水平是股票市场整体表现的重要影响因素。本书拟从市场波动率、投资者交易行为模式以及风险厌恶水平三个方面，检验投资者对市场整体关注程度对 A 股市场整体运行效率的影响，为我国 A 股市场风险管理与投资实践提供参考借鉴。

（7）缺乏对机构投资者关注程度进行有效度量的方法是投资者有限关注领域较少以机构投资者为研究对象的原因之一。本书拟从机构投资者对公司进行实地调研、外生性行业信息冲击以及代表性股票指数成分股调整事件三个视角出发，在克服公司受机构投资者关注程度与其股票定价效率潜在内生关系的基础上，检验公司受机构投资者关注程度对公司股票知情交易概率、股价同步性、股价方差比等定价效率指标的影响。

第三节　研究意义

一　学术意义

首先，资产定价的过程是市场传递、扩散和吸收价值相关信息的过程，在注意力约束下，投资者不得不有选择性地关注部分信息、忽视其他信息，而只有被投资者关注到的信息才能反映到资产价格之中。因此，研究投资者对市场信息关注程度的市场影响，有助于理解市场整合吸收信息与资产定价的过程，从学术角度对动量效应、反转效应、盈余惯性、股价同涨共跌等有悖于有效市场理论的各种市场异象做出可信服的解释。

其次，本书分别从个股、行业和市场等层面全面探究投资者对价值相关信息关注程度的市场影响，剖析上市公司利用管理决策应对投资者关注的渠道、方式和经济后果，有助于弥补这些领域已有研究的不足，为理解市场信息的真实传递扩散过程与投资者投资决策过程提供更多实证依据。

最后，本书分别探讨了个人投资者和机构投资者的关注程度对股票定价的潜在影响，打破了机构投资者完全理性、始终关注市场所有信息的理论假设，有助于从机构投资者的监督治理角色出发，揭示其注意力约束对资本市场运行效率的影响，并从注意力约束的角度进一步明确机构投资者监督治理作用的影响因素及其作用路径。

二 实务意义

首先，投资者对不同个股、行业的关注程度差异，将造成不同个股或不同行业股票吸收反映价值相关信息的速度差异，进而导致股票收益率某种程度上的可预测性。因此，本书研究结果在投资实践中具有一定指导意义，可用于构造量化投资策略在股票投资中获取超额收益。

其次，本书研究涉及盈余惯性、动量效应、资产配置本地偏差、股价崩盘风险等多个重要市场现象，有助于揭示投资者关注对A股市场波动、市场交易模式、市场运行效率的影响，对我国A股市场监管部门、投资者、分析师、上市公司管理者等市场参与者的市场监管、投资决策、风险管理、公司财务决策均具有一定参考意义。

再次，强化以信息披露为中心的上市公司监管模式，是我国证券管理部门加强投资者权益保护、提高上市公司质量、推动资本市场健康发展的重要改革方向。本书第六章围绕上市公司利用信息披露活动应对市场关注的渠道、方法与经济后果展开研究，有助于剖析公司信息披露的决策过程与影响因素，为A股市场监管部门针对性地加强信息披露监管、完善信息披露机制提供参考借鉴。

最后，我国自2001年起大力提倡发展机构投资者，以期其发挥稳定市场运行、改善市场环境的积极治理作用。本书第九章至第十一章从注意力约束的角度剖析机构投资者监督治理职能的影响因素和作用路径，并分析机构性质、持股策略、持股期限等对机构投资者注意力约束以及监督治理目标与效果的影响，有助于为监管部门有针对性地制定我国机构投资者的发展路线提供政策依据。

第四节　研究内容

本书主要内容简介如下。

第一章为绪论，提领全书。

第二章为投资者关注领域的文献综述。

第三章至第十一章为本书主体部分，依次从个人和机构投资者两个维度，对投资者关注在个股、行业以及市场三个层面的股票定价过程中的影响进行研究。第三章以本地偏差现象为研究对象，研究投资者关注的地域差异与其资产配置本地偏差的关联，以及这一关联对A股市场个股风险溢价、股价特质信息含量、定价效率的影响，进而验证A股市场本地偏差现象成因。

第四章以盈余惯性现象为研究对象，研究公司透明度这一运营管理特征与公司受投资者关注程度的相互关系，以及这一关系对公司盈余惯性这一定价偏差现象的影响。

第五章推导了突出理论框架下，个股历史收益分布特征对个股受个人投资者关注程度的影响，以及这一影响与个股未来收益的可能关联，进而对理论推导结果进行了实证检验。

第六章基于个人投资者市场关注程度的时变特征，从管理者隐藏利空信息的动机和实施信息披露择机行为的倾向出发，实证检验了A股公司年报披露时机与其未来股价崩盘风险的关联，从而验证个人投资者关注对股价崩盘风险的潜在影响路径。

第七章从行业内领先—滞后效应、行业收益率对市场收益率的预测能力以及行业动量效应三个现象出发，验证投资者关注度对行业层面信息扩散速度与股票定价过程的影响。

第八章从市场波动率、投资者交易行为模式以及风险厌恶水平三个方面，就投资者对市场整体关注程度随时间的变化对A股市场股票定价的整体影响进行实证研究。

第九章基于A股市场深交所特有的实地调研披露制度，以机构对公司实地调研次数度量其对公司关注程度，实证检验了机构投资者关注程度对个股股价同步性和崩盘风险的影响。

第十章基于机构投资者对公司关注程度与其对公司监督强度的正向关联，从外生性的行业信息冲击对机构投资者的分心效应出发，检验机构投资者对个股关注程度的时变特征对其监督治理作用的影响，以及这一影响在个股定价效率中的反映。

第十一章基于A股市场特有的沪深300指数备选股制度，通过对比个股被纳入沪深300指数前后，与指数备选股股价方差比的差异变化，检验沪深300指数成分股调整这一外生事件所带来的机构投资者关注程度变动对个股定价效率的影响。

第十二章对全书主要结论、创新与不足以及未来研究展望进行总结。

第 二 章

投资者关注与股票定价已有研究综述

第一节 投资者关注概念与度量

一 投资者关注概念

Simon（1971）最早注意到了投资者关注的重要经济含义，并提出注意力经济概念，认为信息需要消费个体的注意力，在经济环境中稀缺的并不是信息本身，而是关注并处理信息的能力。诺贝尔经济学家 Kahneman（1973）从心理学角度对个体的关注行为进行了正式的定义，认为关注（Attention）是个体利用认知资源（Congitive Source）对信息等外部刺激进行分类和加工的过程，外部刺激越复杂，需要占用的认知资源越多。而在一定时间内，投资者的认知资源是有限的，一旦被占用便不能分心他用，这意味着个体在同一时间内仅具有有限的信息关注和处理能力。Daniel 等（2002）从经济学角度对关注进行了具象化的定义。投资者关注由对（公司披露信息等）外部环境刺激进行编码（Encoding）和运用意识思维对外部刺激进行处理（Processing）（如对披露信息进行分析）两项行为组成。在编码行为中，投资者获取外部环境刺激并将其进行内部化处理，使其转化为能够为投资者使用的信息形式；在处理阶段，投资者将意识思维集中（Focus）到特定想法概念或者记忆中以完成对外部环境刺激的处理过程,而"集中"往往意味着此时投资者将其他的想法、概念或者记忆排除在意识思维之外。举例而言,投资者将意识思维集中在对某公司披露信息的理解上时,投资者在同一时间处理其他公司信息的能力便受到限制。Daniel等(2002)进一步指出,一些外部刺激相较于其他刺激更容易为投资者感知、编码进而处理。此类外部刺激的特点包括"突出"(Prominence)、"明显"以及与环境中其他刺激的强对比性,例如公司异常之高的未预期盈余信息便具备类似特点。

Kahneman(1973)和Daniel等(2002)对投资者关注的定义均反映出投资者注意力的有限性与稀缺性特征,即投资者面临一定的注意力约束,无法保持对所有市场信息的同时关注。前文绪论中EntreMed公司的案例充分展示了投资者注意力的有限性特征对资产价格造成的可能影响。尽管Nature为世界顶级科学期刊,但注意力有限的投资者显然并没有保持对Nature期刊的随时关注,从而不能对EntreMed公司在癌症研究领域取得重大技术突破这一报道做出及时反应。鉴于投资者面临的这一注意力约束,Hirshleifer和Teoh(2003)、Corwin和Coughenour(2008)等一些学者使用投资者有限关注(Investor Limited Attention)的概念研究投资者对市场信息的关注程度在资产定价过程中的影响。然而,Barber和Odean(2008)指出,投资者面临注意力约束时会存在注意力驱动交易行为,净买入那些容易引起其关注的个股。这一现象表明,尽管投资者注意力的有限性使其总体而言对市场信息关注不足,但也同样可能驱使他们对受到其关注的个股信息过度反应。如Hou等(2009)指出投资者对个股关注程度较高时,投资者对个股信息反应过度从而导致股票价格的动量效应。简而言之,尽管投资者对信息的关注在整体上是有限的,但在个体上可能是过度的。因此,此后学者更多使用投资者关注(Investor Attention)而非投资者有限关注的概念进行相应研究。另外,Barber和Odean(2008)等已有研究还指出,相较于个人投资者,机构投资者的人力资源与经济资源丰富,更能保持对市场信息的随时关注，在投资决策中相对较少受到注意力约束的影响。因此，除 Ben-Rephael、Da 和 Israelsen（2017）等极少数研究以机构投资者对市场信息的关注程度为研究对象外，在绝大多数投资者关注领域研究中，投资者关注的概念主要代指个人投资者对市场信息的关注程度。

二 投资者关注程度度量

进入 21 世纪后，随着信息技术的发展，市场信息的极大丰富与投资者注意力的相对贫乏之间的矛盾，日益成为行为金融学的热点研究领域，而对投资者对信息关注程度的有效度量，是在本领域进行有效实证研究的基础。概括而言，已有研究主要通过市场量价表现、媒体报道度、分析师跟踪度、机构投资者持股比例、网络搜索量、网络论坛关注度等度量投资者对市场信息的关注程度。

（一）市场量价表现

股票成交量与价格的变化反映了投资者的决策过程，投资者的决策过程则直接反映其对市场信息的关注程度。在交易量方面，高成交金额、高换手率体现了投资者的高活跃度和高关注度，反之亦然。Barber 和 Odean（2008）指出投资者在面临注意力约束时，会净买入那些能够吸引他们关注的个股，而高成交量个股是投资者的主要买入对象之一。Hou 等（2009）以交易量为投资者关注度指标，发现交易量高，即投资者对市场关注程度高时，投资者对市场信息过度反应从而导致股票价格动量效应，交易量变低，也就是说，投资者对市场关注程度较低时，投资者对盈余公告信息反应不足导致盈余惯性效应。Loh（2010）发现分析师荐股意见发布后，低换手率股票在 3 个交易日时间窗口内的市场即时反应显著弱于高换手率股票，而随后的股价漂移程度是高关注度股票的两倍。权小锋和吴世农（2010）发现个股换手率与盈余公告效应存在显著的负向关系。Cheng 等（2015）则发现投资者对低换手率公司的回购公告信息反应不足程度更高。这些研究均表明，换手率与个股为投资者关注的程度存在正向关联，是投资者关注的有效代理变量。

在股票价格变动方面，Da 等（2014）提出温水煮青蛙假说，认为只有强度超过一定阈值的价格信息才能得到投资者的及时关注。因此，极端的价格或收益率是能够吸引投资者关注的市场事件，如 Sagi 和 Seasholes（2007）发现个股涨停事件会得到 A 股投资者的高度关注。Aboody 等（2010）发现过去 12 个月里收益率最高的股票，在盈余公告前 5 个交易日内平均可以获得显著为正的超额收益，表明高历史收益率吸引了投资者对个股的关注。Li 和 Yu（2012）、Yuan（2015）发现，市场指数创新高会吸引整个市场注意力，进而影响投资者的整体交易行为和市场未来收益率。饶育蕾等（2014）在 A 股市场上发现了类似的股价"新高效应"。以上研究表明，股票价格或收益率的变动程度同样可以作为投资者关注的间接代理指标。

（二）媒体报道度

资产定价过程的本质是资产吸收、反映市场信息的过程，而搜集、选择、证实、重新包装以及传导信息是媒体的天然职能，因此，媒体报道会引起投资者对个股（市场）信息的关注，个股（市场）为媒体报道的程度也因而成为个股（市场）为投资者关注程度的有效度量指标。Fang 和 Peress（2009）发现了股票收益率的"媒体效应"，股票得到媒体报道的程度与其收益率成反比，他们认为，原因是媒体报道提高了股票的受关注度，减少了股票信息的不确定性，从而降低了股票收益率的风险补偿部分。王建新等（2015）借助百度新闻搜索引擎获取上市公司的网络新闻数据，验证了 A 股市场"媒体效应"的存在。Hillert 等（2014）发现媒体报道吸引投资者对特定股票的持续关注，进而导致其股价的惯性现象。余峰燕等（2012）发现，在公司进入 IPO 后的静默期，媒体对公司招股说明书中陈旧信息的重复报道仍然能够引起投资者的关注进而影响公司股价。Engelberg 和 Parsons（2011）发现标普 500 指数的盈余公告是否得到特定地域投资者的反应，取决于该地的地区性媒体有没有对该盈余公告进行报道。如果本地媒体进行了报道，会导致本地投资者的交易量提高8%—50%。Lou（2014）发现广告能引起投资者的关注，公司广告支出的增加伴随着零散投资者的净买入和短期内的正超额收益率。张圣平等（2014）以媒体报道作为投资者关注度量指标，发现媒体报道加快了信息被反映进入股价的速度，减小了盈余漂移。

（三）分析师跟踪度

市场分析师对个股的盈利预测报告可以提高公司曝光度与认知度，帮助投资者提高解读公司信息的效率，从而提高投资者对公司信息的关注程度，因此，与媒体报道度类似，已有研究也经常通过分析师跟踪度间接度量个股为投资者关注的程度。Hong等（2000）发现，分析师覆盖度更高的个股，动量效应更弱，这一现象表明分析师的跟踪提升了个股被投资者关注的程度，个股价值相关信息被反映到股价中的速度加快，股价动量效应因而被削弱。Zhang（2008）发现分析师跟踪度与公司盈余公告漂移现象显著负向相关，表明分析师跟踪提高了投资者对公司的关注度，从而提高了个股定价效率。Dong和Ni（2014）发现分析师跟踪度更高的个股，收益率与行业收益率的联动性更弱，表明分析师有促进个股市场信息扩散、提高投资者对个股关注程度的作用。Li和You（2015）对分析师创造价值的三个可能渠道进行了调查，发现分析师跟踪对个股为投资者认知程度的改变是市场对分析师盈利预测报告与荐股报告做出积极反应的主要原因，相反，分析师跟踪在改善个股信息不对称程度与公司基本面状况方面的作用并不明显。

（四）机构投资者持股比例

Barber和Odean（2008）认为机构投资者面临的注意力约束更少，更能保持对市场信息的随时关注，机构投资者比例越高，对市场信息的处理和扩散速度越快。同时，机构投资者大多为专业知识与从业经验丰富的精明投资者（Sophisticated Investors），机构投资者对个股的投资决策往往受到个人投资者的高度关注。因此，机构投资者持股比例与个股为个人投资者关注的程度存在显著正向相关关系，部分学者据此直接使用机构投资者持股比例度量个股在市场中为个人投资者的关注程度。如饶育蕾等（2012）以机构投资者持股比例度量投资者关注度，发现投资者能对高关注度公司的应计项目做出合理定价，相反对低关注度公司的应计项目做出错误的定价。

（五）网络搜索量

Da 等（2011）指出，投资者在网络搜索引擎中搜索股票简称时，毫无疑问正在对该股票给予关注。因此，网络搜索量能够直接度量投资者对个股的关注程度。据此，Da 等（2011）以 Google 搜索量指数（SVI）度量市场投资者的关注程度，发现个股 SVI 的上升导致个股价格在未来两周内上升，随后在未来一年内反转，这一现象符合 Barber 和 Odean（2008）提出的注意力驱动效应，从而验证了 SVI 度量投资者关注的有效性。随后，SVI 作为投资者关注的度量工具在学术研究中得到了广泛的应用。如 Aouadi 等（2013）以 SVI 为投资者关注度量指标，检验了投资者关注度对法国股票市场非流动性和波动率的影响。而 Vozlyublennaia（2014）则利用 SVI 对投资者关注与股票市场表现的相关性进行了检验，发现二者存在双向因果关系。市场关注度上升后，股票指数在短期内出现显著的变化。同时，股票收益率的显著变化会引起投资者对股票市场关注度的长期变化。

由于 Google 已经退出中国市场，国内学者改用百度搜索量度量 A 股投资者的关注程度及其市场影响。如俞庆进和张兵（2012）以百度搜索量实证检验了创业板股票受关注程度与其市场表现的相关性，Zhang 等（2013）使用百度搜索量解释投资者关注度对 A 股市场个股超额收益和定价效率的影响，张继德等（2014）以百度指数衡量投资者关注度，检验了投资者关注度对个股流动性的影响，赵龙凯等（2013）使用百度搜索量，对投资者关注是否是 A 股市场的显著风险因子进行了实证研究，张谊浩等（2014）以百度搜索量为关注度指标检验投资者关注度对 A 股股票短期收益率、短期交易量及累计收益率的影响，并提出了基于投资者关注的 A 股股票投资组合策略，杨晓兰等（2016）、金宇超等（2017）还利用财经门户网站和讯网的站内搜索量衡量投资者的关注程度。

（六）网络论坛关注度

随着互联网的飞速发展，互动网络社区成为个体表达关注、意见和情绪的平台，一些学者尝试通过挖掘分析个体在主流网络财经社区中的行为特征，度量个体对特定股票的关注程度。Huang 等（2016）利用东方财富网上市公司股吧发帖者的 IP 地址识别发帖者所处的地理位置，以公司总部所在城市的网民发帖数占发帖总数的比例，度量公司为本地投资者关注的程度，进而从本地偏差（Local Bias）的视角，检验了投资者注意力的地域配置对 A 股市场的潜在影响。孙书娜和孙谦（2018）以雪球网上注册用户添加自选股的信息分享量构建"雪球关注度"，作为个人投资者关注的代理变量，发现个股需求关注度的上升会导致个股价格的上涨和交易量的剧增，且基于该关注度指标构建的投资策略收益远超同期沪深 300 指数的表现。

第二节　投资者关注影响资产定价的理论研究

一　理性疏忽模型

在理论方面，已有研究主要通过两类思路建模推导投资者关注对资产价格以及资产定价过程的影响。第一类模型假设投资者选择性关注市场信息的特征是内生的，是投资者存在注意力约束时的理性选择，因此此类模型被称为理性疏忽模型（Rational Inattentive Model）。Sims（2003）最早基于这一思路，将个体注意力的约束转化为信息处理能力的约束（Capacity Constraints），对将这一约束加入宏观经济动态规划模型后的影响进行了讨论。Sims（2006）进一步通过加入对非二次效用函数的考虑，对先前的模型进行了拓展。Sims（2003，2006）的核心思想是信息流通过 Shannon 信息通道传输，个体通过观察分析等信息处理行为 Y 减少信息信号 X 的不确定性，信息不确定性的改善程度受到其信息处理能力 C 的约束，此时个体最终获得的信息流 $I(X,Y)$ 可以表示为：

$$I(X,Y) = H(X) - H(X|Y) \leq C \quad (2-1)$$

其中，$H(X)$ 为 X 的无条件熵，即不确定性程度，$H(X|Y)$ 为以个体信息处理行为 Y 为条件的 X 的条件熵，C 为个体的信息处理能力。由于个体信息处理能力的有限性，个体理性的选择以有限的准确程度获取信息。Sims（2003）指出，此类模型对美国战后宏观经济数据中所表现出来的惯性特征具有较好的解释能力。

Huang 和 Liu（2007）在 Sims（2003）的基础上，基于理性疏忽的思路建模，对投资者在股票市场中的最优交易策略与最优信息获取策略进行了理论分析。在 Huang 和 Liu（2007）的模型中，存在 1 个无风险资产和 1 个风险资产（股票），风险资产的价格 S_t 取决于预测变量 X_t，但预测变量 X_t 不能免费地被观察到，投资者需要在信息市场中花费成本获取预测变量 X_t 的相关信息。此类信息包括（定期财报等）周期性信息（Periodic News）和（媒体报道等）连续性信息，且这些信息并不总是完全准确的。t 时刻到达的周期性信息可以表示为 $y_t = X_t + \varepsilon_t$，其准确程度为 ε_t 的标准差 α_ε 的倒数。投资者获取第 i 条周期性信息的成本为 $\beta_i(\alpha_\varepsilon)$，总信息成本为 $\sum_{i=1}^{N}\beta_i(\alpha_\varepsilon)$。连续性信息 v_t 的成本为 $\beta_c(\alpha_v)$，准确度为 α_v。假设投资者存在双曲线绝对风险厌恶（Hyperbolic Absolute Risk Aversion，HARA）型效用函数。此时投资者的最优投资策略（最优风险资产数量）取决于周期性信息的总量 N、信息的重要程度（X_t 的条件均值）、信息成本 $[\sum_{i=1}^{N}\beta_i(\alpha_\varepsilon) + \beta_c(\alpha_v)]$ 以及信息的准确程度（α_ε 与 α_v）。利用这一模型，Huang 和 Liu（2007）指出，信息成本的存在导致投资者理性的选择以有限的频率（即仅获取 N 条信息中的一部分而非全部）和有限的精准度获取信息，这一理性疏忽行为会显著改变投资者的最优交易策略和风险资产的持有数量，导致投资者对股票资产投入不足或过度投入。而投资者的最优信息获取策略是根据投资视野在信息获取频率和信息准确度之间进行平衡，风险厌恶水平更高、投资视野更长的投资者会减少获取信息的频率，更注重所获取信息的准确度。

Peng 和 Xiong（2006）利用理性疏忽模型分析投资者对市场、行业、个股层面信息的获取优先顺序，进而解释了个股股价过度同涨共跌的现象。在 Peng 和 Xiong（2006）的模型中，一个代表性的投资者存在指数型的消费效用函数，在每一期投资中均以最大化预期终生效用为目标，投资者持有的股票组合包括 m 个行业，每个行业组合中有 n 家公司股票，组合中 i 行业第 j 家公司在 t 时刻的股息可表示为：

$$d_{i,j,t} = h_t + f_{i,t} + g_{i,j,t}, \quad i=1,\cdots,m, \quad j=1,\cdots,n \quad (2-2)$$

h_t、$f_{i,t}$ 和 $g_{i,j,t}$ 分别为 t 时刻的市场因子、第 i 个行业的行业因子和第 i 个行业第 n 个公司的个股因子，这些因子不可观测且相互独立，但其分布情况为投资者所知，且投资者通过学习行为基于上期股息对当期股息进行预测，投资者面临的注意力约束决定投资者单期可以处理的最大信息数量和学习行为强度。假设 t 时刻投资者对市场、行业和个股信息的相对关注程度（比例）分别为 $\lambda_{h,t}$、$\lambda_{f,i,t}$ 和 $\lambda_{g,i,j,t}$，且 $\lambda_{h,t} + \sum_{i=1}^{m}\lambda_{f,i,t} + \sum_{i=1}^{m}\sum_{j=1}^{n}\lambda_{g,i,j,t} \leqslant 1$，则 t 时刻投资者的注意力配置向量为：

$$\Lambda_t = (\lambda_{h,t}, \lambda_{f,1,t}, \cdots, \lambda_{f,m,t}, \lambda_{g,1,1,t}, \cdots, \lambda_{g,m,n,t})^T \quad (2-3)$$

投资者在学习过程中关注市场、行业和个股等各个层面信息并形成自己对资产组合未来收益的信念向量 S_t。给定资产均衡价格，此时，投资者面临的注意力配置问题可以转化为：

$$V_t = \min_{\Lambda_t} \mathrm{var}_t\left(\sum_{i=1}^{m}\sum_{j=1}^{n} d_{i,j,t+1} \mid S_t\right) \quad (2-4)$$

也就是说，投资者注意力配置的目标是最小化其资产组合下一期股息支付数量信息的方差（即不确定性），此时投资者向某因子给予关注的必要条件是这一关注对其带来的边际收益超过其机会成本。

Peng和Xiong（2006）指出，由于市场与行业层面因子对投资者资产组合收益不确定性的影响程度更大，式（2-4）表明投资者会存在类别学习行为，优先关注与获取市场、行业信息，而相对较少关注个股特质信息。首先，投资者对个股特质信息的理性疏忽导致市场中个股收益率的互相关性远远超过其基本面价值的互相关性，即个股股价过度同涨共跌。其次，某个行业内的信息处理效率越高，投资者就有越多空余的注意力用于处理和关注该行业中个股的特质信息，因此行业内各个股之间收益率的互相关程度对该行业信息效率具有负向指示作用。最后，信息技术的发展带来投资者信息处理能力的提高，使投资者有更多剩余注意力配置于个股层面信息，从而削弱个股之间收益率的互相关性，这一推论与美国市场近30年来个股收益率互相关性逐步减弱的实证发现完全吻合。

Drake等（2017）研究发现，投资者对个股关注程度的同步性是个股股价存在高同步性的重要原因，而对个股关注的同步性源于投资者对个股所属市场和行业整体的关注，间接证实了Peng和Xiong（2006）的前述理论。Huang等（2019）以彩票开奖作为个体对股票市场关注程度的外生冲击事件，验证了Peng和Xiong（2006）的这一类别学习行为理论。他们发现，当中国台湾的乐透彩票奖池累计超过5亿台币时，个体的注意力会被潜在的超级大奖所吸引，进而减少对股票市场的关注程度，此时个股股价的同步性明显增加，且这一效应在更受个人投资者青睐的股票中更强，表明如Peng和Xiong（2006）的理论模型所预期的那样，当投资者对股票市场的整体关注程度降低时，他们更多地关注市场层面而非个股层面的信息。Kottimukkalur（2019）发现，在那些市场整体震荡剧烈的交易日，个股公司的盈余公告惯性效应更强，同样吻合Peng和Xiong（2006）有关个人投资者优先将注意力配置于市场整体信息，而非个股特质信息的理论预期。

Mondria等（2010）也基于理性疏忽的思路，从投资者关注的角度建模对个股同涨共跌的现象进行了解释。不同于Peng和Xiong

(2006)，在 Mondria 等（2010）的模型中，投资者需要理性地在两种不同的风险资产，而非市场、行业与个股三个层面的信息中，进行注意力分配。具体而言，Mondria 等（2010）沿用 Sims（2003，2006）的思路，使用熵的概念描述信息 X 的不确定性，一个代表性的投资者面临前文式（2-1）所示的信息处理能力约束，需要在三期中就两个风险资产的数量与注意力配置进行最优决策。投资者在第一期选择获取它们的私人信号，在第二期基于资产价格与其对私人信号的观察确定最优资产组合，在第三期出清资产并消费投资收益。投资者 i 选择获取的私人信号满足：

$$\tilde{Y}_i = C_i \tilde{R} + \tilde{\varepsilon}_i, \quad \tilde{\varepsilon}_i \sim N(0, \sum i) \tag{2-5}$$

其中，$\tilde{R}$ 为两个资产的收益向量，$\tilde{\varepsilon}_i$ 为噪音向量，$\sum i$ 为 $\tilde{\varepsilon}_i$ 的方差协方差矩阵，C_i 为任意的 2×2 的矩阵。式（2-5）表明，受到投资者注意力约束的限制，投资者获取的私人信息 $\tilde{Y}_i$ 为两类风险资产收益的线性组合结果。在均衡状态下，投资者用同一个私人信息去同时更新对两类资产的收益信念，从而导致两类资产价格的过度同涨共跌现象，并可能诱发资产价格波动的传染效应。

二 注意力异质模型

另外一些学者不考虑投资者的注意力配置过程，而是外生地将市场投资者分为面临注意力约束、仅关注部分市场信息的疏忽投资者（Inattentive Investor）和关注所有信息的理性投资者（Rational Investor 或 Attentive Investor），动态考察市场中不同类别投资者的比例对资产定价过程的影响。Hirshleifer 和 Teoh（2003）最早构建了一个这样的投资者注意力异质模型，在模型中外生地假定市场中存在比例为 f 的疏忽投资者和比例为 $1-f$ 的理性投资者（分别以上标 k 和 ρ 表示）。两类投资者存在同样的均值方差型效用函数，$t=1$ 时投资者 φ 的预期效用可以表示为 $E_1^{\varphi}[C] - \frac{A}{2}\mathrm{var}_1^{\varphi}(C)$，其中 C 为期末的消费数量，

A 为风险厌恶系数。假设市场中风险资产的初始数量为 x_0，$t=1$ 时，投资者以 S_1 的价格买卖风险资产，买卖的数量为 x，$t=2$ 时风险资产的清算价值为 S_2，则投资者的期末消费为：

$$C = W_0 - (x - x_0)S_1 + xS_2 \qquad (2-6)$$

第 φ 类投资者面临的效用最大化问题为：

$$\max_{x^\varphi} x^\varphi(E_1^\varphi[S_2] - S_1) - \frac{A}{2}\mathrm{var}_1^\varphi(x^\varphi S_2) \qquad (2-7)$$

由式（2-7）得到的第 φ 类投资者的风险资产数量为：

$$x^\varphi = \frac{E_1^\varphi[S_2] - S_1}{A\mathrm{var}_1^\varphi(S_2)} \qquad (2-8)$$

根据市场出清条件 $fx^k + (1-f)x^\rho = x_0$，解得 $t=1$ 时风险资产的均衡价格为：

$$S_1 = \kappa E_1^k[S_2] + (1-\kappa)E_1^\rho[S_2] - \frac{Ax_0}{\alpha^k + \alpha^\rho} \qquad (2-9)$$

其中，$\alpha^k = \dfrac{f}{\mathrm{var}_1^k(S_2)}$，$\alpha^\rho = \dfrac{1-f}{\mathrm{var}_1^\rho(S_2)}$，$\kappa = \dfrac{\alpha^k}{\alpha^k + \alpha^\rho}$。当股票净供给为 0，股票仅在两类投资者之间换手时，式（2-9）可以简写为：

$$S_1 = \kappa E_1^k[S_2] + (1-\kappa)E_1^\rho[S_2] \qquad (2-10)$$

式（2-10）表明，当市场存在两类在注意力方面存在差异的投资者时，股票价格是两类投资者对股票未来价格期望的加权平均，两类投资者对均衡价格的影响权重取决于两类投资者的比例及其对股票未来价格期望的方差。

基于式（2-10），Hirshleifer 和 Teoh（2003）进一步建模刻画了会计信息的呈现形式对市场中疏忽投资者的比例 f 的影响，进而推导出一系列可检验的实证命题。概括而言，Hirshleifer 和 Teoh（2003）认为，相较于复杂、晦涩的会计信息，简单、突出、易懂的会计信息更容易得到投资者的关注。因此，公司管理者可以通过对会计报告的披露形式、时机以及会计政策的选择影响不关注公司财务信息的疏忽投资者的比例，进而影响公司股票价格。

Barber 和 Odean（2008）认为个人投资者在面临注意力约束时将存在注意力驱动行为，净买入能够吸引他们关注的个股，并建模推导了投资者的注意力驱动交易行为对其股票收益的关系。他们假定市场存在两类投资者，一类为关注所有市场信息的知情者，另一类为注意力有限，从而对市场信息的关注与获取存在滞后，并存在注意力驱动交易行为的噪音交易者。风险资产进行两轮交易，知情交易者在 $t = 2$ 时的最大化期望收益为：

$$\max_{x_2} E\{x_2[(\tilde{v} - P_2) \mid \tilde{y}_1, \tilde{y}_2]\} \quad (2-11)$$

其中，$\tilde{y}_1$ 和 $\tilde{y}_2$ 相互独立，分别为风险资产在第 1 期和第 2 期的收益。$\tilde{v} = \tilde{y}_1 + \tilde{y}_2$，为风险资产的终值，$P_2$ 为 $t = 2$ 时的均衡价格。Barber 和 Odean（2008）认为极端的价格变动会吸引噪音投资者对个股的关注，因此在 $t = 1$ 时，噪音投资者对个股的关注程度可以表示为个股收益的平方 $\tilde{y}_1^2$。对式（2-11）按 $\tilde{y}_1^2$ 求一阶导数，可得：

$$\frac{\delta}{\delta \tilde{y}_1^2} E[x_2 (\tilde{v} - P_2) \mid \tilde{y}_1] > 0 \quad (2-12)$$

由于知情者的利润等于噪音交易者的损失，因此，式（2-12）意味着噪音交易者在注意力驱动交易行为下净买入的股票未来在市场中会表现不佳，噪音交易者对此类股票的关注程度越高，其未来的收益率相对越低。

Dellavigna 和 Pollet（2009）基于 Hirshleifer 和 Teoh（2003）的思路建模分析了投资者关注对盈余惯性现象的影响。市场中存在价格为 P_t 的风险资产，在 $t + 1$ 期开始前支付风险股息 $D_{t+1} = \delta + s_t + \varepsilon_{t+1}$。$s_t \sim N(0, \sigma_s^2)$，$\varepsilon_{t+1} \sim N(0, \sigma_\varepsilon^2)$ 为 t 期末前无法观测到的随机变量，s_t 与 ε_{t+1} 相互独立且在各期内独立同分布。在 t 期初，投资者 i 投资 λ_t^i 单位风险资产，以实现其期末财富 W_t^i 的最大化。比例为 $1 - \mu_t$ 的理性投资者（Attentive Investor）观察到信号 s_t 的到来并基于 s_t 完成这一财富最大化过程，而比例为 μ_t 的疏忽投资者没有关注到这一价值相关信号。所有的投资者均具有风险厌恶参数 $\gamma > 0$ 的二次效用函数，此时第 i 个投资者的最优化问题为：

$$\max_{\lambda_t^i} E_t^i \left[W_{t+1}^i \right] - \frac{\gamma}{2} \mathrm{var}_t^i \left[W_{t+1}^i \right]$$

s. t. $W_{t+1}^i = \lambda_t^i (P_{t+1} + D_{t+1} - P_t) + (W_t^i - \lambda_t^i P_t) R + W_t^i$

(2 – 13)

R 为无风险收益率，可得到 t 期的风险资产价格为：

$$P_t = \frac{\delta - \bar{a}}{R(1+R)} + \frac{\delta - a_t}{1+R} + \frac{1 - b_t}{1+R} s_t \qquad (2-14)$$

$\bar{a}$、a_t 和 b_t 与投资者的风险厌恶系数、风险资产价格的条件均值、条件方差、疏忽投资者的比例相关，且 b_t 是疏忽投资者比例的增函数。因此，式（2 – 12）表明，疏忽投资者的比例与市场对信号 s_t 的即时反应程度成反比。

Dellavigna 和 Pollet（2009）认为投资者在临近周末时注意力被工作之外的事情分散，星期五疏忽投资者的比例更高，而其他交易日疏忽投资者的比例相对更低。因此，由式（2 – 12）可以推导出，投资者对星期五发布的盈余公告（即信号 s_t）的市场及时反应更弱，相应的盈余惯性现象应当更强。他们的实证研究证实了其模型推论，与其他交易日相比，投资者对星期五发布的盈余公告的及时反应程度低 15%，滞后反应程度高 70%，同时，星期五发布的盈余公告带来的交易量变动比其他交易日少 8%。

Da 等（2014）利用类似的模型推导了投资者关注度对股价动量效应的影响。在一个两阶段模型中，股票在 $t=2$ 时支付清算股息，其数量等于 $t=1$ 时 N 个相互独立的信号的加总（表示为 s^i，$i=1,\cdots,N$），与 $t=2$ 时的另外一个独立信号 s_2 之和。所有信号的均值为 0，因此 $t=0$ 时股票的价格为 0。令 $s_1 = \sum_{i=1}^{N} s^i$，$t=2$ 时，股票价格等于 $s_1 + s_2$。假设不存在注意力约束的理性投资者比例为 $1-m$，而另外 m 比例的疏忽投资者在 $t=2$ 时才关注到 $t=1$ 时出现的、信息强度低于阈值 k 的信息。两类投资者都具有常数风险厌恶型（Constant Absolut Risk Aversion，CARA）效用函数，且风险厌恶参数值相等。$t =$

1 时，N 个信号相互独立并服从均匀分布 $[-L, L]$，且 $L > k$。计算每类投资者的最优股票需求数量，根据市场出清、股票换手的约束条件，可以得到 $t = 1$ 时的均衡价格为：

$$P_1 = s_1 - m \sum_{i=1}^{N} s^i l\{|s^i| < k\} \qquad (2-15)$$

式（2-15）表明，由于疏忽投资者的存在，$t = 1$ 时信息强度低于阈值 k 的信息仅部分被反映到股价之中。此时，$t = 1$ 与 $t = 2$ 时的股价变动的协方差可以表示为：

$$\mathrm{cov}(P_1 - P_0, P_2 - P_1) = m(1-m)N\frac{k^3}{3L} \qquad (2-16)$$

由于 m 大于 0 小于 1，式（2-16）恒大于 0，表明疏忽投资者对信息强度较低信号的不关注会导致股票价格前后的正向相关性，即导致价格动量效应。

Andrei 和 Hasler（2015）建模分析了投资者关注度的时变特征对股票收益波动率和风险溢价水平的影响。Andrei 和 Hasler（2015）将投资者对股票市场的整体关注程度 Φ_t 定义为股票市场表现 φ_t 的函数：

$$\Phi_t = \frac{\overline{\Phi}}{\overline{\Phi} + (1 - \overline{\Phi})\,e^{\Lambda \varphi_t}} \qquad (2-17)$$

其中，Λ 为投资者对未预期股息增长率的调整速度，$\Lambda \in i$，$\overline{\Phi}$ 为投资者关注度的长期均值，且 $0 \leq \overline{\Phi} \leq 1$，长期而言 Φ_t 围绕其均值上下波动。Φ_t 与 φ_t 的关系取决于 Λ 的系数符号，Λ 小于 0 时，Φ_t 随 φ_t 递增；反之，Λ 大于 0 时，Φ_t 随 φ_t 递减。由于 Λ 外生给定，因此投资者的关注度 Φ_t 也是严格外生的。基于这一模型设定，Andrei 和 Hasler（2015）推导发现，股票市场整体波动率和风险溢价水平与投资者对市场的关注程度正向相关，投资者关注程度越高，市场信息吸收进入股票价格中的速度越快，股票收益的波动程度越高，而高波动率意味着市场风险和风险溢价水平的上升。同时，在学习机制的作用下，市场不确定性会对投资者关注的这些影响产生推波助澜的作用。

彭叠峰等（2015a）基于投资者注意力异质的假设，构建了一个基于投资者关注传染机制的理论模型，认为投资者关注可以合理解释股票动量效应和反转效应并存的事实。彭叠峰等（2015a）将市场交易过程分为3期，与Hirshleifer和Teoh（2003）的模型一样，$t=1$期风险资产的价格取决于疏忽投资者与关注投资者的权重以及他们对$t=2$期股票价格的期望［如式（2-10）所示］，而疏忽投资者对历史价格信息的反映不足导致股价动量效应［参见Da等（2014）的模型结果］。在$t=3$期，彭叠峰、饶育蕾和雷湘媛（2015a）等引入注意力传染机制，认为投资者会跟其他人分享自己对某只股票的关注，诱导无经验的正反馈交易者进入市场，从而推动股票价格和收益率的反转。

此外，Che和Mierendorff（2019）构建了一个基于信息源性质的注意力动态配置模型，认为个体在注意力有限时，对特定信息的最优搜寻时间，即在该信息上的注意力最优配置策略取决于其信息源的性质，他们会在遇到符合其直觉判断的信息源时停止信息搜寻，并迅速做出决策。Andrei和Hasler（2020）构建了基于股票收益可预测性的投资者注意力动态配置模型，在最优动态策略下，投资者对市场的关注程度是股票收益预测指标的U形函数，股票的长期价值不确定性越高，投资者对市场的关注程度越高。Bordalo等（2020）将个体注意力的有限性与个体记忆形成的过程关联起来，认为个体通常依赖自身已有的经历做出行为决策，与其已有经历迥异的罕见事件会引起个体的强烈关注，进而过度影响其对类似事件的决策判断。换言之，个体在面临风险决策时会更多关注潜在风险结果的突出性。Cattaneo等（2020）认为，个体的注意力不仅是有限的，而且其注意力在不同信息集上的配置过程是随机的。他们发现，引入注意力随机配置原则，能够完善显示性偏好（Revealed Preference Theory）等经济学基础理论。限于篇幅，本书对这些理论模型不做详细介绍，读者可自行参阅。

第三节　投资者关注影响股票定价的经验证据

一　投资者关注与注意力驱动交易

尽管理性疏忽模型与注意力异质模型在投资者有限关注的特征为内生还是外生方面存在分歧，但这两类模型都注意到了投资者面临的注意力约束以及疏忽投资者的存在，且都预期投资者关注会对股票等资产定价过程产生显著而广泛的影响。已有的实证研究表明，这一影响通常可通过三种途径实现。

投资者关注影响资产定价的第一个途径是引发注意力驱动交易行为。Cooper 等（2001）指出，在美国互联网泡沫时期，上市公司只需将公司改名为与互联网有关的名称，就能迅速获得投资者的关注，吸引投资者积极买入公司股票，进而推动股价显著上涨。Barber 和 Odean（2008）认为，这一现象与个人投资者在买入和卖出股票时面临不对称的注意力约束有关。个人投资者买入股票时面临成百上千种选择因而注意力分散，只有那些能够引起投资者关注的个股（Attention Grabbing Stocks），如受到媒体高强度报道、交易量异常之高、日收益率极高或极低的股票，才能进入投资者的个股选择集（Choice Set）。相反，个人投资者通常因只持有少数几家公司股票，因此在卖出股票时仅需在较少的选项中做选择，注意力相对更为集中。投资者买卖决策面临的注意力不对称行为会导致个人投资者净买入那些高关注度的个股，换句话说，投资者对个股的关注会导致注意力驱动交易行为。

学者在国内外资本市场都发现了注意力驱动交易行为的存在性。Seasholes 和 Wu（2007）发现上交所中，涨停的股票通常具有高收益率、高交易量和高新闻报道度三个特征。这些特征以及涨停事件本身都会吸引投资者的注意力，诱使个人投资者购买这些他们之前并未持有的股票。基于这一注意力驱动行为的投资策略可以获得

1.16%的日平均超额收益率。Huddart等（2009）发现个股股价创52周新高或新低是能够吸引投资者关注的市场事件，这些事件发生后，个股交易量会显著增加，且增加的交易量大都源自小型投资者从买方发起的交易，这一现象同样印证了注意力驱动交易行为的存在。饶育蕾、徐莎和彭叠峰（2014）对A股市场1995—2011年的股价历史新高事件进行研究，发现股价历史新高后存在短期内显著的正超额收益与后续期间股票收益的显著反转，表明股价创新高后引起投资者的关注导致注意力驱动交易行为，促使股价上涨，市场对这一行为的修正导致随后的收益反转现象。Yuan（2015）也发现，个人投资者在市场整体层面的净买入程度与其对市场整体的关注程度存在显著关联。

Da等（2011）以个股简称在Google搜索引擎中被搜索的次数度量个股为投资者所关注的程度，发现个股搜索量的上升伴随着更高的个股股价上涨压力，这一影响会持续2周左右，并在随后的一年内逐步反转。同时，个股搜索量对IPO股票的高首日上市收益率及随后的收益率长期低迷也有很好的解释能力。这些现象同样符合注意力驱动交易效应的预期。俞庆进和张兵（2012）、张继德等（2014）以百度搜索量度量投资者关注程度，在A股市场上发现了类似的注意力驱动交易效应，投资者的关注在短期内给个股带来正向的价格压力，在中长期内这一压力会发生反转，利用这一效应还可对股票集合竞价时的价格跳跃行为进行预测。宗计川等（2020）从通顺度、熟悉度、地理和行业信息度、产品代表度4个维度评价A股新上市公司股票名称的辨识度，发现名称具有高辨识度的股票更容易受到个人投资者的关注，其上市后的短期收益更高，而机构投资者会利用个人投资者的这一关注偏好进行反向交易获利。

Lou（2014）研究发现，上市公司的广告支出会吸引投资者对公司的关注，随后投资者的注意力驱动交易行为会带来股价的短期上涨，上市公司管理者利用这一注意力驱动交易效应对公司受关注程度进行针对性调节，在管理者等内部人减持股票前增加广告投入，提高个股股价以为减持行为创造更有利的市场条件，在减持行为完成后，公司广告投入呈现明显的下降态势。Madsen 和 Niessner（2019）也发现在商业出版物投入广告会带来个人投资者对公司股票关注程度的上升，表现为公司股票代码在 Google 中被搜索的次数明显增加，而这将增加公司股票的交易量，改善股票流动性，例如股票的市场深度。

冯旭南（2017）以"股票交易龙虎榜"作为投资注意力的外生冲击事件，探讨了 A 股市场的注意力驱动交易行为及其市场影响。沪深交易所每日发布的"股票交易龙虎榜"披露了股价或交易量异动的个股信息，并经财经媒体、股票交易终端等途径广泛传播，因而广受投资者关注。冯旭南（2017）的研究表明，注意力驱动交易导致个股在登上"股票交易龙虎榜"后的 10 个交易日内累计超额收益率明显上升。类似地，刘杰、陈佳和刘力（2019）等同样发现"股票交易龙虎榜"上榜使个股受到投资者更多关注，个股随后的小额（大额）资金净流入增加（减少），短期收益上升，而短期股价波动率下降。刘莉亚等（2020）则发现具有资金优势的个人投资者账户，利用"股票交易龙虎榜"导致的注意力驱动交易行为，对上榜股票进行炒作，导致股价产生短期动量效应进而从中获利。

注意力驱动交易行为还可以解释 A 股市场的超高新股首日收益和异质波动之谜等市场异象。罗琦和伍敬侗（2017）利用双边随机前沿分析模型，分一级、二级市场探讨了投资者关注度对 IPO 首日超额收益的影响，发现一级市场的高投资者关注度加剧了 A 股新股发行价格超出内在价值的程度，一级市场的定价泡沫使新股在二级市场上获得更大的关注，导致新股上市首日在二级市场进一步受到追捧，从而推高新首日收益。陆蓉和杨康（2019）则发现个股特质波动率与其股票收益率的负向关系，即所谓的异质波动之谜仅在存在极端日收益、涨跌停或异常交易量的高关注度个股中存在，其原因在于这些高关注度个股通常同时有着高异质波动率，个体因注意力驱动买入此类个股，推高其股票价格，从而导致其未来的低收益。

Kaniel 和 Parham（2017）指出注意力驱动交易行为在共同基金市场同样存在，《华尔街日报》每季度在专栏中列示过去 12 个月收益率最高的 10 个基金，报纸刊出后的一个季度内，排名第 10 因而上榜的基金的资金流入额比排名第 11 因而未上榜的基金多出惊人的 31%，而二者过去 12 个月的市场表现并未有显著的差异，表明《华尔街日报》的专栏报道事件引起了基金投资者的关注，注意力驱动交易行为导致更多的资金流入上榜的基金。

值得一提的是，尽管 Barber 和 Odean（2008）认为注意力驱动交易导致个人投资者追逐高关注度个股的行为非理性，因而会损害其投资表现，但 Gargano 和 Rossi（2018）的实证研究结果却给出了相反的结论。基于个人证券账户的交易数据，Gargano 和 Rossi（2018）的研究发现，个人投资者对市场的关注程度与其投资组合或单笔股票交易的收益正向相关，导致这一结果的主要原因在于，个人投资者的确如 Barber 和 Odean（2008）所指出的那样，受到注意力限制的影响而净买入有着极高历史收益，因而吸引个体关注的个股，这些股票的正向收益通常存在动量效应因而能够持续长达 6 个月之久，买入这些个股能够为投资者的投资收益带来积极影响。

二　投资者关注与市场信息扩散

投资者关注还会直接影响价值相关信息的扩散速度进而影响资产定价过程。如前文所述，EntreMed 公司的案例充分表明，只有被投资者关注到的信息才能反映到股价之中。在注意力约束下，投资者只能选择性地关注市场信息，从而总体而言对市场信息反应不足。对公司盈余公告信息的反应不足将导致盈余公告漂移现象（即盈余惯性现象），对历史股价信息反应不足将导致股价动量效应。

Dellavigna 和 Pollet（2009）发现，投资者临近周末容易被工作以外的活动分散注意力，因此对星期五公告的盈余信息的即时反应要弱于其他交易日，随后的盈余公告漂移现象则较强。他们的实证结果显示，投资者对星期五发布的盈余公告的即时反应较其他交易日弱15%，随后的盈余公告漂移效应则强70%，从而支撑了盈余漂移是由投资者有限关注导致的对信息反应不足的论点。Louis 和 Sun（2010）发现，投资者对星期五发布的股票收购公告的反应也弱于其他交易日。国内学者发现 A 股投资者对市场的关注程度同样存在周历效应，但与国外资本市场的特征有所不同。李小晗和朱红军（2011）发现，投资者在工作日因为工作日常事务而分心，对工作日发布的盈余公告的关注程度不如周末，工作日公告的盈余漂移强于周末公告。王磊等（2012）发现，星期一发布的盈余公告市场及时反应更强，他们认为这是由于周末信息的累积，中国股票市场在周一表现出高波动性，投资者针对这一风险认知而提高在星期一对股市的关注程度。

Hirshleifer 等（2009）发现，盈余公告数量较多的交易日，无论从股价还是成交量来看，投资者对意外盈余的即时反应都相对较弱，随后的盈余漂移则较强。他们认为这是由于投资者对公司盈余信息的关注因其他公司盈余公告的干扰而分散，并将这一注意力分散现象称为"分心效应"（Distraction Effect）。Frederickson 和 Zolotoy（2016）进一步指出，当投资者受到这一分心效应影响时，会优先处理受关注度更高公司的盈余公告信息。因此，当同一个交易日市场有多家公司发布盈余公告时，更受关注个股的盈余公告漂移程度更弱。方军雄等（2018）发现，A 股市场投资者对分析师评级报告的市场反应同样受到了此类分心效应的影响，同日发布的分析师研究报告越多，投资者对分析师评级报告的即期反应越弱，而滞后反应的程度越大。

Hou 等（2009）发现，相较于牛市，投资者在熊市时对股市的关注程度更低，对意外盈余信息的反应更加不足，盈余漂移现象更强。Loh（2010）以换手率为投资者关注度度量指标，发现分析师荐股意见发布后，低关注度股票在 3 个交易日时间窗口内的市场即时反应显著弱于高关注度股票，而随后的股价漂移程度是高关注度股票的两倍。权小峰和吴世农（2010）以换手率作为投资者关注程度度量指标，发现投资者关注度与盈余惯性存在显著的负向关系，管理层据此选择盈余公告的时机，在投资者关注程度高时发布好消息，在关注程度低时发布坏消息。张圣平等（2014）以媒体报道作为投资者关注度量指标，发现媒体报道加快了信息被反映进入股价的速度，减小了盈余惯性。

Da 等（2014）指出，投资者的关注度影响股价动量效应的强度，只有强度超过一定阈值的价格信息才能为投资者及时关注，强度低于阈值的价格信息会被投资者延迟处理。因此，个股动量效应的强度与其价格信息的强度呈现负相关关系，在将个股按照价格信息强度分组后，在 6 个月的持有期内，各股票组合动量策略收益率从信息强度最高组的 -2.07% 单调递增至信息强度最低组的 5.94%。

Ben-Rephael 等（2017）还使用机构投资者在彭博社（Bloomberg）金融数据客户端中对个股简称的搜索强度，度量机构投资者对个股信息的关注程度，发现机构投资者的关注度与个股网络搜索量等已有的投资者关注指标存在显著关联，但并不能完全被这些指标解释，指出机构投资者同样存在选择性关注行为，且其关注的信息与个人投资者存在显著差异，机构投资者的关注度同样也会影响盈余公告、分析师盈利预测报告等价值相关信息反映到股价中的及时程度。

除对信息反应不足外，投资者关注对价值相关信息扩散速度的影响还会导致股票收益率变动在一定程度上的可预测性。Hou（2007）指出，同行业内不同个股受投资者关注程度不同，行业信息来临时首先被吸收到行业内高关注度的个股之中，随后才缓慢扩散到低关注度的个股，从而造成行业内个股收益率的领先—滞后效应（Lead-Lag Effect）。Cohen 和 Frazzini（2008）发现，存在客户—供应商关系的上市公司之间存在经济意义上的关联，然而在注意力约束的影响下，投资者无法利用这一经济关联从客户公司的股价变动中推断出供应商公司所面临的基本面变化，因此客户—供应商的股票收益率之间也会存在领先—滞后效应，基于这一现象的买多卖空股票组合策略可以获得 1.5% 的月度超额收益。Cohen 和 Lou（2012）发现公司业务的复杂程度影响投资者解读公司信息所需的注意力进而影响其解读效率，当新的行业信息来临时，相较于业务结构简单的单一行业公司，投资者只能缓慢逐步地理解其对那些业务结构复杂的跨行业公司的影响，进而造成此类公司股票收益率的可预测性。胡聪慧等（2015）在 A 股市场发现了类似的现象，相比业务单一公司，集团公司的股价对行业信息的反应更慢，基于这一现象的对冲投资策略组合可以获得 1.4% 的月度超额收益。

鉴于投资者关注对信息扩散与资产定价过程的显著影响，投资者更关注哪些信息成为学者关注的热点。已有研究表明，信息的形式、强度和性质等特征会影响投资者对信息的关注程度。首先，信息形式越复杂，解读信息需要消耗的注意力越多，投资者对信息关注的程度就会越弱，信息被反映到资产价格中的速度因而越慢，越可能导致定价错误。Hirshleifer 和 Teoh（2003）指出，会计信息的形式与复杂程度显著影响投资者对信息的解读效率，相较于复杂、晦涩的会计信息，简单、突出和易于传递的会计信息更容易迅速而准确地被投资者反映至资产价格中。李小晗和朱红军（2011）发现，我国 2007 年实施的新会计准则对投资者来说可理解性更强，该准则实施后信息在 A 股市场中的传播速度显著提高，资本市场效率显著提升。Miao 等（2016）发现，与季报仅公布资产负债表的公司相比，投资者对季报中包含现金流量表的公司的应计项目的定价更有效率，因为现金流量表的存在使注意力有限的投资者能够更加简单方便地解读应计项目信息。Boulland 等（2017）发现，与使用非电子形式、非英语的语言相比，欧洲大陆上市公司通过电子形式，以英语为官方语言传递公司信息后，其意外盈余的市场反应更强，盈余公告惯性效应更弱，盈余公告前后的交易量增加，表明方便、通用的盈余信息形式使投资者增加了对这些信息的关注。

其次，信息强度越大，越可能得到投资者的关注。Da 等（2014）提出了温水煮青蛙假说（Frog-in-the-Pan Hypothesis），认为只有强度超过一定阈值的信息才能引起投资者的关注，低于这一阈值的信息会被投资者延后处理，从而导致动量效应，信息强度越弱因而越容易被投资者忽视的个股，动量效应的数量级和持续性越强。Barber 和 Odean（2008）指出，极端的交易量或收益率事件更容易引起个人投资者的关注，并导致个人投资者对出现这些事件的股票的净买入。Aboody 等（2010）发现，高历史收益率能够吸引投资者的关注，过去 12 个月里收益率最高的股票，在盈余公告前 5 个交易日内平均可以获得 1.58% 的经市场调整后的超额收益。Yuan（2015）发现，市场指数创新高、主流媒体头版报道股市动态等重大事件会吸引整个市场注意力，进而影响投资者的整体交易行为。郦金梁等（2018）利用"百度股市通"数据从信息传播的视角考察投资者关注度如何影响股票价格，发现尽管"百度股市通"中发布的均为二次传播的旧信息，但巨大的传播量明显提高了这些滞后信息的强度，从而引起投资者的关注和强烈反应。

再次，投资者对信息的关注因信息性质不同而不同。Hong 等（2000）发现，投资者更关注市场的利好消息，而利空消息在市场中传递扩散速度更慢。王磊和孔东民（2014）利用股票日内交易数据构建订单流不平衡指标，考察了个人投资者在不同信息属性盈余公告上的注意力分配情况及对股票价格产生的影响，结果表明个人投资者更倾向于关注好消息公告，在此类信息的公告期间表现出显著的净买入行为。权小锋等（2012）发现，投资者存在选择性关注即"鸵鸟效应"，在牛市时积极关注投资组合，而在熊市时将"头插入沙堆"减少对市场的关注。

最后，重大公众事件会引发社会的广泛关注，影响个体在个股上的注意力配置策略，进而影响这些股票的市场量价表现。王宇哲和赵静（2018）指出，公众对雾霾等公众环境的关注程度提升，A股市场中的空气污染治理类股票、环保类股票收益率上升，而石油、煤炭等与雾霾存在潜在关联的行业股票收益率则下降，在全国"两会"期间环保议题受到广泛关注时，这一效应更为明显。类似地，杨涛和郭萌萌（2019）发现，社会对雾霾关注程度的增加，提升了A股市场中PM2.5概念股的活跃程度，以及这些股票涨停的可能性。田金方等（2020）以新冠肺炎疫情暴发事件为例，研究了重大卫生公共事件对相关概念股收益和波动率的影响，发现新冠肺炎疫情事件的发生拉低了概念股的收益率，但也增加了其收益率的波动性。Ouimet和Tate（2020）发现，2008年国际金融危机在对世界经济和个人财富造成巨大冲击后，通过雇主股权计划（Employer Sponsored Equity Plan）进入股票市场的员工更加关注其股权计划的资产配置情况，并做出更加合理的配置策略。

三 投资者关注与管理者迎合择机

鉴于投资者关注对股票市场的重要影响，投资者关注还将影响上市公司管理者等其他市场参与者的市场行为，进而进一步对资产定价过程产生影响。Baker和Wurgler（2012）指出，当投资者的非理性行为偏差造成资产错误定价时，公司管理者会通过迎合（Catering）和择机（Timing）行为主动制造和利用此类资产错误定价从中牟利。如Cooper（2001）发现在美国互联网泡沫时期，许多与互联网业务并无关系的上市公司纷纷在公司名称中加入互联网元素，并在改名后受到市场的追捧。然而，在互联网泡沫破灭后，这些公司又纷纷剔除公司名称中的互联网元素，而剔除互联网元素的公司在互联网泡沫时期的平均下跌幅度比那些没有实施这一行为的公司要低近70%（Cooper et al.，2005）。我国A股市场同样存在迎合市场关注而进行更名的行为，2015年中国"互联网金融"概念盛行时，上市公司多伦股份（600696）公告拟更名为"匹凸匹"（P2P）后短短一个月内引发9个涨停板，而公司的基本面价值并未发生显著变化。

Hirshleifer和Teoh（2003）指出，当市场存在仅能关注部分信息的疏忽投资者时，公司管理者可以通过会计报告的披露形式、时机以及会计政策的选择影响疏忽投资者对信息的解读效率，进而影响公司股票价格。如公司管理者可以通过披露备考盈利（Pro Forma Earnings Disclosure）放大投资者对公司盈利数据的正向估计偏差，通过对员工股权激励价值计算的时机选择诱使投资者对公司价值高估，以加总的形式披露公司的多元业务财务数据从而造成投资者对公司低增长业务板块的高估，等等。

Louis 和 Sun（2010）发现，由于投资者因临近周末被分心而对星期五的收购公告反应不足，美国上市公司管理者通常倾向于在周五公布价值高估驱动型的公司并购公告，以减少公告期内市场投资者对此类公告的消极市场反应，然而，这一行为将延长投资者负面评价公司的时间，造成公司股票价格在随后一段较长的时间内表现不佳。

Doyle 和 Magilke（2009）发现，管理者存在对盈余预测公告发布的时间进行择机的行为，在市场收盘后或星期五，即投资者对公司的关注度较低时发布坏的盈余预测消息，以尽可能"隐藏"对公司不利的坏消息，相反在市场正常交易时释放利好的盈余预测消息。

Lou（2014）发现，管理者等内部人在市场中卖出股票之前，公司广告支出显著上升，而股票卖出行为结束之后的次年，公司广告支出显著回落，表明管理者存在利用广告吸引投资者关注，抬高股价以为自己减持股票创造更有利市场条件的行为。

我国 A 股市场上同样存在管理者根据投资者关注程度的高低对盈余公告的时机进行择机的行为。谭伟强（2008）发现，我国 A 股上市公司盈余公告存在明显的"周历效应"和"集中公告效应"，管理者倾向于在周六公布利空性盈余公告信息，以减少投资者对这一消息的关注程度。权小锋和吴世农（2010）进一步验证了 A 股公司管理者依据投资者关注度对盈余公告进行择机行为的存在性，并指出投资者对盈余公告信息披露存在非对称的时间偏好，倾向于在投资者关注度较高的时候提前公布利好的盈余消息，而对利空的盈余消息披露并不存在这种提前行为。

第四节 本章小结

上述文献分析表明，随着信息技术的高速发展，投资者面临的问题已经不再是信息不足而是信息过度。市场信息的极大富余与投资者注意力的相对贫穷造成投资者只能选择性地关注和处理信息，而只有为投资者关注到的信息才能反映到资产价格中去。投资者对个股的关注引发对个股的净买入行为，即产生所谓的注意力驱动交易。注意力约束导致投资者整体而言对市场信息反应不足，引发盈余公告漂移与股价动量效应等市场异象。投资者对个股关注程度的差异，导致信息反映到个股价格中的速度差异，引发个股收益率变动某种程度上的可预测性。相较于形式复杂晦涩、信息强度低的消息和利空消息，投资者更关注形式简单易懂、信息强度高的消息和利好消息，投资者在同一时间面临的信息较多时，会因为注意力分散而减少对各个信息的关注。投资者关注对资产定价过程的显著影响，引发上市公司管理者对投资者关注的迎合和择机行为，如在投资者关注度高的时候发布利好消息，相反在投资者关注度低时发布利空消息。

总的来说，在信息技术发展带来信息爆炸式增长的背景下，投资者仅能有限关注市场信息的特征及其对资产定价过程的影响，已经成为当前行为金融学领域的研究热点之一，对该领域的研究在学术探讨与投资实践中均具有极高的价值。尽管这一领域已存在丰富的研究成果，但通过前文文献梳理可以看到，该领域在以下方面仍有较大的研究空间。

第一，鉴于投资者注意力配置与其资产配置的紧密联系，投资者是否存在类似的过度关注本地股票的现象，这一现象对其资产配置本地偏差倾向以及个股定价过程存在何种影响，已有研究尚且较少涉及。第二，现有研究主要从公司外部观察其在市场中的受关注程度，公司内部运营管理特征是否直接影响公司受关注度，进而影响其资产定价过程则较少得到研究。第三，随着投资者关注领域研究的发展，学者提出了更多理论模型用以刻画注意力约束对资产定价过程的潜在影响机制，这些新的理论模型是否能够更好地解释投资者的注意力配置策略及其对股票定价的影响，还需要得到更多实证研究的检验。第四，投资者注意力有限的特征可能影响股票价格吸收整合利空信息的过程，进而影响股票价格的崩盘风险。然而，国内外已有研究，都尚未探讨投资者关注程度与个股股价崩盘风险之间的关联。第五，已有研究大都集中于投资者关注对个股定价过程的影响，相对较少从行业和市场整体层面进行研究。第六，已有研究大多专注于个人投资者的注意力有限特征，相对忽视机构投资者的注意力约束。机构投资者作为资本市场的重要参与者和主要外部治理力量，其注意力约束对资本市场运行效率存在何种影响，是兼具重要学术与实务研究意义但尚未得到充分研究的重要问题。

概括而言，尽管国内外学者在投资者关注领域已取得丰富的研究成果，但在地域特征、公司运营管理特征与个股受投资者关注程度的关系、投资者对行业与市场整体关注程度的市场影响、机构投资者是否同样存在注意力约束及其市场影响等方面还较少涉及，这为本书研究提供了空间。

第 三 章

个人投资者关注与资产配置本地偏差

本章以投资者的资产配置本地偏差现象为研究对象,研究投资者关注对个股层面股票定价过程的影响。本地偏差(Local Bias)指投资者资产组合分散化程度不足、过多配置地理上与自己临近的公司股票的现象。已有研究表明,无论是机构投资者还是个人投资者,都存在显著的本地偏差倾向(French & Poterba, 1991; Coval & Moskowitz, 1999; Grinblatt & Keloharju, 2001)。投资者的这一行为倾向在全球资本市场中广泛持续存在(Feng & Seasholes, 2004; Karlsson & Norden, 2007; Jacobs & Weber, 2012),直接影响投资者的资产配置(Lin & Viswanathan, 2016)、资产定价过程(Pirinsky & Wang, 2006),进而影响公司权益成本(Lau et al., 2010)、公司财务决策(Becker et al., 2011)以及公司治理过程(Chhaochharia et al., 2012)。因此,研究本地偏差现象既有助于在理论上更好地理解市场整合信息的过程,对市场参与者的投资实践也具有指导意义。

与欧美股票市场相比,在中国 A 股市场研究本地偏差现象具有独特优势。美国实施分时区制,其金融中心纽约位于东部时区,当纽交所等全国性股票市场于东部时间 9:30 开市时,太平洋时区才刚刚早上 6:30,投资者不太可能长期在太平洋时区从事股票交易。美国股票市场多采用做市商制度,这些做市商大多集中在纽约下曼哈顿的华尔街附近（Saunders，1993）。因此，无论从投资者还是做市商来看，美国股票交易都相对集中在东部，不便于研究各州的本地偏差问题。欧洲国家国土面积普遍较小，城市之间空间距离较近，不易对本地和外地投资者进行区分。俄罗斯国土面积最大，但资本市场并不发达。就中国而言，根据世界交易所联盟（World Federation of Exchanges）的统计，中国沪深股市目前为全球第二大股票市场[①]。同时，中国幅员辽阔，各省份之间空间距离广大，但采用统一时区；中国采用订单驱动模式，没有做市商集中在金融发达地区执行交易，所有订单均由投资者在本地下单后递交至交易所；这些特征都使A股市场更适合进行本地偏差现象研究。

对本地偏差进行研究的一个难点在于如何度量投资者，特别是个人投资者的本地偏差程度，已有研究大都通过证券经纪商提供的交易数据观察个人投资者的资产组合构成进而度量其本地偏差倾向，尽管这一方式直接明了，但往往局限于某个经纪商提供的，通过该经纪商交易的特定投资者在特定时间进行的交易数据，多用于验证本地偏差现象的存在性，而难以用于预测这一现象对市场、个股的影响。而Peng和Xiong（2006）、Barber和Odean（2008）等的研究表明，在现代信息社会，投资者的注意力是稀缺的认知资源，投资者对其注意力的配置与其对资产的配置紧密相关。换句话说，只有当投资者已经持有或者计划持有个股时，才会增加对个股的关注程度，投资者对本地股票的过度配置必然会表现为其对本地股票的过度关注（杨晓兰等，2016）。基于这一逻辑，本章通过度量投资者关注本地股票的程度，间接度量投资者的资产配置本地偏差倾向，进而实证检验投资者本地偏差与本地关注倾向对A股个股风险溢价水平、股价特质信息含量以及定价效率的影响，为A股投资实践、公司财务决策等提供参考依据。

同时，已有研究主要从（投资者理性的）信息优势假说和（投

[①] https://www.world-exchanges.org/home/index.php/statistics/monthly-reports.

资者非理性的）行为偏差假说两个角度对本地偏差的成因进行解释。信息优势假说认为本地投资者可以通过本地社交圈子从公司的本地客户、员工、供应商、高管以及本地媒体中得到更多与公司价值相关的信息，这一信息优势使其能从本地投资中获取超额收益（Coval & Moskowitz，2001；Ivkovic & Weisbenner，2005；Bernile et al.，2015）。而行为偏差假说则认为投资者过度投资本地公司的行为源自其对熟悉事物的过度偏好（Huberman，2001）、羊群效应（Demarzo et al.，2004；Ivkovic & Weisbenner，2007）、过度自信（Graham et al.，2009）等非理性行为偏差。由于两类假说都得到了丰富实证研究的支撑，已有研究对本地偏差的成因及其市场影响并没有得到一致的结论。因此，本章就投资者本地关注对 A 股个股定价过程的影响进行实证研究，有助于揭示两类假说对 A 股市场本地偏差现象的解释能力，为本地偏差成因的讨论提供新的实证证据。

第一节　个人投资者关注与资产配置本地偏差的相关性分析

一　个人投资者关注影响资产配置本地偏差的理论模型

直觉而言，在卖空约束下，投资者只有在已经持有或打算持有某资产时才会对其给予关注。基于研究的严谨性，本书参照 Mondria（2010）与 Van Nieuwerburgh 和 Veldkamp（2009）的思路，通过如下模型对投资者资产配置与其注意力配置之间的直接关联进行描述。

假设在经济体中存在两种收益相互独立的风险资产（分别以下标 1 和 2 表示），为简便起见，假设无风险收益率为 0。代表性投资者 i 的初始财富为 W_{i0}，通过关注风险资产的信息获取关于两种风险资产收益的私人信号向量 $S_i = (S_{i,1}, S_{i,2})$，在 $t=1$ 期，以预期效用最大化为目标，基于 S_i 买卖风险资产完成资产组合配置，在 $t=2$ 期得到风险资产的清算股息进行消费。投资者 i 具有均值方差型效用函数，其最优化目标可以表示为：

$$\max E(W_{i1} \mid S_i) - \frac{\rho}{2}\mathrm{var}(W_{i1} \mid S_i) \quad (3-1)$$

其中，ρ 为投资者 i 的风险厌恶水平，$W_{i1} = W_{i0} + X_i'(D-P)$，为投资者 i 在 $t=1$ 期的期末财富，$X_i' = (X_{i1}, X_{i2})$ 为投资者持有两种风险资产的数量向量，$D = (D_1, D_2)'$ 为两种风险资产的收益向量，$D_j \sim N(\mu_j, \sigma_j^2)$，$j = 1, 2$，$P$ 为两个风险资产的价格向量。投资者通过关注风险资产 j 的信息获取风险资产收益 D_j 的私人信号：

$$S_{i,j} = \mu_j + \varepsilon_{i,j} \quad (3-2)$$

其中，$\varepsilon_{i,j} \sim N(0, \sigma_{i,j}^2)$，令 $a_{i,j} = \frac{1}{\sigma_{i,j}^2}$ 表示投资者 i 所获取的私人信号的准确程度，且 $a_{i,j} = \frac{A_{i,j}}{\sigma_j^2}$，即 $a_{i,j}$ 与投资者对资产 j 信息的关注程度 $A_{i,j}$ 正向相关。投资者面临的注意力约束为 $A_{i,1} + A_{i,2} \leq A_i$。

当 $A_{i,1}$ 和 $A_{i,2}$ 给定时，对式（3-1）求解得到投资者 i 的最优资产组合，为：

$$X_i(S_i) = \frac{E[D-P \mid S_i]}{\rho \mathrm{var}(D \mid S_i)} \quad (3-3)$$

其中，$\mathrm{var}(D \mid S_i) = \begin{pmatrix} \dfrac{\sigma_1^2}{1+A_{i,1}} & 0 \\ 0 & \dfrac{\sigma_2^2}{1+A_{i,2}} \end{pmatrix}$。显然，投资者投资风险资产的前提是其预期能够从中获取正向收益，即 $E[D-P \mid S_i]$ 大于 0，此时式（3-3）表明，投资者 i 对资产 j 的配置数量，与其对资产 j 的关注程度 $A_{i,j}$ 正向相关。

而当投资者持有的风险资产数量既定时，投资者的最优化目标为最小化未来收益的不确定性，这一目标可以表示为：

$$\min_{A_{i,1}, A_{i,2}} X_i' \mathrm{var}(D \mid S_i) X_i \quad (3-4)$$

式（3-4）可以重写为：

$$\min X_{i1}^2 \frac{\sigma_1^2}{1+A_{i,1}} + X_{i2}^2 \frac{\sigma_2^2}{1+A_{i,2}} \quad (3-5)$$

根据注意力约束 $A_{i,1} + A_{i,2} \leq A_i$，且 $A_{i,j} > 0$，求解得到最优的注意力配置策略为：

$$A_{i,1} = \begin{cases} A_i & \text{如果 } X_{i1}\sigma_1 \geq (1+A_i)X_{i2}\sigma_2 \\ 0 & \text{如果 } X_{i2}\sigma_2 \geq (1+A_i)X_{i1}\sigma_1 \\ \dfrac{X_{i1}\sigma_1(1+A_i) - X_{i2}\sigma_2}{X_{i1}\sigma_1 + X_{i2}\sigma_2} & \text{其他情况} \end{cases} \quad (3-6)$$

由式（3-6）可知，$\dfrac{\partial A_{i,1}}{\partial X_{i1}} > 0$，即投资者配置于风险资产 1 中的注意力与其持有的资产 1 数量正向相关，同理可得投资者配置于资产 2 中的注意力与其持有的资产 2 数量正向相关。这一结果表明，投资者对风险资产 j 的关注程度与其持有的该风险资产数量正向相关。

概括而言，上述理论模型推导结果表明，投资者对特定风险资产的配置数量与其对该资产的关注程度正向相关，这一推论符合 Barber 和 Odean（2008）发现的注意力驱动交易行为，同时投资者对特定风险资产的关注程度也与其持有的该资产数量正向相关。换句话说，投资者的资产配置与其注意力配置存在双向因果关系。因此，如果投资者存在过度配置本地股票的现象，必然表现为对本地股票的过度关注，这为本书通过度量投资者对本地股票的关注程度间接度量其资产配置的本地偏差程度奠定了必要基础。

二 本地关注度：基于个人投资者关注的本地偏差度量指标构建

基于上一小节的模型结果，本小节从投资者关注的角度构建其资产配置本地偏差的度量指标。董大勇和肖作平（2011）通过 IP 地址识别股票论坛中发帖者的地理位置，发现投资者在论坛中更倾向于发帖参与那些注册地与其临近的本地公司股票信息的交流。基于这一发现，Huang 等（2016）、杨晓兰等（2016）提出，使用全国最大的股票论坛——东方财富股吧中本地网民的发帖数量占发帖总数的比例，度量投资者对本地股票的关注程度。不同于 Huang 等（2016）

和杨晓兰等（2016）的研究，本书使用本地网民在百度搜索中对个股简称的搜索次数占全国网民搜索次数的比例度量投资者本地关注度。Da 等（2011）研究发现，在现代信息社会，个股在 Google 等搜索引擎中被网民搜索的次数，直接代表了投资者，特别是个人投资者对个股信息的关注程度。由于 Google 已于 2010 年退出中国，国内学者常用个股在国内搜索引擎百度中被搜索的次数，度量 A 股个股受关注程度并研究其对股票量价的影响（赵龙凯等，2013；张谊浩等，2014）。

与股票论坛的本地发帖比例相比，使用本地网民的百度搜索占比在度量投资者本地关注度方面具有以下优势。首先，百度搜索的使用人数众多，对投资者关注的度量更具代表性。截至 2016 年年底，中国网民规模达 7.31 亿，根据美国通信流量监测机构 Statcounter 的统计，2016 年百度搜索在中国搜索市场的份额为 77.01%，日搜索量高达 60 亿次。而国内第一大股票论坛——东方财富股吧的注册用户数不足 4000 万，平均日发帖数量不超过 5 万条。其次，相较于个人收集的论坛发帖数量，由百度公司官方发布的百度搜索数据更为准确、严谨。Huang 等（2016）和杨晓兰等（2016）通过 IP 地址识别股票论坛中的本地发帖人，而此类论坛中很大一部分帖子仅显示注册用户名而不显示其 IP 地址，如杨晓兰等（2016）指出，其所抓取的 90 万条帖子中有一半以上无法获取 IP 地址，不得不从样本中删除。而百度公司分别以区域百度指数和全国百度指数的形式，官方发布关键词为特定区域网民和全国网民在百度中搜索的次数，确保了本书构造的本地关注度量指标的严谨、准确。最后，百度指数获取更为方便、快捷，更具实效性。识别 IP 地址需要文本抓取和文本识别技术，耗时费力，而登录百度指数官网输入关键词即可获取相应百度指数，且百度公司隔日发布上日百度指数，基于百度指数的本地关注指标显然具有更好的模型预测作用。

与 Huang 等（2016）一样，本书将 A 股上市公司注册地所在省份的网民（投资者）视为本地网民（投资者），并通过本地网民数量占全国网民总数的比例对本地网民的搜索占比进行调整，进而得到公司 i 在 t 时期受本地投资者的关注程度 $LoAtt_{i,t}$，表示为：

$$LoAtt_{i,t} = \ln\left(1 + \frac{BaiduIndex_{i,t,l}/BaiduIndex_{i,t,n}}{NetUser_{t,l}/NetUser_{t,n}}\right) \quad (3-7)$$

其中，$BaiduIndex_{i,t,l}$ 为以百度指数表示的 t 时期公司 i 注册地所在省份网民在 PC 端百度搜索中对公司股票简称进行搜索的次数，$BaiduIndex_{i,t,n}$ 为相应时期的全国百度指数，即全国网民对该股票简称的百度搜索次数。$NetUser_{t,l}$ 和 $NetUser_{t,n}$ 分别表示 t 时期本地网民和全国网民总数，网民数据来源于中国互联网络信息中心《中国互联网络发展状况统计报告》。因此，$LoAtt_{i,t}$ 表示经本地网民占比调整后的本地搜索比例。笔者通过网络爬虫程序，以股票简称为关键词抓取 A 股各上市公司的本地与全国百度指数，进而计算本地关注指标 $LoAtt_{i,t}$。下面简单说明这一计算过程。2016 年 1 月，深交所上市公司中联重科股份有限公司（股票代码 000157）的股票简称"中联重科"的全国百度指数平均值为 4014，而这一期间内该关键词在公司注册地湖南的百度指数平均值为 670，这意味着对该关键词进行的百度搜索中约有 16.7%（670/4014）由湖南网民发起，而 2016 年湖南网民总数占全国网民总数的比例仅为 4.1%，表明"中联重科"为湖南本地网民搜索的比例是湖南网民数量占比的近 4 倍，湖南本地网民对中联重科股份有限公司存在过度关注的倾向。

百度自 2006 年 6 月起公布 PC 端百度指数，因此本章以 2007—2016 年作为研究区间。由于百度公司仅公布了部分 A 股公司的百度指数，因此最终笔者在样本期内最多抓取到 1184 家不同样本公司数据，其中样本公司数最少的年份为 2007 年的 855 家。事实上，俞庆进和张兵（2012）、赵龙凯等（2013）以及张谊浩等（2014）在使用百度指数度量投资者关注度时，有效样本公司数均未超过 1000 家。

除本地关注度外，基于研究需要，本章还构造了个股总关注度、分析师覆盖度、机构投资者持股比例、媒体关注度等个股特征变量。表3-1对本章主要变量的定义和数据来源进行了简单说明。

表3-1 变量定义与数据来源

变量	定义	数据来源
$LoAtt_{i,t}$	本地关注度，t 期个股 i 按股票简称搜索得到的本地百度指数与全国百度指数的比值，除以 t 期本地网民占全国网民的比值，加1后取对数	百度公司
$Att_{i,t}$	总关注度，t 期个股 i 按股票简称搜索得到的百度指数值（单位：千）加1后取对数	百度公司
$Analyst_{i,t}$	分析师覆盖度，t 期个股 i 的分析师业绩预测报告数加1后取对数	Wind 数据库
$IO_{i,t}$	机构投资者持股比例，t 期个股 i 基金、券商、QFII、保险公司、社保基金、企业年金等机构投资者持有的无限售流通A股比例×100	Wind 数据库
$Media_{i,t}$	媒体报道度，t 期个股 i 在中国报纸全文数据库中按股票简称对新闻标题进行搜索得到的媒体报道数量	中国报纸全文数据库
$Turn_{i,t}$	换手率，t 期个股 i 的日平均交易股数除以总流通股数	锐思数据库
$Size_{i,t}$	规模，t 期个股 i 流通市值（单位：十亿元）取对数	国泰安数据库
$BM_{i,t}$	账面市值比，t 期个股 i 资产账面价值与市场价值的比值	国泰安数据库
$SOE_{i,t}$	虚拟变量，国有控股企业取1，否则取0	国泰安数据库
$Audit_{i,t}$	虚拟变量，聘请普华永道、德勤、毕马威或安永四大审计事务所对财报进行审计取1，否则取0	国泰安数据库
$Growth_{i,t}$	t 期个股 i 主营业务收入同比增长率	国泰安数据库
$Lev_{i,t}$	t 期个股 i 资产负债率	国泰安数据库
$GDP_{i,t}$	个股 i 注册地所在省份 t 期人均国内生产总值	Wind 数据库
$Employee_{i,t}$	t 期个股 i 财报中披露的员工总数（单位：百人）取对数	Wind 数据库
$Sholder_{i,t}$	t 期个股 i 股东总数（单位：万人）取对数	Wind 数据库
$ROE_{i,t}$	t 期个股 i 净资产收益率	国泰安数据库
$NoCom_{i,t}$	t 期个股 i 注册地所在省份的正常上市A股公司总数取对数	Wind 数据库

三 个人投资者本地关注度特征分析

为了解 A 股市场本地关注偏差的存在性及其可能影响因素，笔者对本地关注度指标进行了简单的描述性统计，并对其地域、公司特征进行了分析。表 3-2 给出了各省份的样本 A 股公司数、正常上市的 A 股公司总数，以及区域内样本 A 股公司本地关注度 $LoAtt_{i,t}$ 的平均值。根据式（3-7）的 $LoAtt_{i,t}$ 计算方法，$LoAtt_{i,t}$ 大于 $\ln 2 \approx 0.69$ 表明本地网民对本地公司的搜索比例超过本地网民的数量占比，即存在过多关注本地上市公司的倾向。从表 3-2 可以看出，所有样本公司的本地关注度均值为 1.9062，从地域来看，均值最小为广东的 1.3011，最大为青海的 3.7019。根据式（3-7）换算可知，就所有样本公司平均而言，本地网民搜索占比是当地网民数量占比的 $e^{1.9062}-1 \approx 5.73$ 倍，在广东这一比例为 2.67 倍，而在青海这一比例超过 40 倍，表明投资者过多关注本地公司的现象在全国范围内均广泛显著存在，间接验证了 A 股市场本地偏差现象的存在性。

表 3-2 各省份 A 股上市公司本地关注度

省份	本地关注度均值	样本公司数（家）	上市公司总数（家）	省份	本地关注度均值	样本公司数（家）	上市公司总数（家）
安徽	2.1698	30	89	辽宁	2.0008	24	56
北京	2.4235	142	272	内蒙古	2.6672	10	21
福建	1.8565	40	105	宁夏	3.3050	7	21
甘肃	2.2796	12	29	青海	3.7019	7	10
广东	1.3011	199	443	山东	1.5718	52	162
广西	2.1187	17	36	山西	1.3783	9	33
贵州	2.4986	7	21	陕西	2.3819	18	44
海南	3.3736	11	28	上海	1.9218	92	227
河北	1.7092	20	41	四川	1.8641	47	107
河南	1.9694	17	74	天津	3.0122	12	35
黑龙江	2.0612	12	29	西藏	3.1965	7	12

续表

省份	本地关注度均值	样本公司数（家）	上市公司总数（家）	省份	本地关注度均值	样本公司数（家）	上市公司总数（家）
湖北	1.6681	28	88	新疆	2.4827	22	45
湖南	1.9671	30	83	云南	2.3854	12	31
吉林	2.6079	13	40	浙江	1.7467	137	310
江苏	1.6782	117	293	重庆	2.1807	21	43
江西	1.9605	12	29	全国	1.9062	1184	2857

观察表3-2还可以发现，A股公司本地关注度水平存在一定的地域规律，北京、上海以及广东、浙江、江苏等东部沿海省份样本公司的本地关注度较低，而新疆、西藏、青海、甘肃、宁夏等西部省份本地关注度明显较高，与Huang等（2016）通过股票论坛中的本地发帖比例度量本地关注程度得到的结果基本一致。本地关注度的地域差异可能来自两个方面：一方面，东部沿海省份经济更发达，社会信息化程度更高，本地居民获取其他地域信息的成本更低，对本地上市公司的关注程度因而相对更弱；另一方面，东部沿海省份上市公司数量更多，本地居民的注意力被分散，对单个公司的本地关注程度因而较弱，符合Hirshleifer等（2009）的分心效应假说和Hong等（2008）的唯一可选效应假说。

笔者还将所有样本公司按照本地关注度高低分组，并对各组公司的特征进行统计对比分析。如表3-3所示，本地关注度更高的公司规模更小，账面市值比、换手率、杠杆度更低，盈利能力更弱，股东、员工人数更少。换句话说，越不容易为市场所关注的个股，被本地网民关注的程度越严重。

表3-3　　　　　　　　本地关注度与公司特征

公司特征	组别（本地关注度从低到高）					5-1（高减低）	t值
	1	2	3	4	5		
账面市值比	1.39	1.10	1.11	0.94	0.90	-0.49***	-3.45
流通市值（亿元）	320.96	224.55	272.83	146.70	75.84	-179.23***	-7.66

续表

公司特征	组别（本地关注度从低到高）					5-1（高减低）	t值
	1	2	3	4	5		
日平均换手率（%）	3.13	3.06	3.01	3.11	2.86	-0.27*	-1.66
杠杆度（%）	45.74	42.32	41.77	39.83	39.67	-6.07***	-4.94
主营业务收入增长率（%）	9.15	9.21	10.08	8.43	9.76	0.61	0.78
ROE（%）	9.34	9.20	9.08	8.39	7.97	-1.37***	-3.02
股东数（万人）	9.55	7.61	7.93	5.46	4.51	-5.04***	-8.13
员工数（万人）	1.90	1.20	1.28	0.76	0.42	-1.49***	-7.37

注：*和***分别表示在10%、1%的水平下显著。

笔者还通过式（3-8），对投资者本地关注度与地域、公司特征的关系进行了实证检验。$GDP_{i,t}$ 和 $NoCom_{i,t}$ 分别表示个股 i 所在省份 t 年度的人均地区生产总值和该省份内正常上市的 A 股公司总数，$FirmCharacter$ 表示一系列公司特征变量，包括账面市值比、规模、换手率、杠杆度、成长性、盈利能力以及股东、员工人数，其具体定义参见表 3-1。

$$LoAtt_{i,t} = \alpha_i + \beta_1 GDP_{i,t} + \beta_2 NoCom_{i,t} + \lambda \sum FirmCharacter + \varepsilon_{i,t}$$
(3-8)

表 3-4 给出了式（3-8）的面板回归结果，根据豪斯曼检验，本章使用固定效应模型完成回归过程，并在控制行业效应和年度效应后，使用稳健性标准误判定系数的显著性。实证检验结果与统计分析基本一致，人均 GDP 越高、上市公司越多的省份，样本公司的本地关注度越弱；账面市值比、换手率越低，成长性、盈利能力越弱，股东人数越少的样本公司，越容易受到本地投资者的关注。换句话说，地域偏远、经济欠发达地区的上市公司，以及容易为投资者忽视的公司受到的本地关注更高，与已有研究中投资者本地偏差的相应特征基本吻合（Grinblatt & Keloharju, 2001; Ivkovic & Weisbenner, 2005; Shive, 2012），这在一定程度上验证了本书所使用的本地关注度指标在度量投资者资产配置本地偏差上的有效性。

表 3-4　　　　本地关注度与地域、公司特征的相关性检验

$LoAtt_{i,t}$	(1)	(2)	(3)	(4)	(5)	(6)
$GDP_{i,t}$	-1.7944***	-1.2921***	-1.2911***	-1.1405***	-1.1100***	-1.1112***
	(-12.08)	(-8.67)	(-8.63)	(-7.30)	(-7.22)	(-7.21)
$NoCom_{i,t}$	-1.2370***	-0.7433***	-0.7412***	-0.4977**	-0.4602**	-0.4669**
	(-6.99)	(-3.88)	(-3.85)	(-2.47)	(-2.32)	(-2.35)
$BM_{i,t}$		-0.0469***	-0.0474***	-0.0546***	-0.0450***	-0.0454***
		(-4.19)	(-4.23)	(-4.62)	(-3.92)	(-3.91)
$Size_{i,t}$		-0.0688***	-0.0693***	-0.0526***	-0.0043	-0.0052
		(-4.27)	(-4.20)	(-3.13)	(-0.23)	(-0.27)
$Turn_{i,t}$		-0.0404***	-0.0404***	-0.0370***	-0.0337***	-0.0337***
		(-11.57)	(-11.61)	(-9.95)	(-8.96)	(-8.97)
$Lev_{i,t}$			0.0141	-0.0012	-0.0001	-0.0017
			(0.17)	(-0.01)	(-0.00)	(-0.02)
$Growth_{i,t}$				-0.0047***	-0.0051***	-0.0051***
				(-5.41)	(-5.84)	(-5.83)
$ROE_{i,t}$				-0.1941*	-0.4273**	-0.4363**
				(-1.93)	(-1.99)	(-2.02)
$Sholder_{i,t}$					-0.1126***	-0.1131***
					(-7.15)	(-7.17)
$Employee_{i,t}$						0.0063
						(0.43)
年度 FE	Yes	Yes	Yes	Yes	Yes	Yes
行业 FE	Yes	Yes	Yes	Yes	Yes	Yes
观测数	7697	7697	7697	7697	7697	7697
总体 R^2	0.3191	0.3975	0.3974	0.3830	0.3855	0.3872
F 值	133.79	92.42	77.22	107.84	89.82	80.98

注：括号内为 t 值，*、** 和 *** 分别表示在 10%、5% 和 1% 的水平下显著。下同。

第二节　个人投资者本地关注度对个股定价的影响检验

一　研究假说

如前文所述，对本地偏差的成因存在信息优势假说与行为偏差

假说两大理论解释,且两类假说都得到了丰富的实证研究的支撑,因此已有研究对本地偏差的成因并没有得到一致的结论。基于这一现状,本章就投资者本地关注度对 A 股个股风险溢价水平、股价同步性和股票定价效率的影响提出三组竞争性假说,在实证检验投资者关注的地域特征对 A 股个股层面定价过程影响的同时,验证信息优势假说与行为偏差假说对 A 股市场本地偏差现象的解释能力。

首先,信息优势假说预期本地偏差将降低本地公司风险溢价水平,而行为偏差假说认为本地偏差将提高公司风险溢价水平。如果本地投资者对本地公司具有信息优势,根据 Van Nieuwerburgh 和 Veldkamp(2009)、Garcia 和 Strobl(2011)的理论模型,公司受到的本地关注程度更高,更多的价值相关信息将通过本地投资者快速反映到本地公司股价中,通过公司股价表现出来的信息透明度更高,公司风险溢价水平因而更低。如 Fang 和 Peress(2009)发现,媒体报道减少了个股信息的不确定性,从而降低了股票收益率的风险补偿部分。相反,如果投资者因为行为偏差而更多关注本地公司,投资者会因为分散化程度不足而承担更多风险,从而要求更大的风险溢价水平。Lau 等(2010)发现,一国本地偏差的程度越大,全球投资者对该国股票风险承担的程度会越低,该国上市公司的权益成本则越高。类似地,外地投资者参与风险承担的程度不足可能推高本地公司的权益成本。Garcia 和 Norli(2012)在美国市场上发现本地公司的月收益率超过其他公司 70 个基点,认为这一现象支撑了投资者认知假说,投资者认知度更低的本地公司的必要收益率更高,以补偿本地投资者分散化不足的风险。据此,提出竞争性假说 H3.1a 和 H3.1b:

H3.1a:本地关注度更高的个股风险溢价水平更低,验证信息优势假说。

H3.1b:本地关注度更高的个股风险溢价水平更高,验证行为偏差假说。

其次,信息优势假说认为本地偏差将提高股价中的公司特质信息含量,而行为偏差假说认为本地偏差将导致相反的结果。个股股价与市场、行业的同步性反映了个股股价中的公司特质信息的多寡。如果本地投资者能够通过本地社交圈子从公司客户、供应商、员工、高管和本地媒体中获得更多与公司价值相关的信息，则本地关注程度更高的公司股价中的公司特质信息含量显然应当更高，与市场、行业同涨共跌的程度更弱。反之，如果投资者因行为偏差因素投资本地公司，显然无法向公司股价中注入更多公司特质信息。在公司得到的市场总关注不变的情况下，本地关注度的提高还意味着其他地域投资者对公司关注的减少，进一步阻碍、减缓公司特质信息反映到公司股价的过程。Pirinsky 和 Wang（2006）还发现，本地偏差现象还可能导致个股股价在与市场、行业股价同步之外，还与相同地域的其他个股同涨共跌，即便同一地域个股间基本面信息并不存在相关性。换句话说，行为偏差导致的同地域个股股价同步效应也将进一步减少个股股价中的公司特质信息。据此，提出竞争性假说 H3.2a 和 H3.2b：

H3.2a：本地关注度更高的公司股价中的公司特质信息含量更高，验证信息优势假说。

H3.2b：本地关注度更高的公司股价中的公司特质信息含量更低，验证行为偏差假说。

最后，信息优势假说认为本地偏差将提高本地公司定价效率，行为偏差假说认为本地偏差将降低本地公司定价效率。股票定价效率表现为股价吸收信息的速度和准确程度，如果投资者因为具有信息优势而更多投资本地公司，则与公司价值相关的信息能够更加快速、准确地反映到公司股价中，本地关注度越高的公司股票定价效率越高。反之，如果投资者仅仅因为对熟悉事物的偏好等非理性行为偏差而选择投资本地公司，其投资行为将往公司股价中注入更多噪音而非信息，本地关注度越高的公司股票定价效率将越低。据此，提出竞争性假说 H3.3a 和 H3.3b：

H3.3a：本地关注度更高的公司股票定价效率更高，验证信息优势假说。

H3.3b：本地关注度更高的公司股票定价效率更低，验证行为偏差假说。

二　个人投资者本地关注度与个股风险溢价

本章假说 H3.1a 和 H3.1b 分别预期个股的风险溢价水平与其受本地投资者的关注程度成反比和成正比。本章参照 Garcia 和 Norli（2012）的思路，通过股票分组与风险因子模型检验本地关注程度与个股风险溢价水平的关系。在本章样本期 2007—2016 年，每年将所有样本公司按本地关注度从低到高分为 5 组，计算各组经无风险收益率调整后的月度收益率 $R_{p,t}$，随后将其置入式（3-9）所示的风险因子模型中进行回归。$Factor_{k,t}$ 表示第 k 个已知风险因子的风险溢价水平，$\beta_{p,k}$ 为股票组合对第 k 个风险因子的敏感程度。回归的截距项 $Alpha_p$ 代表股票组合 p 无法为已知风险因子解释的风险溢价水平，对比本地关注度不同股票组合的 $Alpha_p$ 差异，即可对本章假说 H3.1a、H3.1b 进行检验。信息优势假说预期本地关注度越高的组合 $Alpha_p$ 越小，而行为偏差假说预期本地关注度越高的组合 $Alpha_p$ 越大。

$$R_{p,t} = Alpha_p + \sum_{k=1}^{n} \beta_{p,k} Factor_{k,t} + e_{p,t} \qquad (3-9)$$

本章首先使用 Fama-French 三因子，即市场溢价因子 Mkt_t、规模溢价因子 SMB_t 以及价值溢价因子 HML_t，对式（3-9）进行回归。表 3-5 给出了回归结果，Panel A、Panel B 分别以各股票组合的月度等权重收益率、流通市值加权收益率为被解释变量。如表 3-5 所示，所有组别股票收益率在经过三因子调整后均存在正的超额收益，且这一超额收益随组别的增加大致呈现出递增的趋势。在等权重组合中，本地关注度最高组（第 5 组）的 $Alpha_p$ 为 1.72%，而最低组（第 1 组）的 $Alpha_p$ 为 1.32%，二者存在 40 个基点的差异，Wald 检验的结果表明这一差异在 5% 的水平下显著。流通市值加权组合中的情形类似，第 5 组的 $Alpha_p$ 为 1.76%，而第 1 组为 1.07%，二者存在 69 个基点的差异且在 1% 的水平下显著。

表 3-5　　本地关注度与风险溢价：三因子模型

$R_{p,t}$	组别=1	组别=2	组别=3	组别=4	组别=5	5-1	Wald 检验 p 值
			Panel A 等权重组合				
$Alpha_p$	0.0132*** (3.65)	0.0156*** (3.55)	0.0157*** (3.34)	0.0139*** (3.47)	0.0172*** (4.10)	0.0040	0.0397
Mkt_t	1.0467*** (18.84)	1.0360*** (21.43)	1.0874*** (17.79)	0.9778*** (18.77)	1.0409*** (19.13)		
SMB_t	0.5504*** (3.98)	0.5572*** (4.63)	0.4034*** (2.65)	0.6136*** (4.73)	0.6275*** (4.63)		
HML_t	-0.6970*** (-4.29)	-0.5633*** (-3.98)	-0.7322*** (-4.09)	-0.5669*** (-3.72)	-0.5467*** (-3.43)		
观测数	120	120	120	120	120		
调整的 R^2	0.9136	0.9290	0.8945	0.9155	0.9154		
F 值	251.34	310.56	201.73	257.58	257.02		
			Panel B 流通市值加权组合				
$R_{p,t}$	组别=1	组别=2	组别=3	组别=4	组别=5	5-1	Wald 检验 p 值
$Alpha_p$	0.0107*** (3.85)	0.0130*** (4.01)	0.0139*** (5.95)	0.0131*** (4.26)	0.0176*** (5.85)	0.0069	0.0075
Mkt_t	1.0858*** (30.00)	0.9678*** (23.06)	0.9790*** (32.38)	0.9863*** (24.60)	0.9861*** (25.24)		
SMB_t	0.1037 (1.15)	0.0483 (0.46)	-0.5115*** (-6.79)	-0.2256** (-2.26)	-0.4551*** (-4.68)		
HML_t	-0.1528 (-1.44)	-0.1326 (-1.08)	-0.1973** (-2.23)	0.0765 (0.65)	-0.0552 (-0.48)		
观测数	120	120	120	120	120		
调整的 R^2	0.9030	0.9027	0.9382	0.9043	0.9427		
F 值	221.3426	220.4856	360.4857	224.6316	390.3638		

除 Fama-French 三因子外，实证研究中还常用动量因子 Mom_t，即历史收益率较高组合与较低组合的收益率差异，来捕捉股票价格延续历史移动方向的趋势。本章通过锐思数据库获取 A 股市场基于过去 3 个月收益率构造的月度动量因子溢价水平数据，将其置入式（3-9）后重新回归得到各组超额收益 $Alpha_p$ 如表 3-6 所示。回归结果表明，动量因子的系数均不显著，其他因子的系数、符号以及显著性与三因子模型回归的结果基本一致。超额收益 $Alpha_p$ 依然随着组别的增加，即本地关注度的提高而增加。在等权重组合中，最高组和最低组的 $Alpha_p$ 存在 59 个基点的差异且在 5% 的水平下显著，而在流通市值加权组合中，这一差异为 88 个基点并在 1% 的水平下显著。

表 3-6　　　　　　　本地关注度与风险溢价：四因子模型

$R_{p,t}$	组别=1	组别=2	组别=3	组别=4	组别=5	5-1	Wald 检验 p 值
\multicolumn{8}{c}{Panel A 等权重组合}							
$Alpha_p$	0.0127*** (2.90)	0.0122*** (2.98)	0.0144*** (3.07)	0.0162*** (3.14)	0.0186*** (4.07)	0.0059	0.0146
Mkt_t	1.0469*** (18.77)	1.0361*** (21.34)	1.0873*** (17.66)	0.9779*** (18.70)	1.0407*** (19.08)		
SMB_t	0.5556*** (3.99)	0.5616*** (4.64)	0.4013** (2.61)	0.6187*** (4.74)	0.6215*** (4.57)		
$HMLt$	-0.6868*** (-4.19)	-0.5546*** (-3.89)	-0.7361*** (-4.07)	-0.5570*** (-3.62)	-0.5584*** (-3.48)		
Mom_t	-0.0566 (-0.67)	-0.0486 (-0.66)	0.0219 (0.23)	-0.0552 (-0.69)	0.0655 (0.79)		
观测数	120	120	120	120	120		
调整的 R^2	0.9149	0.9149	0.8930	0.9284	0.9129		
F 值	191.85	191.83	149.21	231.09	187.08		
\multicolumn{8}{c}{Panel B 流通市值加权组合}							
$R_{p,t}$	组别=1	组别=2	组别=3	组别=4	组别=5	5-1	Wald 检验 p 值
$Alpha_p$	0.0091*** (3.01)	0.0123*** (3.48)	0.0151*** (5.98)	0.0122*** (3.62)	0.0177*** (5.37)	0.0088	0.0087

续表

$R_{p,t}$	Panel B 流通市值加权组合					5－1	Wald检验p值
	组别=1	组别=2	组别=3	组别=4	组别=5		
Mkt_t	1.0861*** (30.19)	0.9678*** (22.92)	0.9788*** (32.50)	0.9864*** (24.50)	0.9861*** (25.05)		
SMB_t	0.1105 (1.23)	0.0509 (0.48)	-0.5167*** (-6.88)	-0.2218** (-2.21)	-0.4558*** (-4.64)		
HML_t	-0.1394 (-1.32)	-0.1274 (-1.03)	-0.2076** (-2.35)	0.0840 (0.71)	-0.0565 (-0.49)		
Mom_t	-0.0740 (-1.35)	-0.0289 (-0.45)	0.0572 (1.25)	-0.0418 (-0.68)	0.0070 (0.12)		
观测数	120	120	120	120	120		
调整的R^2	0.9016	0.9019	0.9387	0.9032	0.9434		
F值	163.60	164.18	273.00	166.55	296.83		

笔者还尝试使用Fama和French（2015）的五因子模型再次检验各组股票收益率差异是否来自已知的风险因子。Fama和French（2015）在其原来提出的三因子模型基础上，加入了盈利能力因子RMW_t和投资模式因子CMA_t，以弥补三因子模型无法解释公司盈利能力、投资水平对公司股票收益率影响的缺陷。盈利能力因子RMW_t表示为盈利能力强与盈利能力弱股票组合的收益率差异，投资模式因子CMA_t为低投资水平（保守型公司）与高投资水平（激进型公司）股票组合的收益率差异。Fama和French（2017）的实证研究表明，新的五因子模型对个股或股票组合收益率的解释能力比三因子模型明显更强。笔者通过国泰安数据获取了包括RMW_t和CMA_t在内的月度五因子数据，并再次按照式（3-9）回归得到了各样本股票组合的超额收益率，结果如表3-7所示。RMW_t和CMA_t的系数大都显著，各组超额收益与前文相比略有下降，表明RMW_t和CMA_t的加入的确能够更好地反映各股票组合的风险差异。但各组超额收益依然显著且如前文那样随组别递增而增加，在等权重组合中，本地关注度最高组（第5组）与最低组（第1组）的超额收益之差为28个基点，在10%的水平下显著。在

流通市值加权组合中,这一差异为 42 个基点且在 5% 的水平下显著。

表 3-7　　本地关注度与个股风险溢价:五因子模型

$R_{p,t}$	组别=1	组别=2	组别=3	组别=4	组别=5	5-1	Wald 检验 p 值
	Panel A 等权重组合						
$Alpha_p$	0.0097** (2.20)	0.0087** (2.23)	0.0095* (1.90)	0.0095** (2.14)	0.0125*** (2.86)	0.0028	0.0874
Mkt_t	1.0102*** (16.73)	0.9734*** (18.15)	1.0225*** (14.96)	0.9482*** (15.72)	0.9907*** (16.56)		
SMB_t	0.8509*** (4.73)	0.6108*** (3.82)	0.6358*** (3.12)	0.7123*** (3.96)	0.6818*** (3.82)		
$HMLt$	-0.4496 (-1.52)	-0.3775 (-1.44)	-0.4335 (-1.30)	-0.5501* (-1.86)	-0.4218 (-1.44)		
RMW_t	-0.5138 (-1.47)	-1.0014*** (-3.22)	-0.8013** (-2.02)	-0.6817* (-1.95)	-0.9579*** (-2.76)		
CMA_t	-0.9007** (-2.16)	-0.6431* (-1.74)	-0.7863 (-1.67)	0.0285 (0.07)	-0.3023 (-0.73)		
观测数	120	120	120	120	120		
调整的 R^2	0.9232	0.9239	0.9281	0.9259	0.9234		
F 值	150.37	134.63	113.73	178.35	150.87		
	Panel B 流通市值加权组合						
$R_{p,t}$	组别=1	组别=2	组别=3	组别=4	组别=5	5-1	Wald 检验 p 值
$Alpha_p$	0.0076** (2.20)	0.0091** (2.51)	0.0092** (2.37)	0.0092*** (2.93)	0.0118*** (3.64)	0.0042	0.0446
Mkt_t	1.0482*** (22.05)	0.9672*** (19.53)	1.0463*** (19.84)	0.9829*** (22.92)	1.0248*** (23.06)		
SMB_t	0.7710*** (5.44)	0.4937*** (3.34)	0.4534*** (2.88)	0.4333*** (3.39)	0.3969*** (3.00)		
$HMLt$	-0.3174** (-2.36)	-0.5883** (-2.43)	-0.4537* (-1.76)	-0.3852* (-1.84)	-0.5334** (-2.45)		
RMW_t	-0.3143** (-2.14)	-0.5506* (-1.92)	-0.5408* (-1.77)	-0.9741*** (-3.92)	-0.7464*** (-2.90)		

续表

	Panel B 流通市值加权组合						
$R_{p,t}$	组别=1	组别=2	组别=3	组别=4	组别=5	5-1	Wald 检验 p 值
CMA_t	-0.8250** (-2.52)	-0.6331* (1.93)	-0.6229* (-1.71)	-0.6934** (-2.34)	-0.6338* (-1.76)		
观测数	120	120	120	120	120		
调整的 R^2	0.9424	0.9337	0.9402	0.9469	0.9392		
F 值	233.29	172.84	164.68	254.01	220.42		

总体而言，在经三因子、四因子或五因子调整后，在本章样本期内，本地关注度更高的股票组合风险溢价水平更高，与本章假说 H3.1b 的预期吻合，表明投资者关注度和资产配置的本地偏差更可能源自投资者的行为偏差，这一非理性行为使投资者承担了分散化不足的风险，从而要求更高的风险溢价补偿。

三 个人投资者本地关注度与个股股价同步性

如假说 H3.2a 和 H3.2b 所述，信息优势假说预期本地关注度更高的公司股价中的公司特质信息含量更高，而行为偏差假说则预期本地关注度更高的公司股价中的公司特质信息含量更低。参照前人的做法，本章使用式（3-10）计算个股与行业、市场以及本地股票的同步程度，进而度量个股股价中的公司特质信息含量。

$$R_{i,t} = \alpha + \beta_1 RM_t + \beta_2 RM_{t-1} + \beta_3 InR_{i,t} + \beta_4 InR_{i,t-1} + \beta_5 LR_{i,t} + \beta_6 LR_{i,t-1} + \varepsilon_{i,t} \quad (3-10)$$

其中，$R_{i,t}$、RM_t、$InR_{i,t}$ 和 $LR_{i,t}$ 分别为经无风险收益率调整后的个股、市场组合、个股所属行业组合、个股所在地域股票组合经流通市值加权后的日收益率。Pirinsky 和 Wang（2006）发现，本地偏差现象导致本地投资者投资模式的相关性，进而造成相同地理区域公司股票的同涨共跌现象，为此本章在式（3-10）中加入地域组合的收益率以控制这一现象对个股股价特质信息含量的影响。参考 Gul 等

(2011) 的做法，解释变量中还加入了 RM_t、$InR_{i,t}$ 和 $LR_{i,t}$ 的一阶滞后项以减少非同步交易效应对股价同步性指标的影响。市场组合包括当日沪深两市所有正常上市的 A 股公司，个股行业按证监会 2001 年行业分类标准分为 13 个行业大类，地域组合按省份分类，包含本省份所有的正常上市 A 股公司。本章逐季将样本公司每日收益率，按照式（3-10）进行回归，得到调整后的拟合优度 AR^2，进而构建个股同步性指标 $SYN_{i,t}$：

$$SYN_{i,t} = \ln\left(\frac{AR^2}{1-AR^2}\right) \qquad (3-11)$$

其中，$SYN_{i,t}$ 为个股 i 第 t 季的同步性指标，$SYN_{i,t}$ 越大表示个股与市场、行业以及地域股票组合同涨共跌的程度越强，个股公司特质信息含量越低，反之亦然。

随后，本章通过式（3-12）检验个股同步性 $SYN_{i,t}$ 与本地关注度 $LoAtt_{i,t}$ 的相关性，信息优势假说预期本地关注度越高，反映到个股股价中的公司特质信息越多，个股同步性 $SYN_{i,t}$ 越低，本地关注度的系数 β_1 显著为负，而行为偏差假说则预期相反的结果。基于已有研究，本章在式（3-12）中加入了投资者关注 Attention 和公司特征 FirmCharacter 两类控制变量。如本章文献综述所总结的那样，注意力有限的投资者只能选择性地关注市场信息，个股受投资者关注程度越强，个股信息反映到公司股价中的速度越快，个股股价同步性越弱。为此，本章加入以个股全国百度指数表示的总关注度 $Att_{i,t}$ 作为控制变量。此外，黄俊和郭照蕊（2014）发现媒体报道能加快公司层面信息融入股票价格，降低股票同步性，且分析师跟踪人数越多、机构投资者持股比例越高的公司，股价同步性受媒体报道影响下降的程度越明显。为此，笔者还加入了分析师覆盖度 $Analyst_{i,t}$、机构投资者持股比例 $IO_{i,t}$、媒体报道度 $Media_{i,t}$ 以控制这三类市场参与者关注程度的影响。公司特征变量则包括公司规模、换手率、账面市值比、杠杆度、控股股东性质、审计公司是否为四大、成长性、盈利能力等指标，各变量定义参见前文表 3-1。

$$SYN_{i,t} = \alpha_i + \beta_1 LoAtt_{i,t} + \lambda \sum Attention + \gamma \sum FirmCharacter + \varepsilon_{i,t}$$
(3-12)

表 3-8 给出了式（3-12）的回归结果，与前文类似，此处通过固定效应模型完成回归过程，并通过稳健性标准误控制异方差。从表 3-8 来看，个股本地关注度 $LoAtt_{i,t}$ 与个股股价同步性 $SYN_{i,t}$ 的相关关系始终为正，且至少在 5% 的水平下显著，表明本地关注度更高的个股与市场、行业以及地域股票组合股价的同步性更强，符合假说 H3.2b 的预期，再次表明行为偏差假说对 A 股市场本地偏差现象更具解释能力。

表 3-8　　　　　本地关注度与个股股价同步性相关性检验

$SYN_{i,t}$	(1)	(2)	(3)	(4)	(5)	(6)
$LoAtt_{i,t}$	0.0936 *** (4.27)	0.1512 *** (8.49)	0.1257 *** (6.64)	0.0425 ** (2.74)	0.0418 ** (2.48)	0.0390 ** (2.33)
$Att_{i,t}$		-0.1979 *** (-10.34)	-0.1673 *** (-7.58)	-0.1054 ** (-2.35)	-0.1153 ** (-1.98)	-0.1044 * (-1.83)
$IO_{i,t}$		-0.1390 ** (-2.38)	-0.1885 ** (-2.42)	-0.2601 *** (-5.04)	-0.2955 *** (-5.93)	-0.2968 *** (-5.93)
$Analyst_{i,t}$		-0.0098 *** (-3.90)	-0.0112 *** (-3.68)	-0.0239 *** (-8.26)	-0.0223 *** (-7.93)	-0.0213 *** (-6.65)
$Media_{i,t}$			0.0610 (1.28)	0.0047 (0.19)	0.0212 (0.85)	-0.0075 (-0.26)
$Turn_{i,t}$				-0.2069 *** (-10.20)	-0.1962 *** (-9.12)	-0.1943 *** (-8.77)
$Size_{i,t}$				0.1463 *** (9.81)	0.1078 *** (8.70)	0.0990 *** (7.54)
$BM_{i,t}$				0.0230 ** (2.69)	0.0238 ** (2.81)	0.0303 *** (3.88)
$Growth_{i,t}$					-0.0377 ** (-2.18)	-0.0377 ** (-2.07)

续表

$SYN_{i,t}$	(1)	(2)	(3)	(4)	(5)	(6)
$Lev_{i,t}$					0.0221 (0.58)	-0.0133 (-0.32)
$SOE_{i,t}$						0.1185*** (4.85)
$Big4_{i,t}$						0.0519 (1.53)
Constant	-0.6902*** (-6.85)	-1.0467*** (-7.99)	-0.9715*** (-6.67)	-0.5537*** (-3.56)	-0.4768*** (-3.01)	-0.4596*** (-2.91)
年度 FE	Yes	Yes	Yes	Yes	Yes	Yes
行业 FE	Yes	Yes	Yes	Yes	Yes	Yes
观测数	22763	21945	21245	21237	20668	20252
总体 R^2	0.0489	0.0509	0.0518	0.1844	0.1654	0.1711
F 值	18.19	60.07	27.65	125.56	50.11	46.31

各控制变量的系数符号和显著性大多符合已有研究的结果，个股受到的总关注度越高，机构投资者持股越多，分析师对个股的跟踪度越强，个股股价的同步性越弱，符合已有研究从投资者关注角度所做的解释，市场参与者的关注促进了信息在市场中的扩散，推动更多公司特质信息更快地在股价中得以反映。在公司特征方面，换手率 $Turn_{i,t}$、成长性 $Growth_{i,t}$ 的系数显著为负，而公司规模 $Size_{i,t}$、账面市值比 $BM_{i,t}$、控股股东性质 $SOE_{i,t}$ 的系数显著为正，杠杆度 $Lev_{i,t}$ 以及审计公司性质 $Big4_{i,t}$ 的系数不显著。

如果假说 H3.2b 是稳健的，那么不仅本地关注度高的公司相对其他公司股价同步性更强，对同一家公司而言，当其受本地投资者关注的程度提高时，公司股价的同步性也将相应有所提高。为此，本章检验了个股本地关注度的变化与其股价同步性变化的关系，结果如表 3-9 所示。与表 3-8 相比，表 3-9 中被解释变量由当期股价同步性指标 $SYN_{i,t}$ 变为一阶差分 $D.SYN_{i,t}$，即个股股价同步性相较于上一期的变动程度。各解释变量同样由同期指标转变为一阶差分项。除此之外,模型的设定与回归方法与表3-8一致。从表3-9可以看到,多数控制变量一阶差分项的系数符号及显著性与其当期项在表3-8中的结果一致。本地关注度$LoAtt_{i,t}$的一阶差分项系数依然在所有模型设定下均显著为正,表明个股受本地投资者关注程度的提高将导致其股价同步性随之提高,同样符合假说H3.2b的预期。因此,结合表3-8和表3-9的结果来看,投资者对本地公司的过度关注将使公司股价中的特质信息含量不增反减,表明投资者行为偏差假说比信息优势假说对A股市场本地偏差现象有着更好的解释能力。

表3-9　　本地关注度变化与个股股价同步性变化的相关性检验

$D.SYN_{i,t}$	(1)	(2)	(3)	(4)	(5)	(6)
$D.LoAtt_{i,t}$	0.6182*** (7.36)	0.5009*** (6.04)	0.5322*** (6.04)	0.5046*** (5.83)	0.4479*** (5.42)	0.4709*** (5.66)
$D.Att_{i,t}$		-0.2755*** (-4.63)	-0.2618*** (-4.29)	-0.3067*** (-4.90)	-0.2484*** (-4.06)	-0.2452*** (-3.86)
$D.IO_{i,t}$		-0.5577*** (-5.48)	-0.5093*** (-4.80)	-0.2360** (-2.14)	-0.2516** (-2.30)	-0.2639** (-2.30)
$D.Analyst_{i,t}$		-0.0104*** (-4.33)	-0.0098*** (-3.83)	-0.0070*** (-2.69)	-0.0068*** (-2.63)	-0.0068** (-2.49)
$D.Media_{i,t}$			-0.1101** (-2.25)	-0.1090** (-2.16)	-0.1297** (-2.62)	-0.1299** (-2.46)
$D.Turn_{i,t}$				-0.0685*** (-6.29)	-0.0514*** (-4.80)	-0.0497*** (-4.53)
$D.Size_{i,t}$				0.2097*** (10.76)	0.1918*** (10.07)	0.1924*** (9.77)
$D.BM_{i,t}$				0.0761*** (4.95)	0.0825*** (5.16)	0.0950*** (4.80)
$D.Growth_{i,t}$					-0.0536** (-2.06)	-0.0569** (-2.12)
$D.Lev_{i,t}$					0.5340*** (3.89)	0.5144*** (3.66)

续表

$D.\ SYN_{i,t}$	(1)	(2)	(3)	(4)	(5)	(6)
$D.\ SOE_{i,t}$						−0.0102 (−0.28)
$D.\ Big4_{i,t}$						0.1611 (1.53)
Constant	0.0251*** (11.26)	0.1796*** (7.99)	0.1824*** (5.81)	0.7786*** (10.96)	0.5369*** (6.34)	0.5257*** (5.98)
年度 FE	Yes	Yes	Yes	Yes	Yes	Yes
行业 FE	Yes	Yes	Yes	Yes	Yes	Yes
观测数	21417	20679	19869	19762	18895	18500
总体 R^2	0.0351	0.0410	0.0415	0.0523	0.0568	0.0576
F 值	14.63	18.05	22.69	25.49	29.99	54.18

四 个人投资者本地关注度与个股定价效率

本章假说 H3.3a 指出，如果本地投资者具有信息优势，公司价值相关信息能够更快、更准确地为本地投资者反映到公司股价之中，本地关注度高的个股定价效率因而更高，而相反假说 H3.3b 认为投资者由非理性行为偏差导致的本地关注行为只能降低本地公司股票的定价效率。根据有效市场理论，股票定价越有效率，股价波动越接近随机游走过程。Lo 和 MacKinlay（1988）据此提出可使用方差比检验股票的定价效率。如果股票价格遵循随机游走的过程，则 t 时刻股价 P_t 的 k 阶差分的方差应等于其一阶差分方差的 k 倍，即有 $\mathrm{var}(P_t - P_{t-k}) = k[\mathrm{var}(P_t - P_{t-1})]$。相反，如果股价因定价无效率而存在正向（负向）序列相关关系，则 $\mathrm{var}(P_t - P_{t-k})$ 与 $k[\mathrm{var}(P_t - P_{t-1})]$ 的比值大于（小于）1。据此，可定义方差比：

$$VRatio(k) = \left| \frac{\mathrm{var}(P_t - P_{t-k})}{k[\mathrm{var}(P_t - P_{t-1})]} - 1 \right| \qquad (3-13)$$

其中，$VRatio(k)$ 越大，表明股价越不满足随机游走特性，定价效率越低。参考孔东民等（2015）的做法，本章使用复权后的日股票收盘价数据，分别以 5 个交易日和 10 个交易日为周期（$k=5$，10），计算样本公司各个季度的方差比指标 $VRatio(5)_{i,t}$ 和 $VRatio(10)_{i,t}$。

本书采用式（3-14）检验方差比 $VRatio(k)_{i,t}$ 与本地关注度的关系。如果 $LoAtt_{i,t}$ 的系数显著为正，表明本地关注度越高，个股定价效率越低，符合行为偏差假说的预期。反之，若 $LoAtt_{i,t}$ 的系数显著为负，表明本地关注度越高的公司的定价效率越高，符合信息优势假说的预期。

$$VRatio(k)_{i,t} = \alpha_i + \beta_1 LoAtt_{i,t} + \lambda \sum Attention + \gamma \sum FirmCharacter + \varepsilon_{i,t} \quad (3-14)$$

式（3-14）的回归结果如表 3-10 所示。表 3-10 Panel A 和 Panel B 分别以 $VRatio(5)_{i,t}$ 和 $VRatio(10)_{i,t}$ 为被解释变量，各列结果中的控制变量与前文一致，同样使用面板固定效应模型和稳健性标准误完成回归过程。Panel A 和 Panel B 中，本地关注度 $LoAtt_{i,t}$ 的系数均在所有模型设定下显著为正，与本章假说 H3.3b 的预期一致。从控制变量来看，当以 5 个交易日（即 1 周）为周期计算方差比指标时，关注度 $Att_{i,t}$、机构投资者持股比例 $IO_{i,t}$、分析师覆盖度 $Analyst_{i,t}$、媒体报道覆盖度 $Media_{i,t}$ 等投资者关注指标系数均显著为负，表明在市场中越受关注、信息扩散速度越快的公司，定价效率越高。以 $VRatio(10)_{i,t}$ 为被解释变量时，分析师和机构投资者持股比例的影响不再显著，但关注度 $Att_{i,t}$ 和媒体报道覆盖度 $Media_{i,t}$ 依然能够显著正向影响个股定价效率。换手率 $Turn_{i,t}$ 在 Panel A 和 Panel B 中均显著为负，投资者的更多交易加快了市场信息反映到股价中的速度，同时高换手率也通常跟高关注度关联在一起。此外，公司规模 $Size_{i,t}$ 以及成长性 $Growth_{i,t}$ 显著为正，其余公司特征变量系数不显著。

总体而言，表 3-10 的结果表明，尽管机构投资者、分析师、媒体等市场参与者对公司的高关注度能够加快信息进入公司股价的过程，提高公司股票定价效率，但当公司所受到的关注更多来自本地投资者时，公司股票定价效率不升反降，表明本地投资者并没有展现出信息优势，相反会向公司股价中注入更多噪音，更符合本书假说 H3.3b 的预期，从而再一次支持了行为偏差假说对 A 股市场本地偏差现象的解释能力。

表 3–10　　　　　本地关注度与个股股价方差比相关性检验

	Panel A：以 5 个交易日为周期计算方差比					
$VRatio(5)_{i,t}$	(1)	(2)	(3)	(4)	(5)	(6)
$LoAtt_{i,t}$	0.0171*** (8.78)	0.0160*** (7.95)	0.0125*** (4.38)	0.0070** (2.42)	0.0106*** (3.71)	0.0101*** (3.38)
$Att_{i,t}$		-0.0295*** (-18.08)	-0.0295*** (-16.48)	-0.0329*** (-13.54)	-0.0195*** (-8.20)	-0.0212*** (-8.30)
$IO_{i,t}$		-0.0204*** (-3.19)	-0.0118* (-1.78)	-0.0145* (-1.66)	-0.0172*** (-2.61)	-0.0172** (-2.55)
$Analyst_{i,t}$		-0.0005*** (-2.92)	-0.0003* (-1.73)	-0.0004** (-2.16)	-0.0003 (-1.61)	-0.0003* (-1.71)
$Media_{i,t}$			-0.0161*** (-6.02)	-0.0100*** (-3.62)	-0.0096*** (-3.56)	-0.0094*** (-3.36)
$Turn_{i,t}$				-0.0032*** (-4.64)	-0.0049*** (-6.99)	-0.0047*** (-6.56)
$Size_{i,t}$				0.0103*** (8.44)	0.0061*** (4.96)	0.0070*** (5.44)
$BM_{i,t}$				0.0009 (0.72)	0.0013 (1.03)	0.0012 (0.88)
$Growth_{i,t}$					0.0019* (1.91)	0.0020** (1.98)
$Lev_{i,t}$					-0.0135 (-1.52)	-0.0141 (-1.55)
$SOE_{i,t}$						0.0015 (0.45)
$Big4_{i,t}$						-0.0043 (-0.49)
Constant	0.5303*** (145.97)	0.5759*** (124.45)	0.5917*** (85.31)	0.5829*** (80.33)	0.5822*** (74.47)	0.5833*** (71.01)

续表

	Panel A：以5个交易日为周期计算方差比					
$VRatio(5)_{i,t}$	(1)	(2)	(3)	(4)	(5)	(6)
观测数	22763	21945	21245	21237	20668	20252
总体 R^2	0.0352	0.0368	0.0372	0.0459	0.0355	0.0361
F 值	77.1354	103.5348	82.3747	63.9496	36.6424	29.7748
	Panel B：以10个交易日为周期计算方差比					
$VRatio(10)_{i,t}$	(1)	(2)	(3)	(4)	(5)	(6)
$LoAtt_{i,t}$	0.0138*** (6.91)	0.0124*** (6.02)	0.0076** (2.57)	0.0059* (1.96)	0.0085*** (2.84)	0.0079** (2.52)
$Att_{i,t}$		-0.0312*** (-18.65)	-0.0319*** (-17.41)	-0.0330*** (-13.12)	-0.0243*** (-9.75)	-0.0263*** (-9.80)
$IO_{i,t}$		-0.0164** (2.52)	-0.0104 (1.53)	-0.0050 (0.72)	-0.0018 (-0.26)	-0.0022 (-0.30)
$Analyst_{i,t}$		-0.0002 (-1.03)	-0.0001 (-0.33)	-0.0001 (-0.65)	-0.0002 (-0.92)	-0.0001 (-0.84)
$Media_{i,t}$			-0.0088*** (-3.20)	-0.0068** (-2.39)	-0.0084*** (-2.99)	-0.0084*** (-2.87)
$Turn_{i,t}$				-0.0011* (-1.85)	-0.0017** (-2.27)	-0.0014* (-1.86)
$Size_{i,t}$				0.0033*** (2.60)	0.0027* (1.80)	0.0032* (1.66)
$BM_{i,t}$				-0.0005 (-0.41)	-0.0001 (-0.08)	0.0001 (0.06)
$Growth_{i,t}$					0.0042*** (4.05)	0.0043*** (4.02)
$Lev_{i,t}$					-0.0102 (-1.10)	-0.0102 (-1.06)
$SOE_{i,t}$						-0.0028 (-0.80)
$Big4_{i,t}$						-0.0038 (-0.41)
Constant	0.6828*** (183.58)	0.7303*** (153.70)	0.7467*** (104.47)	0.7451*** (99.23)	0.7425*** (90.64)	0.7446*** (86.44)

续表

	Panel B：以 10 个交易日为周期计算方差比					
$VRatio(10)_{i,t}$	(1)	(2)	(3)	(4)	(5)	(6)
观测数	22763	21945	21245	21237	20668	20252
总体 R^2	0.0339	0.0336	0.0337	0.0346	0.0385	0.0389
F 值	47.77	98.43	74.01	47.55	29.23	23.71

五 稳健性检验

（一）改变本地关注度量方式

为了控制各省份网民数量差异的影响，本书以本地网民搜索的全国占比与本地网民数量的全国占比的相对比值作为最终的本地关注度指标。但并非所有网民都是 A 股投资者，各省份的网民占比并不等同于该省份 A 股个人投资者的占比。为此，本书此处尝试通过各省份 A 股个人账户开户数的全国占比来对本地网民搜索占比进行调整，构建新的本地关注度指标对前文研究进行稳健性检验。各省份 A 股个人账户开户数据取自中国证券登记结算有限责任公司（简称中登公司）。我国自 2015 年 4 月起允许一人设立多个 A 股账户，中登公司自 2015 年 7 月起不再公布各省份 A 股个人账户开户数。因此，此处稳健性检验的样本区间为 2007 年 1 月至 2015 年 6 月。

新的本地关注度指标均值为 1.6963，略低于前文中的 1.9062，就地域而言，新指标均值最低为上海的 1.1621，最高为西藏的 3.9119。原指标均值最低的广东此时排名倒数第二，为 1.3355，原指标均值最高的甘肃此时排名第五，为 2.6911，位列西藏、贵州、内蒙古、新疆之后。总的来说，新指标与原指标具有较强的类似性，新指标同样表明个人投资者过度关注本地公司的现象在全国范围内显著存在，且东部沿海和经济发达省份本地关注度较低，而西部内陆和经济欠发达省份本地关注度较高。

表 3-11、表 3-12 和表 3-13 分别给出了使用新的本地关注度指标重复前文研究所得到的实证结果，因篇幅限制，控制变量等回

归结果未予列示。表 3 – 11 检验了本地关注度与个股风险溢价水平的关系。在新的本地关注度指标下，各关注度不同组别股票经已知风险因子调整后的溢价水平仍然大致呈现随本地关注度增加而递增的趋势。按等权重构建股票组合时，在三因子、四因子和五因子模型下，关注度最高组与最低组股票超额收益差异分别为 93、132 和 95 个基点，且均在 1% 的水平下显著；按流通市值加权时，相应的差异分别为 100、107 和 95 个基点，且同样在 1% 的水平下显著，与前文相应研究结果基本一致。表 3 – 12 给出了新的本地关注度指标与个股股价同步性的相关性检验，无论是同期项还是一期差分项，个股股价的同步性均与其本地关注度水平显著正向相关，同样与前文研究结果一致。表 3 – 13 给出了新的本地关注度指标与个股方差比的相关性检验，$VRatio(5)_{i,t}$ 和 $VRatio(10)_{i,t}$ 依然均与 $LoAtt_{i,t}$ 显著正向相关。总的来说，在新的本地关注度指标下，无论是在风险溢价水平、股价同步性还是个股定价效率方面，均得到了与前文基本一致的研究结果，表明前文研究结果是稳健的，行为偏差假说能够更好地解释 A 股个人投资者的本地关注与本地偏差倾向。

表 3 – 11　　　经 A 股账户数调整后的本地关注度与个股风险溢价

加权方法	$R_{p,t}$	组别 = 1	组别 = 2	组别 = 3	组别 = 4	组别 = 5	5 – 1	Wald 检验 p 值
Panel A 三因子模型								
等权重	$Alpha_p$	0.0084 ** (2.29)	0.0106 * (1.95)	0.0135 *** (2.99)	0.0115 * (1.98)	0.0177 *** (3.93)	0.0093	0.0052
流通市值加权	$Alpha_p$	0.0099 ** (2.65)	0.0134 *** (3.05)	0.0139 *** (2.72)	0.0130 ** (2.53)	0.0199 *** (5.39)	0.0100	0.0071
观测数		120	120	120	120	120		
Panel A 四因子模型								
加权方法	$R_{p,t}$	组别 = 1	组别 = 2	组别 = 3	组别 = 4	组别 = 5	5 – 1	Wald 检验 p 值
等权重	$Alpha_p$	0.0069 * (1.75)	0.0134 * (1.86)	0.0151 *** (3.10)	0.0129 ** (2.04)	0.0201 *** (4.15)	0.0132	0.0034

续表

Panel A 四因子模型								
加权方法	$R_{p,t}$	组别=1	组别=2	组别=3	组别=4	组别=5	5-1	Wald 检验 p 值
流通市值加权	$Alpha_p$	0.0103** (2.18)	0.0093** (2.29)	0.0141** (2.52)	0.0141*** (2.96)	0.0210*** (5.27)	0.0107	0.0049
观测数		120	120	120	120	120		
Panel A 五因子模型								
加权方法	$R_{p,t}$	组别=1	组别=2	组别=3	组别=4	组别=5	5-1	Wald 检验 p 值
等权重	$Alpha_p$	0.0058* (1.94)	0.0082* (1.91)	0.0107** (2.40)	0.0087* (1.74)	0.0153*** (3.44)	0.0095	0.0041
流通市值加权	$Alpha_p$	0.0082* (1.93)	0.0079** (2.13)	0.0110** (2.17)	0.0101** (2.35)	0.0177*** (5.08)	0.0095	0.0044
观测数		120	120	120	120	120		

表 3-12 经 A 股账户数调整后的本地关注度与个股股价同步性

Panel A 个股股价同步性与本地关注度相关性检验						
$SYN_{i,t}$	(1)	(2)	(3)	(4)	(5)	(6)
$LoAtt_{i,t}$	0.0904*** (3.24)	0.1108*** (3.85)	0.2349*** (5.35)	0.2975*** (6.91)	0.3094*** (7.07)	0.3092*** (6.75)
观测数	22763	21945	21245	21237	20668	20252
Panel B 个股股价同步性变化与本地关注度变化相关性检验						
$D.SYN_{i,t}$	(1)	(2)	(3)	(4)	(5)	(6)
$D.LoAtt_{i,t}$	0.2209*** (3.35)	0.1285* (1.88)	0.2503*** (2.80)	0.1663* (1.85)	0.1605* (1.77)	0.1558* (1.73)
观测数	21417	20679	19869	19762	18895	18500

表 3-13 经 A 股账户数调整后的本地关注度与个股定价效率

Panel A 以 5 个交易日为周期构建方差比						
$VRatio(5)_{i,t}$	(1)	(2)	(3)	(4)	(5)	(6)
$LoAtt_{i,t}$	0.0065*** (3.35)	0.0070*** (3.44)	0.0139** (2.25)	0.0137** (2.18)	0.0114*** (3.64)	0.0127*** (3.90)
观测数	22763	21945	21245	21237	20668	20252

续表

	Panel B 以 10 个交易日为周期构建方差比					
$VRatio(10)_{i,t}$	(1)	(2)	(3)	(4)	(5)	(6)
$LoAtt_{i,t}$	0.0046** (2.38)	0.0047** (2.35)	0.0048** (2.25)	0.0048** (2.27)	0.0060* (1.91)	0.0068** (2.05)
观测数	22763	21945	21245	21237	20668	20252

(二) 分段回归检验

百度公司于 2011 年 1 月开始提供基于移动端搜索数据构建的移动百度指数,以及将 PC 端和移动端搜索数据加总构建的综合百度指数。为了保持数据的一致性,前文在样本期 2007—2016 年始终使用 PC 端百度指数构建本地关注度指标。鉴于移动端网络用户规模的迅猛增长,仅使用 PC 端百度指数度量投资者关注度可能是存在偏差的。为此,本章此处将样本分为两段,2007—2010 年使用 PC 端百度指数构建本地关注度指标,2011—2016 年使用综合百度指数构建本地关注度指标,分段回归以进一步检验前文研究的稳健性。表 3-14、表 3-15 和表 3-16 给出了相应的实证研究结果,这些结果表明,无论在哪个样本时间段,高关注度的公司均表现出风险溢价水平更高、股价同步性更强、定价效率更低的特征,与前文研究结果一致,再次验证了本章研究的稳健性。

表 3-14   本地关注度与个股风险溢价分段检验

加权方法	$R_{p,t}$	组别=1	组别=2	组别=3	组别=4	组别=5	5-1	Wald 检验 p 值
	Panel A 三因子模型:2007—2010 年							
等权重	$Alpha_p$	0.0039 (0.66)	0.0052 (1.02)	0.0084* (1.97)	0.0106** (2.73)	0.0090*** (2.85)	0.0051	0.0645
流通市值加权	$Alpha_p$	0.0067 (1.11)	0.0055 (1.22)	0.0118*** (3.13)	0.0105*** (2.81)	0.0109*** (3.85)	0.0042	0.0578
观测数		48	48	48	48	48		

续表

加权方法	$R_{p,t}$	组别=1	组别=2	组别=3	组别=4	组别=5	5-1	Wald检验p值
Panel B 三因子模型：2011—2016年							
等权重	$Alpha_p$	0.0098*** (2.79)	0.0110*** (3.85)	0.0100*** (2.73)	0.0112*** (3.71)	0.0126*** (4.50)	0.0028	0.0741
流通市值加权	$Alpha_p$	0.0097*** (3.16)	0.0097*** (3.35)	0.0114*** (4.67)	0.0114*** (4.57)	0.0124*** (5.56)	0.0027	0.0722
观测数		72	72	72	72	72		
Panel C 四因子模型：2007—2010年							
等权重	$Alpha_p$	0.0018 (0.33)	0.0048 (0.91)	0.0091** (2.51)	0.0074* (1.75)	0.0082** (2.52)	0.0064	0.0074
流通市值加权	$Alpha_p$	0.0049 (1.07)	0.0076** (2.38)	0.0075*** (2.92)	0.0103** (2.68)	0.0101*** (3.51)	0.0052	0.0085
观测数		48	48	48	48	48		
Panel D 四因子模型：2011—2016年							
等权重	$Alpha_p$	0.0076** (2.06)	0.0093*** (3.11)	0.0098** (2.53)	0.0098*** (3.08)	0.0128*** (4.31)	0.0052	0.0318
流通市值加权	$Alpha_p$	0.0076** (2.38)	0.0102*** (3.97)	0.0093*** (3.04)	0.0105*** (4.00)	0.0126*** (5.34)	0.0050	0.0097
观测数		72	72	72	72	72		
Panel E 五因子模型：2007—2010年							
等权重	$Alpha_p$	0.0108** (2.64)	0.0105** (2.24)	0.0110** (2.12)	0.0135*** (2.70)	0.0145*** (3.06)	0.0037	0.0168
流通市值加权	$Alpha_p$	0.0111*** (2.81)	0.0100** (2.57)	0.0112*** (3.50)	0.0115*** (2.90)	0.0133*** (4.00)	0.0022	0.0753
观测数		48	48	48	48	48		
Panel F 五因子模型：2011—2016年							
等权重	$Alpha_p$	0.0114*** (3.04)	0.0129*** (2.98)	0.0137*** (2.88)	0.0125*** (2.98)	0.0157*** (3.70)	0.0043	0.0476
流通市值加权	$Alpha_p$	0.0107*** (3.10)	0.0112*** (3.79)	0.0127*** (3.56)	0.0112*** (3.26)	0.0140*** (4.61)	0.0033	0.0812
观测数		72	72	72	72	72		

表 3–15　本地关注度与个股股价同步性分段检验

Panel A 个股股价同步性与本地关注度相关性检验：2007—2010 年

$SYN_{i,t}$	(1)	(2)	(3)	(4)	(5)	(6)
$LoAtt_{i,t}$	0.0278 **	0.0606 ***	0.0672 ***	0.0422 ***	0.0426 **	0.0304 ***
	(2.08)	(3.83)	(4.21)	(2.68)	(2.42)	(2.84)
观测数	7967	7680	7435	7432	7233	7088

Panel B 个股股价同步性与本地关注度相关性检验：2011—2016 年

$SYN_{i,t}$	(1)	(2)	(3)	(4)	(5)	(6)
$LoAtt_{i,t}$	0.0350 ***	0.0456 ***	0.0331 **	0.0606 ***	0.0690 ***	0.0792 ***
	(2.77)	(3.35)	(2.43)	(4.39)	(4.46)	(2.93)
观测数	12974	12508	12109	12108	11780	11543

Panel C 个股股价同步性变化与本地关注度变化相关性检验：2007—2010 年

$D.SYN_{i,t}$	(1)	(2)	(3)	(4)	(5)	(6)
$D.LoAtt_{i,t}$	0.1379 **	0.1490 **	0.1498 **	0.1374 **	0.1281 ***	0.1221 **
	(2.27)	(2.54)	(2.46)	(2.06)	(2.74)	(2.06)
观测数	7967	7680	7435	7432	7233	7088

Panel D 个股股价同步性变化与本地关注度变化相关性检验：2011—2016 年

$D.SYN_{i,t}$	(1)	(2)	(3)	(4)	(5)	(6)
$D.LoAtt_{i,t}$	0.2367 ***	0.1701 ***	0.1689 ***	0.1266 ***	0.1596 ***	0.0841 **
	(7.39)	(5.43)	(5.38)	(4.10)	(4.32)	(2.37)
观测数	12974	12508	12109	12108	11780	11543

表 3–16　本地关注度与个股定价效率分段检验

Panel A 以 5 个交易日为周期构建方差比：2007—2010 年

$VRatio(5)_{i,t}$	(1)	(2)	(3)	(4)	(5)	(6)
$LoAtt_{i,t}$	0.0015 *	0.0045 ***	0.0046 ***	0.0057 ***	0.0054 ***	0.0036 *
	(1.85)	(3.70)	(3.79)	(4.42)	(3.58)	(1.70)
观测数	7967	7680	7435	7432	7233	7088

Panel B 以 5 个交易日为周期构建方差比：2011—2016 年

$VRatio(5)_{i,t}$	(1)	(2)	(3)	(4)	(5)	(6)
$LoAtt_{i,t}$	0.0058 ***	0.0099 ***	0.0100 ***	0.0073 ***	0.0068 ***	0.0068 ***
	(6.94)	(10.93)	(11.04)	(7.89)	(6.54)	(5.88)
观测数	12974	12508	12109	12108	11780	11543

续表

Panel C 以 10 个交易日为周期构建方差比：2007—2010 年						
$VRatio(10)_{i,t}$	(1)	(2)	(3)	(4)	(5)	(6)
$LoAtt_{i,t}$	0.0020** (2.22)	0.0060*** (5.25)	0.0062*** (5.39)	0.0059*** (4.83)	0.0062*** (4.38)	0.0040** (2.53)
观测数	7967	7680	7435	7432	7233	7088
Panel D 以 10 个交易日为周期构建方差比：2011—2016 年						
$VRatio(10)_{i,t}$	(1)	(2)	(3)	(4)	(5)	(6)
$LoAtt_{i,t}$	0.0043*** (5.17)	0.0094*** (10.24)	0.0094*** (10.19)	0.0084*** (8.96)	0.0084*** (7.99)	0.0070*** (6.92)
观测数	12974	12508	12109	12108	11780	11543

第三节 本章小结

本章基于投资者对个股的关注程度与其资产配置的紧密关联，以投资者对本地上市公司的关注程度间接度量其股票资产配置的本地偏差倾向。具体而言，本章使用经本地网民数量占比调整后的、股票简称在百度中为本地网民搜索的比例，度量 A 股市场投资者的本地关注程度与股票配置本地偏差倾向，发现平均而言，A 股公司在百度中为本地网民搜索的全国占比是当地网民数量全国占比的 5.73 倍，表明 A 股投资者存在显著的过度关注和过度配置本地上市公司股票的倾向。

随后，本章就投资者本地关注程度对 A 股个股风险溢价水平、股价同步性和股票定价效率的影响进行了实证检验，并就投资者理性信息优势假说与投资者非理性行为偏差假说两大理论对这些实证结果的解释能力进行了讨论。检验结果表明：第一，经市场、规模、价值、动量因子等已知风险因子调整后，本地关注度更高的 A 股公司风险溢价水平更高；第二，本地关注度更高的 A 股公司股价与市场、行业以及地域组合的同步性更强，股价中的公司特质信息更少，公司为本地投资者关注程度的提高会导致股价中公司特质信息的减少；第三，尽管A股公司的定价效率会因为受市场关注度的增加而提高，但当公司所受到的关注更多来自本地投资者时，公司股票定价效率不升反降。所有三个实证结果均更加符合投资者非理性行为偏差假说的解释，表明在A股市场中，投资者对本地上市公司的过度关注更可能源于其对熟悉事物的非理性偏好等行为偏差而非信息优势。

总体而言，本章从投资者关注的角度出发，利用百度指数构造了一个简便而有效的指标用以度量投资者资产配置中的本地偏差现象，为本地偏差有关研究提供了可借鉴的研究工具。本章实证检验了信息优势假说和行为偏差假说对A股市场本地偏差现象的解释能力，检验结果更符合行为偏差假说的预期，为本地偏差成因的学术讨论提供了新的实证证据。本章研究验证了投资者关注的地域分布特征对A股个股定价过程与定价效率的显著影响，投资者过度关注本地个股的行为偏差提高了上市公司的风险溢价水平，强化了个股股价与市场、行业以及区域个股的同步性，并削弱了个股的定价效率，这些发现对投资实践、公司财务决策以及监管部门的政策制定均具有一定参考意义。

第 四 章

个人投资者关注与盈余惯性：
公司透明度的视角

本章承接上一章节的内容，继续就投资者关注对个股层面定价过程的影响进行研究。前文文献综述表明，投资者对个股价值相关信息的关注程度显著影响个股的资产定价过程，因此，哪些因素影响投资者对个股的关注程度成为有价值的研究议题。现有研究主要通过公司为媒体报道的强度（Hillert et al.，2014）、分析师跟踪的数量（周开国等，2014）、机构投资者持股比例（杨洁等，2016）、网民搜索的程度（Da et al.，2011）以及公司股票市场量价表现（Yuan，2015）等，从公司外部观察其受关注程度的影响因素，而公司内部运营管理特征是否直接影响公司为投资者关注的程度进而影响个股定价过程相对而言较少得到研究。Frederickso 和 Zolotoy（2016）对公司可视度（Visibility）与个股受关注度以及盈余惯性的相关性进行了研究，但他们同样使用媒体报道数量、分析师覆盖度等公司外部指标度量公司可视度，并不能反映公司自身运营管理特征对公司受关注度的影响。Barinov 等（2020）发现业务部门（Segment）更多的复杂公司盈余惯性更强，但他们将这一现象归因于此类公司的盈余信息质量（Information Quality）更低，其研究思路与实证研究设计均未明确指出投资者关注度与这一现象的关联。

针对这一研究缺失，本章对公司透明度这一重要运营管理特征与公司在市场中受关注程度的相关关系,以及这一关系对个股定价过程的可能影响进行研究。Bushman 等(2004)将公司透明度定义为公司信息为外界人士的可获取程度,认为公司透明度是公司管理者作为信息分配者对信息披露形式、内容和时机进行选择的结果。投资者关注主要通过影响个股价值相关信息的扩散速度影响其定价过程,因此,与个股信息可获取程度直接相关的公司透明度必然与公司受投资者关注的程度存在关联。

具体而言,本书认为,公司透明度可能从两个方面影响投资者对公司的关注程度。首先,公司透明度影响投资者的信息成本进而影响公司的受关注程度。公司透明度是公司信息为外界人士的可获取程度,公司透明度越低,外部投资者获取公司信息的成本越高(Bushman,2014)。Lang 等(2012)以盈余管理程度、会计标准等多个指标构造公司透明度指数,以 46 个国家 1994—2007 年的股票市场数据为样本,实证验证了公司透明度与其信息成本之间的负向关系。而 Huang 和 Liu(2007)构建的理性忽视模型(Rational Inattention)指出,信息获取成本的存在是投资者选择以有限的频率和精度获取信息的重要因素。信息获取成本越高,投资者越可能降低其获取公司价值相关信息的频率和准确程度,即越可能减少对公司信息的关注程度。

其次,低透明度的信息环境会降低投资者对公司信息的信任水平,进而减少投资者对公司信息的关注程度。Pevzner 等(2015)以25 个国家为研究对象,发现一个国家的社会信任(Social Trust)水平正向影响该国上市公司盈余公告被投资者及时关注的程度,社会信任水平越高,该国投资者对盈余公告的关注和反应越及时,而投资者对股票市场的信任水平与该国信息环境的透明程度存在显著正向关联。类似地,在个股层面,投资者对个股价值相关信息的信任和关注程度,也会受到公司信息透明程度的正向影响。在 A 股市场上,罗玫和宋云玲(2012)发现上市公司修订业绩预告会降低投资者对公司的信任程度,市场对有修正历史的上市公司的业绩预告反应强度明显低于无修正历史的公司，表明投资者对公司的不信任降低了其对公司业绩预告信息的关注程度。徐浩峰和侯宇（2012）通过观察深交所交易数据也发现，公司透明度是存在信息劣势的散户投资者选择股票的重要依据，他们更倾向于信任和关注透明度较高的公司，从而更愿意持有此类公司的股票。

概括而言，投资者可能因高信息处理成本以及低信任水平等原因相对忽视信息透明度较低的公司。而 Hirshleifer 等（2009）、Dellavigna 和 Pollet（2009）以及 Ben-Rephael 等（2017）的研究均表明，投资者对公司的关注程度负向影响公司盈余惯性这一错误定价现象的强度，投资者越关注的公司，盈余公告时公司盈余信息反映到公司股价中的速度越快，盈余公告在市场中引发的即时反应越强，滞后反应（即盈余惯性）越弱，反之亦然。如果公司透明度与其受关注程度正向相关，则透明度越低的公司盈余惯性效应应当越高；反之亦然。依据这一思路，本章以公司盈余惯性现象为研究对象，实证检验公司透明度通过投资者关注对公司股票定价过程造成的影响。现有研究大都从信息不对称的角度研究公司透明度对资产定价的影响，鲜有研究将公司透明度与公司受关注程度关联起来进行研究。因此，本章研究不仅有助于丰富投资者关注与盈余惯性领域研究，还为理解公司透明度对股票定价过程的影响提供了新的视角。

第一节　个人投资者关注与公司透明度的相关性分析

一　公司透明度度量

对公司透明度进行合理的度量是本章研究的重要基础。本书参照 Lang 等（2012）和辛清泉等（2014）的思路，利用多个透明度指标构造公司透明度指数综合度量公司透明度。具体使用的透明度代理指标包括盈余质量、关联交易金额占比、关联交易笔数、审计质量和信息披露评级。第一个透明度指标盈余质量 $EQ_{i,t}$ 通过式（4-1）所示的 Dechow 和 Dichev（2002）应计盈余分离模型（简称 DD 模型）得到。$TCA_{i,t}$ 表示总流动应计利润，等于营业利润加折旧摊销减去经营活动的现金流，$CFO_{i,t}$ 为经营活动的现金流，$\Delta REV_{i,t}$ 为营业收入的变动，$PPE_{i,t}$ 为公司固定资产，所有变量均除以上期期末总资产以控制公司规模的影响。利用式（4-1）按照 2001 年证监会行业分类标准，分行业分年度进行回归得到的残差 $e_{i,t}$ 即为公司 i 在 t 年度的非正常应计利润，随后通过计算 $t-4$ 年到 t 年这 5 年非正常应计利润的标准差，即可得到公司在 t 年的盈余质量（$EQ_{i,t}$）。为与其他透明度代理指标保持方向一致，本书将 $EQ_{i,t}$ 乘以 -1，以使 $EQ_{i,t}$ 越大表示公司的透明度越高。

$$TCA_{i,t} = \alpha + \beta_1 CFO_{i,t-1} + \beta_2 CFO_{i,t} + \beta_3 CFO_{i,t+1} + \beta_4 \Delta REV_{i,t} + \beta_5 PPE_{i,t} + e_{i,t} \quad (4-1)$$

第二个透明度指标为审计公司质量（$AUD_{i,t}$），如果上市公司聘请四大会计师事务所对年报进行审计，$AUD_{i,t}$ 取 1，否则取 0。已有文献表明，四大会计师事务所的审计质量更高，聘请四大审计公司年报表明公司更有信心和意愿提供公允、准确的会计和内部控制信息，公司透明度可能更高。因此，$AUD_{i,t}$ 越大表示公司透明度越高。

第三个透明度指标为深交所信息披露评级 $RATE_{i,t}$。深交所自 2001 年起对上市公司信息披露工作进行评级，按信息披露质量的好坏依次分为优秀、良好、合格和不合格四个等级[1]。这一评级分数在国内学者相关研究中得到了广泛应用（徐浩峰和侯宇，2012；辛清泉等，2014）。本书分别以 1—4 分表示 4 个信息披露等级，分数越高表示公司信息披露评级越高，公司透明度越高。

第四个和第五个公司透明度指标为公司关联交易笔数和非正常

---

[1] 2011 年起，深交所改用 A、B、C、D 表示上市公司的信息披露评级，从 A 到 D 评级依次降低。

关联交易金额。Firth 等（2015）认为，一方面，关联交易的价格并不一定能够反映交易的公允价值；另一方面，在中国等新兴市场，关联交易很容易成为大股东转移财富、攫取小股东利益的工具。如果关联交易没有得到充分、准确的披露，信息处理成本的存在会使注意力有限的散户投资者很难准确理解关联交易对公司价值的影响。因此，对于散户投资者来说，公司的关联交易活动越复杂，公司的透明度可能越低。本章从关联交易笔数和非正常关联交易金额两个方面度量公司关联交易程度，关联交易笔数 $NRPT_{i,t}$ 表示为公司 i 在 t 年度关联交易笔数的对数，参照 Firth 等（2015）的方法，非正常关联交易金额 $ARPT_{i,t}$ 使用式（4-2）所示的 OLS 回归模型得到。

$$\frac{RPT_{i,t}}{SALE_{i,t}} = a_0 + a_1 TA_{i,t} + a_2 LEV_{i,t} + a_3 MB_{i,t} + \varepsilon_{i,t} \quad (4-2)$$

其中，$RPT_{i,t}$ 为公司 t 年度的关联交易金额，$SALE_{i,t}$ 为营业收入，$TA_{i,t}$、$LEV_{i,t}$ 和 $MB_{i,t}$ 分别为公司对数化的总资产、资产负债率以及账面市值比，分别控制公司规模、杠杆和成长性对关联交易规模的影响。对式（4-2）分行业、年度回归得到的残差值 $\varepsilon_{i,t}$ 即为公司 t 年度的非正常交易金额指标。与 $EQ_{i,t}$ 一样，本书将 $NRPT_{i,t}$ 和 $ARPT_{i,t}$ 乘以 -1，以使 $NRPT_{i,t}$ 和 $ARPT_{i,t}$ 越大，表示公司透明度越高。

在以上 5 个透明度代理指标的基础上，本章参照 Lang 等（2012）和辛清泉等（2014）的做法，将样本公司透明度变量值转化为其对应的百分位数（Percentile），并以公司 5 个指标百分位数平均值的对数构建综合透明指数 $TRAN_{i,t}$ 作为本章的主要解释变量，$TRAN_{i,t}$ 越大意味着公司综合透明度越高。上交所并未公开对上交所上市公司的信息披露评级，因此，对于上交所上市样本公司而言，$TRAN_{i,t}$ 为其余 4 个透明度指标百分位数的平均值。

二　个人投资者关注与公司透明度的相关性分析

（一）单变量分析

如果公司透明度如本书预期那样正向影响投资者关注度，则公

司透明度 $TRAN_{i,t}$ 与已有的投资者关注度指标应当显著正向相关。现有研究主要通过公司为媒体报道的强度（Hillert et al., 2014）、分析师发布的公司盈利预测报告数量（周开国等，2014）、公司为机构投资者持股的比例（杨洁等，2016）等度量公司为投资者关注的程度。如果公司透明度正向影响其为个人投资者关注的程度，则公司透明度越高，公司的媒体报道度、分析师覆盖度、机构投资者持股比例应当越高。

基于这一思路，本章每年将所有样本公司按照其公司透明度 $TRAN_{i,t}$ 平均分为 5 组，$TRAN_{i,t}$ 从第 1 组到第 5 组依次增加，随后对样本期内，各组别样本公司媒体报道度、分析师覆盖度以及机构投资者持股比例的平均值进行对比。使用 DD 模型计算公司盈余质量需要至少 5 年连续现金流数据，而我国从 1998 年起才要求上市公司披露现金流量表，因此本章以 2003—2015 年为研究区间，并以剔除金融行业公司、PT 或 ST 等非正常上市公司后的所有 A 股上市公司为样本公司，最大样本公司数为 2015 年的 2446 家。具体而言，媒体报道度 $Media_{i,t}$ 为以 t 年度 i 公司股票简称为新闻标题的关键词在中国重要报纸全文数据中进行搜索得到的新闻报道数量加 1 后的对数。分析师覆盖度 $AnCov_{i,t}$ 为 t 年度分析师发布的 i 公司盈利预测报告数量加 1 后的对数。机构投资者持股比例 $InOwn_{i,t}$ 为 t 年末基金、券商、QFII、保险公司等机构投资者持有的公司 A 股比例。

表 4-1 给出了样本期内公司透明度不同组别分析师覆盖度、机构投资者持股比例以及媒体报道度均值以及中位数的差异。如表 4-1 所示，各组别公司的分析师覆盖度 $AnCov_{i,t}$ 随透明度的增加呈现单调递增趋势，公司透明度最高组的平均 $AnCov_{i,t}$ 为 2.49，较最低组的 2.06 高出 0.43，且这一差异在 1% 的水平下显著。根据 $AnCov_{i,t}$ 的定义可以简单换算得到，平均而言，公司透明度最高组样本公司的分析师盈利预测报告数量比最低组样本公司每年多出约 50%。各组别间的机构投资者持股比例 $InOwn_{i,t}$ 的差异同样显著，样本期内，透明度最高组样本公司的机构投资者持股比例均值（中位数）为 18.03%

(10.91%),比透明度最低组样本公司高 2.57 (2.58) 个百分点,且这一差异在1%的水平下显著。在媒体报道度 $Media_{i,t}$ 方面,公司透明度最高组和最低组样本公司的均值(中位数)分别为 1.75 (1.36) 和 1.50 (0.96),其差异同样在 1% 的水平下显著。总体而言,本小节的单变量分组分析表明,公司透明度更高的公司分析师发布的盈利预测报告数量越多,机构投资者持有的股票比例越高,为媒体新闻报道的文章越多,即受到投资者等市场参与者的关注程度越强。

表 4 – 1   公司透明度与投资者关注度单变量分析

公司透明度分组	分析师覆盖度		机构投资者持股比例(%)		媒体报道度	
	均值	中位数	均值	中位数	均值	中位数
1(低)	2.06	1.95	17.43	10.41	1.50	0.96
2	2.19	2.20	17.01	10.38	1.54	1.12
3	2.31	2.31	18.45	11.64	1.68	1.22
4	2.31	2.30	18.03	10.91	1.67	1.31
5(高)	2.49	2.56	20.00	12.89	1.75	1.36
5 减 1(高减低)	0.43***	0.61	2.57***	2.58	0.25***	0.40
t 值	15.64		3.91		4.58	

(二)多元回归分析

为了进一步检验公司透明度与其在市场中受关注程度的关系,本小节在前文单变量分析的基础上,加入一系列公司运营管理与董事会特征控制变量,利用式(4 – 3)所示多元回归模型,就公司透明度对其各投资者关注指标的影响进行实证检验。

$$Attention_{i,t} = \alpha + \beta_1 Tran_{i,t} + \lambda \sum FirmControl + \gamma \sum BoardControl + \varepsilon_{i,t}$$

(4 – 3)

其中,被解释变量 $Attention_{i,t}$ 包括分析师覆盖度、机构投资者持股比例以及媒体报道度,公司透明度 $TRAN_{i,t}$ 为核心解释变量,FirmControl 与 BoardControl 分别表示规模 $Size_{i,t}$、账面市值比 $BM_{i,t}$、盈利能力 $ROE_{i,t}$ 等公司运营特征控制变量,以及董事会独立性 $BoardIn_{i,t}$、

董事会规模 $BoardSize_{i,t}$、董事会与总经理是否两职合一（$DualDuty_{i,t}$）等董事会特征控制变量。规模 $Size_{i,t}$ 为公司年末流通市值（单位：10 亿元）的对数，账面市值比 $BM_{i,t}$ 为公司所有者权益与公司市值的比值，$ROE_{i,t}$ 为公司净资产收益率 × 100，董事独立性 $BoardIn_{i,t}$ 为公司独立董事的比例，$BoardSize_{i,t}$ 为公司董事会人数的对数，$DualDuty_{i,t}$ 为虚拟变量，公司董事长与总经理两职合一时取 1，否则取 0。

利用 2446 家样本公司 2003—2015 年的 20328 个公司 × 年观测值，本章以固定效应模型对式（4－3）进行了估计，并以稳健性标准误推断各估计系数的显著性水平，回归结果如表 4－2 所示。无论以何种关注度指标作为被解释变量，公司透明度 $TRAN_{i,t}$ 的系数均至少在 5% 的水平下显著，表明如前文单变量分析一样，公司透明度更高的公司分析师盈利预测报告数量更多、机构投资者持股比例更高、公司为媒体报道的数量越多，即公司透明度显著正向影响公司在市场中受关注的程度。此外，各控制变量的系数符号表明，公司规模越大、账面市值比越低、盈利能力越强的公司在市场中受关注的程度越强，公司董事会特征对公司受关注程度的影响不显著。

表 4－2　　　　　公司透明度与投资者关注度多元回归分析

	(1) $AnCov_{i,t}$	(2) $AnCov_{i,t}$	(3) $InOwn_{i,t}$	(4) $InOwn_{i,t}$	(5) $Media_{i,t}$	(6) $Media_{i,t}$
$TRAN_{i,t}$	0.10 ** (2.17)	0.12 ** (2.32)	0.05 ** (2.13)	0.05 ** (2.03)	0.09 ** (2.36)	0.08 ** (1.99)
$Size_{i,t}$	0.34 *** (16.26)	0.33 *** (14.74)	0.09 *** (8.65)	0.08 *** (8.13)	0.18 *** (4.63)	0.16 *** (3.47)
$BM_{i,t}$	－0.06 *** (－3.93)	－0.07 *** (－3.93)	－0.01 ** (－3.04)	－0.01 ** (－2.67)	－0.04 *** (－2.91)	－0.04 ** (－2.39)
$ROE_{i,t}$	0.15 *** (5.98)	0.17 *** (5.34)	0.07 ** (2.62)	0.07 ** (2.42)	0.11 *** (4.28)	0.08 *** (4.16)
$BoardSize_{i,t}$		0.03 (0.43)		0.02 * (1.80)		0.00 (0.21)

续表

	(1) $AnCov_{i,t}$	(2) $AnCov_{i,t}$	(3) $InOwn_{i,t}$	(4) $InOwn_{i,t}$	(5) $Media_{i,t}$	(6) $Media_{i,t}$
$BoardIn_{i,t}$		0.16 (0.96)		0.07** (2.03)		0.11 (1.34)
$DualDuty_{i,t}$		-0.01 (-0.24)		0.00 (0.86)		-0.00 (-0.15)
Constant	1.19*** (4.16)	1.21*** (3.91)	0.17*** (4.30)	0.15*** (6.40)	0.84*** (2.96)	0.88*** (3.11)
年度 FE	Yes	Yes	Yes	Yes	Yes	Yes
行业 FE	Yes	Yes	Yes	Yes	Yes	Yes
观测数	20328	20328	20328	20328	20328	20328
总体 R^2	0.2311	0.2254	0.1176	0.1531	0.2269	0.2244
F 值	9.62	8.08	4.73	4.65	10.34	11.56

（三）内生性与倾向匹配得分法

前文分别通过单变量分组对比与多元回归分析了公司透明度对其受投资者关注程度的影响，发现公司透明度高的公司分析师覆盖度、机构投资者持股比例和媒体报道度均显著更高。然而，公司透明度是公司信息为外界人士可获取的程度，而媒体报道与分析师跟踪对公司信息都有着直接的扩散作用，对公司的信息透明程度存在影响的可能。同时，公司透明度是公司管理者作为信息分配者对信息披露形式、内容和时机进行选择的结果，而已有研究表明，机构投资者对公司存在较强的治理效应（谭劲松和林雨晨，2016），机构投资者可能通过参与公司的治理行为影响公司管理者的信息分配行为和公司透明度。换句话说，公司透明度与分析师覆盖度、机构投资者持股比例以及媒体报道度之间可能存在双向因果关系，这一潜在的内生性问题可能影响前文结果的稳健性。

本小节通过倾向得分匹配法在控制这一内生性问题的基础上，重新验证公司透明度对公司受关注程度的潜在影响。除前文所使用的分析师覆盖度等投资者关注度量指标外，已有研究还使用个股在搜索引擎中被搜索的次数度量个股为个人投资者关注的程度（Da et al., 2011）。在搜索引擎中搜索个股简称等信息显然并不会影响公司信息的透明程度，因此，如果在控制分析师覆盖度、机构投资者持股比例以及媒体报道度等因素后，公司透明度不同的样本公司在网络中被搜索的次数仍然存在显著差异，则表明公司信息透明度会直接影响个人投资者对公司关注的程度。

具体而言，笔者首先通过网络爬虫程序，分年度抓取代表A股公司股票简称在百度中搜索次数的百度指数，并定义变量网络关注度 $BaiduIn_{i,t}$ 为 i 公司 t 年度百度指数（单位：千）加1后的自然对数。受到监管、法律政策影响等原因，百度公司仅在2007年后公开了部分A股公司股票简称的百度指数，因此，本书最终抓取到了1035家符合前文样本筛选标准的A股公司在2007—2015年的年度百度指数。尽管百度公司仅部分公开其搜索数据的行为减少了此处的样本公司数量与样本观测数，但公司这一行为的严格外生性使此处研究并不会出现严重的选择性样本偏差问题。

随后，笔者定义虚拟变量 $DTRAN_{i,t}$，当 t 年度样本公司 i 的透明度指数 $TRAN_{i,t}$ 高于当年所有样本公司透明度中位数时取1，否则取0。本章以 $DTRAN_{i,t}$ 为处理变量，以分析师覆盖度、机构投资者持股比例、媒体报道度等前文使用的关注度指标，规模、账面市值比、ROE等公司特征指标，以及董事会规模、董事会独立性、两职合一等董事会特征为协变量，通过匹配倾向得分法比较了高透明度公司与低透明度公司的网络关注度。如果公司透明度对其市场受关注度的影响全部来自公司受分析师覆盖程度、媒体报道程度以及机构投资者持股比例差异的影响，则在以这些变量作为协变量进行匹配后，公司透明度高低组之间的网络关注度 $BaiduIn_{i,t}$ 不应存在显著差异。相反，若匹配后高透明度组的网络关注度 $BaiduIn_{i,t}$ 依然显著高于低透明度组公司，则表明剔除分析师等其他市场参与者关注度的影响后，公司自身的信息透明度仍将显著正向影响其在市场中为投资者关注的程度。

本章分别尝试通过一对一无放回匹配、一对一有放回匹配、马氏匹配以及卡尺内最近邻匹配（选择 0.25 卡尺）四种方式，将公司透明度较高组与较低组公司按照分析师覆盖度等关注度指标以及公司特征、董事会特征指标进行匹配。表 4-3 给出了倾向得分匹配的结果，在匹配前，透明度较高组（Treated）的网络关注度 $BaiduIn_{i,t}$ 均值为 0.90，而透明度较低组（Controls）仅为 0.51，二者差异十分显著。而在匹配之后，无论使用何种匹配方法，参与者平均处理效应 ATT （Averaged Treated Effect on the Treated）均为正，且至少在 5% 的水平下显著，表明在控制分析师覆盖度等因素影响后，透明度更高的公司得到的网络关注度显著更高，从而再次验证本书的理论预期，公司透明度显著正向影响公司为个人投资者关注的程度。

表 4-3　公司透明度与投资者关注度的相关性：倾向得分匹配

匹配方法	样本	Treated	Controls	Difference	t 值
	Unmatched	0.90	0.51	0.39	11.81 ***
一对一无放回匹配	ATT	0.90	0.53	0.37	8.79 ***
一对一有放回匹配	ATT	0.90	0.78	0.12	2.40 **
马氏匹配	ATT	0.90	0.78	0.12	2.96 ***
卡尺内最近邻匹配	ATT	0.90	0.81	0.09	2.49 **

注：结果变量为网络关注度 $BaiduIn_{i,t}$。

第二节　公司透明度与盈余惯性：个人投资者关注的视角

一　研究假说

前一小节的研究表明，公司透明度与分析师覆盖度、媒体报道度、机构投资者持股比例以及网络搜索量等投资者关注度指标存在显著正向关系，本小节以盈余惯性为研究对象，对公司透明度与投资者关注的这一正向关系对个股定价过程的影响进行实证检验。

盈余惯性是公司股价沿意外盈余方向持续漂移的现象，持续广泛存在于全球股票市场之中（Hung et al.，2015）。近年来，市场信息极大丰富与投资者注意力相对贫穷的矛盾对盈余惯性现象的影响日益得到学者的重视。Hirshleifer 等（2009）、Dellavigna 和 Pollet（2009）、Hou、Xiong 和 Peng（2009）等理论或实证研究均表明，投资者对个股的关注程度显著负向影响个股盈余惯性的强度与持续性，越不为投资者关注的个股，盈余公告的即时市场反应越弱，滞后市场反应越强。因此，Da 等（2011）、Ben-Rephael 等（2017）均通过这一负向关系，来验证其所使用的指标在度量投资者关注程度方面的有效性。类似地，如果公司透明度通过影响个股为投资者关注程度而影响个股定价过程，则公司透明度越高的公司盈余公告信息反映到公司股票价格中的速度越快，盈余公告的即时市场反应更强，随后的盈余惯性更小。据此，提出本章假说 H4.1。

H4.1：公司透明度越高，公司盈余公告惯性越弱；反之亦然。

已有研究还常从信息不对称的角度研究公司透明度对其股票定价过程的影响，若公司透明度对其盈余惯性的影响源自公司的信息不对称程度，则透明度越低的公司信息不对称程度越高，投资者对公司基本面信息的先验信念差异更大，当此类公司发布盈余公告时，其公告期的异常交易量应相对更高。而如果公司透明度通过影响其为投资者关注的程度影响盈余惯性现象，由于透明度更高的公司更受投资者关注，其盈余公告期异常交易量应当越大，如 Dellavigna 和 Pollet（2009）发现投资者因临近周末对星期五发布的盈余公告关注不足，此类盈余公告的短期异常市场交易量相对更低，张圣平等（2014）也发现受媒体报道较多因而更受市场关注的个股盈余公告短期异常交易量显著更高。因此，通过检验公司透明度与其盈余公告期异常交易量的相关方向，可进一步验证公司透明度对其盈余惯性现象的影响路径。据此，提出本章假说 H4.2 对此进行检验。

H4.2：公司透明度越高，公司盈余公告异常交易量越大；反之亦然。

此外，Hirshleifer 等（2009）的分心假说指出，同一天公布的盈余公告越多，投资者的注意力越分散，当天发布的盈余公告的惯性效应将越强。然而，他们的研究并没有解答投资者将按照何种顺序来关注和处理同一天公布的多个盈余公告。Frederickson 和 Zolotoy（2016）发现当市场同一天发布多个盈余公告时，投资者会优先处理规模更大，有更多广告费用支出、媒体报道和分析师盈利预测报告即受关注度更高的公司的盈余公告，此类公司的盈余公告惯性相较于同一天公布盈余公告的其他公司更弱。如果公司透明度影响公司受关注度，则当同一天市场上有多个盈余公告发布时，各公司盈余公告被投资者关注和处理的顺序应同样与公司透明度显著正向相关，在同日发布盈余公告的公司中，公司透明度相对更高的公司盈余惯性效应相对更弱，公告期异常交易量相对更大。因此，提出假说 H4.3、H4.4。

H4.3：在同日发布盈余公告的公司中，公司透明度相对越高，公司盈余公告盈余惯性相对更弱。

H4.4：在同日发布盈余公告的公司中，公司透明度相对越高，公司盈余公告期异常交易量越大。

二　变量定义

基于前文研究假说，对后文主要变量定义如下。

（一）标准化未预期盈余

本章以年报盈余公告为研究对象，使用每股收益（EPS）作为公司盈余度量指标，并沿用国内学者的通用做法，使用简单随机游走模型预测 EPS 数据，即预期公司 t 年度每股收益与去年同期相同。随后，本书参照 Basu 等（2010）、张圣平等（2014）的做法，以公司年末股票价格来对公司未预期盈余进行标准化，得到标准化未预期盈余 $SUE_{i,t}$ 如下所示：

$$SUE_{i,t}=\frac{EPS_{i,t}-EPS_{i,t-1}}{p_{i,t}} \qquad (4-4)$$

其中，$EPS_{i,t}$ 和 $EPS_{i,t-1}$ 为 t 年度和 $t-1$ 年度的每股收益，$p_{i,t}$ 为 i 公司 t 年度年末股票价格。

（二）盈余公告期间的超额收益

参考 Hirshleifer 等（2009），本章使用经规模和账面市值比调整后的收益率计算公司盈余公告窗口期的累计超额收益。具体而言，本章将所有股票分别按照上年末账面市值比和市值分为 5 组，并将其交叉组合，得到 $5 \times 5 = 25$ 个账面市值比和市值组别各不相同的投资组合，并以个股与其所属的投资组合的购买持有收益之差作为个股的累计超额收益，个股 i 在 $[h_1, h_2]$ 窗口期的累计超额收益可表示为：

$$BHAR_{i,t}^{[h_1,h_2]} = \prod_{j=h_1}^{j=h_2}(1+R_{i,j}) - \prod_{j=h_1}^{j=h_2}(1+R_{p,j}) \quad (4-5)$$

其中，$R_{i,j}$ 为个股日收益率，$R_{p,j}$ 为个股对应投资组合的日收益率。本章以 $[-1, 1]$ 为盈余公告即时反应窗口期，以 $[2, 60]$ 为滞后反应窗口期。

（三）盈余公告期间的异常交易量

本章参考 Dellavigna 和 Pollet（2009），以公告日前 20 个交易日和前 11 个交易日之间的平均交易量作为计算异常交易量的基准期，以异常交易量表示事件窗口期平均交易量相较于基准期平均交易量的增长幅度，即事件窗口 $[h_1, h_2]$ 的异常交易量 $AV_{i,t}^{[h_1,h_2]}$ 可以表示为：

$$AV_{i,t}^{[h_1,h_2]} = \frac{\frac{1}{(h_2-h_1+1)}\sum_{j=h_1}^{j=h_2}V_{i,j} - \frac{1}{10}\sum_{k=h_1-20}^{k=h_1-11}V_{i,k}}{\frac{1}{10}\sum_{k=h_1-20}^{k=h_1-11}V_{i,k}} \quad (4-6)$$

其中，$V_{i,t}$ 表示个股 i 在时间 t 的交易量。

（四）盈余公告优先关注度

本章预期公司透明度越高越能引起投资者的市场关注，当同一交易日市场上有多家公司公告盈余信息时，受到分心效应的影响，投资者会优先关注和处理公司透明度更高公司的盈余公告。因此，公司透明度 $TRAN_{i,t}$ 在一定程度上代表了投资者对盈余公告的优先关注度。然而，同日发布公告公司的总数大小，对投资者分心程度的影响显然是不同的，相较于只有 10 家公司在同一天公布财报，100 家公司同日发布盈余公告对投资者的分心程度显然更高，此时公司透明度对投资者关注度以及公司盈余惯性的影响显然更大。据此，本章参考 Frederickson 和 Zolotoy（2016）的思路，将公司透明度 $TRAN_{i,t}$ 根据当日公告数量的多少进行调整，以得到最终的盈余公告优先关注度指标 $PRIO_{i,t}$。

具体而言，假设第 j 日公司 i 发布盈余公告，在当日所有 n_j 家发布盈余公告的公司中，有比例为 p_i 的公司透明度低于公司 i。将年报公告期（每年的 1 月 1 日到 4 月 30 日）每天公告的数量 n_j（$j=1$，2，$\cdots$，N）进行排序，得到当天公告数量所属的十分位数组别，将这一组别减去 1 后除以 9 得到当天所有公告的相对权重 w_j，进而得到公司 i 的盈余公告优先关注度 $PRIO_{i,t} = p_i \times w_j$，即公司在同日发布盈余公告的所有公司中透明度的相对高低 p_i，乘以该公告日在年报公告期的市场权重 w_j。w_j 度量了 j 日投资者分心效应的大小，将十分位数减去 1 的目的在于，当日公告总数较低时（如当日仅有 2 家公司发布公告时），分心效应的影响显然非常微小。因此，将当日公告数所属的十分位数减去 1 后，这些公告的市场权重为 0，表示此时投资者对当日不同公司盈余公告的关注程度并无明显差异。

（五）其他变量

根据投资者关注度以及盈余惯性的已有研究，本章使用的控制变量包括①分析师覆盖度 $AnCov_{i,t}$、机构投资者持股比例 $InOwn_{i,t}$、媒体报道度 $Media_{i,t}$、公司规模 $SIZE_{i,t}$、账面市值比 $BM_{i,t}$；②同日公告数 $AnN_{i,t}$，为公司公告当日市场发布的盈余公告数量的对数；③公告滞后度 $Lag_{i,t}$，为公司盈余公告日与财报截止日间隔天数的对数；④周末效应 $DW_{i,t}$，如果公司在周五或周末等非交易日发布盈余公告，取 1，否则取 0。

表 4-4 对本章主要变量的定义与数据来源进行了总结。

表 4-4　　　　　　　　　　　变量定义及数据来源

类型	名称	符号	定义	数据来源
被解释变量	累计超额收益	$BHAR_{i,t}^{[h_1,h_2]}$	$[h_1,h_2]$ 窗口期个股持有期收益率与对应的按规模、账面市值比构建的股票组合持有期收益率的差值	锐思
	异常交易量	$AV_{i,t}^{[h_1,h_2]}$	$[h_1,h_2]$ 窗口期对数化的平均交易量较公告前 20 天到公告前 11 天对数化平均交易量的涨跌幅	锐思
主要解释变量	盈余质量	$EQ_{i,t}$	经调整的 Dechow 和 Dichev（2002）模型得到的公司过去 5 年非正常应计利润的标准差乘以 -1	国泰安
	信息披露评级	$RATE_{i,t}$	深交所对上市公司信息披露工作进行评级的得分。A 到 D（优秀到不合格）分别表示 1 到 4 分	深交所网站
	审计公司质量	$AUD_{i,t}$	如果公司年报审计公司为普华永道、毕马威、德勤、安永四大会计师事务所之一，取 1，否则为 0	Wind
	关联交易笔数	$NRPT_{i,t}$	公司本年度与子公司等进行的管理交易笔数的对数乘以 -1	Wind
	非正常关联交易金额	$ARPT_{i,t}$	公司本年度关联交易金额分行业和年度与总资产对数、资产覆盖率、账面市值比进行 OLS 回归后的残差乘以 -1	Wind
	公司综合透明度	$TRAN_{i,t}$	公司盈余质量、信息披露评级、审计公司质量、关联交易笔数、非正常关联交易金额百分位数的平均值	综合计算
	盈余公告优先关注度	$PRIO_{i,t}$	公司在同日发布盈余公告的所有公司中相对透明度的高低，乘以当日公告在整个财报公告期的市场权重	综合计算
	标准化未预期盈余	$SUE_{i,t}$	本年度第四季度每股盈余减去上年度同季度每股盈余，除以过去四个季度每股盈余的标准差	国泰安

续表

类型	名称	符号	定义	数据来源
控制变量	规模	$SIZE_{i,t}$	公司年末总市值（单位：10亿元）的对数	国泰安
	账面市值比	$BM_{i,t}$	公司年末资产总计/（股票市值+负债市值）	国泰安
	分析师覆盖度	$AnCov_{i,t}$	本年度分析师发布的盈利预测报告数量加1取对数	Wind
	媒体报道度	$Media_{i,t}$	t年度以公司i股票简称为新闻标题的关键词在中国重要报纸全文数据中进行搜索得到的新闻报道数量加1后取对数	中国重要报纸全文数据库
	机构投资者持股比例	$InOwn_{i,t}$	年末基金、券商、QFII、保险公司等机构投资者持有的公司（行业）A股流通股比例	Wind
	同日公告数	$AnN_{i,t}$	公司盈余公告当日市场发布的盈余公告数量的对数	国泰安
	公告滞后度	$Lag_{i,t}$	公司盈余公告日与财报截止日间隔天数的对数	国泰安
	周末效应	$DW_{i,t}$	公司在周五或周末等非交易日发布盈余公告取1，否则取0	国泰安

三 实证检验

（一）描述性统计

表4-5对主要变量进行了简单的描述性统计，并按透明度的中位数将样本公司分为高低两组进行了对比分析。如表4-5所示，透明度较高组公司的标准化未预期盈余$SUE_{i,t}$更高，但这一差异在统计上并不显著，这一特征意味着两组公司在盈余惯性和异常交易量上的差异只可能来自其公司特征差异。同时，如前文分析的那样，透明度较高组公司的规模显著更大、账面市值比显著更低、分析师发布的盈利预测报告显著更多、媒体报道数量更多、机构持股比例显著更高。大公司更容易受到市场参与者与监管部门的关注，可能促使公司以更透明的姿态向市场披露公司信息。媒体、机构投资者和分析师在某种程度上同样面临注意力约束问题，公司透明度越高，媒体、机构投资者和分析师获取、分析、传播公司信息的难度越小，

对公司的关注程度更高，反映为更多的分析师盈利预测报告、更多的媒体报道和更高的机构投资者持股比例。媒体、机构投资者和分析师对公司的关注将降低公司信息不对称风险及其风险溢价水平，进而导致公司市场价值的提升和账面市值比的下降。此外，两组公司的公告滞后度 $Lag_{i,t}$、公告日市场盈余公告总数 $AnN_{i,t}$ 以及公告日周历变量 $DW_{i,t}$ 不存在显著差异，表明两类公司披露盈余公告的时机选择并无明显不同。

表4–5 描述性统计

变量	全样本			透明度较高50%		透明度较低50%		高减低	
	均值	中位数	标准差	均值	中位数	均值	中位数	均值差异	t值
$SUE_{i,t}$	0.09	0.11	3.05	0.11	0.13	0.07	0.10	0.05	1.29
$SIZE_{i,t}$	1.39	1.30	1.13	1.61	1.49	1.14	1.07	0.47	30.71***
$BM_{i,t}$	1.06	0.72	0.99	0.92	0.66	1.18	0.84	-0.26	-19.36***
$AnCov_{i,t}$	2.48	2.10	1.40	2.75	2.61	2.16	1.70	0.59	31.92***
$InOwn_{i,t}$	0.18	0.11	0.19	0.19	0.13	0.17	0.10	0.02	8.70***
$Media_{i,t}$	1.65	1.20	0.33	1.76	1.35	1.47	1.12	0.29	4.98***
$AnN_{i,t}$	3.58	3.69	0.85	3.58	3.69	3.58	3.71	0.00	0.04
$Lag_{i,t}$	4.47	4.49	0.301	4.46	4.49	4.48	4.53	-0.02	-0.71
$DW_{i,t}$	0.42	0.00	0.49	0.41	0.00	0.43	0.000	-0.01	-0.43

图4–1对比了两组公司的盈余惯性效应。在样本期间，两组公司都存在明显的盈余惯性现象，但透明度较低组公司的漂移效应强度更大。在透明度较高组公司中，存在正向未预期盈余利好消息的公司在 [2,60] 的窗口期内平均可以获得1.97%的正向超额收益，相应地，存在负向未预期盈余利空消息的公司平均将产生-1.44%的负向超额收益。与透明度更高组公司相比，利好（利空）盈余信息为透明度更低组公司带来的正向（负向）超额收益为2.44%（-1.89%），较透明度更高组公司高（低）0.47%（-0.45%），且这一差异在统计上显著，符合本书所做的公司透明度与盈余惯性效应显著反向相关的预期。

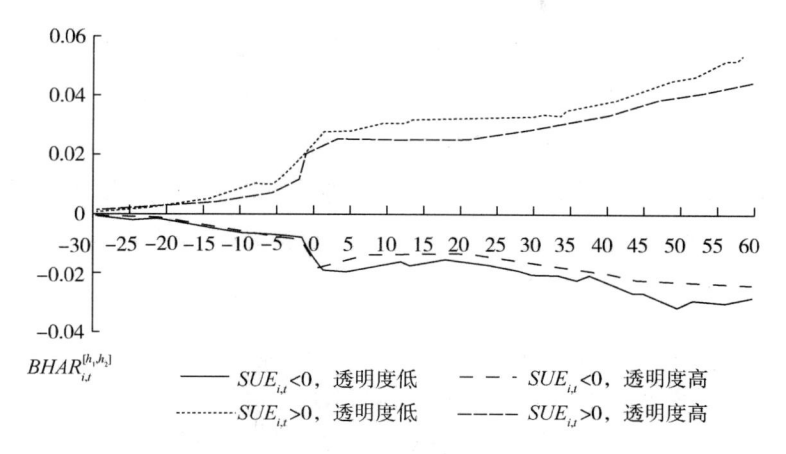

图 4-1　样本公司盈余惯性效应

图 4-2 对比了两组公司盈余公告前后 5 个交易日（[-1, 3]）的交易量异常变动情况。盈余公告带来的新市场信息提高了市场交易活跃程度，两组公司在 [-1, 3] 窗口期各交易日的交易量相对基准期平均交易量均有显著提升，$t=0$ 时，即盈余公告后的最近 1 个交易日的异常交易量最大，较基准期平均交易量高出 25% 以上。同时，在 5 个交易日中，透明度更高公司的异常交易量均显著更高。前文描述性统计表明两组公司的平均未预期盈余并不存在显著差异，因此这一交易量差异符合本书从投资者关注度所做的预期，即低信

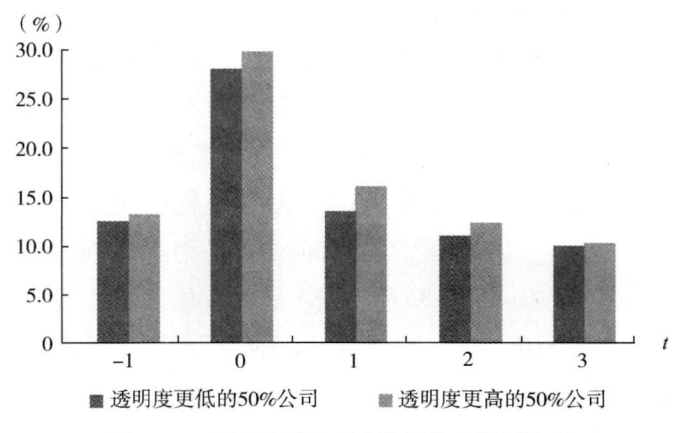

图 4-2　样本公司盈余公告异常交易量变动

息透明度导致投资者对公司盈余公告信息的选择性忽视,进而导致相对更低的异常交易量。

(二)公司透明度与盈余公告市场价格反应

本章以式(4-7)实证检验公司透明度对公司盈余公告市场价格反应的影响,进而对假说 H4.1 进行验证。式(4-7)以公司综合透明度 $TRAN_{i,t}$ 为主要解释变量,$\sum Control$ 包括分析师覆盖度、机构投资者持股比例等前文定义的系列控制变量。根据前文假说,本章预期,以盈余公告即时反应窗口期超额收益 BHAR[-1,1]为被解释变量时,式(4-7)中 $TRAN_{i,t}$ 与 $SUE_{i,t}$ 的交叉项系数显著为正,而以滞后反应窗口期超额收益 BHAR[2,60]为被解释变量时,这一系数则显著为负。

$$BHAR_{i,t}^{[h_1,h_2]} = \alpha + \beta_1 SUE_{i,t} + \beta_2 SUE_{i,t} \times TRAN_{i,t} + \lambda \sum Control + \gamma \sum SUE \times Control + u_{i,t} \quad (4-7)$$

表 4-6 Panel A 给出了以 BHAR[-1,1]×100 为解释变量,在控制年度和行业固定效应后,使用面板固定效应模型回归、按公司分类计算聚类标准误的回归结果。Panel A 中本章的主要解释变量 $TRAN_{i,t}$ 在所有回归中均显著为负,表明低透明度公司的收益率更高,这一高收益率可能来自低透明度带来的高信息不对称风险的风险补偿。透明度与未预期盈余的交叉项 $SUE_{i,t} \times TRAN_{i,t}$ 系数显著为正,表明在同样大小的未预期盈余信息冲击下,透明度更高公司盈余公告的即时市场反应更强。在控制变量方面,本章主要关注各控制变量与 $SUE_{i,t}$ 交叉项系数的符号和大小。公司规模 $SIZE_{i,t}$ 与 $SUE_{i,t}$ 的交叉项在所有模型设定下均显著为正,大公司更可能是行业中受市场关注的领头羊公司,其盈余公告的即时反应相对更强。账面市值比 $BM_{i,t}$、公告滞后度 $Lag_{i,t}$ 与 $SUE_{i,t}$ 的交叉项系数大都不显著。分析师覆盖度 $AnCov_{i,t}$ 与 $SUE_{i,t}$ 的交叉项系数同样不显著,考虑到在样本区间的多数时候我国资本市场分析师制度并不成熟,这一结果与国外类似研究结果存在差异是可以理解的。机构持股比例 $InOwn_{i,t}$、

媒体报道度 $Media_{i,t}$ 与 $SUE_{i,t}$ 的交叉项系数显著为正，而同日市场公告数 $AnN_{i,t}$ 以及公告日周历变量 $DW_{i,t}$ 与 $SUE_{i,t}$ 的交叉项系数显著为正，表明公司机构持股比例较高、媒体新闻报道数量较多、同日市场公告数较少、在周五以外的交易日发布的盈余公告会得到投资者更快速的市场即时反应，这与投资者关注领域已有研究结果吻合。

表 4-6　　　　　　　　　公司透明度与盈余公告价格反应

	Panel A：$BHAR[-1,1]\times100$			Panel B：$BHAR[2,60]\times100$		
	(1)	(2)	(3)	(4)	(5)	(6)
$SUE_{i,t}$	0.278** (2.033)	0.270* (1.768)	0.309* (1.916)	0.345** (2.224)	0.388** (2.143)	0.396* (1.745)
$TRAN_{i,t}$	-0.006* (-1.765)	-0.006* (-1.723)	-0.005* (-1.714)	-0.028** (-2.078)	-0.029* (-1.902)	-0.028* (-1.833)
$SUE_{i,t}\times TRAN_{i,t}$	0.019* (1.764)	0.020* (1.893)	0.020* (1.868)	-0.106** (-2.122)	-0.106** (-2.134)	-0.105** (-2.101)
$SIZE_{i,t}$	0.235*** (8.693)	0.163*** (4.782)	0.185*** (5.225)	1.047*** (10.456)	0.566*** (4.278)	0.734*** (5.367)
$SUE_{i,t}\times SIZE_{i,t}$	0.027*** (3.209)	0.031*** (2.884)	0.031*** (2.753)	-0.030* (-1.814)	-0.018 (-0.203)	-0.020 (0.224)
$BM_{i,t}$	-0.080** (-2.059)	-0.090** (-2.303)	-0.090** (-2.298)	-2.134*** (-15.511)	-2.123*** (-15.334)	-2.100*** (-15.145)
$SUE_{i,t}\times BM_{i,t}$	0.020* (1.721)	0.018 (1.545)	0.018 (1.543)	-0.007 (-0.156)	-0.012 (-0.278)	-0.010 (-0.245)
$AnCov_{i,t}$		0.122*** (3.914)	0.124*** (3.928)		0.602*** (5.133)	0.553*** (4.667)
$SUE_{i,t}\times AnCov_{i,t}$		0.008 (0.756)	0.007 (0.641)		-0.143* (-1.678)	-0.129 (-1.303)
$InOwn_{i,t}$		0.421** (2.209)	0.420** (2.211)		1.273*** (4.366)	1.257*** (4.367)
$SUE_{i,t}\times InOwn_{i,t}$		0.038* (1.645)	0.039* (1.678)		-0.227** (-2.056)	-0.227* (-1.745)
$Media_{i,t}$		0.136** (2.086)	0.111* (1.997)		-0.477*** (-2.769)	-0.426** (-2.486)

续表

	Panel A: $BHAR[-1,1] \times 100$			Panel B: $BHAR[2,60] \times 100$		
	(1)	(2)	(3)	(4)	(5)	(6)
$SUE_{i,t} \times Media_{i,t}$		0.112**	0.096**		-0.455***	-0.416***
		(2.319)	(2.055)		(-3.897)	(-2.746)
$Lag_{i,t}$			0.312**			-0.015
			(2.144)			(-0.033)
$SUE_{i,t} \times Lag_{i,t}$			0.058			-0.100
			(1.228)			(-0.567)
$AnN_{i,t}$			-0.145***			0.686***
			(-3.004)			(3.678)
$SUE_{i,t} \times AnN_{i,t}$			-0.016***			0.046***
			(-2.395)			(2.778)
$DW_{i,t}$			0.001			0.144
			(0.026)			(0.556)
$SUE_{i,t} \times DW_{i,t}$			-0.120*			0.142*
			(-1.767)			(1.714)
年度 FE	Yes	Yes	Yes	Yes	Yes	Yes
行业 FE	Yes	Yes	Yes	Yes	Yes	Yes
观测数	20328	20328	20328	20328	20328	20328
总体 R^2	0.1465	0.1776	0.2126	0.0788	0.1025	0.1163
F 值	13.75	10.61	14.88	11.49	37.69	47.85

本章随后以 $BHAR[2,60] \times 100$ 为被解释变量，检验了公司透明度与公司盈余公告滞后反应的关系，结果如表 4-6 Panel B 所示。公司透明度 $TRAN_{i,t}$ 与 $BHAR[2,60]$ 依然显著负向相关，表明无论盈余公告前后，透明度更低公司的投资者都需要得到更高的信息不对称风险补偿。但此时 $TRAN_{i,t}$ 与 $SUE_{i,t}$ 的交叉项系数由 Panel A 中的显著为正转变为显著为负，表明透明度越低的公司盈余公告滞后反应程度越高，即盈余惯性现象越严重。与 Panel A 的结果相比，Panel B 中规模与未预期盈余的交叉项系数同样发生反转，但变得不显著。分析师数量、盈余公告滞后程度与意外盈余的交叉项依然不

显著，而机构持股比例、媒体报道度、同日盈余公告数量以及公告周历指标与意外盈余的交叉项系数均依然显著，且与 Panel A 中的符号恰好相反，公司的机构持股比例越低、同日盈余公告数量越多和（或）在周五及非交易日发布，盈余公告惯性效应越强。结合表 4-6 Panel A 和 Panel B 的结果，可以发现透明度更低公司盈余公告的市场即时反应更弱，随后的滞后反应更强，表明公司透明度与其盈余惯性效应存在显著负向关系，从而验证了本章的假说 H4.1。此外，表 4-6 的结果还表明，A 股市场上存在分心效应，同日发布的盈余公告数量越多，公司的即时市场反应越弱，盈余惯性越强，这为检验本章假说 H4.3 和假说 H4.4 提供了必要的基础。

（三）公司透明度与盈余滞后反应比率

一个直观比较公司盈余惯性强弱的方法是对比公司的盈余滞后反应比率（Delay Response Ratio，DRR）。参照 Dellavigna 和 Pollet（2009）和王磊等（2012）的思路，本章每年将所有样本公司按照 $SUE_{i,t}$ 的大小分为 5 组，保留 $SUE_{i,t}$ 最大组和最小组作为研究子样本，并设定虚拟变量 $SUE_{i,t}^{top}$，子样本中 i 公司 t 年度属于 $SUE_{i,t}$ 最大组时 $SUE_{i,t}^{top}$ 取 1，属于 $SUE_{i,t}$ 最小组时 $SUE_{i,t}^{top}$ 取 0。同时，还将子样本公司按照每年公司透明度中位数分为透明度高低两组，虚拟变量 $DTRAN_{i,t}$ 取 1 时表示子样本公司透明度高于中位数，相反 $DTRAN_{i,t}$ 取 0 表示子样本公司透明度低于或等于中位数。

$$BHAR_{i,t}^{[h_1,h_2]} = \alpha + \beta_1 SUE_{i,t}^{top} + \beta_2 SUE_{i,t}^{top} \times DTRAN_{i,t} + DTRAN_{i,t} + \lambda \sum Control + \gamma \sum SUE_{i,t}^{top} \times Control + u_{i,t} \quad (4-8)$$

随后对式（4-8）进行回归估计，透明度较高组公司的盈余滞后反应比率 DRR^T 与透明度较低组公司盈余滞后反应比率 DRR^{NT} 可分别表示为：

$$DRR^T = \frac{E[BHAR^{[2,60]} \mid SUE_{i,t}^{top}=1, DTRAN_{i,t}=1] - E[BHAR^{[2,60]} \mid SUE_{i,t}^{top}=0, DTRAN_{i,t}=1]}{E[BHAR^{[-1,60]} \mid SUE_{i,t}^{top}=1, DTRAN_{i,t}=1] - E[BHAR^{[-1,60]} \mid SUE_{i,t}^{top}=0, DTRAN_{i,t}=1]}$$

$$= \frac{\beta_1^{[2,60]} + \beta_2^{[2,60]}}{\beta_1^{[-1,60]} + \beta_2^{[-1,60]}} \quad (4-9)$$

$$DRR^{NT} = \frac{E\left[BHAR^{[2,60]} \mid SUE_{i,t}^{top}=1, DTRAN_{i,t}=0\right] - E\left[BHAR^{[2,60]} \mid SUE_{i,t}^{top}=0, DTRAN_{i,t}=0\right]}{E\left[BHAR^{[-1,60]} \mid SUE_{i,t}^{top}=1, DTRAN_{i,t}=0\right] - E\left[BHAR^{[-1,60]} \mid SUE_{i,t}^{top}=0, DTRAN_{i,t}=0\right]}$$

$$= \frac{\beta_1^{[2,60]}}{\beta_1^{[-1,60]}} \quad (4-10)$$

表4-7给出了式(4-8)的回归结果和两组公司盈余滞后反应比率的对比,盈余滞后反应比率越高,公司盈余惯性越强。公司透明度较高组的盈余滞后反应比率 DRR^T 为63.69%,相应地透明度较低组盈余滞后反应比率 DRR^{NT} 为75.46%,比 DRR^T 高出11.76%,且这一差异在1%的水平下显著,这一结果再次验证了本章的假说H4.1,公司透明度与公司盈余惯性显著负向相关。

表4-7　　　　　　　公司透明度与盈余反应滞后比率

	Panel A:盈余公告市场反应		
	$BHAR[-1,1] \times 100$	$BHAR[2,60] \times 100$	$BHAR[-1,60] \times 100$
$SUE_{i,t}^{top}$	1.018** (2.056)	2.515* (1.845)	3.333** (2.445)
$DTRAN_{i,t}$	-0.005** (-2.045)	-0.014** (-2.124)	-0.015** (-2.021)
$SUE_{i,t}^{top} \times DTRAN_{i,t}$	0.075* (1.645)	-0.399*** (-2.711)	-0.011 (-0.424)
$SIZE_{i,t}$	0.033 (0.44)	0.468 (1.57)	0.005* (1.66)
$SUE_{i,t}^{top} \times SIZE_{i,t}$	0.249** (2.314)	0.262 (0.634)	0.005 (1.212)
$BM_{i,t}$	-0.130* (-1.678)	-2.181*** (-7.678)	-0.023*** (-7.714)
$SUE_{i,t}^{top} \times BM_{i,t}$	0.122 (1.11)	-0.218 (-0.515)	-0.001 (-0.214)
$AnCov_{i,t}$	0.108 (1.556)	0.045 (0.156)	0.002 (0.567)
$SUE_{i,t}^{top} \times AnCov_{i,t}$	0.015 (0.145)	0.990*** (2.641)	0.0108** (2.503)

续表

	Panel A：盈余公告市场反应		
	$BHAR[-1,1]\times100$	$BHAR[2,60]\times100$	$BHAR[-1,60]\times100$
$InOwn_{i,t}$	-0.245 (-0.567)	1.508 (0.98)	0.012 (0.778)
$SUE_{i,t}^{top}\times InOwn_{i,t}$	-0.025 (-0.043)	4.5896** (2.111)	0.044** (1.967)
$Lag_{i,t}$	0.260 (0.75)	0.504 (0.450)	0.008 (0.604)
$SUE_{i,t}^{top}\times Lag_{i,t}$	0.306 (0.634)	-1.105 (-0.665)	-0.007 (-0.374)
$AnN_{i,t}$	-0.189 (-1.549)	-0.248 (-0.543)	-0.004 (-0.889)
$SUE_{i,t}^{top}\times AnN_{i,t}$	0.006 (0.047)	-0.489 (-0.815)	-0.005 (-0.833)
$DW_{i,t}$	0.176* (1.669)	-0.516 (-1.293)	-0.003 (-0.791)
$SUE_{i,t}^{top}\times DW_{i,t}$	-0.021 (-0.921)	-0.150* (-1.732)	-0.002* (-1.915)
年度 FE	Yes	Yes	Yes
行业 FE	Yes	Yes	Yes
观测数	8077	8077	8077
总体 R^2	0.1569	0.2235	0.2741
F 值	60.88	24.56	25.65
	Panel B：盈余反应滞后比率		
	DRR^T	DRR^{NT}	$DRR^{NT}-DRR^T$
	63.69%*** (12.87)	75.46%*** (16.21)	11.76%*** (4.15)

（四）公司透明度与盈余公告期异常交易量

盈余公告信息必须通过市场交易活动反映到公司股价中，如果公司透明度通过关注度影响投资者对盈余公告的反应，那么这些影响应当同样反映在公告前后的交易量变化中，公司盈余公告期的异常交易量应如本章假说 H4.2 所描述的那样随着公司透明度的提高而提高。本章以式（4-11）对这一假说进行检验，$AV_{i,t}^{[-1,1]}$ 是以 [-20, -11] 为基准期计算的盈余公告期异常交易量，控制变量集 Control 与式（4-7）一致。

已有研究主要从信息不对称的角度研究公司透明度对资产定价的影响，而前文表 4-6 的实证结果也发现，低公司透明度公司无论在即时反应窗口期还是滞后反应窗口期都有着更高的股票收益率，表明低公司透明度的确可能带来更高的信息不对称风险，从而导致更高的风险溢价水平。而从交易量来分析，当新的盈余信息到来时，低公司透明度公司的高信息不对称会强化投资者之间对盈余信息的异质信念，进而增加盈余公告期的异常交易量。而相反，如果公司透明度通过投资者关注度影响投资者在盈余公告后的市场交易活动，则透明度更低公司的盈余公告异常交易量应当更低而不是更高。因此，式（4-11）的实证结果还有助于进一步明确公司透明度对公司盈余惯性现象的影响路径。

$$AV_{i,t}^{[-1,1]} = \alpha + \beta_1 TRAN_{i,t} + \lambda \sum Control + u_{i,t} \quad (4-11)$$

本章在控制行业与年度效应的基础上，使用面板固定效应模型对式（4-11）进行回归，并使用公司聚类标准误估计推断参数的显著性水平，回归结果如表 4-8 所示。公司透明度 $TRAN_{i,t}$ 的系数在所有回归中均显著为正，表明透明度更高的公司发布盈余公告后市场异常交易量更大，与信息不对称影响的预期方向相反，符合本章假说 H4.2。从控制变量来看，小公司、高账面市值比公司的异常交易量更大，更多分析师关注、机构投资者持股比例更高的公司的异常交易量更大，公告时间离财报截止日时间更长、在周五及非交易日发布公告的公司的异常交易量更小。此外，当日盈余公告数 $AnN_{i,t}$ 与 $AV[-1,1]$ 显著负相关，同样验证了分心效应的存在。

表 4-8　　　　公司透明度与盈余公告期异常交易量回归结果

$AV[-1, 1]$	(1)	(2)	(3)
$TRAN_{i,t}$	0.042 * (1.933)	0.041 ** (2.028)	0.042 ** (1.978)
$SIZE_{i,t}$	-0.082 *** (-5.141)	-0.105 *** (-5.889)	-0.094 *** (-4.993)
$BM_{i,t}$	0.029 ** (2.145)	0.036 ** (2.414)	0.035 ** (1.956)
$AnCov_{i,t}$		0.055 *** (2.856)	0.047 ** (2.409)
$InOwn_{i,t}$		0.087 ** (1.754)	0.096 ** (1.823)
$Lag_{i,t}$			-0.209 *** (-2.878)
$AnN_{i,t}$			-0.060 ** (-2.433)
$DW_{i,t}$			-0.036 ** (-2.012)
年度 FE	Yes	Yes	Yes
行业 FE	Yes	Yes	Yes
观测数	20328	20328	20328
总体 R^2	0.0467	0.1125	0.1447
F 值	9.12	7.33	7.03

(五) 公司透明度与盈余公告优先关注度

前文实证结果在验证本章假说 H4.1 和假说 H4.2 的同时,也间接验证了 Hirshleifer 等 (2009) 发现的盈余公告分心效应在 A 股市场上的存在性,当日盈余公告数越多,投资者注意力越分散,对盈余公告的即时反应越不足,随后的盈余惯性越强。Frederickson 和 Zolotoy (2016) 认为,当存在盈余公告分心效应时,投资者对同日发布的多条盈余公告信息的处理顺序同样受到公司受关注度的影响。因此,如果公司透明度影响公司受关注程度,则如本章假说 H4.3、

H4.4 所述，在同日发布公告的所有公司中，投资者将优先处理透明度更高公司的盈余公告，这些公司的盈余公告惯性效应将相对更弱，异常交易量将相对更低。

$$BHAR_{i,t}^{[h_1,h_2]} = \alpha + \beta_1 SUE_{i,t} + \beta_2 SUE_{i,t} \times TRAN_{i,t} + \beta_3 SUE_{i,t} \times TRAN_{i,t} \times PRIO_{i,t} + \lambda \sum Control + \gamma \sum SUE \times Control + u_{i,t} \quad (4-12)$$

本章以式（4-12）对假说 H4.3 进行检验，式（4-12）在式（4-7）的基础上加入了盈余公告优先关注度指标 $PRIO_{i,t}$ 与标准化未预期盈余 $SUE_{i,t}$ 和公司透明度 $TRAN_{i,t}$ 的交叉项。表 4-9 Panel A 和 Panel B 分别给出了式（4-8）以 BHAR［-1，1］×100 和 BHAR［2，60］×100 为解释变量的回归结果，各项模型设定与前文一致。公司透明度 $TRAN_{i,t}$ 以及各控制变量与 $SUE_{i,t}$ 的交叉项符号以及显著水平与表 4-6 中的结果基本一致。交叉项 $SUE_{i,t} \times TRAN_{i,t} \times PRIO_{i,t}$ 的系数符号反映了在相同条件下投资者盈余公告市场反应与本书基于透明度构建的公告优先度指标 $PRIO_{i,t}$ 的关联方向。在表 4-9 Panel A 的即时反应窗口检验中，$SUE_{i,t} \times TRAN_{i,t} \times PRIO_{i,t}$ 的系数显著为正，表明公司盈余公告的市场即时反应随着公告优先度指标 $PRIO_{i,t}$ 的提高而提高；相反，在 Panel B 的滞后反应窗口检验中，$SUE_{i,t} \times TRAN_{i,t} \times PRIO_{i,t}$ 的系数显著为负，表明 $PRIO_{i,t}$ 更高的公司盈余惯性更小。

以表 4-9 列（3）和列（6）的结果为例，当 $SUE_{i,t}$ 一定时，公司透明度每增加 1 单位，其盈余公告的即时市场反应 BHAR［-1，1］将按意外盈余的方向额外变动 2.8%，相反滞后反应 BHAR［2，60］按意外盈余相反的方向额外变动 10.4%。而 $Prio_{i,t}$ 再增加 1 个单位，还将造成盈余公告即时反应（滞后反应）按照意外盈余相同（相反）的方向额外变动 2.8%×4.4%＝0.12%（10.4%×10.2%＝1.06%）。这些结果表明，投资者的确按一定顺序处理同日发布的多个盈余公告，本章基于公司透明度构建的优先关注度指标捕捉到了投资者的这一处理顺序，公司相对透明度越高，其盈余公告被处理的顺序越靠前，盈余公告惯性效应越弱，从而验证本章假说 H4.3。

表4-9　　　　　　　　盈余公告优先度与盈余公告价格反应

	$BHAR[-1, 1] \times 100$			$BHAR[2, 60] \times 100$		
	(1)	(2)	(3)	(4)	(5)	(6)
$SUE_{i,t}$	0.252* (1.911)	0.245* (1.807)	0.192* (1.904)	0.464** (2.105)	0.472** (2.272)	0.390** (1.836)
$TRAN_{i,t}$	-0.006* (-1.779)	-0.006* (-1.825)	-0.005* (-1.832)	0.018** (2.082)	0.019* (1.891)	0.018* (1.733)
$SUE_{i,t} \times TRAN_{i,t}$	0.027** (1.989)	0.025* (1.902)	0.028* (1.799)	-0.124** (-1.976)	-0.111** (-1.923)	-0.104** (-1.817)
$SUE_{i,t} \times TRAN_{i,t} \times PRIO_{i,t}$	0.040*** (2.876)	0.039*** (2.753)	0.044*** (2.897)	-0.146** (-1.928)	-0.142** (-1.836)	-0.102** (-2.049)
$SIZE_{i,t}$	0.234*** (8.647)	0.162*** (4.766)	0.186*** (5.278)	1.049*** (10.481)	0.567*** (4.292)	0.734*** (5.363)
$SUE_{i,t} \times SIZE_{i,t}$	0.026*** (3.045)	0.029*** (2.673)	0.032*** (2.841)	-2.138*** (-15.526)	-2.126*** (-15.351)	-2.095*** (-15.162)
$BM_{i,t}$	-0.079** (-2.043)	-0.089** (-2.297)	-0.089** (-2.273)	0.094*** (2.846)	-0.006 (-0.146)	0.010 (0.223)
$SUE_{i,t} \times BM_{i,t}$	0.017 (1.504)	0.015 (1.325)	0.015 (1.295)	-0.004 (-0.092)	-0.009 (-0.228)	-0.010 (-0.249)
$AnCov_{i,t}$		0.121*** (3.881)	0.121*** (3.825)		0.603*** (5.136)	0.553*** (4.661)
$SUE_{i,t} \times AnCov_{i,t}$		0.006 (0.612)	0.006 (0.616)		3.273*** (4.371)	3.254*** (4.377)
$InOwn_{i,t}$		0.422** (2.212)	0.421** (2.215)		0.140*** (3.626)	0.124*** (3.292)
$SUE_{i,t} \times InOwn_{i,t}$		0.040 (0.696)	0.042 (0.723)		0.230 (1.076)	0.227 (1.055)
$Lag_{i,t}$			0.319** (2.197)			-0.015 (-0.031)
$SUE_{i,t} \times Lag_{i,t}$			0.051 (1.086)			-0.685*** (-3.683)

续表

	BHAR$[-1,1]\times 100$			BHAR$[2,60]\times 100$		
	(1)	(2)	(3)	(4)	(5)	(6)
$AnN_{i,t}$			-0.149** (-3.073)			-0.100 (-0.575)
$SUE_{i,t}\times AnN_{i,t}$			-0.022* (-1.755)			-0.045 (-0.726)
$DW_{i,t}$			0.123 (1.816)			0.097 (1.342)
$SUE_{i,t}\times DW_{i,t}$			-0.003 (-0.132)			-0.001 (-0.047)
年度 FE	Yes	Yes	Yes	Yes	Yes	Yes
行业 FE	Yes	Yes	Yes	Yes	Yes	Yes
观测数	20328	20328	20328	20328	20328	20328
总体 R^2	0.0878	0.1129	0.1256	0.1476	0.1662	0.1938
F 值	11.37	13.10	14.50	38.02	48.09	48.98

公司透明度对投资者盈余公告处理顺序的影响同样可以通过盈余公告后的短期异常交易量进行检验。本章利用式（4-13）对这一影响进行检验，式（4-13）在式（4-11）的基础上加入了 $PRIO_{i,t}$ 与 $SUE_{i,t}$ 的交叉项。

$$AV_{i,t}^{[h_1,h_2]}=\alpha+\beta_1 TRAN_{i,t}+\beta_2 TRAN_{i,t}\times PRIO_{i,t}+\lambda\sum Control+u_{i,t}$$
(4-13)

式（4-13）的回归结果如表 4-10 所示，$TRAN_{i,t}\times PRIO_{i,t}$ 的系数显著为正，这意味着在同日发布盈余公告的众多公司当中，公司的盈余优先度指标越高，即公司相对透明度越高，盈余公告后的短期异常交易量越大，表明公司受投资者关注的程度越高，从而验证了本章假说 H4.4，当投资者因市场同日公布多个盈余公告而注意力分散时，公司透明度成为投资者处理这些盈余公告先后顺序的重要影响因素，公司相对透明度越高，其盈余公告越优先得到投资者的处理，公告后的短期异常交易量越大。

表 4−10　　　　　盈余公告优先度与盈余公告期异常交易量

$AV[-1,1]$	(1)	(2)	(3)
$TRAN_{i,t}$	0.032** (2.103)	0.035** (2.235)	0.030** (2.491)
$TRAN_{i,t} \times PRIO_{i,t}$	0.015** (2.364)	0.015** (2.264)	0.013** (2.123)
$SIZE_{i,t}$	−0.084*** (−5.237)	−0.106*** (−5.913)	−0.098*** (−5.106)
$BM_{i,t}$	−0.029 (−1.141)	−0.036 (−1.403)	−0.027 (−1.055)
$AnCov_{i,t}$		0.054*** (2.774)	0.047** (2.423)
$InOwn_{i,t}$		−0.087 (−0.751)	−0.096 (−0.834)
$Lag_{i,t}$			−0.208*** (−2.861)
$AnN_{i,t}$			−0.060** (−2.073)
$DW_{i,t}$			−0.034** (2.143)
年度 FE	Yes	Yes	Yes
行业 FE	Yes	Yes	Yes
观测数	20328	20328	20328
总体 R^2	0.0548	0.1336	0.1452
F 值	7.993	6.781	6.273

四　稳健性检验

（一）子样本回归

本章构建的公司透明度指数包含深交所的"信息披露等级考评"分数，尽管在部分样本区间内，上交所也进行了类似的考评工作，但并没有连续、完整地公布这一信息，因此上交所样本公司的透明度指数并未包含信息披露等级考评指标。为了检验这一处理方式对本章研究结果的可能影响，本章分别对上交所和深交所样本公司进行了子样本回归。表4-11 Panel A 和 Panel B 分别给出了在加入所有控制变量并控制行业、年度固定效应后，使用上交所和深交所公司子样本得到的面板固定效应回归结果。与深交所公司相比，上交所公司的透明度指数 $TRAN_{i,t}$ 不包括信息披露等级评分这一指标。从表4-11的结果来看，两个子样本的结果并未因为 $TRAN_{i,t}$ 的加入而存在明显差异，且两个子样本主要解释变量的符号和显著性均与前文全样本回归时基本一致，前文的主要结论在子样本回归中依然成立，表明前文的研究结果是稳健的。

表4-11　　　　　　　　　　子样本回归

	Panel A：$BHAR$ [-1, 1] ×100		Panel B：$BHAR$ [2, 60] ×100		Panel C：[-1, 1]	
	沪市公司	深市公司	沪市公司	深市公司	沪市公司	深市公司
$SUE_{i,t}$	0.189 * (1.852)	0.257 ** (2.205)	0.396 ** (2.038)	0.422 ** (1.997)		
$TRAN_{i,t}$	-0.004 * (-1.652)	-0.006 ** (-2.012)	-0.016 ** (-2.379)	-0.019 ** (-2.134)	0.027 * (1.947)	0.029 * (1.678)
$SUE_{i,t} \times TRAN_{i,t}$	0.024 * (1.689)	0.028 * (1.945)	-0.100 ** (-2.214)	-0.121 ** (-2.014)		
$TRAN_{i,t} \times PRIO_{i,t}$					0.014 * (1.927)	0.015 ** (2.266)
$SUE_{i,t} \times TRAN_{i,t} \times PRIO_{i,t}$	0.046 *** (3.183)	0.047 *** (3.545)	-0.111 ** (-2.283)	-0.126 *** (-2.941)		
控制变量	Yes	Yes	Yes	Yes	Yes	Yes
行业 FE	Yes	Yes	Yes	Yes	Yes	Yes
年度 FE	Yes	Yes	Yes	Yes	Yes	Yes
观测数	11832	8496	11832	8496	11832	8496
总体 R^2	0.0744	0.0793	0.1228	0.1264	0.0574	0.0508
F 值	12.03	8.54	6.77	9.32	4.68	5.31

（二）信息泄露与信息含量差异

杨德明和林斌（2009）发现，A 股市场的信息泄漏情况显著地减弱了盈余漂移程度。因此,对公司透明度与盈余漂移程度的负相关关系的一种可能解释是透明度更高的公司的盈余信息在公告前泄露的程度更强,导致投资者对公司盈余信息提前做出反应,从而减弱其盈余漂移现象。另外,如果透明度更低的公司的盈余公告恰好蕴含了更多的公司基本面信息,需要投资者耗费更长时间对其进行解读与反应,则同样可能造成公司透明度与盈余惯性负向相关的实证结果。为了对这两个可能性进行检验,本章分别对样本公司盈余公告 $[-30,-2]$ 和 $[-1,60]$ 窗口期的持有期超额收益与公司透明度以及公告优先度的相关性进行了检验。如果透明度更高的公司在公告前的信息泄露程度更严重,则 $BHAR\,[-30,-2]$ 应与 $SUE_{i,t} \times TRAN_{i,t}$ 及/或 $SUE_{i,t} \times TRAN_{i,t} \times PRIO_{i,t}$ 显著正向相关。同理,如果透明度更低的公司盈余信息含量更多,则 $BHAR\,[-1,60]$ 应与 $SUE_{i,t} \times TRAN_{i,t}$ 及/或 $SUE_{i,t} \times TRAN_{i,t} \times PRIO_{i,t}$ 显著负向相关。表 4-12 给出了回归结果,在绝大多数情况下,$SUE_{i,t} \times TRAN_{i,t}$ 或 $SUE_{i,t} \times TRAN_{i,t} \times PRIO_{i,t}$ 的系数不显著,且在不同的模型设定下不能得到一致的系数符号,表明信息泄露或信息含量的差异并不能解释公司透明度与盈余公告惯性的负相关性,前文的研究结果是稳健的。

表 4-12　　　　　信息泄露与盈余公告信息含量差异检验

	$BHAR\,[-30,-2] \times 100$		$BHAR\,[-1,60] \times 100$	
	(1)	(2)	(3)	(4)
$SUE_{i,t}$	0.008 (0.803)	0.006 (0.717)	0.063 (1.808)	0.059 (1.719)
$SUE_{i,t} \times TRAN_{i,t}$	-0.004 (-0.406)	-0.004 (-0.402)	0.017 (1.465)	0.015 (1.309)
$SUE_{i,t} \times TRAN_{i,t} \times PRIO_{i,t}$		-0.002 (-0.291)		-0.075 (-1.294)
控制变量	Yes	Yes	Yes	Yes
行业 FE	Yes	Yes	Yes	Yes
年度 FE	Yes	Yes	Yes	Yes

续表

	$BHAR[-30, -2] \times 100$		$BHAR[-1, 60] \times 100$	
	(1)	(2)	(3)	(4)
观测数	20328	20328	20328	20328
调整的 R^2	0.0499	0.0512	0.0612	0.0754
F 值	3.69	4.01	6.24	6.12

（三）其他可能解释

盈余惯性是少数在被发现后依然长期存在的市场异象之一，国内外学者对盈余惯性的影响因素进行了丰富细致的研究，在这些因素中，流动性、盈余管理以及投资者情绪与公司透明度存在一定的相关性。为检验这些因素是否影响结果的稳健性，将非流动性指标 $Illiq_{i,t}$、盈余管理程度 $EM_{i,t}$ 以及市场综合情绪指数 $Sent_t$ 作为控制变量，重新对前文假说进行实证检验。其中，$Illiq_{i,t}$ 为 Amihud 非流动性指标，为上年度个股日收益率的绝对值与日交易量比值的平均值的对数，$EM_{i,t}$ 为盈余管理程度，由前文式（4-1）所示的调整的 DD 模型得到。月度市场综合情绪指数 $Sent_t$ 取自国泰安数据库。如表 4-13 所示，加入 $Illiq_{i,t}$、$EM_{i,t}$、$Sent_t$ 及其交叉项后，$Illiq_{i,t}$、$EM_{i,t}$、$Sent_t$ 对公司盈余惯性无显著影响，$Illiq_{i,t}$ 与盈余公告期异常交易量显著负向相关，$EM_{i,t}$、$Sent_t$ 对异常交易量的影响不显著，但公司透明度对公司盈余惯性和异常交易量的影响依然显著存在，再次表明了前文研究结果的稳健性。

表 4-13　　公司透明度对盈余惯性影响的其他可能解释检验

	$BHAR[-1, 1] \times 100$	$BHAR[2, 60] \times 100$	$AV[-1, 1]$
$SUE_{i,t}$	0.206* (1.745)	0.410* (1.843)	
$TRAN_{i,t}$	0.005* (1.944)	0.017** (2.355)	0.028* (1.772)
$SUE_{i,t} \times TRAN_{i,t}$	0.028* (1.857)	-0.113** (-2.083)	

续表

	$BHAR[-1,1] \times 100$	$BHAR[2,60] \times 100$	$AV[-1,1]$
$TRAN_{i,t} \times PRIO_{i,t}$			0.015** (2.27)
$SUE_{i,t} \times TRAN_{i,t} \times PRIO_{i,t}$	0.047** (2.254)	-0.128** (-2.106)	
$Illiq_{i,t}$	0.133 (0.903)	0.610* (1.766)	-0.024*** (-2.641)
$SUE_{i,t} \times Illiq_{i,t}$	0.066 (0.641)	0.141 (1.464)	
$EM_{i,t}$	0.402 (1.184)	0.259 (0.557)	-0.001 (-0.076)
$SUE_{i,t} \times EM_{i,t}$	0.030 (0.366)	0.042 (0.416)	
$Sent_t$	0.005* (1.689)	0.012* (1.902)	0.001 (1.117)
$SUE_{i,t} \times Sent_t$	0.001 (0.423)	0.004 (0.601)	
控制变量	Yes	Yes	Yes
行业 FE	Yes	Yes	Yes
年度 FE	Yes	Yes	Yes
观测数	20328	20328	20328
调整的 R^2	0.1315	0.1559	0.0846
F 值	6.15	7.44	4.23

第三节 本章小结

本章从盈余质量、关联交易、信息披露评级和审计质量等方面构建了一个公司透明度的综合指数，并对其与公司盈余惯性强度的相关性进行检验，以研究公司透明度是否影响投资者对公司的关注程度，进而影响盈余公告等重大市场信息反映到公司股价中的速度。本章主要研究结论如下。

首先，A股公司透明度与其盈余公告惯性效应显著负向相关，透明度越低的公司盈余反应滞后比率越高，且透明度更低的公司在盈余公告后的异常交易量更低，表明低信息透明度削弱了投资者对公司的关注程度，进而造成公司更强的盈余惯性现象。当同一日市场有多家公司发布盈余公告时，公司相对透明度越高，其盈余惯性程度越弱，表明公司透明度的高低是投资者是否关注并优先处理公司盈余公告信息的重要影响因素。在控制信息泄露、信息含量差异、流动性、投资者情绪以及盈余管理等因素影响后，上述研究结果依然稳健。

其次，公司透明度与盈余公告即时反应窗口期以及滞后反应窗口期的超额收益率均显著负向相关，表明低透明度导致的高信息不对称风险会提高个股风险溢价水平，但公司透明度与公司未预期盈余的交叉项与即时反应窗口期的超额收益正向相关，而与滞后反应窗口期的超额收益负向相关，这一反转效应更符合投资者关注的理论预期。同时，在盈余公告期（[-1, 1]），公司透明度更低的公司异常交易量也更低，与信息不对称的预期相反，这一结果同样表明，公司透明度通过影响投资者对公司关注程度，而非公司的信息不对称水平，影响公司盈余惯性这一错误定价现象。

概括而言，本章研究结果揭示了公司透明度与公司受关注度以及盈余惯性的相互关联，丰富了投资者关注与盈余惯性相关领域的研究。尽管已有研究已充分验证了投资者关注度对资产定价过程的影响，但个股自身运营管理特征是否影响投资者对公司的关注程度尚未得到充分的研究，本章研究有助于改善这一现状，为未来的类似研究提供可借鉴思路。同时，鉴于低公司信息透明度将强化盈余惯性现象，本章研究结果为加强A股上市公司信息披露监管，提高公司透明度，进而提高A股市场运行效率提供了参考依据。最后，由于以往研究主要从信息不对称的角度研究公司透明度对个股定价过程的影响，本章研究结果表明公司透明度还会通过投资者关注影响公司股票定价过程，这为理解公司透明度对资产定价过程的影响提供了新的视角。

第 五 章

个人投资者关注与股票收益：突出理论的视角

第二章对个人投资者关注影响股票定价过程的理论进行了归纳，多数研究认为，投资者注意力的有限性主要通过诱发注意力驱动交易影响股票价格。投资者净买入有着极端收益、异常交易量或高媒体报道度的个股，使其股价在短期面临上涨压力，而在长期出现价格反转。这一注意力驱动交易行为得到了大量实证研究的支撑，随着投资者关注领域研究的发展，学者提出了更多理论模型用以刻画注意力约束对资产定价过程的潜在影响机制。其中，已经得到学术界一定认可的是 Bordalo 等（2012）提出的突出理论（Salience Theory）。突出理论认为，由于个体存在注意力约束，他们更容易为风险事件中那些异乎寻常即突出的结果所吸引，从而在风险决策时给予这些结果过高的权重。突出理论与注意力驱动交易理论同样以投资者仅具有有限的注意力为基本假设，但二者对股票等风险资产定价的启示存在两个方面的显著差异。首先，注意力驱动交易理论认为极端正向和负向收益同样吸引投资者的关注，投资者因而净买入具有极端正向或负向收益的资产，而突出理论认为个体将青睐具有突出正向收益的资产，而看轻具有突出负向收益的资产；其次，注意力驱动交易理论认为吸引投资者关注的是资产收益的绝对大小，而突出理论则认为，资产收益的突出程度吸引投资者的关注，而收益的突出程度取决于其与其他可得资产平均收益的差异，而非其自身的高低。

Bordalo 等（2012）指出，突出理论能够解释阿莱悖论（Allais Paradox），以及其他许多与传统风险决策理论相悖的资产定价异象。在随后的一系列研究中，他们还将突出理论的适用范围从风险资产决策拓展到了消费者的商品消费决策和法官的判决决策之中（Bordalo et al.，2013b，2015）。同时，突出理论较行为金融领域的基石理论——前景理论，也存在一些明显的优势。例如，突出理论能够像前景理论一样解释个体对待风险的态度因情境改变而从寻求风险（Risk-Seeking）向避免风险（Risk-Aversion）转变的现象，然而前景理论依赖一个特定的"S"形价值函数刻画这一过程，即将个体面对损失时寻求风险、面对收益时避免风险作为该理论的基本假设，而突出理论无须此类价值函数即可对个体的风险态度转变现象做出合理的解释。

总结而言，突出理论就理论本身而言已经得到了学术界的一定认可。Cosemans 和 Frehen（2021）以美国股票市场为研究对象，为突出理论提供了第一个可信服的实证研究支撑。他们发现，投资者过度高估有着突出正向历史收益的个股，投资者对此类个股的追捧反而引致其随后的收益率低下；相反，投资者过度低估有着突出负向历史收益的个股，投资者过度看空此类个股导致其随后的收益率反而更高。然而，除此之外，能够直接支撑突出理论的实证研究还较为少见。因此，有必要在美国以外的市场中对该理论进行检验，以验证其普适性，从而丰富对投资者关注影响股票定价的机制与路径的理解。基于这一动机，本章对突出理论的理论框架及其对股票定价过程的启示进行了梳理，进而以 A 股市场为研究对象，对这些启示进行实证检验。

第一节 突出理论概述

一 突出理论的风险决策框架

突出理论的基本思想是,风险资产的收益突出程度决定个体对该资产的风险态度。这一思想建立在两个基本假设之上,第一个假设是个体仅具有有限的注意力和信息处理能力。如本书前面章节所述,个体的这一特征已经得到大量理论和实证研究的证实,因此此处不再赘述该假设的内涵和合理性。突出理论认为,由于注意力约束,个人在风险资产之间进行选择时,会更多关注其获得突出收益的可能,即在决策中给予这些收益更高的主观权重。突出理论的第二个重要假设是,对于个体而言,一个收益是否突出不取决于其绝对大小,而取决于该收益与市场中其他可得收益的差异。换言之,突出理论假设个体依赖于具体的情境判断风险结果的突出程度,进而进行风险决策。与投资者注意力有限的假设一样,个体决策过程中的情境依赖假设(Context-Dependence)同样有着丰富的理论和实证依据。

基于有限关注和情境依赖的假设,Bordalo 等(2012)构建了一个突出函数(Salience Function)用以定量地度量风险收益的突出程度。更具体而言,状态 s 下资产 i 的收益 x_{is} 的突出程度 $\sigma(x_{is}, \bar{x}_s)$ 如式(5-1)所示。

$$\sigma(x_{is}, \bar{x}_s) = \frac{|x_{is} - \bar{x}_s|}{|x_{is}| + |\bar{x}_s| + \theta} \quad (5-1)$$

其中,参数 $\theta > 0$,$\bar{x}_s$ 表示在状态 s 下其他可得风险资产的平均收益。

式(5-1)所示的突出函数具有四个特征:可排序性(Ordering)、敏感度递减性(Diminishing Sensitivity)、反射性(Reflection)以及凸性(Convexity)四个特性。首先,可排序性通过式(5-1)

的分子 $|x_{is}-\bar{x}_s|$ 刻画，指收益 x_{is} 的突出程度随着 x_{is} 与其他可得收益的均值 $\bar{x}_s$ 的差异增加而增加。其次，式（5-1）的分母项 $|x_{is}|+|\bar{x}_s|$ 刻画了突出函数的敏感度递减性特征，在同等条件下，$\bar{x}_s$ 越大，x_{is} 的突出程度越小。举例而言，假设在两个交易日内，某个股的收益率均超过市场平均收益 5 个百分点。在第一个交易日，个股的收益率为 5%，而市场平均收益为 0，在第二个交易日，个股的收益率为 10%，而市场平均收益为 5%。根据敏感性递减性，第一个交易日市场的平均收益更低，因此个股的收益显得更为突出，其突出程度更高。再次，反射性指收益的突出程度与其符号无关，而是取决于其与市场平均收益的绝对差异，与市场平均收益存在较大正向或负向差异的个股收益都会因突出而更受个体的关注。最后，凸性意味着突出函数的敏感度递减性特征随着收益水平的增加而减弱。此外，式（5-1）引入参数 $\theta>0$，以避免出现 x_{is} 等于 0 时突出程度达到最大值的状况。同时，突出函数的凸性也会随着 θ 的变小而增大。

突出理论认为，收益的突出程度会影响个体对其关注程度，进而影响其在个体风险决策中的权重。更具体而言，Bordalo 等（2012）构建了一个突出权重函数，个体基于收益的突出程度，将收益发生的客观概率通过突出权重函数转化为其决策权重。基于这一突出权重函数，收益 x_{is} 在个体决策中的主观权重 π_{is} 为：

$$\pi_{is}=\pi_s\cdot w_{is} \qquad (5-2)$$

其中，π_s 是收益 x_{is} 的客观发生概率，而 w_{is} 为其突出权重，且有：

$$w_{is}=\frac{\delta^{k_{is}}}{\sum_{s'}\delta^{k_{is'}}\cdot\pi_{s'}},\delta\in(0,1] \qquad (5-3)$$

式（5-3）的含义是，如果资产 i 有 S 种可能的收益情况，个体会基于式（5-1）分别计算这 S 种可能收益的突出程度，并将其从高到低进行排名，1 表示最突出的收益，S 表示最不突出的收益，k_{is} 为收益 x_{is} 的突出程度排名。k_{is} 越小，即收益 x_{is} 的突出程度排序越靠前，其突出权重 w_{is} 越高。同时，易得 $E[w_{is}]=1$，即各收益的主观权重之和为 1，与其客观概率之和相等。参数 δ 代表与投资者注意力相关的认知能力，δ 小于 1 意味着 x_{is} 的突出程度越高，其在个体决策中的主观权重 π_{is} 越大。换言之，个体在决策时总是高估出现突出收益的可能，而低估不突出收益发生的概率。δ 越小，越突出的风险收益在个体决策中的主观权重越大。

二 突出理论与前景理论对比

认为个体在风险决策过程中存在情境依赖的现象，是突出理论与 Tversky 和 Kahneman 的前景理论之间的最重要差异。前景理论同样构建了一个主观权重函数，即所谓的概率权重函数（Probability Weighting Function），用以刻画风险结果在个体决策中的主观权重与其客观发生概率相偏离的过程。概率权重函数的一个主要特征是认为个体会永远高估风险收益分布尾部区域事件，即小概率事件发生的可能。换言之，在前景理论中，风险收益在概率分布函数中的排序（Rank），决定其概率与个体决策权重相偏离的程度。相反，突出权重函数引入情境依赖假设，认为风险收益的大小（Magnitude）以及个体所参照的情境（Context），共同决定了其客观概率与个体主观决策权重的偏度程度。

参照 Cosemans 和 Frehen（2021）的做法，本章使用下例展示概率权重函数与突出权重函数在刻画个体风险决策过程上的差异。假设有两个资产分别名为 L_1 和 L_2，二者的风险收益概率分布如表 5–1 所示。L_1 和 L_2 存在相同的可能，以 0.1 的概率获得 2000 元的高收益。前景理论认为个体对 L_1 和 L_2 的偏好是相互独立的，由于在两项资产中获得 2000 元这一高收益的概率都是最小的，前景理论认为个体会高估这一小概率事件发生的可能性，从而对两项资产的价值都会出现非理性的高估。而突出理论认为，受到情境依赖的影响，个体在决策时会将两项资产的收益进行相互对比，鉴于二者有同样的概率获得 2000 元的高收益，这一收益由于在二者之间不存在差异而不具有突

出性（即 $|x_{is}-\bar{x}_s|=0$），个体在决策时会直接忽略这一收益。

表 5-1　　　　　　　　前景理论与突出理论对比示例　　　　　　单位：元

概率	0.10	0.30	0.60
资产 L_1 收益	2000	0	1000
资产 L_2 收益	2000	300	850

此外，Tversky 和 Kahneman 在前景理论中构建了一个价值函数，描述个体基于特定参考点（Reference Point）判断收益主观价值的过程。以参考点为原点，价值函数呈"S"形分布，以刻画投资者面临收益时避免风险而在面临损失时追求风险的风险偏好转换现象。突出理论同样能够解释个体在不同情境下表现出不同风险偏好特征的现象，但并不需要构建类似的"S"形价值函数。突出权重函数的一个特性之一是反射性，一个收益是否突出取决于其与其他可得资产平均收益差异的绝对值，而与这一差异的符号无关，大的负向收益差异与大的正向收益差异一样突出并受到个体关注。因此，个体给予负向突出收益过高的决策权重，而对具有此类收益特征的资产表现出风险厌恶；相反，个体因给予正向突出收益过高的决策权重，而对具有此类收益特征的资产表现出风险偏好。

第二节　基于突出理论的股票定价思路与实证研究设计

一　理论思路

本小节基于 Bordalo 等（2012）的突出理论模型以及 Cosemans 和 Frehen（2021）的实证研究设计，简要阐述突出理论影响股票定价过程的思路。假设在一个两期（$t=0,1$）的股票市场中存在 N 只股票，风险中性的个人投资者拥有初始财富 w_0，并持有每只股票 1

单位数量。股票 i 的当前（$t=0$）股价为 p_i，其在 $t=1$ 时为投资者带来的收益 x_{is} 取决于市场状态 s。因此，$t=0$ 时，投资者对股票 i 做出数量为 α_i 的交易以最大化其预期效用的决策表达式为：

$$\max_{\{\alpha_i\}} u(c_0) + E[w_{is}u(c_{1,s})]$$

$$c_0 = w_0 - \sum_i^N \alpha_i p_i$$

$$c_{1,s} = \sum_i^N (\alpha_i + 1) x_{is} \tag{5-4}$$

式（5-4）的一阶解为：

$$p_i u'(c_0) = E[w_{is} x_{is} u'(c_{1,s})]$$

$$= \sum_s^S \pi_s [w_{is} x_{is} u'(c_{1,s})], \quad \forall i \in N$$

$$\tag{5-5}$$

由式（5-5）所示，投资者基于突出权重函数将收益的客观概率转换为其主观决策权重，但对收益的估值依然满足标准的预期效用理论。式（5-5）表明，与同样使用预期效用框架但基于客观概率计算其收益效用的个体相比，基于主观突出权重计算预期效用的个体会在股票 i 存在突出的正向（负向）收益时更多地买入（卖出）该股票。

市场出清的条件是，所有个股 i 均满足 $\alpha_i = 0$，即个股 i 的总供给不变，仅在投资者之间换手。将市场中所有投资者的最优决策与市场出清条件进行合并，即可得到由收益突出程度驱动的股票需求对股票价格的影响：

$$p_i = E[w_{is} x_{is}] = E[x_{is}] + \text{cov}[w_{is}, x_{is}], \quad \forall i \in N \tag{5-6}$$

式（5-6）右侧的第一项 $E[x_{is}]$ 表明，如果股票收益的客观分布概率与个体决策时的主观权重相同，则股票的价格应当等于其未来收益的期望值。式（5-6）右侧第二项 $\text{cov}[w_{is}, x_{is}]$ 捕捉到了股票收益突出程度对个体决策的影响在股票价格上的反映。当个股因具有高正向收益而显得突出时，$\text{cov}[w_{is}, x_{is}]$ 大于 0，此时股价 p_i

高于其内在价值 $E[x_{is}]$，即个体的注意力被股票的正向突出收益所吸引，而给予其更高的估值；相反，当个股因具有低负向收益而显得突出时，$\text{cov}[w_{is}, x_{is}]$ 小于 0，股价 p_i 低于其内在价值 $E[x_{is}]$，即个体的注意力为股票的负向突出收益所吸引，而给予其更低的估值。

将式 (5-6) 减去个股 i 的当前真实股价 p_i，即可得到个体基于个股 i 收益突出程度进行交易的预期收益 $E[r_{is}]$，为：

$$E[r_{is}] = -\text{cov}[w_{is}, x_{is}] \equiv -ST_i, \quad \forall i \in N \quad (5-7)$$

ST_i 表示个体如突出理论所刻画的那样基于个股收益的突出程度选择股票时，所赋予个股的主观价值，即所谓的"突出理论价值"（Salience Theory Value）。基于这一概念，式 (5-7) 直观地表达了突出理论有关股票定价过程的理论预期，即有着正向突出收益因而突出理论价值较高的个股未来的收益率更低；相反，有着负向突出收益因而突出理论价值较低的个股未来的收益率更高。本章下一小节将利用 A 股市场对这一理论预期进行实证检验。

二 实证设计

（一）突出理论价值

基于前文理论预期，本章拟实证检验 A 股市场中个股的突出理论价值对其未来收益的预测作用。为了计算个股的突出理论价值，需要首先了解其未来收益的概率分布，而这一分布在事前显然是无法预知的。Barberis 等（2016）以及 Da 等（2021）的研究均指出，投资者倾向于基于个股近期的历史收益数据来预期其未来收益状况。换言之，投资者预期个股的未来收益与其历史收益有着类似的分布特征。据此，本章参照 Cosemans 和 Frehen（2021）的做法，利用个股过去 1 个月的日收益率计算个股该月的突出理论价值 $ST_{i,t}$，进而检验这一价值对个股下月收益（$MRet_{i,t+1}$）的预测作用。

更具体而言，首先参照式 (5-1) 的突出函数构建如下式所示的个股日收益突出函数：

$$\sigma(r_{is}, \bar{r}_s) = \frac{|r_{is,t} - \bar{r}_{s,t}|}{|r_{is,t}| + |\bar{r}_{s,t}| + \theta} \quad (5-8)$$

$r_{is,t}$ 为 t 月第 s 个交易日个股 i 的日收益率，$\bar{r}_{s,t}$ 为当日 A 股市场所有股票的等权重平均收益。通过式（5-8），可计算 t 月份个股 i 所有日收益率的突出程度，随后将其从高到低排序，基于式（5-8）计算每个日收益率在个体决策中的主观突出权重 $w_{is,t}$，进而通过计算日收益率 $r_{is,t}$ 与其突出权重 $w_{is,t}$ 的协方差 $\text{cov}[w_{is,t}, r_{is,t}]$ 得到 t 月份个股 i 的突出理论价值 $ST_{i,t}$。基于 Bordalo 等（2012）的实验数据，在计算 $ST_{i,t}$ 时，本章将参数 θ 设定为 0.1，而将参数 δ 设定为 0.7。

下式直观地展示了突出理论价值 $ST_{i,t}$ 的内在含义：

$$\begin{aligned} ST_{i,t} &= \text{cov}[w_{is,t}, r_{is,t}] = E[w_{is,t} \times r_{is,t}] - E[w_{is,t}] \times E[r_{is,t}] \\ &= E[w_{is,t} \times r_{is,t}] - \bar{r}_{is,t} \end{aligned} \quad (5-9)$$

由于 $E[w_{is,t}]$ 等于 1，$ST_{i,t}$ 实质上度量了 t 月个股 i 经突出权重加权的平均收益率与其等权重平均收益率（$\bar{r}_{is,t}$）之间的差异。换言之，$ST_{i,t}$ 表示各日收益率的已实现概率与其在个体决策中的主观突出权重相偏离的程度。当 t 月个股 i 出现了正向（负向）突出收益时，投资者预期这一收益在未来会再次出现，从而追捧（看空）个股 i，推动其股价超过（低于）其内在价值，其未来的收益率因而更低（高）。

基于这一逻辑，得到本章的主要实证模型如式（5-10）所示：

$$MRet_{i,t+1} = \alpha + \beta_1 ST_{i,t} + \sum Control + \varepsilon_{i,t} \quad (5-10)$$

（二）控制变量

参照前人研究，本章在式（5-10）中加入了一系列控制变量。首先，前景理论是突出理论的主要竞争性理论，该理论认为个体会高估小概率收益事件发生的可能，给予此类事件过高的决策权重，进而影响其股票投资决策和个股的未来收益率水平。为了控制个体这一行为特征对个股收益的潜在影响，本章参照 Barberis 等（2016）

的思路，利用个股 t 月末前 60 个交易日收益率数据，构建了个股的前景理论价值（$TK_{i,t}$），并作为控制变量加入式（5-10）。Barberis 等（2016）的研究基于前 60 个月的月度数据计算个股前景理论价值，本章以 60 个日度数据作为代替，其合理性在于，包括 Da 等（2021）在内的诸多研究表明，投资者更多地依赖近期的历史收益数据构建对个股未来收益的预期。

其次，Bali 等（2011）发现了股票收益率的极大值效应，即所谓的 MAX 效应，个股下月收益率与其上月的最大日收益率存在显著的负向关联。这些极端的日收益率显然可能也是较为突出的。换言之，MAX 效应同样可能导致个股突出理论价值与个股未来收益率之间的负向关联。因此，有必要对 MAX 效应进行控制，以检验突出理论对前述负向关联的边际解释能力。A 股市场中个股交易存在涨跌停机制，在实施注册制前，正常上市交易的 A 股上市公司股价日涨跌幅不超过 10%，因此单个交易日的最大日收益率可能无法准确地刻画 A 股市场上的 MAX 效应。基于这一因素，本章以 t 月个股 i 最大的 5 个日收益率之和作为 A 股市场股票 MAX 效应的度量指标，表示为 $MAX5_{i,t}$。此外，本章以 t 月个股 i 最小的 5 个日收益率之和度量潜在的最小值效应（MIN 效应），表示为 $MIN5_{i,t}$。

再次，已有研究还发现投资者存在博彩偏好（或者说偏度偏好），过度追捧那些如彩票般有小概率获得极高收益即收益率正偏分布的个股（Kumar，2009；郑振龙和孙清泉，2013；朱红兵，2020）。本章在式（5-11）中加入个股日收益率的总偏度（SKEW）、系统偏度（COSKEW）和特质偏度（ISKEW）3 个控制变量。总偏度为 t 月份个股 i 日收益率的三阶矩，参照 Harvey 和 Siddique（2000）的方法，通过式（5-11）得到个股日收益率的系统偏度和特质偏度：

$$r_{is} = \alpha + \beta_1 MKT_s + \beta_2 (MKT_s)^2 + \varepsilon_s \quad (5-11)$$

系统偏度为按照式（5-11）将 t 月个股日收益率与市场股票组合收益（$MKTs$）及其平方项进行回归，得到的系数 β_2 估计值，特质偏度则为上式回归残差的三阶矩。

最后，本章还参照已有研究，加入了一些与个股风险相关的控制变量，包括公司市场 Beta（BETA）、规模（Size）、账面市值比（BM）、动量因子（MOM3）、非流动性（Illi）以及反转因子（REV）。其中，市场 Beta 通过将个股前 36 个月的月收益率与市场组合月收益进行滚动回归得到，规模为公司月末流通市值（单位：亿元）的对数，账面市值比为最近一个季末公司账面价值与市场价值的比值，动量因子为个股 $t-2$ 月至 t 月的累计收益率，非流动性为 t 月个股日收益率绝对值与其成交金额（单位：百万元）比值的均值，反转因子为个股 $t-1$ 月的月收益率。表 5-2 给出了本章所有变量的详细定义。

表 5-2　　　　　　　　变量定义

变量	定义
$MRet_{i,t}$	t 月个股 i 的月收益率
$ST_{i,t}$	t 月个股 i 日收益率的突出理论价值
$TK_{i,t}$	t 月个股 i 日收益率的前景理论价值
$MAX5_{i,t}$	t 月个股 i 最大 5 个日收益之和
$MIN5_{i,t}$	t 月个股 i 最小 5 个日收益之和
$BETA_{i,t}$	个股 i 前 36 个月滚动回归得到的市场模型 Beta 值
$BM_{i,t}$	个股 i 上季末账面市值比
$Size_{i,t}$	t 月末个股 i 市值（单位：亿元）取对数
$MOM3_{i,t}$	$t-2$ 月至 t 月个股 i 的累计收益率
$REV_{i,t}$	$t-1$ 月个股 i 的月收益率
$Illi_{i,t}$	非流动性指标，t 月个股 i 日收益率绝对值与成交金额（单位：百万元）比值的均值
$SKEW_{i,t}$	t 月个股 i 日收益率的总偏度
$COSKEW_{i,t}$	t 月个股 i 日收益率的协偏度
$ISKEW_{i,t}$	t 月个股 i 日收益率的特质偏度

三　数据与样本

基于本章研究目标，本章首先以 A 股市场 2000—2019 年的所有上市公司为样本，随后进行以下的样本筛选：首先，剔除了科创板上市公司的观测值，因为科创板设立时间较短，且将日涨跌停幅度设定为20%，与A股市场其他个股交易制度存在明显差异；其次，剔除了所有金融行业上市公司，因其在资产负债结构、监管要求等方面与其他行业上市公司有所不同；再次，剔除了被ST、PT等特殊处理的样本公司观测值；复次，由于需要利用36个月度收益数据进行滚动回归得到个股的市场β值，剔除了上市时间不足36个月的样本公司；最后，剔除了主要变量缺失的观测值。最终的样本包括3156只股票的372020个月度观测值。

表5–3给出了样本主要变量的描述性统计结果。$MRet_{i,t+1}$的均值为1.12%，意味着A股上市公司股票的平均年收益率超过12%，$ST_{i,t}$的均值同样为正，表明平均而言，在样本期间个股获得正向突出收益的概率高于负向突出收益。此外，从$MAX5_{i,t}$和$MIN5_{i,t}$的均值可以看到，样本公司前5个最高（最低）日收益率的总和为16.76%（-16.01%）。样本公司的其他变量统计特征与已有类似研究大体一致，此处不再赘述。

表5–3　　　　　　　　　　描述性统计

变量	观测数	均值	标准差	25分位数	中位数	75分位数
$MRet_{i,t+1}$	372020	0.0112	0.1336	-0.1382	0	0.0785
$ST_{i,t}$	372020	0.0003	0.0009	-0.0003	0.0002	0.0008
$TK_{i,t}$	372020	-0.0219	0.0175	-0.0308	-0.0195	-0.0108
$MAX5_{i,t}$	372020	0.1676	0.0923	0.1002	0.1462	0.2134
$MIN5_{i,t}$	372020	-0.1601	0.085	-0.1981	-0.1428	-0.1015
$BETA_{i,t}$	372020	1.0844	0.3276	0.8717	1.0684	1.2737
$Size_{i,t}$	372020	0.8836	1.2777	-0.0331	0.8412	1.695
$BM_{i,t}$	372020	0.5225	0.2408	0.3488	0.5213	0.712
$MOM3_{i,t}$	372020	0.0324	0.2325	-0.122	0.0174	0.1724
$REV_{i,t}$	372020	0.0107	0.135	-0.0706	-0.0012	0.0781
$Illi_{i,t}$	372020	0.0027	0.0116	0.0002	0.0005	0.0014
$COSKEW_{i,t}$	372020	-5.7399	21.7821	-18.9601	-3.9777	7.4399

续表

变量	观测数	均值	标准差	25 分位数	中位数	75 分位数
$ISKEW_{i,t}$	372020	0.3559	0.7501	-0.1054	0.3399	0.8076
$SKEW_{i,t}$	372020	0.0035	0.7080	-0.4292	-0.0066	0.4259

第三节 股票收益突出性影响股票定价的实证检验

一 单变量分组分析

本章实证研究分析 A 股市场中个股的突出理论价值对其下个月收益率的影响。首先，本小节通过单变量分组的形式对这一潜在影响进行分析。具体而言，在每个月末将样本公司按照其当月的突出理论价值（$ST_{i,t}$）从低到高分为五组，计算并对比分析每个股票组合下个月的收益率，分析结果如表 5-4 所示。

表 5-4 Panel A 中各股票组合的收益率按等权重加权，在 Panel B 中则以个股月末流通市值为权重加权。列（1）为各组合的原始月加权收益，列（2）至列（5）分别使用个股经 CAPM 模型、Fama-French 三因子、Carhart 四因子和 Fama-French 五因子调整后的超额收益（alpha），计算各股票组合加权后的风险调整收益。如表 5-4 所示，无论使用何种加权方法或何种风险收益调整模型，突出理论价值最高组股票的下月收益均显著低于突出理论价值最低组股票，例如在 Panel A 中，突出理论价值最高组股票的月度 Fama-French 五因子 alpha 均值为 0.84%，而在突出理论价值最低组，这一均值为 2.27%，二者的差异为 -1.44%，且这一差异的 t 值高达 -9.25，这意味着与突出理论价值最低组股票相比，突出理论价值最高组股票的年化超额收益率要少 12×(-1.44%) = 17.28%。从 Panel A 其他列以及 Panel B 中的结果可以推断出类似的结论，这些结果符合本章的理论预期。投资者追捧突出理论价值高的个股，反而拉低其随后

的收益率。

表 5-4　　按突出理论价值分组的股票组合收益

ST值组别	Panel A 等权重加权收益				
	（1）原始收益	（2）CAPM alpha	（3）Fama-French 三因子 alpha	（4）Carhart 四因子 alpha	（5）Fama-French 五因子 alpha
低	0.0194	0.0182	0.0194	0.0193	0.0227
2	0.0166	0.0153	0.0162	0.0162	0.0192
3	0.0144	0.0131	0.0140	0.0141	0.0172
4	0.0110	0.0096	0.0106	0.0106	0.0138
高	0.0049	0.0037	0.0050	0.0046	0.0084
高-低	-0.0145*** (-9.61)	-0.0145*** (-9.50)	-0.0144*** (-9.23)	-0.0146*** (-9.72)	-0.0144*** (-9.25)

ST值组别	Panel B 流通市值加权收益				
	原始月收益	CAPM alpha	Fama-French 三因子 alpha	Carhart 四因子 alpha	Fama-French 五因子 alpha
低	0.0143	0.0132	0.0147	0.0142	0.0173
2	0.0132	0.0121	0.0131	0.0127	0.0155
3	0.0113	0.0102	0.0113	0.0112	0.0140
4	0.0086	0.0076	0.0089	0.0085	0.0117
高	0.0037	0.0026	0.0039	0.0032	0.0063
高-低	-0.0106*** (-6.32)	-0.0106*** (-6.38)	-0.0109*** (-7.24)	-0.0110*** (-7.36)	-0.0110*** (-7.33)

二　突出理论价值与个股特征相关性分析

前文的单变量分组结果初步印证了A股市场中个股突出理论价值与其未来收益负向相关的预期。本小节进一步分析突出理论价值不同的各个股票组合，是否在其他特征上也存在差异，以更好地分析前述负向关联的潜在影响机制。表5-5给出了各股票组合的控制变量均值，并计算了这些均值在突出理论价值最高组和最低组之间的差异。与表5-4类似，表5-5 Panel A中各股票组合按照等权重的方式构建，而在Panel B中各股票组合按照流通市值加权的方式构建。如表 5-5 Panel A 所示，相较于突出理论价值最低组，突出理论价值最高组个股的规模以及日收益率的协偏度显著更小，个股的上月收益率、最大和最小的 5 个日收益率之和、前景理论价值、日收益率的特质偏度和总偏度显著更大；在 Panel B，突出理论价值最高组和最低组个股也在多个特征变量上表现出了明显的差异。鉴于这些差异同样可能造成各组股票的下月收益率产生显著差异，需要进一步通过多变量回归，在控制这些变量的前提下，检验个股突出理论价值对其未来收益的真实解释能力。

表 5-5　　　　　　按突出理论价值分组的股票组合特征

变量	Panel A 等权重加权					高 - 低	t 值
	ST 值分组						
	低	2	3	4	高		
$BETA_{i,t}$	1.0860	1.0539	1.0489	1.0619	1.094	0.0080	-1.09
$Size_{i,t}$	1.0619	1.1818	1.2297	1.2027	1.1565	0.0946	-1.72
$BM_{i,t}$	0.5237	0.5479	0.5598	0.5781	0.5804	0.0567	1.47
$MOM3_{i,t}$	0.0207	0.0102	0.0087	0.0099	0.0148	-0.0059	-1.05
$REV_{i,t}$	-0.0654	-0.0211	0.0047	0.0368	0.1079	0.1733	19.47
$Illi_{i,t}$	0.0036	0.0032	0.0029	0.0027	0.0032	-0.0004	-1.06
$MAX5_{i,t}$	0.1346	0.1351	0.1473	0.1738	0.2451	0.1105	19.75
$MIN5_{i,t}$	-0.1869	-0.1530	-0.1461	-0.1481	-0.1620	0.0249	4.09
$TK_{i,t}$	-0.0325	-0.0238	-0.0206	-0.0180	-0.0142	0.0183	15.81
$COSKEW_{i,t}$	-4.2637	-3.6736	-4.5533	-5.6981	-6.7666	-2.5029	-3.82
$ISKEW_{i,t}$	-0.3036	0.1028	0.4501	0.7065	0.8490	1.1526	60.72
$SKEW_{i,t}$	-0.4729	-0.2050	-0.0099	0.2423	0.5281	1.0010	32.85
Panel B 市值加权							
变量	ST 值分组					高 - 低	t 值
	低	2	3	4	高		
$BETA_{i,t}$	0.8964	0.8632	0.8632	0.8864	0.9343	0.0379	2.9
$Size_{i,t}$	2.2390	2.3884	2.4715	2.3847	2.2740	0.0350	0.33
$BM_{i,t}$	0.5514	0.5405	0.5712	0.5659	0.5884	0.0370	1.03
$MOM3_{i,t}$	0.0259	0.0139	0.0116	0.0140	0.0203	-0.0056	-1.01

续表

变量	Panel B 市值加权					高 – 低	t 值
	ST 值分组						
	低	2	3	4	高		
$REV_{i,t}$	-0.0680	-0.0218	0.0086	0.0436	0.1142	0.1822	21.36
$Illi_{i,t}$	0.0016	0.0014	0.0013	0.0013	0.0014	-0.0002	-0.81
$MAX5_{i,t}$	0.1295	0.1275	0.1393	0.1676	0.2337	0.1042	18.51
$MIN5_{i,t}$	-0.1796	-0.1418	-0.1327	-0.1360	-0.1499	0.0297	5.05
$TK_{i,t}$	-0.0318	-0.0224	-0.0185	-0.0122	-0.0122	0.0196	17.37
$COSKEW_{i,t}$	-1.4607	-0.6995	-1.6808	-2.6916	-3.4448	-1.9841	-3.08
$ISKEW_{i,t}$	-0.2925	0.0944	0.4414	0.6676	0.7751	1.0676	48.47
$SKEW_{i,t}$	-0.3857	-0.1181	0.0727	0.2981	0.5411	0.9268	30.21

三　基准模型回归结果

表 5-6 给出了本章基准模型，即式（5-10）的 Fama-MacBeth 回归结果。为了便于对回归估计系数进行解释，本章所有实证回归中均将 $ST_{i,t}$ 进行了标准化处理，使其均值为 0，标准差为 1。列（1）直接将 $MRet_{i,t+1}$ 与 $ST_{i,t}$ 进行单变量回归，$ST_{i,t}$ 的系数为 -0.0047，且 t 值高达 -7.52，即个股 i 的突出理论价值增加 1 个标准差，其下个月的收益率降低 0.47% 个百分点。而 $MRet_{i,t+1}$ 的样本均值为 0.0112，这意味着此时个股 i 下个月的收益率低于平均水平近 0.0047/0.0112 ≈ 42%。因此，个股突出理论价值对其未来收益率的影响不仅在方向上符合本章的预期，而且在统计和经济层面具有高度的显著性。列（2）到列（6）逐步加入了一系列的控制变量，此时 $ST_{i,t}$ 系数依然高度显著为负，且其系数绝对大小不减反增，表明控制变量的加入并未削减 $ST_{i,t}$ 在经济意义上的显著性，从而有力地支撑了个股的突出理论价值负向影响其未来收益的预期。

在控制变量方面，个股的前景理论价值（$TK_{i,t}$）、前五大日收益之和（$MAX5_i$）以及所有的偏度特征变量对个股未来收益的影响均不显著，表明源于国外发达股票市场的前景理论、MAX 效应和偏度偏好理论，对 A 股市场个股收益并不存在稳健的解释能力；相反，最低的五个日收益之和（$MIN5_i$）与 $MRet_{i,t+1}$ 显著正向相关，表明 A 股市场存在反向的最小值效应。同时，账面市值比和前三个月收益更高、上月收益更低的个股，下个月的收益显著更高，符合已有研究有关个股收益存在账面市值比效应、动量效应和反转效应的发现；而市场 Beta、公司规模以及非流动性指标对个股下月收益的影响同样不显著。概括而言，在控制了个股收益横截面差异的常见影响因素之后，表 5-6 报告的 Fama-MacBeth 回归结果符合突出理论的预期，投资者高估（低估）存在突出正向（负向）收益的个股，推高（降低）个股当月的价格，而导致其下月的收益率更低（高）。

表 5-6　　　　　　　　　　　基准回归结果

	(1) $MRet_{i,t+1}$	(2) $MRet_{i,t+1}$	(3) $MRet_{i,t+1}$	(4) $MRet_{i,t+1}$	(5) $MRet_{i,t+1}$	(6) $MRet_{i,t+1}$
$ST_{i,t}$	-0.0047*** (-7.52)	-0.0077*** (-9.36)	-0.0054*** (-6.54)	-0.0053*** (-7.26)	-0.0052*** (-7.27)	-0.0054*** (-7.56)
$TK_{i,t}$		0.3433*** (3.57)	-0.0625 (-0.58)	-0.1476 (-1.32)	0.0077 (0.07)	0.1913 (1.20)
$MAX5_i$			-0.0078 (-0.48)	-0.0123 (-0.77)	-0.0122 (-0.63)	0.0036 (0.19)
$MIN5_{i,t}$			0.0719*** (3.12)	0.0759*** (3.22)	0.0630*** (2.82)	0.0629** (2.59)
$BETA_{i,t}$				-0.0005 (-0.25)	-0.0003 (-0.14)	0.0001 (0.05)
$Size_{i,t}$				-0.0023* (-1.77)	-0.0016 (-1.19)	-0.0014 (-0.99)
$BM_{i,t}$				0.3144*** (3.28)	0.3425*** (3.51)	0.3315*** (3.42)
$MOM3_{i,t}$					0.0015* (1.79)	0.0015* (1.81)
$REV_{i,t}$					-0.0173 (-1.15)	-0.0343* (-1.89)

续表

	(1) $MRet_{i,t+1}$	(2) $MRet_{i,t+1}$	(3) $MRet_{i,t+1}$	(4) $MRet_{i,t+1}$	(5) $MRet_{i,t+1}$	(6) $MRet_{i,t+1}$
$Illi_{i,t}$					0.0005 (0.00)	-0.1406 (-0.74)
$COSKEW_{i,t}$						-0.0001 (-1.37)
$ISKEW_{i,t}$						0.0001 (0.25)
$SKEW_{i,t}$						-0.0012 (-1.13)
常数项	0.0131** (2.26)	0.0138*** (2.63)	0.0181*** (3.40)	0.0215*** (3.75)	0.0227*** (3.92)	0.0232*** (3.95)
观测数	372020	372020	372020	372020	372020	372020
调整的 R^2	0.012	0.034	0.054	0.089	0.101	0.108
F 值	56.52	52.87	34.01	33.04	24.08	16.22

四 稳健性检验

（一）改变突出权重函数参数设定

前文的基准模型回归结果表明，如本章所预期的那样，个股的突出理论价值与其下个月的股票收益率显著负向相关，本小节对这一负向关系的稳健性进行必要的检验。如前文所述，本章参考 Bordalo 等（2012）的实验数据，将式（5-8）中的参数 θ 设定为 0.1，将式（5-3）中的参数 δ 设定为 0.7，进而计算个股的突出理论价值。为了检验前文研究结果的稳健性，本小节尝试改变参数 θ 和 δ 的设定，并重新完成前文的实证回归。

具体而言，此处首先将 θ 固定在 0.1 的水平，而将 δ 更改为 0.8 和 0.6，随后将 δ 固定在 0.7 的水平，而尝试将 θ 更改为 0.05 和 0.15。表 5-7 给出了改变突出权重函数参数设定后的基准模型回归结果，与表 5-6 中的回归结果一样，表 5-7 中 $ST_{i,t}$ 的系数在所有回归设定中均在 1% 的水平上显著为负，且其系数大小较表 5-6 中的结果并无明显的差异。概况而言，在改变突出权重函数的参数设定后，个股突出理论价值对个股未来收益率的负向影响在统计和经济意义上依然高度显著，说明这一负向影响是稳健的。

表 5-7　　　　　　稳健性检验：改变突出权重函数参数设定

	(1) $\theta=0.1, \delta=0.8$	(2) $\theta=0.1, \delta=0.6$	(3) $\theta=0.05, \delta=0.7$	(4) $\theta=0.15, \delta=0.7$
$ST_{i,t}$	-0.0049*** (-7.26)	-0.0055*** (-7.14)	-0.0055*** (-7.84)	-0.0048*** (-7.79)
控制变量	Yes	Yes	Yes	Yes
观测数	340603	340603	340603	340603
调整的 R^2	0.108	0.108	0.108	0.109
F 值	15.25	14.86	16.37	18.21

（二）改变收益对比情境

除参数 θ 和 δ 之外，决定个股突出理论价值的另外一个因素是个体用以判断个股收益是否突出的情境，即用来与个股收益作为比较的其他可得收益的均值 $\bar{r}_{s,t}$。前文将 $\bar{r}_{s,t}$ 定义为 A 股市场所有股票的等权重加权收益，即假设投资者以市场中所有股票为情境评估个股收益的突出程度。同时，使用等权重市场组合作为比较情境能够满足突出权重函数的可排序性、敏感度递减性、反射性和凸性四个特性。作为稳健性检验，本小节首先改变市场股票组合的权重构造方法，即以流通市值加权代替等权重计算市场股票组合的平均收益 $\bar{r}_{s,t}$，并重新对基准模型进行 Fama-MacBeth 回归，回归结果报告于表 5-8 的列（1）。列（1）中 $ST_{i,t}$ 的系数为 -0.0048，且其数量级与表 5-6 列（6）中的 $ST_{i,t}$ 系数相当，并同样在 1% 的水平上显著，表明将用以对比的情境从等权重市场股票组合变换为流通市值加权股票组合并未对前文实证结论造成明显影响。

其次，Barberis 和 Shleifer（2003）指出，投资者存在所谓的类别偏好，通过将个股进行分类以简化其决策过程。其中，行业是投资者最常用的股票分类基准。因此，本小节也尝试以个股所属的行业收益作为判断个股突出程度的情境。具体而言，本小节按照证监会 2012 年行业分类标准将样本公司分为 19 个行业门类。制造业上市公司在样本公司中的占比超过 50%，且制造业公司的行业内差异依然明显，因此，本章将制造业样本公司进一步细分为 31 个一级行业大类。随后，本章分别将 $\bar{r}_{s,t}$ 定义为个股对应行业股票组合的等权重或流通市值加权收益，进而计算个股的突出理论价值。表 5-8 列（2）和列（3）报告了基于这一突出理论价值的回归结果，$ST_{i,t}$ 的系数依然在 1% 的水平上显著为负，且其大小与表 5-6 中的结果并无明显差异，再次验证了前文实证结论的稳健性。

再次，笔者还尝试将 $\bar{r}_{s,t}$ 定义为市场中的无风险收益率，对应投资者在股票这一风险资产和无风险资产之间进行选择的情境。表 5-8 列（4）给出了以无风险收益率为情境计算个股收益突出理论价值时基准模型的回归结果。列（4）中 $ST_{i,t}$ 的系数降低到 -0.0029，表明在以无风险收益率为对比情境时个股收益的突出理论价值对其未来收益率的影响有所减弱，但这一影响依然具有统计意义上的显著性，$ST_{i,t}$ 的 t 值为 -2.19，对应 5% 的显著性水平。

最后，笔者检验了以投资者不做任何投资作为情境时个股收益的突出程度是否依然对其未来收益率存在显著影响。此时，个股收益率的突出程度仅取决于其收益的绝对大小，即有 $\sigma(r_{is}) = |r_{is}|$。表 5-8 列（5）给出了基于这一突出函数计算个股突出理论价值时得到的基准模型回归结果。此时 $ST_{i,t}$ 的系数依然为负，但 t 值为 -1.00，不再具有统计意义上的显著性。

表 5-8 的实证结果表明，首先，个股的突出理论价值对其下月收益率的负向影响在多种情境下均显著存在，从而验证了这一负向影响的稳健性；其次，以无风险收益率作为对比情境时，前述负向影响的大小和显著性有所削弱，表明投资者在个股之间进行选择时，更在意其收益与其他股票收益的差异，而非将其与无风险资产混为一谈；最后，当剥离市场情境孤立地度量个股收益的突出程度时，前述负向影响不再显著，这一结果凸显了情境依赖假定在突出理论

中的必要性，也在一定程度上支撑了突出理论框架的合理性。

表 5-8 稳健性检验：替换市场情境

	(1) $MRet_{i,t+1}$	(2) $MRet_{i,t+1}$	(3) $MRet_{i,t+1}$	(4) $MRet_{i,t+1}$	(5) $MRet_{i,t+1}$
$ST_{i,t}$	-0.0048*** (-7.79)	-0.0045*** (-7.05)	-0.0052*** (-7.14)	-0.0029** (-2.19)	-0.0010 (-1.00)
控制变量	Yes	Yes	Yes	Yes	Yes
观测数	340603	340603	340603	340603	340603
调整的 R^2	0.109	0.108	0.108	0.107	0.107
F 值	18.21	16.88	14.99	10.78	11.10

（三）子样本回归

前文以 2000—2019 年为样本期验证了 A 股市场个股的突出理论价值对其下月收益率的负向影响。为了检验这一影响是否在不同样本时期依然稳健，本小节将前文样本公司分为两段，即 2000—2009 年和 2010—2019 年，并利用两个子样本重新检验了 $ST_{i,t}$ 对 $MRet_{i,t+1}$ 的影响。以 2010 年为界限的原因在于，A 股市场自 2010 年 3 月开始试点融资融券业务，即允许对部分股票进行卖空。前文的基本实证结论是，投资者在股票投资决策中，非理性地给予股票的突出收益部分更高的决策权重，造成股价在当期被错误定价，而在未来回归其内在价值，从而使个股的突出理论价值与其未来收益出现负向相关。而存在卖空限制是股票错误定价无法被及时纠正的重要原因。因此，有必要进一步检验前文所发现的负向相关关系在 2010 年 A 股市场试点引入融券这一卖空制度后是否依然存在。

表 5-9 中 Panel A 和 Panel B 分别报告了两个子样本的回归结果。表 5-9 中列（1）到列（4）中，分别以等权重市场股票组合、流通市值加权市场股票组合、等权重行业股票组合、流通市值加权行业股票组合为情境计算个股的突出理论价值 $ST_{i,t}$。如表 5-9 所示，在两段子样本以及所有回归设定中，$ST_{i,t}$ 的系数均在 1% 的水平下显著为负，且其系数的大小与表 5-6 中的结果无明显

差异。这些结果表明,前文实证结论对样本期的选择并不敏感,因而是稳健的。

表 5-9 子样本回归

	Panel A 子样本一:2000—2009 年			
	(1) $MRet_{i,t+1}$	(2) $MRet_{i,t+1}$	(3) $MRet_{i,t+1}$	(4) $MRet_{i,t+1}$
$ST_{i,t}$	-0.0054*** (-4.95)	-0.0049*** (-5.71)	-0.0041*** (-4.56)	-0.0047*** (-4.27)
控制变量	Yes	Yes	Yes	Yes
观测数	110160	110160	110160	110160
调整的 R^2	0.131	0.131	0.130	0.131
F 值	7.0724	8.1983	7.6902	6.5849
	Panel B 子样本二:2010—2019 年			
	(1) $MRet_{i,t+1}$	(2) $MRet_{i,t+1}$	(3) $MRet_{i,t+1}$	(4) $MRet_{i,t+1}$
$ST_{i,t}$	-0.0056*** (-5.90)	-0.0047*** (-5.53)	-0.0050*** (-5.56)	-0.0059*** (-6.21)
控制变量	Yes	Yes	Yes	Yes
观测数	230514	230514	230514	230514
调整的 R^2	0.087	0.088	0.087	0.087
F 值	11.93	16.88	15.23	12.30

五 其他可能解释

(一)反转效应

前文发现个股的突出理论价值与其下月收益率之间存在稳健的负向关系,然而,突出理论是否是这一负向关系的唯一合理解释,依然存在一定的疑问。本小节尝试梳理这一负向关系的其他可能解释,并尝试设计实证检验将这些解释与突出理论进行区分。第一个可能的其他解释是股票收益的短期反转效应,投资者对过去的股票价值或收益信息反应过度(Greenwood & Shleifer,2014),这一过度反应对当期股价的影响在下一期反转,从而可能导致当期收益更高

（低）即突出理论价值高（低）的股票随后的收益率反而更低（高）。事实上，刘博和皮天雷（2007），鲁臻和邹恒甫（2007），田利辉、王冠英和谭德凯（2014）等多份实证研究均证实了股价短期反转效应在 A 股市场上的存在性。

然而，短期反转效应是股票未来收益相较其历史收益水平的反转，而从个股突出理论价值指标的构建过程来看，这一价值不取决于个股的历史收益水平，而是取决于其收益的分布特征，以及其收益与用以作为比较情境的其他可得收益均值的差异。换言之，即使两只股票在 t 月有着同样的收益率，若该月二者的日收益率相较于市场收益的突出程度不同，二者可能有着迥异的突出理论价值。从这一角度来说，突出理论价值对股票收益的影响并不会是短期股价反转效应的一种表现形式。同时，前文实证研究加入了个股 $t-1$ 月的收益，以控制这一潜在的短期股价反转效应，此时个股突出理论价值对个股未来收益的负向影响依然显著，同样不支持该影响源自短期股价反转效应的理论预期。

从学术严谨性的角度，依然有必要通过进一步的实证研究排除短期股价反转效应对本章实证结论的潜在解释能力。由于反转效应持续时间通常较短（如 1 个月），本章通过将个股突出理论价值的构造期向后延长来排除反转效应与突出效应重叠的可能。更具体而言，本章尝试分别以 t 月前 1 个月、3 个月、6 个月、9 个月和 12 个月的日收益数据构造个股的突出理论价值，进而检验这些指标对个股 $t+1$ 月收益率的预测作用。表 5-10 给出了相应的实证回归结果，尽管在新的构造期下，$ST_{i,t}$ 的系数绝对大小从表 5-6 中的 0.5 左右降低到表 5-10 中的 0.2 左右，但这些系数的 t 值在 -5.55 和 -3.37 之间，依然始终在 1% 的水平下显著。这些结果进一步表明，个股突出理论价值对其未来收益的负向影响并不是短期股价反转效应的一种表现形式，突出理论对这一影响具有显著的边际解释能力。

表 5-10　　　　　　　　其他可能解释：反转效应

$ST_{i,t}$的构造期	(1)	(2)	(3)	(4)	(5)
	$[t-1]$	$[t-3, t-1]$	$[t-6, t-1]$	$[t-9, t-1]$	$[t-12, t-1]$
$ST_{i,t}$	-0.0025*** (-5.55)	-0.0020*** (-5.54)	-0.0022*** (-5.55)	-0.0024*** (-5.42)	-0.0018*** (-3.37)
控制变量	Yes	Yes	Yes	Yes	Yes
观测数	339464	339464	339464	339464	339464
调整的 R^2	0.110	0.109	0.109	0.110	0.110
F 值	14.62	14.94	15.06	14.64	13.40

（二）注意力驱动交易

如本章引言所述，多数已有研究从注意力驱动交易行为的视角，考虑投资者的注意力有限特征对股票定价过程的影响，并得到了与这一影响机制相符的实证证据。突出理论与注意力驱动交易理论一样，以投资者存在注意力约束为基本假设。在某种程度上，注意力驱动交易理论也能够解释个股突出理论价值与个股未来收益之间的负向相关关系。具有突出正向收益的个股吸引投资者的注意，投资者净买入这些个股，在当期推高个股的价格，而导致其下期收益反而更小。然而，注意力驱动交易理论认为，极端的负向收益与正向收益一样能够吸引投资者的高度关注（Barber & Odean, 2008），因此，投资者也会净买入那些有着突出负向收益的个股，使此类个股的未来收益率也会相对更低。这一理论预期显然与本书的实证研究结果相悖，个股的负向收益越突出，其突出理论价值越低，而突出理论价值与个股未来收益的负向关联意味着此类个股的未来收益率相对更高，而非更低。这一结果意味着本章的实证结论并不能为注意力驱动交易行为所解释。

本小节也尝试通过进一步的实证检验来区分注意力驱动交易和突出理论的不同影响。首先，如前文所述，注意力驱动交易假说和突出理论假说对于个股当前的负向突出收益如何影响其未来收益存在方向上的差异。基于这一差异，笔者参照 Cosemans 和 Frehen （2021）

的方法，将个股的突出理论价值分为正向（$STPOS_{i,t}$）和负向（$STNEG_{i,t}$）两个部分，来分别检验其对个股未来收益的影响。具体而言，当个股突出理论价值（$ST_{i,t}$）为正时，$STPOS_{i,t}$等于$ST_{i,t}$，否则$STPOS_{i,t}$取0；当个股突出理论价值为负时，$STNEG_{i,t}$等于 -1 乘以$ST_{i,t}$，否则$STNEG_{i,t}$取0，$STNEG_{i,t}$值越高，意味着t月个股i的负向收益越突出。随后，将$STPOS_{i,t}$和$STNEG_{i,t}$置入基准模型进行Fama-MacBeth回归。注意力驱动交易假说预期$STNEG_{i,t}$的系数显著为负，而突出理论预期其显著为正。表5-11列（1）到列（2）给出了以$STPOS_{i,t}$和$STNEG_{i,t}$为主要解释变量的回归结果，在列（1）和列（2）中，$STNEG_{i,t}$的系数均显著为正，表明负向收益突出的个股下一个月能够获得更高的收益，符合突出理论的预期，而与注意力驱动交易假说相悖。

其次，本书通过检验突出理论价值对个股收益率的影响在个股横截面上的差异，来进一步区分注意力驱动交易和突出理论的不同影响。注意力驱动交易理论认为投资者净买入高关注度个股的原因在于他们因注意力约束而难以决定在成千上万的股票中选择买入哪些股票，而高关注度个股吸引他们的注意力，进而进入他们的股票选择集。同时，投资者因通常仅持有少数几种股票，而在卖出股票时并不存在类似的选择困难，这一买卖过程中的非对称注意力约束导致其净买入高关注度个股。因此，如果这一行为导致了个股突出理论价值与其未来收益的负向关联，则对于那些已经得到投资者高度关注的个股来说，其突出收益进一步吸引投资者关注的边际效果减弱，前述负向关联因而应当在这些个股中显著更弱。

笔者从公司规模、历史最大日收益和历史突出理论价值等视角度量个股在市场中以往的受关注程度，进而对前述理论预期进行了检验。公司规模越大，曾经取得过的最大日收益率越高，越容易得到投资者的关注，而根据定义，突出理论价值高的公司显然也是更受投资者关注的公司。据此，本章定义$DSize_{i,t-1}$、$DMAX_{i,t-1}$和$DST_{i,t-1}$三个虚拟变量，如果在$t-1$月公司i的月末流通市值高于样本中位数，则 $DSize_{i,t-1}$ 等于 1，否则 $DSize_{i,t-1}$ 等于 0；如果在 $t-1$ 月个股 i 前 5 个最大日收益率之和高于样本中位数，则 $DMAX_{i,t-1}$ 等于 1，否则 $DMAX_{i,t-1}$ 等于 0；最后，如果在 $t-1$ 月个股 i 的突出理论价值高于样本中位数，则 $DST_{i,t-1}$ 等于 1，否则 $DST_{i,t-1}$ 等于 0。

笔者随后构造了上述 3 个虚拟变量与 $ST_{i,t}$ 的交叉项，并将其加入回归模型。根据注意力驱动交易假说，若 $DSize_{i,t-1}$、$DMAX_{i,t-1}$ 或 $DST_{i,t-1}$ 等于 1，表明个股 i 在 $t-1$ 月已经受到投资者高度关注并进入他们的股票选择集，当这些个股又在 t 月出现突出收益时，这些收益为个股带来的边际关注程度应当相对更弱。因此，如果个股突出理论价值对其未来收益的负向影响来自投资者的注意力驱动交易行为，则这一影响在已经在 $t-1$ 月得到投资者高度关注的个股中应当显著更弱，即 $DSize_{i,t-1}$、$DMAX_{i,t-1}$ 或 $DST_{i,t-1}$ 与 $ST_{i,t}$ 的交叉项系数应当显著为正。

表 5-11 列（3）至列（5）给出了将这些交叉项置入回归后的回归结果，与注意力驱动交易理论的预期相反，$DSize_{i,t-1}$、$DMAX_{i,t-1}$ 或 $DST_{i,t-1}$ 与 $ST_{i,t}$ 的交叉项系数均显著为负，而非为正，这意味着当那些已经受到市场高度关注的个股表现出突出的收益时，这些突出收益对其未来收益的负向影响显著更强。对这一现象的合理解释是，投资者的确会因为公司过去的规模大、最大日收益和突出理论价值高而更加关注这些公司，但并不会简单地因关注而买入这些公司的股票，而是根据这些股票的当期突出理论价值决定对其看多还是看空。因此，这一结果与注意力驱动交易理论相悖，而符合突出理论的预期。以 $DST_{i,t-1}$ 与 $ST_{i,t}$ 的交叉项为例，若 $t-1$ 期股票 i 存在正向突出收益因而突出理论价值较高，投资者会给予其更多的关注，当投资者观察到股票 i 在 t 月再度出现正向突出收益时，会强化他们对于这些突出收益在未来再次出现的信心，因而给予这些突出收益更高的决策权重，从而使个股突出理论价值对其未来收益的影响在这些股票中更为显著。

总体而言，表 5-11 的结果与注意力驱动交易假说相悖，而符合突出理论的预期,这再度支撑了这一理论对 A 股市场个股收益横截面差异的边际解释能力。

表 5–11　　其他可能解释:注意力驱动交易

	(1) $MRet_{i,t+1}$	(2) $MRet_{i,t+1}$	(3) $MRet_{i,t+1}$	(4) $MRet_{i,t+1}$	(5) $MRet_{i,t+1}$
$ST_{i,t}$			-0.0044*** (-5.46)	-0.0039*** (-3.96)	-0.0045*** (-5.80)
$STNEG_{i,t}$	0.0030*** (3.57)	0.0042*** (4.95)			
$STPOS_{i,t}$		-0.0072*** (-7.02)			
$ST_{i,t} \times LDSize_{i,t}$			-0.0018*** (-4.26)		
$ST_{i,t} \times LDST_{i,t}$				-0.0022*** (-5.44)	
$ST_{i,t} \times LDMAX_{i,t}$					-0.0015*** (-3.01)
$LDSize_{i,t}$			-0.0031*** (-3.61)		
$LDST_{i,t}$				-0.0028*** (-4.34)	
$LDMAX_{i,t}$					-0.0005 (-0.58)
控制变量	Yes	Yes	Yes	Yes	Yes
观测数	339516	339516	339516	340674	340674
调整的 R^2	0.112	0.113	0.113	0.108	0.110
F 值	17.3674	13.8451	14.0409	9.7786	13.7550

六　进一步分析

(一)套利限制的影响

前文研究发现个股的突出理论价值与其未来收益之间存在稳健的负向关联,本小节进一步分析这一负向关联的横截面差异和时变特征。首先,笔者探讨个股所面临的套利限制对这一负向关联的潜在影响。存在套利限制是股票错误定价无法被及时纠正的重要原因，因此，对个股进行无风险套利的难度越大，投资者因过度关注个股收益的突出部分而造成个股被错误定价进而影响其随后市场收益的效应应当越强。

为了检验这一预期，笔者从公司规模、非流动性、异质波动率、机构投资者持股比例和分析师覆盖度5个方面度量对个股进行套利的难易程度。Brandt 等（2010）指出，对规模小、股票流动性差的上市公司进行套利所面临的成本和风险更高，Stambaugh 等（2015）认为，异质波动率更高的股票更难以进行套利。此外，机构投资者是主要的市场套利者，机构投资者持股比例越低，意味着对公司进行套利的力量越弱；分析师对公司的跟踪分析有助于提高公司信息的透明度，跟踪公司的分析师越少，意味着公司信息越不透明，套利的风险和难度因而越高。

本小节中公司规模（$Size$）和非流动性指标（ILL）与本章前文的定义相同，异质波动率（IV）为 t 月个股 i 日收益率与 Fama-French 三因子回归残差的标准差，机构持股比例（IO）为机构投资者持有样本公司可流通 A 股的比例，分析师覆盖度为过去 12 个月分析师对公司发布的研报数加 1 后取对数。在表 5-12 中，笔者将上述 5 个指标及其与 $ST_{i,t}$ 的交叉项置入回归，并报告了相应的 Fama-MacBeth 回归结果。公司规模、机构持股比例以及分析师跟踪度与 $ST_{i,t}$ 的交叉项系数显著为正，而异质波动率、非流动性与 $ST_{i,t}$ 的交叉项系数显著为负，与前文的预期相一致，对个股套利的难度越大，个股突出理论价值与其未来收益的负向关联越强。

表 5-12　　　　　　　套利限制的影响

	(1) $MRet_{i,t+1}$	(2) $MRet_{i,t+1}$	(3) $MRet_{i,t+1}$	(4) $MRet_{i,t+1}$
$ST_{i,t}$	-0.0067*** (-8.14)	-0.0022* (-1.90)	-0.0098* (-1.76)	-0.0072*** (-9.32)

续表

	(1) $MRet_{i,t+1}$	(2) $MRet_{i,t+1}$	(3) $MRet_{i,t+1}$	(4) $MRet_{i,t+1}$
$Size_{i,t} \times ST_{i,t}$	0.0016*** (4.45)			
$IV_{i,t} \times ST_{i,t}$		-0.1649*** (-3.61)		
$NIO_{i,t} \times ST_{i,t}$			-0.4683* (-1.89)	
$DAna_{i,t} \times ST_{i,t}$				0.0040*** (5.80)
$NIO_{i,t}$			2.4700*** (5.35)	
$DAna_{i,t}$				0.0111*** (8.80)
控制变量	Yes	Yes	Yes	Yes
观测数	340579	340579	316350	326327
调整的 R^2	0.110	0.111	0.145	0.114
F 值	13.0819	13.1800	7.9423	24.3627

(二) 投资者情绪的影响

在检验了个股突出理论价值对其未来收益影响的横截面差异后，本小节进一步从投资者情绪的角度，检验这一影响潜在的时变特征。有丰富的研究表明，在市场情绪高涨时，投资者的非理性程度更高，其行为或心理偏差引起的股票错误定价程度明显更强（Stambaugh et al., 2012; Antoniou et al., 2016）。基于这一思路，笔者预期突出效应应当在市场情绪高涨时更强。

本章以 CSMAR 数据库中的 CICSI 情绪指数度量 A 股市场情绪的高低。CICSI 情绪指数由 CSMAR 参照 Baker 和 Wurgler（2006）、易志高和茅宁（2009）的综合情绪构造思路，通过主成分分析法提取基金折价率、上月交易量、IPO 个数、IPO 首日收益、上月新增投资者开户数、消费者信心指数等单个情绪变量的共同因子后构造而成，已在国内相关研究中得到广泛认可和应用（徐浩萍和杨国超，2013；宋顺林和唐斯圆，2016）。根据 CICSI 情绪指数值是否超过该指数在本章样本期的中位数，本章将样本期分为市场情绪高和市场情绪低的两段。随后分别在两段子样本期内，重复了前文表 5-4 的单变量分组分析，即将样本股票按照当月突出理论价值从低到高分为 1—5 组，进而对比高突出理论价值和低突出理论价值股票组合下一个月的收益率差异，对比分析结果如表 5-13 所示。

表 5-13 上半部分给出了各组别股票组合的原始收益率，下半部分分别对高 ST 值和低 ST 值股票组合的原始收益、CAPM 模型 alpha、Fama-French 三因子 alpha、Carhart 四因子 alpha 和 Fama-French 五因子 alpha 差异进行了对比，其中 Panel A 和 Panel B 中分别以等权重和流通市值加权的方法计算各股票组合的平均（超额）收益。如表 5-13 所示，无论在市场情绪高涨还是低落的时期、无论对比原始收益还是风险调整超额收益，高 ST 值股票组合下一个月的收益都要显著小于低 ST 值股票组合，再次支撑了本章关于个股突出理论价值显著负向影响其未来收益的理论预期。同时，在高情绪时期，两个股票组合的收益差异相对而言更高。以 Panel A 为例，在市场情绪高涨期，高 ST 值与低 ST 值股票组合的等权重五因子 alpha 差异为 -0.0147，而在市场情绪低迷期，这一差异为 -0.0073，两者的差异为 -0.0074，且在 1% 的水平下显著；在表 5-13 的其他行中也能够得到类似的结果。这些结果表明，如前文所预期的那样，在市场情绪高涨时期，投资者非理性程度更强，更容易受到个股收益突出程度的影响，此时个股 ST 值对其未来收益的负向影响更显著。

表 5-13　　按市场情绪与突出理论价值分组的股票组合收益

组别	Panel A 等权重组合			Panel B 流通市值加权组合		
	情绪高	情绪低	高-低	情绪高	情绪低	高-低
低 ST	0.0187	0.0169	-0.0033	0.0141	0.0155	-0.0024
2	0.0173	0.0178	-0.0005	0.014	0.0142	-0.0002

续表

组别		Panel A 等权重组合			Panel B 流通市值加权组合		
		情绪高	情绪低	高-低	情绪高	情绪低	高-低
3		0.0154	0.0146	0.0008	0.0127	0.0108	0.0019
4		0.0121	0.0130	0.0011	0.0113	0.0075	0.0038
高 ST		0.0034	0.0076	-0.0014	0.0030	0.0067	-0.0021
高-低	原始收益	-0.0153*** (-5.93)	-0.0093*** (-3.01)	-0.0060** (-2.07)	-0.0111*** (-4.23)	-0.0088*** (-2.89)	-0.0023 (-1.14)
	CAPM alpha	-0.0152*** (-5.87)	-0.0089*** (-2.89)	-0.0063** (-2.24)	-0.0118*** (-4.51)	-0.0073*** (-2.59)	-0.0045** (-2.02)
高-低	三因子 alpha	-0.0157*** (-6.31)	-0.0070** (-2.55)	-0.0087*** (-2.80)	-0.0117*** (-4.62)	-0.0070** (-2.50)	-0.0047** (-2.09)
	四因子 alpha	-0.0157*** (-6.35)	-0.0065** (-2.32)	-0.0092*** (-2.96)	-0.0116*** (-4.58)	-0.0082*** (-2.74)	-0.0034* (-1.79)
	五因子 alpha	-0.0147*** (-5.48)	-0.0073*** (-2.63)	-0.0074*** (-2.65)	-0.0108*** (-4.09)	-0.0071** (-2.53)	-0.0037* (-1.88)

第四节　本章小结

一　研究结论

Bordalo 等（2012）基于投资者在进行风险决策时面临注意力约束和表现出情境依赖这两大假设，提出所谓的"突出理论"，预期个体因在决策时给予个股的突出收益过高的权重，从而追捧（看空）以往存在突出正向（负向）收益的个股，使这些个股随后的收益率反而更低（高）。本章以 2000—2019 年 A 股上市公司股票为样本，实证验证了这一理论预期。本章的 Fama-MacBeth 回归结果表明，个股当月的突出理论价值与其下月的收益率显著负向相关，在控制个股的前景理论价值、最大和最小日收益效应、偏度特征以及其他风险特征后，个股突出理论价值每增加 1 个标准差，其下月收益率下降 0.47%，约为样本期内个股月平均收益率的 42%。

在改变用以计算突出理论价值的突出权重函数参数设定、改变用以判断个股收益是否突出的情境，或是以 A 股市场是否实施融资融券制度为界进行分样本回归时，个股突出理论价值对其未来收益率的负向影响依然稳健，且这一负向影响无法为短期股价反转效应所解释。进一步研究表明，前述负向影响在那些以往更受关注的个股中显著更强；同时，当个股的突出理论价值为负，即存在负向突出收益时，个股未来的收益率显著更高。这些结果与注意力驱动交易理论的预期相悖，而符合突出理论的预期，高关注度使个股进入投资者的选择集，但其收益的突出程度决定了投资者随后对其看多还是看空。

本章检验了个股的突出理论价值对其未来收益的负向影响的横截面差异和时变特征。本章发现，这一负向影响在规模小、股票非流动性高、异质波动率高、机构持股比例低和分析师覆盖度低，即更难套利的个股中显著更强，且在市场情绪高涨时更强，符合投资者因非理性地给予那些更为突出的股票收益更高决策权重，从而造成个股被错误定价的理论解释。

二 研究贡献

本章研究内容可能存在以下贡献。

首先，本章以 A 股市场这一全球最大的新兴市场为研究对象，为 Bordalo 等（2012）的突出理论提供了新的实证证据。突出理论为理解个体的风险决策过程提供了一个崭新的理论框架，其相较于传统的决策论，以及行为金融学的基石理论——前景理论有着独特的优势，例如能够解释决策论中的重要谜题之一"阿莱悖论"，无须像前景理论那样依赖于一个特定的价值函数，就可以解释个体风险偏好态度因情境而动态转换的现象。同时，本章实证研究结果也发现，前景理论对 A 股市场个股收益率的横截面差异并不存在直接的解释能力。因此，本章在 A 股市场验证了突出理论的适用性，既有助于在广义上丰富学术界对个体风险决策过程的理解，也有助于在狭义上深化对 A 股市场股票收益影响因素的探讨。

其次，本章通过检验突出理论，进一步深化了对投资者的注意力约束如何影响股票定价过程的理解，从而丰富投资者关注领域的研究。已有研究大多从影响市场信息扩散效率和诱发注意力驱动交易行为两个视角，探讨注意力约束对股票价格或收益率的潜在影响。本章研究并未涉及市场信息的扩散过程，且研究结果与注意力驱动交易理论的预期相悖，例如，拥有负向突出收益的个股未来的收益率显著更高而非更低以及个股突出理论价值对未来收益的负向影响在那些已经受到投资者高度关注的个股中显著更强而非更弱，等等。相反，这些结果符合突出理论的预期，在验证突出理论在 A 股市场适用性的同时，也为未来研究注意力约束对股票等风险资产定价过程的影响提供了新的视角和思路。

最后，本章内容有助于丰富学术界对事件突出属性的重要经济影响的研究。关于事件的突出属性如何影响个体行为决策的研究在过去几年中迅猛增长，在理论模型方面，Bordalo 等已经将突出理论从风险决策拓展到资产定价（Bordalo et al.，2013a）、消费决策（Bordalo et al.，2013b）和法律判决（Bordalo et al.，2015）等广泛领域，在实证研究中，已有研究表明事件的"突出性"对公司税务策略（Chetty et al.，2009）、盈余公告市场反应（Huang et al.，2018）、公司现金持有水平（Dessaint & Matray，2017）、共同基金资产组合结构（Alok et al.，2020），以及个人投资者的交易模式（Frydman & Wang，2020）均存在显著影响。本章则首次以 A 股市场为对象，检验了个股当期收益的突出性对其未来收益的预测作用，有助于引起学者特别是国内学者对这一领域研究的更多关注。

第 六 章

个人投资者关注与股价崩盘风险

　　股票价格的突然大幅下降,即所谓的股价崩盘事件同时受到学者、投资者和监管者的高度关注。已有研究主要基于 Jim 和 Myers（2006）的利空信息隐藏理论（Bad News Hoarding）解释股价崩盘风险。该理论指出,管理者在股权薪酬激励下,或是出于职位更替的担忧,存在隐藏公司利空信息的倾向,导致公司坏消息在公司内部累积。当这些消息累积到临界值时,管理者无力或是不愿意继续隐藏此类信息,先前累积的利空消息瞬时涌入市场,导致股票价格大幅下降,即崩盘。基于这一思路,已有研究从公司财务报告透明度、管理者信息披露行为、公司内外部治理机制等公司层面入手研究了股票崩盘风险的影响因素。然而,直接参与股票交易与定价的外部投资者的行为模式如何影响个股信息的市场扩散过程与崩盘风险,还较少得到关注。与此同时,关于投资者关注领域的研究表明,由于注意力约束,在海量的市场信息面前,投资者只会选择性地关注市场信息,特别是个股层面信息（Peng & Xiong, 2006）,对个股利空信息的关注不足可能导致公司利空信息在市场中的累积和集中爆发,进而导致崩盘风险。同时,在面临注意力约束时,信息的披露时机与披露形式影响投资者对信息的关注程度,因此,管理者可以通过对披露时机与形式的主动选择,影响利空信息为投资者关注和理解的程度（Hirshleifer & Teoh, 2003）,进而达到隐藏利空信息的目的。概括而言,投资者注意力有限的特征可能响股票价格吸收整合利空信息的过程，进而影响股票价格的崩盘风险。然而，国内外已有研究都尚未将投资者关注与股价崩盘风险直接关联起来。本章就是针对这一研究缺失，试图检验投资者对股票关注程度与股票崩盘风险之间的关联以及这一关联背后的机理，为理解和防范个股崩盘风险提供有益借鉴。

具体而言，本章的研究意义包括：第一，在学术上，2008年国际金融危机后，理解股票市场崩盘风险的影响因素在全球范围内成为金融领域的学术研究热点。已有研究主要基于管理者隐藏利空信息假说，从公司财务报告透明度、管理者信息披露行为、公司内外部治理机制等公司层面着手研究。本章基于投资者注意力有限的特征，检验投资者自身行为模式对股价崩盘风险的影响，有助于理解市场吸收整合信息和投资者投资决策的真实过程，揭示投资者的注意力约束影响市场信息扩散与股价崩盘风险的内在机理，以及管理者利用这一机理隐藏利空信息的渠道、手段和经济结果，从而在拓展投资者有限关注领域研究的同时，丰富和深化对股票价格崩盘风险的理解。

第二，在股票市场投资实务中，股价崩盘风险对一国股票市场总体股权溢价水平（Equity Primium）有着较好的解释能力（Gabaix, 2012），也是个股收益率横截面差异的重要影响因素（Conrad et al., 2013），还直接影响对应股票期权的价值（Kim & Zhang, 2014）。因此，在投资实务中，股价崩盘风险具有重要的经济后果，对于通常集中持有少数个股的个人投资者而言尤其如此。在当前信息爆炸式增长的社会，投资者不可避免地面临注意力的约束和对市场信息关注的取舍。本章拟从投资者注意力有限的角度理解股价崩盘风险，有助于为投资者更好地权衡投资风险收益关系、改善注意力配置和股票投资策略，提供有益的参考借鉴。

第三，在监管层面，股票市场崩盘造成投资者财富的极大损失和资本市场信心的丧失，破坏金融市场稳定，进而危及实体经济，并具有极强的传染效应，成为各国资本市场监管者的重点关注问题。

作为新兴市场，我国 A 股市场暴跌事件频发，防范股票市场崩盘、维持我国金融稳定已成为当前我国证券与金融监管部门的重要任务。与发达国家相比，我国 A 股市场个人投资者众多。而已有研究表明，个人投资者的信息获取与投资行为更加容易受到注意力约束的影响（Barber & Odean，2008）。因此，本章考察注意力约束对投资者投资决策及其对股票价格崩盘风险的影响，有助于为监管部门防范股价崩盘风险、促进 A 股市场健康平稳发展、维护我国金融稳定提供理论与实证依据。

第一节　个股股价崩盘诱因分析

一　股价崩盘风险的理论解释

在统计上，股价暴跌或崩盘风险表现为股票收益率分布的负偏现象（Chen et al.，2001），即极端负向收益率相较于极端正向收益率的发生频率更高。已有研究主要从资产定价和公司财务两个角度对这一收益率负偏现象进行解释。在资产定价方面，Christie（1982）最早提出股价崩盘的杠杆效应理论，认为股票价格的下跌导致公司运营和财务杠杆的上升，进而加剧随后公司股票收益率的波动。但实证结果表明杠杆效应并不足以解释股票收益率的负偏程度，同时，短期股价下跌也很难立刻引起公司杠杆程度的变动进而影响公司随后的股票收益率分布。Campbell 和 Hentschel（1992）则提出波动率反馈理论，认为大的价格异动导致投资者重新评估市场波动水平，并提升对股票风险溢价水平的期望。风险溢价水平的增加降低了股票均衡价格，强化坏消息的影响，抵消好消息的影响，从而造成收益率的负偏现象。但短期的股价波动能否对市场风险溢价水平造成实质性的显著影响在实证研究中尚且存疑。Cao 等（2002）提出"信息堵塞"模型，上升的价格趋势使持有利好私人信息的知情交易者入场交易，相反使持有利空私人信息的知情交易者对自身信息的正确程度产生怀疑，推迟自身交易直至股票价格回落。如果股票的真实经济前景并不如意，当股价回落，持有利空私人信息的知情交易者入场时，会带来股票价格的更大下跌，造成股票收益率的负偏现象。Hong 和 Stein（2003）则将股价崩盘风险归因于投资者的异质信念。当投资者对公司价值存在不同看法即存在异质信念时，由于卖空约束，不看好公司的投资者无法通过卖空交易将其看空信念反映到公司股价之中。当利空信息最终到达市场时，与原来对公司持看空信念的投资者所掌握的坏消息相叠加，导致股票价格的突然崩盘。

Chen 等（2001）以去趋势的换手率作为投资者异质信念的度量指标，发现异质信念与个股收益率的负偏程度如 Hong 和 Stein（2003）预期的那样，存在经济和统计意义上的显著正向关联。陈国进和张贻均（2009）在 A 股市场上得到了相似的结论，我国投资者的异质信念程度越大，市场（个股）发生暴跌的可能性越大。

在公司财务的角度，Jim 和 Myers（2006）提出隐藏利空消息理论，并得到了实证研究的广泛支持。Jim 和 Myers（2006）认为，出于自身事业发展和短期薪酬激励的原因，管理者倾向于向投资者隐瞒公司利空信息，当利空信息累积到管理者无力继续隐瞒的临界水平，大量利空信息在市场中同时引爆造成股价的突然崩盘。基于 40 个国家股票市场的实证研究，Jim 和 Myers（2006）进一步指出，公司不透明的信息环境为管理者隐藏利空信息提供了便利，信息越不透明的公司的股价崩盘频率越高。Kothari 等（2009）提供了管理者隐藏利空信息的实证证据，发现股票市场对利空信息的反应显著强于利多信息。Hutton 等（2009）以应计盈余管理作为公司不透明程度的度量指标，发现越不透明的公司，个股收益与市场收益同涨共跌的程度更大，表明个股股价中的公司特质信息含量越少。同时，越不透明的公司越可能发生股价崩盘事件。这些结果与 Jim 和 Myers（2006）的理论预测完全相符。Francis 等（2016）以真实盈余管理活动度量公司不透明程度，得到了类似的结论。在 Jim 和 Myers（2006）

和 Hutton 等（2009）之后，已有研究基于隐藏利空消息理论，从公司信息披露、管理者特征与激励、公司治理机制以及非正式的外部制度安排四个方面，对股价崩盘风险的影响因素进行了实证研究。

二 个人投资者关注影响股价崩盘风险的理论分析

前文文献梳理表明，已有研究主要基于 Jim 和 Myers（2006）的隐藏信息假说，研究公司内外部治理、监管以及社会规范对公司管理者隐藏信息行为与股价崩盘风险的影响。而在投资者行为决策模式的影响方面，仅有 Hong 和 Stein（2003）提出的异质信念假说得到了一定的关注，几乎还没有学者将股价崩盘风险与投资者有限关注的特征关联起来。而已有研究表明，投资者注意力有限的特征至少可能在以下四个方面影响坏消息的扩散过程，进而影响股价崩盘风险。第一，在面临注意力约束时，投资者会存在类别学习行为，优先关注市场和行业层面信息，相对忽视个股特质信息，表现为个股收益与市场收益变动的高度同步（Peng & Xiong，2006）。而 Jim 和 Myers（2006）指出，个股股价中特质信息的减少与股价崩盘风险存在直接的正向关联。第二，Da 等（2014）提出的"温水煮青蛙"理论指出，注意力有限的投资者只会对信息强度超过一定阈值的信息做出及时反应，相反忽视强度低于阈值的信息。这一特征可能造成投资者忽略公司基本面状况的细微负面变动，这些负面因素的累积可能导致股价无预兆的崩盘。第三，Hong 等（2000）指出，投资者的注意力有限不仅造成公司特质信息只能在市场中缓慢扩散，还会使投资者优先关注市场中的利好信息，相对忽视利空信息。投资者对利好利空信息关注程度的不对称性，显然也会造成股票收益率分布的不对称性。对利空信息的更不关注意味着对利空信息定价更无效率，从而造成股票收益率的负偏现象，即导致更大的股价崩盘风险。第四，Hirshleifer 和 Teoh（2003）指出公司管理者对会计信息形式的选择能够影响疏忽投资者对信息的解读效率，Dellavigna 和

Pollet（2009）则发现投资者关注度较低时，市场信息反映到股价之中的速度更慢。这些研究结果意味着管理者可以利用投资者有限关注的特征，通过信息披露形式和时机的选择，降低投资者对公司利空信息的关注程度，实现隐藏公司利空信息的目标。Doyle 和 Magilke（2009）、Louis 和 Sun（2010）、谭伟强（2008）以及权小锋和吴世农（2010）等诸多文献已经证实了此类信息披露迎合或择机行为的存在。

概括而言，只有为投资者关注到的信息才能反映在资产价格之中，即便管理者对利空信息进行了透明的披露，也并不能确保这些信息为投资者充分关注和理解。而在注意力有限的情况下，投资者相对忽视公司特别是利空性质公司特质信息，这一特征可能造成利空信息在市场中的累积进而导致崩盘；投资者对信息关注程度和解读效率受信息形式和披露时机影响的特征，可能成为管理者隐藏利空信息的重要基础。因此，注意力约束条件下投资者的行为模式特征，与股价崩盘风险的已有理论解释与实证研究存在很高的契合度，这为本章研究的可行性奠定了重要的基础。

限于篇幅，本章仅从管理者的信息披露择机行为这一角度研究投资者关注度与股价崩盘风险的潜在关联。更具体而言，本章研究上市公司的年报披露时间对其公司未来股价崩盘风险的潜在影响。股价崩盘风险实质上反映的是公司利空消息的定价无效率程度，而投资者关注度是市场信息定价效率的重要影响因素，只有被投资者关注到的信息才能被及时反映到股票价格之中。鉴于此，管理者可能利用投资者对市场关注程度的时变特征，对公司重要信息的披露时机进行战略性的选择，以最大化自身利益（deHaan et al.，2015；Michaely et al.，2016；Segal & Segal，2016）。基于这一逻辑，本章预期，当公司存在利空信息且按照监管要求必须披露时，公司管理者可能试图在投资者对股票市场的关注程度较低时对其进行披露，即试图隐藏这些利空消息的短期市场影响，而根据坏消息累积理论，这一行为将会增加公司股票价格在未来崩盘的风险。本章的主要目标就是要实证检验这一预期，在丰富有关股价崩盘影响因素研究的同时，进一步揭示投资者注意力的有限性影响股票定价效率的机制与路径。

我国 A 股市场为实证检验这一理论预期提供了良好的实验环境。首先，从股票交易量来看，个人投资者是现阶段我国 A 股市场的主要参与者。以 2017 年为例，个人投资者的交易量占沪市上市公司股票交易量的比例高达 82.01%[①]。而丰富的研究表明，个人投资者更容易受到注意力约束的影响（Barber & Odean, 2008）。因此，A 股市场中个人投资者的高交易比例更便于 A 股上市公司实施战略性的信息披露择机行为。其次，相较于成熟资本市场，A 股市场的公司治理体系依然存在改善空间，委托代理问题在 A 股上市公司中依然普遍存在（He & Luo, 2018）。换言之，A 股上市公司管理者的利己行为动机相对强烈，更可能实施信息披露择机行为。最后，作为发展中的新兴股票市场，A 股市场的投资者保护等法律体系依然相对薄弱（Chen et al., 2018），市场的整体信息透明度不高（Piotroski et al., 2015），而市场波动性较大，这意味着 A 股上市公司更容易出现股价崩盘事件，这为本章研究提供了更多的可观测研究事件。

第二节　个人投资者关注影响股价崩盘风险的实证研究设计

一　研究假设

基于股价崩盘风险的坏消息累积理论研究管理者可能通过何种渠道隐藏公司的利空消息，是股价崩盘风险领域的重要研究方向。已有研究发现管理者可以通过降低公司的透明度（Hutton et al., 2009）、会计稳健性水平（Kim & Zhang, 2016）或是财务报告的可比性（Kim et al., 2016），增加公司报告的模糊性（Ertugrul et al., 2017），来隐

[①]　数据来源：《上海证券交易所统计年鉴》（2017 卷）。

藏坏消息，而这些行为会增加公司股价崩盘的风险。与此同时，投资者关注领域的研究表明管理者存在战略性的信息披露择机行为，在市场关注度高时披露利好消息，而在市场关注度低时披露利空消息，以强化市场对利好消息的反映，而抑制利空信息可能造成的市场负面反应（Gennotte & Trueman，1996）。比如，管理者更可能在星期五披露未达市场预期的盈余数据、股息分配方案或股票互换方案（Damodaran，1989；Dellavigna & Pollet，2009；Louis & Sun，2010），其原因在于管理者预期投资者会被即将到来的周末分散注意力，因而在星期五相对更少关注股票市场信息。类似地，deHaan 等（2015）和 Segal（2016）发现管理者更愿意在股票市场收盘之后，或是那些有大量公司同时披露类似信息的交易日披露坏消息（Hirshleifer et al.，2009）。

　　总结而言，坏消息累积理论的预期是，如果管理者在当前隐瞒利空性质的坏消息，会加大公司股票价格在未来崩盘的风险。与此同时，信息披露择机理论指出，管理者能够通过战略性地操纵重大事件的披露时机，来利用投资者对市场关注程度的时变性隐藏利空消息。因此，年报等公司重大事件的信息披露时机与公司未来的股价崩盘风险存在逻辑上的关联性。如果公司管理者策略性地在投资者关注度低时披露年报，其背后的动机可能是为了隐藏年报中的坏消息。而根据坏消息累积理论，这一行为会增加公司股价在未来崩盘的风险。据此，得到假说 H6.1。

　　假说 H6.1：选择在投资者关注度低时披露年报的公司，未来的股价崩盘风险更高。

　　假说 H6.1 的理论基础是 Jin 和 Myers（2006）的坏消息累积理论。在已有研究中，通常通过检验公司股价崩盘风险在不同公司中的横截面差异是否同样吻合坏消息累积理论的预期，来检验该理论对股价崩盘风险的解释能力。如果该理论成立，管理者披露坏消息的成本越高或是隐藏坏消息的收益越高，则管理者更有可能实施隐藏坏消息的行为，而其公司股价在未来崩盘的风险应当越高（Kothari et al.，2009；Benmelech et al.，2010；Xu et al.，2014）。

类似地，如果如假说 H6.1 所述，公司因为在投资者关注度低的时期披露年报，从而导致其未来的股价崩盘风险更高，则这一效应应当在那些披露坏消息的成本更高的公司中更强。

具体而言，本章预期前述年报披露时机选择对股价崩盘风险的影响效应，应当在管理者持股比例更高或是大股东质押股权更多的公司中更强。首先，Kothari 等（2009）指出，管理者持股较多，会使管理者更可能试图通过隐藏公司的坏消息，防止或是延迟其个人财富因利空消息冲击公司股价而遭受损失的可能。其次，A 股上市公司普遍存在大股东将股权进行质押以获取私人贷款的情况（Li et al.，2019）。当公司股价跌至股权质押要求的底价之下时，大股东可能因所质押的股权被强制平仓而遭受巨大损失（Chan et al.，2018）。同时，大股东因持有公司大量股票而有能力对公司信息披露决策产生重大影响。换言之，大股东既有能力又有动机隐藏利空消息来避免潜在的股权质押平仓损失，大股东质押的股权越多，其隐藏利空消息的动机越强。据此，得到本章假说 H6.2。

假说 H6.2：年报披露时机对股价崩盘风险的影响，在管理者持股比例高、大股东股权质押多的公司中更强。

坏消息累积理论在本质上依赖于传统的委托代理理论的框架。因此，能够约束管理者利己行为的各类公司治理机制，也能够约束管理者隐藏坏消息的倾向，进而缓解公司股票在未来崩盘的风险（Andreou et al.，2016；Kubick & Lockhart，2016；Callen & Fang，2017；Chen et al.，2017）。相反，当管理者面临的内外部公司治理机制较弱时，其通过战略性地选择年报披露时机以隐藏坏消息的动机可能更强。因此，年报披露时机对股价崩盘风险的影响应当在此类公司中更强。

具体而言，本章预期这一影响在 CEO 权力更大、内部治理机制更弱的公司中更强。首先，已有研究表明，权力更大、更强势的 CEO 对公司财务报告的影响力更强（Friedman，2014），受到董事会等公司内部治理体系的监管更弱（Fracassi & Tate，2012；Cheng et al.，2016b），从而更有可能实施战略性年报披露择机行为。其次，大量文献研究发现，公司内部控制体系能够缓解委托代理问题、改善财务报告质量（Goh & Li，2011），从而约束管理者隐藏坏消息的行为。此外，Chen 等（2017）的研究结果表明，A 股上市公司的内部控制质量与公司未来股价崩盘风险存在直接的负向关联。据此，得到本章假说 H6.3a。

假说 H6.3a：年报披露择机行为对股价崩盘风险的影响在 CEO 权力更大、内部控制体系更弱的公司中更强。

类似地，本章预期年报披露择机行为对股价崩盘风险的影响在媒体报道数少、外部审计质量低的公司中更强。首先，媒体是资本市场中的重要监管力量，媒体报道能够减少市场中的信息不对称程度，影响公司管理者等内部人士的法律诉讼风险、财富水平和职业生涯声誉，因而在公司的外部治理过程中发挥重要作用（Dai et al.，2015）。媒体报道还能直接增加公司在股票市场中受投资者关注的程度（Fang et al.，2014）。因此，受到更多媒体报道的公司更不能或是更不愿意隐藏坏消息。其次，外部审计者能够监督公司的定期财务报告编制质量。高质量的外部审计工作更有可能发现公司的利空消息，或是将管理者试图隐藏的利空消息合理披露（Callen & Fang，2017）。换言之，公司的外部审计质量越高，管理者隐藏坏消息时面临的约束越强，反之亦然。据此，得到本章假说 H6.3b。

假说 H6.3b：年报披露择机行为对股价崩盘风险的影响在媒体报道数量少、外部审计质量弱的公司中更强。

二　样本和数据

本章以 2001—2017 年 A 股上市公司为样本。鉴于本章研究的是公司年报时机对公司未来一年股价崩盘风险的影响，公司年报披露时机变量以及控制变量的构造期为 2001—2016 年，而股价崩盘风险变量的构造期为 2002—2017 年。根据研究内容，本章对样本数据进行了以下的处理。第一，本章剔除了金融行业的上市公司，因为金融行业公司的信息披露要求和会计准则较其他行业公司有着明显的差异。第二，创业板设立较晚，且与主板、中小板公司的上市条件存在差异，本章剔除了所有的创业板公司。第三，本章剔除了因连续两年负盈利等业绩原因被特殊处理的 ST、SST 公司。第四，本章删除了一年中交易周数不足 30 周的观测值，因为本章需要至少 30 个周的股票收益率用来计算该年度的公司股价崩盘风险。第五，本章剔除了控制变量缺失的观测值。如 Ertugrul 等（2017）所指出的那样，年度报告是投资者获取公司价值相关信息的主要渠道。因此，本章检验公司的年度报告披露时机对股价崩盘风险的影响，并以年度为频率获取观测值。本章最终的样本包括 2396 家公司的 23438 个样本年度观测值。上市公司的盈余公告数据、股票收益和控制变量数据均来自 CSMAR 数据。

表 6–1 Panel A 和 Panel B 分别分年度和行业报告本章样本观测值的分布情况。本章按证监会 2001 年行业分类标准指导意见，将上市公司划分为 12 个行业。随着 A 股市场的稳定发展，本章的年度样本观测数从 2001 年的 750 个逐渐递增至 2016 年的 2124 个。绝大部分样本观测值来自制造行业（60.99%），凸显出制造业在我国经济中的重要程度。

表 6–1　　　　　　　　　　样本分布

Panel A 年度样本分布					
年度	观测数	占比（%）	年度	观测数	占比（%）
2001	750	3.20	2010	1572	6.71
2002	812	3.46	2011	1865	7.96
2003	924	3.94	2012	1948	8.31
2004	970	4.14	2013	2011	8.58
2005	1043	4.45	2014	2047	8.73
2006	1121	4.78	2015	2078	8.87
2007	1204	5.14	2016	2124	9.06
2008	1415	6.04	共计	23438	100
2009	1554	6.63			

续表

Panel B 行业样本分布						
行业	观测数	占比（%）	行业	观测数	占比（%）
农、林、牧、渔业	327	1.40	批发和零售贸易	864	3.69
采矿业	611	2.61	房地产业	398	1.70
制造业	14296	60.99	社会服务业	1117	4.77
电力、燃气及水的生成和供应业	620	2.65	传播与文化产业	362	1.54
建筑业	922	3.93	综合类	14	0.06
交通运输、仓储业	785	3.35	共计	23438	100
信息技术业	3122	13.32			

三 变量定义

（一）年报披露时机变量

参考前人研究，本章从两个角度划分投资者关注度高和关注低的时期。首先，已有研究发现，投资者在星期五或非交易时间对股票市场的关注度相对更弱（Dellavigna & Pollet, 2009; Michaely et al., 2016）。CSMAR 记录了上市公司的年度报告披露日期，但并未记录其披露时间是否在股票交易时间之外。然而，A 股上市公司可以选择在周末即非交易时间披露定期报告。因此，本章将星期五和周末定义为低投资者关注期，而将星期一到星期四定义为高投资者关注期。

其次，Hirshleifer 等（2009）发现，当同一日有多家上市公司发布年报等定期财报时，投资者因注意力有限而受到分心效应的影响，对当日所发布年报的反映程度相对更弱。换言之，这些有大量公司同时发布盈余报告的繁忙日，是投资者对股票市场关注度相对较低的时期。deHaan 等（2015）的实证研究与这一分心效应假说相吻合，他们发现管理者更有可能在这些繁忙日披露利空性质的信息。参照 Hirshleifer 等（2009）和 deHaan 等（2015）的思路，本章将 4 月定义为低投资者关注度期，相反将 1 月、2 月和 3 月定义为高投资者关注度期。尽管 A 股上市公司的年报披露时期为次年的 1 月 1 日至 4 月 30 日，平均而言，超过 50% 的年报集中在 4 月披露。同时，A 股上市公司还被要求于 4 月披露其当年一季度的季度报告。事实上，1—3 月 A 股市场中每天披露的财报数量约为 20 份，而 4 月平均每天披露的 A 股上市公司定期财报数量超过 150 份。因此，尽管管理者无法预测在特定日期发布定期报告的上市公司数量，他们也应当能够察觉到四月份相较于 1—3 月更为繁忙。deHaan 等（2015）指出，有效地实施信息披露择机行为的必要条件之一，是管理者能够合理地预期到投资者在特定时期对市场的关注程度相对更弱。显然，4 月更为繁忙的可预测性满足这一条件。因此，如果管理者想通过选择年报的披露时机来隐藏其中的坏消息，他们更有可能选择在 4 月披露公司的年报。

最后，Doyle 和 Magilke（2009）指出，管理者对信息披露时机进行策略性选择的一个表征是，他们会主动改变其重大事件披露的时间模式。例如，与那些每年都在周末披露年报的公司相比，那些以往选择在工作日披露年报而在今年选择在周末披露年报的公司，更有可能出于某些战略目的做出这一改变。遵循 Doyle 和 Magilke（2009）的这一思路，本章认为，当一个公司往年选择在投资者关注度较高的时期披露年报，而在当前年度选择在投资者关注度较低的时期披露年报，其更有可能出于隐藏坏消息的目的而选择这样的改变。

依据这一逻辑，以及本章对投资者关注度高和关注度低时期的划分方式，本章定义了两个核心变量。第一个变量为 $HToLWkd_{i,t}$，如果公司 i 于周一到周四披露其 $t-1$ 年度的年报，但选择在周五或周末披露其 t 年度的年报，$HToLWkd_{i,t}$ 取 1，否则 $HToLWkd_{i,t}$ 取 0。第二个变量为 $HToLApril_{i,t}$，如果公司于 1—3 月披露其 $t-1$ 年度的年报，但选择 4 月披露其 t 年度的年报，$HToLWkd_{i,t}$ 取 1，否则 $HToLWkd_{i,t}$ 取 0。相应地，本章构建了另外两个变量用以表征公司在投资者关注度较低的时期披露其 $t-1$ 年度年报，而在投资者关注度较高

的时期披露其 t 年度年报。如果公司 i 于周五或周末披露其 $t-1$ 年度的年报，但选择在周一到周四披露其 t 年度的年报，变量 $LToHWkd_{i,t}$ 取 1，否则 $LToHWkd_{i,t}$ 取 0；如果公司于四月份披露其 $t-1$ 年度的年报，但选择在 1—3 月披露其 t 年度的年报，$LToHApril_{i,t}$ 取 1，否则 $LToHApril_{i,t}$ 取 0。

（二）股价崩盘风险指标

本章定义了两个股价崩盘风险指标，即公司特质周收益率的负偏度（NCSKEW）和上下波动比（DUVOL）。为了计算负偏度和上下波动比指标，本章参考 Hutton 等（2009）和 Kim 等（2011a，2011b）的做法，对式（6-1）所示的市场模型进行回归：

$$r_{i,\tau} = \alpha_i + \beta_1 r_{m,\tau-1} + \beta_2 r_{m,\tau} + \beta_3 r_{m,\tau+1} + \varepsilon_{i,\tau} \quad (6-1)$$

其中，$r_{i,\tau}$ 为公司 i 第 τ 周的周收益率，而 $r_{m,\tau}$ 为第 τ 周 A 股市场所有股票的市值加权周收益率。式（6-1）中加入了个股和市场股票组合收益率的领先和滞后一期周收益率，以控制非同步股票交易的潜在影响。按式（6-1）将个股周收益率与市场股票组合收益率进行回归，将回归得到的残差加 1 后取对数，即可得到公司特质周收益率 $W_{i,\tau}$。随后，按照式（6-2）和式（6-3），得到负偏度和上下波动比两个股价崩盘风险指标：

$$NCSKEW_{i,t+52w} = -\left[n(n-1)^{3/2} \sum W_{i,\tau}^3 \right] / \left[(n-1)(n-2) \left(\sum W_{i,\tau}^2 \right)^{3/2} \right] \quad (6-2)$$

$$DUVOL_{i,t+52w} = \log\left\{ \left[(n_u - 1) \sum_{DOWN} W_{i,\tau}^2 \right] / \left[(n_d - 1) \sum_{UP} W_{i,\tau}^2 \right] \right\} \quad (6-3)$$

从式（6-2）和式（6-3）可以看到，$NCSKEW_{i,t+52w}$ 表示公司特质周收益率的负偏度系数，而 $DUVOL_{i,t+52w}$ 为公司在下跌时和上涨时特质周收益率方差的相对比例。n 为用于计算 $NCSKEW_{i,t+52w}$ 的股票周收益率个数，n_u 和 n_d 分别为特定年度公司股票价格上涨或下跌的周数。$NCSKEW_{i,t+52w}$ 越大，表示公司的特质周收益率负偏程度越大，即出现极低股票收益的可能性越高；$DUVOL_{i,t+52w}$ 越大，表明相较于正向的股票收益波动，公司股票出现负向极端收益波动的可能性越高。换言之，$NCSKEW_{i,t+52w}$ 和 $DUVOL_{i,t+52w}$ 越大，公司的股价崩盘风险越高。由于 A 股上市公司的年报披露日期各不相同。本章使用公司披露 t 年度年报后的 52 个周收益率，根据式（6-1）至式（6-3）计算公司的股价崩盘风险指标。

四 基准模型

为了检验年报披露时机对公司未来股价崩盘风险的影响，本章构建了式（6-4）所示的回归模型：

$$Crash_{i,t+52w} = \alpha_i + \beta_1 Switching_{i,t} + \sum Control + YearFE + IndustryFE + \varepsilon_{i,t}$$
(6-4)

其中，$Crash_{i,t+52w}$ 表示股价崩盘风险，在本章具体由 $NCSKEW_{i,t+52w}$ 或 $DUVOL_{i,t+52w}$ 进行度量。$Switching_{i,t}$ 为前文构建的、用以表征公司年报披露择机行为的 4 个变量。基于已有有关股价崩盘风险的研究，本章在模型（6-4）中加入了一系列控制变量。

首先，Hong 和 Stein（2003）构建了一个基于投资者异质信念的股价崩盘风险模型。根据这一模型，由于存在卖空限制，对股票看空的投资者无法将其了解到的利空信息反映到股票价格之中。在市场下跌时，这些积累的利空信息才会受到关注、反映到股价之中，进而导致股价崩盘。参照 Chen 等（2001）的做法，本章使用去趋势后的股票交易量（$DTrend$）度量投资者的异质信念，$DTrend$ 为 t 年度与 $t-1$ 年度公司股票平均月换手率的差异。同时，Chen 等（2001）发现，公司以往的股票收益波动率更高，公司股价越可能在未来崩盘。因此，本章在模型（6-4）中还控制了公司 t 年度股票特质周收益率的均值和标准差。

其次，Jin 和 Myers（2006）、Hutton 等（2009）指出，管理者可以通过增加公司信息披露的不透明度（Opacity）实现隐藏坏消息的目的，而这一行为将增加公司股价在未来崩盘的风险。参考 Hutton

等（2009）的做法，本章使用经修正后的 Jones 模型得到公司各年度可操纵应计利润，并以过去 3 年可操纵应计利润绝对值之和度量公司的信息披露不透明度（ABACC）。同时，本章还参考 Hutton 等（2009）的做法，在式（6-4）中控制了公司规模（Size）、市值账面比（MB）、财务杠杆度（Lev）以及资产收益率（ROA）等公司特征变量。

再次，已有研究表明，公司的内外部治理与监督机制有助于抑制管理者隐藏坏消息的倾向（Andreou et al.，2016）。据此，式（6-4）加入了 CEO 两职合一（Duality）、董事会规模（BSize）和董事会独立性（BIndep）等公司治理变量。此外，Kim 等（2011a，2011b）发现，机构投资者和分析师能够对上市公司发挥外部监督作用，高机构投资者持股比例和高分析师关注度能够降低公司的股价崩盘风险。因此，本章在式（6-4）中也控制了样本公司的机构持股比例（IO）和分析师关注度（Analyst）。

最后，本章还控制了公司性质（SOE）、会计稳健性（CScore）以及 CEO 的过度自信水平（Confidence）。其原因在于，其一，Piotroski 等（2015）指出，相较于私有企业，国有企业有更强的政治动机，如出于"维持稳定"的目的，压制公司利空信息的传播。其二，Kim 和 Zhang（2016）发现提升会计稳健性能够通过限制管理者在财报中抬高公司业绩、隐藏坏消息的动机和能力，减少公司股价在未来崩盘的风险。其三，Kim 等（2016b）认为过度自信的管理者会高估那些净现值为负的项目的实际价值，而长期持有此类投资项目将持续损害公司业绩，从而导致股价崩盘。据此，本章定义虚拟变量 $SOE_{i,t}$，对于国有企业而言，$SOE_{i,t}$ 取 1，相反如果公司 i 为非国有企业，$SOE_{i,t}$ 取 0。同时，参照 Campbell 等（2011）和 Kim 等（2016）的做法，本章基于公司的投资决策来界定其 CEO 的过度自信程度（Confidence）。表 6-2 给出了全章变量的详细定义。

表 6-2　　　　　　　　　　　　变量定义

变量	定义
NCSKEW	公司发布盈余公告随后52周公司特质周收益率的负偏态系数，详见式（6-2）
DUVOL	公司发布盈余公告随后52周公司特质周收益率为负时的波动程度与为正时的波动程度的比值，详见式（6-3）
DCrash	虚拟变量，公司发布盈余公告随后52周内至少出现过一次崩盘事件，该变量取1，否则取0。股价崩盘指公司特质周收益率低于其均值的程度超过3.09个标准差的事件
CrashCount	公司发布盈余公告随后52周内，出现负向极端收益的次数与出现正向极端收益的次数之差。极端收益指公司特质周收益率偏离其均值的程度超过3.09个标准差的事件
d.NCSKEW	变量NCSKEW的一阶差分值
d.DUVOL	变量DUVOL的一阶差分值
HtoLWkd	虚拟变量，如果公司上一年度于星期五以外的工作日披露年报，而本年度于星期五或周末披露年报，此变量取1，否则取0
LtoHWkd	虚拟变量，如果公司上一年度于星期五或周末披露年报，而本年度于星期五以外的工作日披露年报，此变量取1，否则取0
HtoLFriday	虚拟变量，如果公司上一年度于星期五以外的工作日披露年报，而本年度于星期五披露年报，此变量取1，否则取0
LtoHFriday	虚拟变量，如果公司上一年度于星期五披露年报，而本年度于星期五以外的工作日披露年报，此变量取1，否则取0
HtoLWeekend	虚拟变量，如果公司上一年度于工作日披露年报，而本年度于周末披露年报，此变量取1，否则取0
LtoHWeekend	虚拟变量，如果公司上一年度于周末披露年报，而本年度于工作日披露年报，此变量取1，否则取0
HtoLApril	虚拟变量，如果公司上一年度于一月、二月或三月披露年报，而本年度于四月披露年报，此变量取1，否则取0
LtoHApril	虚拟变量，如果公司上一年度于四月披露年报，而本年度于一月、二月或三月披露年报，此变量取1，否则取0
DTrend	去趋势的换手率，等于个股当年度与上一年度月换手率均值的差异
Sigma	个股当年度公司特质周收益率的标准差
RET	个股当年购买持有收益率

续表

变量	定义
ABACC	公司前三年可操纵应计盈余绝对值之和
Size	公司年末总资产（单位：10亿元）的自然对数
MB	公司年末市场价值与账面价值之比
Lev	公司年末长期负债与总资产的比值
ROA	公司年末息税前利润与总资产的比值
IO	机构投资者的持股比例
Analyst	当年度为公司发布盈余预测报告的分析师人数加1后取对数
Duality	虚拟变量，如果公司CEO与董事长两职合一，该变量取1，否则取0
BSize	公司董事会的人数加1后取对数
BIndep	公司董事会中独立董事的比例
SOE	虚拟变量，国有企业取1，非国有企业取0
Confidence	参照Campbell等（2011）和Kim等（2016）的方法，基于公司投资水平测度的公司CEO自信水平
CScore	参照Khan和Watts（2009）的方法计算的公司层面会计稳健性水平
HtoL	虚拟变量，变量$HtoLWkd$或$HtoLApril$等于1时该变量取1，否则取0
UE	公司当年度每股盈余与上年度每股盈余的差异
σCFO	公司过去5年运营现金流与总资产比值的标准差
LnSeg	公司年报中报告的业务行业数取对数

第三节　个人投资者关注影响股价崩盘风险的实证检验

一　描述性统计

表6-3 Panel A 报告了本章主要解释变量的描述性统计结果。$NCSKEW_{i,t+52w}$ 和 $DUVOL_{i,t+52w}$ 的均值（标准差）分别为 -0.2432（0.6171）和 -0.1860（0.5305），这些结果与 Xu 等（2014）、Li 等（2017）以及 Sun 等（2019）的研究类似。$HtoLWkd_{i,t}$、$HtoLApril_{i,t}$、$LtoHWkd_{i,t}$ 和 $LtoHApril_{i,t}$ 的均值表明，在 $t-1$ 年度选择在周一到周四

披露年报的公司中，有 21.17% 的公司调整为在周五或周末披露其 t 年度的年报，而 19.86% 的公司做了相反的调整。与此同时，选择在 1—3 月披露 $t-1$ 年度年报的公司中，有 15.38% 的公司调整为在 4 月披露其 t 年度的年报，而 14.58% 的公司做了相反的调整。

在 Panel B 和 Panel C 中，本章参照了 deHaan 等（2015）的做法，构建了一个样本公司的年报披露时机转换矩阵。相较于 $t-1$ 年度的年报披露时间，41.22% 的公司调整了其 t 年度年报的披露月份，而 72.31% 的公司调整了其在一周的第几天披露其 t 年度的年报。换言之，与 deHaan 等（2015）在美国上市公司中所发现的那样，A 股上市公司频繁地改变其披露年报的时间模式。deHaan 等（2015）指出，管理者能够通过调整盈余公告披露时机实现隐藏坏消息这一战略目标的一个必要前提是，类似的披露时机调整应当频繁出现，从而不会引起投资者对管理者此类行为的警觉。因此，A 股上市公司频繁调整年报披露时机的现象表明在 A 股市场中通过战略性调整年报披露时机隐藏坏消息具有可行性。

表 6-3　　　　　　　　　　描述性统计

Panel A 描述性统计						
	观测数	均值	25 分位数	中位数	75 分位数	标准差
$NCSKEW_{i,t+52w}$	23438	-0.2432	-0.6479	-0.2495	0.2125	0.6171
$DUVOL_{i,t+52w}$	23438	-0.1860	-0.5408	-0.1924	0.1261	0.5305
$HtoLWkd_{i,t}$	23438	0.2117	0	0	0	0.4094
$HtoLApril_{i,t}$	23438	0.1538	0	0	0	0.3589
$LtoHWkd_{i,t}$	23438	0.1986	0	0	0	0.3943
$LtoHApril_{i,t}$	23438	0.1458	0	0	0	0.3487
$DTrend_{i,t}$	23438	-0.0304	-0.2175	-0.0319	0.1725	0.3687
$Sigma_{i,t}$	23438	0.0508	0.0317	0.0425	0.0567	0.0191
$RET_{i,t}$	23438	0.2402	-0.2213	0.0294	0.4876	0.7304
$ABACC_{i,t}$	23438	0.0814	0.0325	0.0624	0.1011	0.0837
$Size_{i,t}$	23438	2.1294	1.3297	2.0785	2.9417	1.1245
$MB_{i,t}$	23438	0.9405	0.7429	1.3508	2.4157	0.9986

续表

Panel A 描述性统计						
	观测数	均值	25 分位数	中位数	75 分位数	标准差
$ROA_{i,t}$	23438	0.0537	0.0289	0.0509	0.0691	0.0464
$Lev_{i,t}$	23438	0.5109	0.3455	0.5026	0.6537	0.2126
$IO_{i,t}$	23438	0.2024	0.0467	0.1358	0.3306	0.1945
$Analyst_{i,t}$	23438	1.4284	0	1.3875	2.4056	1.1346
$Duality_{i,t}$	23438	0.1696	0	0	0	0.3747
$BIndep_{i,t}$	23438	0.3615	0.3333	0.3333	0.4012	0.0549
$BSize_{i,t}$	23438	2.2871	2.2157	2.2956	2.3177	0.1849
$SOE_{i,t}$	23438	0.5461	0	1	1	0.4915
$CScore_{i,t}$	23438	0.0414	0.0047	0.0367	0.0724	0.0512
$Confidence_{i,t}$	23438	0.2457	0	1	1	0.4293

Panel B 年报披露时机转换矩阵（月份）					
t 年度	$t-1$ 年度				
	1 月	2 月	3 月	4 月	共计
1 月	0.25%	0.56%	0.27%	0.02%	1.10%
2 月	0.58%	3.49%	5.46%	3.91%	13.44%
3 月	0.28%	4.11%	19.39%	10.65%	34.43%
4 月	0.03%	4.12%	11.23%	35.65%	51.03%
共计	1.14%	12.28%	36.35%	50.23%	100.00%

灰色区域总计 = t 年度调整年报披露月份的比例 = 41.22%

Panel C 年报披露时机转换矩阵（日期）						
t 年度	$t-1$ 年度					
	星期一	星期二	星期三	星期四	星期五	周末	共计
星期一	3.14%	1.75%	0.86%	0.29%	0.44%	0.35%	6.83%
星期二	1.63%	8.65%	4.27%	2.71%	2.56%	2.62%	22.44%
星期三	0.91%	3.15%	2.09%	0.93%	3.75%	3.57%	14.40%
星期四	0.22%	2.90%	1.88%	4.09%	3.23%	3.34%	15.66%
星期五	0.47%	2.78%	4.27%	3.14%	5.14%	5.05%	20.85%
周末	0.32%	3.05%	3.59%	3.55%	4.73%	4.58%	19.82%
共计	6.69%	22.28%	16.96%	14.71%	19.85%	19.51	100.00%

灰色区域总计 = t 年度调整年报披露日期的比例 = 72.31%

二　个人投资者关注对股价崩盘风险的基准模型回归结果

表 6-4 给出了式（6-4）所示的基准模型回归结果。表 6-4 中所有回归均控制了行业和年度固定效应，并在公司层面聚类标准误以计算系数的 t 值。Panel A 和 B 分别报告了以 $NCSKEW_{i,t+52w}$ 和 $DUVOL_{i,t+52w}$ 为被解释变量的回归结果。如列（1）所示，$HtoLWkd_{i,t}$ 的系数为 0.143，且在 5% 的水平上显著，表明那些将年报披露时机调整为星期五或周末的公司，未来 52 周的股价崩盘风险显著更高。与此类似，列（2）中 $HtoLApril_{i,t}$ 的系数为 0.149，且在 5% 的水平下显著。在描述性统计中，$NCSKEW_{i,t+52w}$ 的非条件均值和标准差分别为 -0.2432 和 0.6171。因此，将年报披露时期从高投资者关注期调整为低投资者关注期对股价崩盘风险的影响也具有经济意义上的显著性。此外，当将 $HtoLWkd_{i,t}$ 和 $HtoLApril_{i,t}$ 同时置入回归时，二者的系数依然显著为正，且其系数大小较列（1）和列（2）仅发生了些微的改变。换言之，将年报调整为在周五或周末披露的影响，与将年报调整为在 4 月披露的影响在较大程度上是相互独立的。① 在 Panel B 中，股价崩盘风险以 $DUVOL_{i,t+52w}$ 进行度量，回归结果与 Panel A 中基本类似。总结而言，表 6-4 的回归结果与假说 H6.1 相吻合，如果管理者在上一年度选择在投资者高关注度时期披露年报，而在本年度调整为在投资者低关注度时期披露年报，投资者会相对忽视年报中的利空消息，而根据坏消息累积理论，这一效应会导致公司股价在未来崩盘的风险加大。

$LToHWkd_{i,t}$ 和 $LToHApril_{i,t}$ 的系数为负，但在统计上不显著。这些结果表明，择机进行年报披露的行为对股价崩盘风险的影响是非对

---

① 在未报告的实证检验中，笔者发现当将 $HtoLWkd_{i,t}$ 和 $HtoLApril_{i,t}$ 的交叉项置入回归时，交叉项的系数为正但在统计上不显著。这些结果表明，将年报披露时机调整为周五/周末或 4 月，都能够实现管理者隐藏坏消息的预期效果，但同时做出两项调整并不会使隐藏坏消息的效果显著更强。

称的。将年报披露时机由投资者高关注度时期调整为低关注度时期，从而隐藏年报中的坏消息，会导致公司受到未来股价崩盘风险升高的惩罚，而反向调整并未得到市场的奖励。这一非对称影响存在两种可能的解释。首先，公司将年报披露时机调整到低投资者关注时期的目的在于隐藏公司的坏消息，而将其调整为高投资者关注时期的目的在于凸显好公司的好消息。股价崩盘显然源自公司的坏消息而非其好消息。其次，由于存在利空限制，投资者在市场中更加关注公司的利好信息而非利空信息（Hong et al.，2000）。在2010年以前，A股市场禁止对股票进行做空交易。鉴于此，即便公司年报中蕴含好消息却被披露在低投资者关注时期，投资者也会积极搜寻此类信息。相应地，投资者对利好信息的积极挖掘，会导致在高投资者关注时期披露年报以凸显公司利好信息的市场影响会相对较小。

在控制变量方面，$DTrend_{i,t}$、$Sigma_{i,t}$ 和 $RET_{i,t}$ 的系数显著为正，这与 Chen 等（2001）的研究结论相吻合。$ABACC_{i,t}$ 的系数在统计上不具有显著性，$Size_{i,t}$ 则与股价崩盘风险显著负向相关，这些结果与 Sun 等（2019）、Li 等（2017）的研究发现一致，而这两份研究同样以A股市场股价崩盘风险为研究对象。$MB_{i,t}$ 的系数显著为正，与 Hutton 等（2009）的研究结果一致。$ROA_{i,t}$ 的系数同样为正，但在部分回归中不显著。机构持股比例（IO）与股价崩盘风险显著正向相关，这与 Kim 等（2011b）关于机构投资者持股能够发挥外部监督治理作用、降低公司股价崩盘风险的研究发现相反。然而，这一结果与 Chang 等（2017）的研究相吻合。Chang 等（2017）发现机构投资者存在短视倾向，它们过于看重公司股票的短期市场表现，管理者可能迫于这一压力而隐藏公司的利空消息，进而增加了公司股价在未来崩盘的风险。另外，$Lev_{i,t}$ 和 $Analyst_{i,t}$ 的系数不显著。董事会独立性（$BIndep_{i,t}$）的系数同样不显著，一个可能的解释是，我国证监会要求A股上市公司董事会中独立董事的比例不低于1/3，而表6-3的描述性统计结果表明，$BIndep_{i,t}$ 的均值接近1/3且波动性较低，换言之，大多数公司董事会中的独立董事比例刚好达到证监会的监管要求，且这一比例在各公司间的差异较小，不足以导致样本公司股价崩盘风险出现明显的差异。$Duality_{i,t}$ 和 $BSize_{i,t}$ 与股价崩盘风险显著正向相关，CEO 两职合一、董事会人数较多的公司中公司治理质量较差，管理者更容易因利己目的而隐藏利空消息。另外，$SOE_{i,t}$、$Confidence_{i,t}$ 的系数显著为正，而 $CScore_{i,t}$ 的系数显著未负，这与已有研究的发现基本一致。

表6-4 基准模型回归结果

	Panel A 股价崩盘风险指标 = $NCSKEW_{i,t+52w}$			Panel B 股价崩盘风险指标 = $DUVOL_{i,t+52w}$		
	(1)	(2)	(3)	(4)	(5)	(6)
$HtoLWkd_{i,t}$	0.143** (2.24)		0.140** (2.18)	0.149** (2.29)		0.150** (2.36)
$HtoLApril_{i,t}$		0.149** (2.32)	0.147** (2.26)		0.156** (2.46)	0.158** (2.50)
$LtoHWkd_{i,t}$	-0.062 (-1.31)		-0.063 (-1.33)	-0.051 (-1.12)		-0.053 (-1.17)
$LtoHApril_{i,t}$		-0.045 (-0.67)	-0.038 (-0.58)		-0.044 (-0.63)	-0.042 (-0.56)
$DTrend_{i,t}$	0.080*** (2.88)	0.079*** (2.89)	0.080*** (2.88)	0.074*** (2.91)	0.076*** (2.95)	0.075*** (2.92)
$Sigma_{i,t}$	2.310*** (3.43)	2.225*** (3.51)	2.131*** (3.42)	2.408*** (5.19)	2.413*** (5.20)	2.403*** (5.16)
$RET_{i,t}$	0.071*** (6.42)	0.072*** (6.48)	0.071*** (6.41)	0.070*** (6.76)	0.071*** (6.80)	0.070*** (6.75)
$ABACC_{i,t}$	-0.093 (-1.46)	-0.093 (-1.41)	-0.093 (-1.46)	-0.043 (-0.66)	-0.043 (-0.65)	-0.041 (-0.62)
$Size_{i,t}$	-0.130*** (-8.92)	-0.135*** (-9.22)	-0.134*** (-9.15)	-0.096*** (-7.31)	-0.096*** (-7.28)	-0.093*** (-7.18)
$MB_{i,t}$	0.115*** (7.97)	0.118*** (8.07)	0.118*** (8.06)	0.123*** (9.15)	0.123*** (9.16)	0.122*** (9.15)

续表

	Panel A 股价崩盘风险指标=$NCSKEW_{i,t+52w}$			Panel B 股价崩盘风险指标=$DUVOL_{i,t+52w}$		
	(1)	(2)	(3)	(4)	(5)	(6)
$ROA_{i,t}$	0.069 (0.99)	0.078 (1.12)	0.115* (1.83)	0.097 (1.41)	0.122* (1.90)	0.121* (1.90)
$Lev_{i,t}$	0.031 (1.05)	0.027 (0.75)	0.028 (0.80)	0.030 (0.79)	0.028 (0.75)	0.029 (0.81)
$IO_{i,t}$	0.294*** (4.57)	0.278*** (4.35)	0.291*** (4.77)	0.245*** (4.26)	0.276*** (5.32)	0.269*** (5.25)
$Analyst_{i,t}$	0.032 (1.14)	0.025 (1.08)	0.024 (1.03)	0.022 (1.15)	0.025 (1.32)	0.022 (1.18)
$Duality_{i,t}$	0.066* (1.87)	0.065* (1.80)	0.072** (2.02)	0.075* (1.93)	0.070* (1.89)	0.083** (2.25)
$BIndep_{i,t}$	-0.351 (-1.35)	-0.325 (-1.24)	-0.342 (-1.46)	-0.277 (-1.23)	-0.235 (-0.96)	-0.270 (-1.23)
$Bsize_{i,t}$	0.157 (1.45)	0.152 (1.41)	0.167* (1.70)	0.172* (1.69)	0.175* (1.73)	0.179* (1.76)
$SOE_{i,t}$	0.045* (1.83)	0.045* (1.82)	0.053** (1.98)	0.061** (2.15)	0.062** (2.18)	0.072** (2.49)
$Confidence_{i,t}$	0.023*** (4.11)	0.024*** (4.34)	0.023*** (4.13)	0.022*** (3.87)	0.022*** (3.81)	0.023*** (3.74)
$CScore_{i,t}$	-0.041*** (-4.56)	-0.040*** (-4.60)	-0.041*** (-4.55)	-0.041*** (-3.78)	-0.043*** (-3.78)	-0.045*** (-4.01)
Constant	-0.757** (-2.32)	-0.579* (-1.90)	-0.872*** (-2.68)	-0.411 (-1.56)	-0.606* (-1.94)	-0.787** (-2.28)
年度 FE	Yes	Yes	Yes	Yes	Yes	Yes
行业 FE	Yes	Yes	Yes	Yes	Yes	Yes
观测数	23438	23438	23438	23438	23438	23438
调整的 R^2	0.0416	0.0405	0.0422	0.0415	0.0420	0.0418
F 值	23.23	22.75	20.49	21.88	21.63	20.72

三 处理选择偏差问题

前文表6-4的实证研究结果可能存在选择偏差问题（Selection

Bias)。那些将年报披露时机从高投资者关注期调整为低关注期的公司，可能在某些不可观测的因素上与其他公司存在明显差异，而这些因素而非年报披露时机导致了两类公司在股价崩盘风险上的差异。

本节通过两种方式处理这一潜在的选择偏差问题。首先，本节参考 Michaely 等（2016a）的思路，在回归中增加了一个控制变量（$LAFirm_{i,t}$）。如果在本节的样本期之内，公司 i 至少实施了一次将年报披露时机从高投资者关注度时期调整为低投资者关注度时期的行为，$LAFirm_{i,t}$ 取 1，否则 $LAFirm_{i,t}$ 取 0。Michaely 等（2016a）认为，此类变量能够表征公司间前述不可观测的因素差异。其次，本节使用了经典的 Heckman 两阶段回归。具体而言，本节构建了式（6-5），其被解释变量为虚拟变量 $HtoL_{i,t}$，如果公司 i 于低关注时期披露 t 年度年报，而于高关注时期披露 $t-1$ 年度年报，$HtoL_{i,t}$ 取 1，否则 $HtoL_{i,t}$ 取 0。式（6-5）的解释变量主要参考自 Doyle 和 Magilke（2009）的研究。笔者首先基于式（6-5）进行回归，回归结果如表 6-5 所示。随后，基于这些回归结果，可以得到相应的逆米尔斯比率（$IMR_{i,t}$），并将其加入基准模型，重新检验年报披露时机对公司未来股价崩盘风险的影响。

$$HtoL_{i,t} = \alpha + \beta_1 UE_{i,t} + \beta_2 \sigma CFO_{i,t} + \beta_3 LnSeg_{i,t} + \beta_4 Size_{i,t} + \beta_5 Analyst_{i,t} + \beta_6 IO_{i,t} + YearFE + IndustryFE + \varepsilon_{i,t} \quad (6-5)$$

表 6-5　　上市公司调整年报披露时机的影响因素分析

	（1）$HtoL_{i,t}$
$UE_{i,t}$	-0.477*** (-2.89)
$\sigma CFO_{i,t}$	0.391** (2.31)
$LnSeg_{i,t}$	-0.019 (-0.81)
$Size_{i,t}$	-0.197** (-2.25)

续表

	(1) $HtoL_{i,t}$
$Analyst_{i,t}$	−0.148* (−1.91)
$IO_{i,t}$	−0.077 (−0.91)
Constant	0.411** (2.48)
年度 FE	Yes
行业 FE	Yes
个股 FE	Yes
观测数	23438
伪 R^2	0.1418
卡方值	198.46

表 6-6 报告了加入 $LAFirm_{i,t}$ 和 $IMR_{i,t}$ 后的回归结果。$LAFirm_{i,t}$ 和 $IMR_{i,t}$ 的系数为正，但在所有回归结果中均不具有统计上的显著性，这一结果表明，前文的实证发现是稳健的，并未受到样本偏差的影响。

表 6-6　　处理选择偏差后的基准模型回归结果

	Panel A 股价崩盘风险指标 = $NCSKEW_{i,t+52w}$			Panel B 股价崩盘风险指标 = $DUVOL_{i,w+52}$		
	(1)	(2)	(3)	(4)	(5)	(6)
$HtoLWkd_{i,t}$	0.155** (2.04)	0.152** (1.98)	0.156** (2.11)	0.137* (1.94)	0.143** (2.18)	0.135* (1.90)
$HtoLApril_{i,t}$	0.139* (1.94)	0.141** (2.12)	0.148** (2.39)	0.156** (2.09)	0.159** (2.16)	0.157** (2.25)
$LtoHWkd_{i,t}$	−0.061 (−1.19)	−0.057 (−1.08)	−0.059 (−1.14)	−0.054 (−1.20)	−0.056 (−1.25)	−0.055 (−1.24)
$LtoHApril_{i,t}$	−0.041 (−0.50)	−0.043 (−0.54)	−0.045 (−0.58)	−0.048 (−0.71)	−0.048 (−0.70)	−0.050 (−0.75)
$LAFirm_{i,t}$	0.012 (0.47)		0.012 (0.43)	0.014 (0.47)		0.015 (0.50)

续表

	Panel A 股价崩盘风险指标 = $NCSKEW_{i,t+52w}$			Panel B 股价崩盘风险指标 = $DUVOL_{i,w+52}$		
	(1)	(2)	(3)	(4)	(5)	(6)
$IMR_{i,t}$		0.039 (1.01)	0.035 (0.94)		0.027 (0.65)	0.032 (0.74)
控制变量	Yes	Yes	Yes	Yes	Yes	Yes
年度 FE	Yes	Yes	Yes	Yes	Yes	Yes
行业 FE	Yes	Yes	Yes	Yes	Yes	Yes
观测数	23438	23438	23438	23438	23438	23438
调整的 R^2	0.0402	0.0410	0.0415	0.0421	0.0418	0.0428
F 值	26.04	24.77	23.26	25.57	24.69	25.83

四 管理者隐藏利空消息动机的影响

前文研究表明，如假说 H6.1 所预期的那样，公司将年报披露时期由高投资者关注度时期调整为低投资者关注度时期，会增加公司股价在未来崩盘的风险。本节进一步研究，这一效应是否在管理者持股比例高、大股东股权质押多的公司中显著更强，即检验本章的假说 H6.2。首先，笔者计算了样本公司 CEO 等公司高管持有公司流通股的比例，进而构建虚拟变量 $DMShare_{i,t}$。如果 t 年末公司 i 的高管持股比例高于样本中位数，$DMShare_{i,t}$ 取 1，否则 $DMShare_{i,t}$ 取 0。其次，笔者将持股比例超过 5% 的股东定义为公司的大股东（Blockholder），并计算公司所有大股东质押的股权比例，进而构建虚拟变量 $DPledge_{i,t}$。如果 t 年末公司 i 大股东质押的股权比例超过样本中位数，$DPledge_{i,t}$ 取 1，否则 $DPledge_{i,t}$ 取 0。

鉴于基准回归中，$LtoHWkd_{i,t}$ 和 $LtoHApril_{i,t}$ 的系数不显著，在检验假说 H6.2 时，笔者仅构建了 $DMShare_{i,t}$、$DPledge_{i,t}$ 与 $HtoLWkd_{i,t}$ 和 $HtoLApril_{i,t}$ 的交叉项。表 6-7 报告了加入这些交叉项后的回归结果。DCosts 在 Panel A 中等于 $DMShare_{i,t}$，而在 Panel B 中等于 $DPledge_{i,t}$。如表 6-7 所示，所有的交叉项系数均为正，且至少在 10% 的水平上显著。这些系数的数值相对较大，例如，列（1）

$HtoLWkd_{i,t}$ 中的系数为 0.122，而 $HtoLWkd_{i,t} \times DMShare_{i,t}$ 的系数为 0.049；相应地，$HtoLDApril_{i,t}$ 的系数为 0.132，而 $HtoLApril_{i,t} \times DMShare_{i,t}$ 的系数为 0.054。换言之，在管理者持股比例较高，即 $DMShare_{i,t}$ 等于 1 的公司中，将年报披露时机调整到周五或周末对 NCSKEW 的影响，较其他公司高出 0.049/0.122 = 40.16%，而其将年报披露时机调整到 4 月对 NCSKEW 的影响，较其他公司高出 0.054/0.132 = 40.91%。类似地，列（3）的结果表明，在大股东股权质押比例较高的公司中，周五/周末效应较其他公司高出 0.056/0.124 = 45.16%，而 4 月效应较其他公司高 0.048/0.135 = 35.56%。其他列的实证结果可以得到类似的结论。整体而言，表 6-7 的结果支撑了本章假说 H6.2。

表 6-7　高管持股比例与大股东股权质押比例的影响

	Panel A $DCosts = DMShare$		Panel B $DCosts = DPledge$	
	(1) $NCSKEW_{i,t+52w}$	(2) $DUVOL_{i,t+52w}$	(3) $NCSKEW_{i,t+52w}$	(4) $DUVOL_{i,t+52w}$
$HtoLWkd_{i,t}$	0.122** (2.21)	0.126** (2.36)	0.124** (2.18)	0.124** (2.16)
$HtoLApril_{i,t}$	0.132** (2.08)	0.134** (2.11)	0.135** (2.03)	0.136** (2.05)
$DCosts_{i,t}$	0.041** (2.12)	0.039** (2.09)	0.024 (1.32)	0.022 (1.35)
$HtoLWkd_{i,t} \times DCosts_{i,t}$	0.049** (2.12)	0.050** (2.18)	0.056** (2.50)	0.056** (2.49)
$HtoLApril_{i,t} \times DCosts_{i,t}$	0.054** (2.37)	0.052** (2.18)	0.048* (1.94)	0.049** (1.99)
控制变量	Yes	Yes	Yes	Yes
年度 FE	Yes	Yes	Yes	Yes
行业 FE	Yes	Yes	Yes	Yes
观测数	21296	21296	22472	22472
调整的 R^2	0.0433	0.0407	0.0386	0.0425
F 值	19.43	20.05	18.76	17.18

五 公司内部治理环境的影响

鉴于坏消息累积假说在本质上依赖于委托代理理论，本章提出假说 H6.3a 预期，调整年报披露时机对股价崩盘风险的影响，应当在 CEO 权力更大、内部控制质量更低的公司中更强。本节对这一假说进行实证检验。首先，本节参照 Park（2017）的做法，以公司 CEO 与其他高管之间的薪酬差异度量公司 CEO 的权力，薪酬差异越大表明公司 CEO 的相对权力越大。更具体而言，参照 Chen 等（2013）的做法，以 CEO 的薪酬在薪酬最高前五大高管总薪酬的占比，度量 CEO 权力的大小。随后，定义虚拟变量 $DDisparity_{i,t}$，如果 t 年末公司 i 的 CEO 薪酬占比超过样本中位数，则 $DDisparity_{i,t}$ 取 1，否则 $DDisparity_{i,t}$ 取 0。其次，本章使用迪博内部控制指数度量 A 股上市公司的内部控制质量，并定义虚拟变量 $DInControl_{i,t}$。如果 t 年度公司 i 的迪博内部控制指数超过样本中位数，$DInControl_{i,t}$ 取 1，否则 $DInControl_{i,t}$ 取 0。

随后，笔者将 $DDisparity_{i,t}$、$DInControl_{i,t}$ 与 $HtoLWkd_{i,t}$ 和 $HtoLApril_{i,t}$ 的交叉项加入回归。表 6-8 给出了相应的回归结果，由于部分上市公司的高管薪酬与内部控制指数数据缺失，表 6-8 的观测值数量较前文有所下降。如表 6-8 所示，$HtoLWkd_{i,t}$ 和 $HtoLApril_{i,t}$ 的系数依然在所有回归中显著为正，$DDisparity_{i,t}$ 的系数为正但不显著，而 $DInControl_{i,t}$ 的系数显著为负。$DDisparity_{i,t}$ 和 $HtoLWkd_{i,t}$、$HtoLApril_{i,t}$ 的交叉项与两个股价崩盘风险指标均显著正向相关，表明管理者的年报披露择机行为对股价崩盘风险的影响在 CEO 权力更大的公司中更强。类似地，$DInControl_{i,t}$ 和 $HtoLWkd_{i,t}$、$HtoLApril_{i,t}$ 的交叉项系数显著为负，年报择机行为的影响在内部控制质量较差的公司中更强。因此，表 6-8 的结果支撑了本章假说 H6.3a。

六 媒体报道与外部审计质量的影响

由于媒体和外部审计同样对公司管理者存在监督治理作用，本章提出假说 H6.3b 预期，年报披露择机行为对股价崩盘风险的影响在

表 6–8 公司内外部治理环境的影响

	Panel A $DConstraint = DDisparity$		Panel B $DConstraint = DInControl$		Panel C $DConstraint = DMedia$		Panel D $DConstraint = Big10$	
	(1) $NCSKEW_{i,t+52w}$	(2) $DUVOL_{i,t+52w}$	(3) $NCSKEW_{i,t+52w}$	(4) $DUVOL_{i,t+52w}$	(5) $NCSKEW_{i,t+52w}$	(6) $DUVOL_{i,t+52w}$	(7) $NCSKEW_{i,t+52w}$	(8) $DUVOL_{i,t+52w}$
$HtoLWkd_{i,t}$	0.096** (2.34)	0.100** (2.34)	0.151** (2.41)	0.156** (2.51)	0.138** (2.29)	0.144** (2.35)	0.136** (2.31)	0.141** (2.40)
$HtoLApril_{i,t}$	0.104** (2.26)	0.106** (2.31)	0.150** (2.42)	0.155** (2.49)	0.147** (2.31)	0.145** (2.29)	0.153*** (2.59)	0.149** (2.46)
$DConstraint_{i,t}$	0.014 (1.05)	0.015 (1.11)	−0.020*** (−2.63)	−0.021*** (−2.66)	−0.014* (−1.85)	−0.016* (−1.90)	−0.010 (−1.01)	−0.008 (−0.76)
$HtoLWkd_{i,t} \times DConstraint_{i,t}$	0.029** (2.03)	0.025* (1.89)	−0.019** (−2.03)	−0.016* (−1.90)	−0.022** (−2.17)	−0.020** (−2.09)	−0.024** (−2.52)	−0.021** (−2.15)
$HtoLApril_{i,t} \times DConstraint_{i,t}$	0.035** (2.36)	0.038** (2.48)	−0.022** (−2.31)	−0.023** (−2.35)	−0.026** (−2.42)	−0.024** (−2.35)	−0.018* (−1.87)	−0.019* (−1.93)
控制变量	Yes	Yes	Yes	Yes	Yes	Yes	Yes	Yes
年度 FE	Yes	Yes	Yes	Yes	Yes	Yes	Yes	Yes
行业 FE	Yes	Yes	Yes	Yes	Yes	Yes	Yes	Yes
观测数	14548	14548	8945	8945	21228	21228	21546	21546
调整的 R^2	0.0384	0.0391	0.0375	0.0413	0.0392	0.0411	0.0397	0.0385
F 值	22.56	21.79	22.43	23.81	23.06	24.55	22.17	23.84

媒体报道较少、外部审计质量较低的公司中显著更强。首先，为了度量上市公司被媒体报道的数量，我们在中国重要报纸全文数据库中搜索样本公司的名称①，并记录公司名称出现在新闻标题中的次数。随后，定义变量 $DMedia_{i,t}$，如果 t 年度公司 i 在新闻标题中出现的次数超过样本中位数，$DMedia_{i,t}$ 取 1，表示公司受到新闻报道的次数相对较多，否则 $DMedia_{i,t}$ 取 0。其次，本章基于公司聘用的会计师事务所判断公司的外部审计质量。中国注册会计师协会每年对国内会计师事务所进行排名，因此，本章参考 Sun 等（2019）的做法，将聘请十大国内会计师事务所审计公司年报的公司定义为外部审计质量较高的公司，此时虚拟变量 $Big10_{i,t}$ 取 1，否则 $Big10_{i,t}$ 取 0。在本章样本期内，平均而言，约有 54.18% 的公司聘用了十大会计师事务所审计公司年报。

笔者随后将 $DMedia_{i,t}$、$Big10_{i,t}$ 及其与 $HtoLWkd_{i,t}$、$HtoLApril_{i,t}$ 的交叉项置入回归，回归结果报告于表 6-8 之中。如表 6-8 所示，$HtoLWkd_{i,t}$ 和 $HtoLApril_{i,t}$ 的系数依然显著为正，$DMedia_{i,t}$ 的系数显著未负，而 $Big10_{i,t}$ 的系数为负，但在统计意义上不显著。$DMedia_{i,t}$ 和 $Big10_{i,t}$ 的交叉项与两个股价崩盘风险指标均存在显著负向相关，这些结果支撑了本章的假说 H6.3b，即更多的媒体报道、更高的外部审计质量能够更好地约束管理者隐藏坏消息的倾向，从而削弱公司的年报披露时机与未来公司股价崩盘风险的正向关联。

七　稳健性检验

（一）处理遗漏变量的潜在影响

在过去 10 年里，有关股价崩盘风险的文献快速增长，挖掘出大量的股价崩盘风险潜在影响因素。尽管本章在实证设计中尽可能多地控制这些已知因素，依然可能遗漏一些重要的变量，而这些变量可能同时影响公司的股价崩盘风险和公司管理者选择披露年报的时

---

① http：//oversea.cnki.net/kns55/brief/result.aspx?dbPrefix = CCND。

机,从而影响前文实证结论的稳健性。为了减少对遗漏变量的担忧,本节在稳健性检验的回归过程中加入了个股固定效应。表6-9列(1)和列(2)给出了加入个股固定效应后的回归结果,$HToLWkd_{i,t}$和$HToLApril_{i,t}$的系数依然显著为正,且其数值与表6-4中基准回归的结果极为接近,而$LToHWkd_{i,t}$和$LToHApril_{i,t}$的系数依然为负但不显著。这些结果表明,前文实证结论并未受到遗漏变量的显著影响,因而是稳健的。

(二) 更换股价崩盘风险指标

作为稳健性检验,本节此处使用了三种有别于前文的股价崩盘风险度量方式。首先,前文使用公司年报披露时机的变动作为主要解释变量,作为对应,此处使用股价特质收益负偏度系数或上下波动比相较于上一期的变动值而非当期的绝对大小作为被解释变量。同时,进行这一替换还有助于缓解股价崩盘风险或公司特征的自相关性导致前文实证研究发现的担忧。

其次,本节此处使用 Hutton 等(2009)提出的股价崩盘虚拟变量($DCrash$),以及 Callen 和 Fang(2015b)提出的股价崩盘次数变量($CrashCount$)度量公司的股价崩盘风险。参考 Hutton 等(2009)的做法,如果一个公司特质周收益率向上(向下)偏离其特定年度均值的幅度不少于3.09个标准差,则将该收益率定义为极端的正向(负向)周收益率。如果公司i在披露t年度年报后的52周内,至少经历了一次极端负向收益,虚拟变量$DCrash_{i,t}$取1,否则$DCrash_{i,t}$取0。本节样本公司$DCrash_{i,t}$的均值为0.0989,与 Xu 等(2013)的研究结果接近。$CrashCount$为公司i在披露t年度年报后的52周内经历的负向极端收益与正向极端收益数量的差异。

最后,本章此处参照了 Zhu(2016)的做法,使用式(6-6)所示的市场和行业模型,重新估计公司特质周收益率并计算了 $NC\text{-}SKEW_{i,t+52w}$ 和 $DUVOL_{i,t+52w}$ 两个指标:

$$r_{i,\tau} = \alpha_i + \beta_1 r_{m,\tau-1} + \beta_2 r_{m,\tau} + \beta_3 r_{m,\tau+1} + \beta_4 r_{Ind,\tau-1} + \beta_5 r_{Ind,\tau} + \beta_6 r_{Ind,\tau+1} + \varepsilon_{i,\tau} \quad (6-6)$$

与模型（6-1）相比，在模型（6-6）中加入了当期、滞后一期和未来一期行业周收益率。基于模型（6-6）计算的 $NCSKEW_{i,t+52w}$ 和 $DUVOL_{i,t+52w}$ 的均值（标准差）分别为 -0.2325（0.5912）和 -0.1925（0.5234），与基于模型（6-1）得到的结果类似。

利用重新构建的股价崩盘风险指标，可以重新对式（6-4）所示的基准模型进行实证回归，回归结果报告于表 6-9 列（3）到列（8）。在列（3）和列（4）中，尽管 $HtoLWkd_{i,t}$ 和 $HtoLApril_{i,t}$ 的系数值较表 6-4 的结果有所变小，但仍然与 $NCSKEW_{i,t+52w}$ 或 $DUVOL_{i,t+52w}$ 的变动值在 10% 或更高的显著性水平上正向相关。$HtoLWkd_{i,t}$ 和 $HtoLApril_{i,t}$ 与 $DCrash$ 或 $CrashCount$ 同样显著正向相关。表 6-9 列（5）的逻辑回归结果表明，基于解释变量的平均值，$HtoLWkd_{i,t}$ 和 $HtoLApril_{i,t}$ 对崩盘虚拟变量 $DCrash$ 的边际效应分别为 0.0139 和 0.0154。换言之，如果公司于周一到周四（1—3月）披露 $t-1$ 年度年报，但于周五或周末（4月）披露 t 年度年报，公司在未来 52 周崩盘的概率会上升 1.39%（1.54%），即相较于样本公司的崩盘概率均值增加 0.0139/0.0989 = 14.05%（0.0154/0.0989 = 15.57%）。此外，列（7）和列（8）的结果与表 6-4 的基准回归结果十分接近。总结而言，此处使用三种不同方式构建股价崩盘风险时，样本公司的年报披露择机行为对股价崩盘风险的显著影响依然稳健。

（三）子样本回归

Callen 和 Fang（2015）的研究表明，卖空压力能够减少公司股价在未来崩盘的风险。鉴于 A 股市场在多数时间不允许卖空，前文并未控制卖空交易的潜在影响。鉴于 A 股市场于 2010 年 3 月 31 日起允许部分股票实施融券（即卖空），未控制卖空的潜在影响可能妨害前文结论的稳健性。

为了排除这一可能性，此处将样本区间按照 A 股市场是否已经实施卖空区分为 2001—2009 年和 2010—2017 年两段，并对两段子样本分别进行了实证回归。表 6-10 报告了两段子样本的回归结果，Panel A

表6—9 加入个股固定效应或替换股价崩盘风险后的基准模型回归结果

	(1) $NCSKEW_{i,t+52w}$	(2) $DUVOL_{i,t+52w}$	(3) $d.NCSKEW_{i,t+52w}$	(4) $d.DUVOL_{i,t+52w}$	(5) $DCrash_{i,t+52w}$	(6) $CrashCount_{i,t+52w}$	(7) $NCSKEW_{i,t+52w}$	(8) $DUVOL_{i,t+52w}$
$HtoLWkd_{i,t}$	0.148** (2.14)	0.141* (1.93)	0.039* (1.72)	0.051** (2.05)	0.213** (2.32)	0.086** (2.34)	0.138** (2.14)	0.146** (2.08)
$HtoLApril_{i,t}$	0.158** (2.37)	0.152** (2.28)	0.045* (1.90)	0.038* (1.83)	0.231*** (2.89)	0.090** (2.27)	0.156** (2.39)	0.166*** (2.62)
$LtoHWkd_{i,t}$	−0.055 (−1.02)	−0.051 (−0.98)	−0.008 (−0.31)	−0.009 (−0.34)	−0.091 (−0.89)	−0.044 (−0.45)	−0.060 (−1.35)	−0.059 (−1.27)
$LtoHApril_{i,t}$	−0.045 (−0.69)	−0.049 (−0.60)	−0.010 (−0.45)	−0.007 (−0.29)	−0.072 (−0.81)	−0.011 (−0.29)	−0.049 (−0.73)	−0.051 (−0.80)
控制变量	Yes	Yes	Yes	Yes	Yes	Yes	Yes	Yes
年度FE	Yes	Yes	Yes	Yes	Yes	Yes	Yes	Yes
行业FE	Yes	Yes	Yes	Yes	Yes	Yes	Yes	Yes
个股FE	Yes	Yes						
观测数	23438	23438	22076	22076	23438	23438	23438	23438
调整的R²/伪R²	0.0517	0.0505	0.0475	0.0454	0.0523	0.0489	0.0494	0.0448
F值/卡方值	18.79	20.04	14.78	14.65	69.45	30.14	25.13	25.16

样本区间为2001—2009年，回归模型的设定与表6－4的基准模型回归一致，Panel B样本区间为2010—2017年，并在基准模型的基础上额外控制了虚拟变量 $DShort_{i,t}$，若公司 i 为融券标的，$DShort_{i,t}$ 取1，否则 $DShort_{i,t}$ 取0。$DShort_{i,t}$ 的样本均值为0.2813，回归结果表明 $DShort_{i,t}$ 在10%或更高的显著性水平上与股价崩盘风险指标负向相关，表明卖空压力有助于缓解A股上市公司的股价崩盘风险。同时，在Panel A和Panel B中，$HtoLWkd_{i,t}$ 和 $HtoLApril_{i,t}$ 依然在5%的显著性水平上与两个股价崩盘风险指标正向相关，而 $LtoHWkd_{i}$ 和 $LtoHApril_{i}$ 的系数依然不显著。这些结果再次表明，年报披露择机行为对股价崩盘风险的影响是稳健的，并未显著受到2010年A股市场股票卖空制度变革的影响。

表6－10　　子样本回归

	Panel A 2001—2009 年		Panel B 2010—2017 年	
	(1) $NCSKEW_{i,t+52w}$	(2) $DUVOL_{i,t+52w}$	(3) $NCSKEW_{i,t+52w}$	(4) $DUVOL_{i,t+52w}$
$HtoLWkd_{i,t}$	0.131** (1.98)	0.142** (2.18)	0.145** (2.36)	0.153** (2.38)
$HtoLApril_{i,t}$	0.139** (2.04)	0.147** (2.29)	0.150** (2.35)	0.159** (2.52)
$LtoHWkd_{i,t}$	-0.078 (-1.54)	-0.059 (-1.30)	-0.067 (-1.48)	-0.059 (-1.21)
$LtoHApril_{i,t}$	-0.043 (-0.71)	-0.047 (-0.69)	-0.041 (-0.72)	-0.034 (-0.43)
$DShort_{i,t}$			-0.050* (-1.71)	-0.045** (-2.08)
控制变量	Yes	Yes	Yes	Yes
年度 FE	Yes	Yes	Yes	Yes
行业 FE	Yes	Yes	Yes	Yes
观测数	12946	12946	10492	10492
调整的 R^2	0.0475	0.0454	0.0549	0.0538
F 值	14.78	14.65	18.01	17.32

第四节 本章小结

基于坏消息累积理论，本章检验管理者是否在投资者关注度低时披露年报隐藏其中的坏消息，以至增加公司股价在未来崩盘的风险。实证研究结果与这一预期相吻合，具体而言，本章发现实施前述年报信息披露择机行为的公司，在披露年报后的 52 周内，有着更高的股价崩盘风险。这一效应在使用多种方式构建股价崩盘风险、加入个股固定效应、处理潜在的选择偏差等问题后，依然稳健。同时，这一效应在那些管理者或大股东披露负面消息的成本更高或者隐藏负面消息所面临的限制更少的公司中更强。这些结果证实，当管理者有意识地选择在投资者关注度低的时期披露年报等重要信息时，其可能的动机是为了隐藏其中的负面消息，而这一行为将为公司股价在未来崩盘埋下隐患。

本章研究的贡献在于同时丰富了有关投资者有限关注的股票市场影响和股价崩盘风险影响因素的研究。同时，本章研究结果表明，上市公司战略性的信息披露择机行为不仅会造成盈余公告漂移等短期影响，也会带来公司未来股价崩盘风险的增加这一长期经济后果。此外，本章研究也为市场参与者和监管者辨析那些因意图在当下隐藏坏消息而导致未来股价崩盘风险增加的公司提供了一个简单有效的方法。

第 七 章

个人投资者关注与行业层面股票定价

本书第三章、第四章分别从本地偏差和公司透明度的角度,检验了投资者关注对个股层面股票定价的影响。本章进一步从行业层面检验投资者关注对股票定价过程的影响。本章的研究基于以下动机。首先,Cohen 和 Lou(2012)指出,通过研究对比相同行业信息对行业内不同公司股价的冲击差异,能够更好地量化市场摩擦对信息扩散与股价吸收信息过程的影响。因此,相较于异质的个股信息(如个股盈余公告),研究不同公司对相同行业信息反应速度的差异,更能反映投资者关注对信息扩散速度与股票定价过程的潜在影响。

其次,相较于个股信息,行业信息的潜在影响更大,却更难以被投资者特别是个人投资者快速准确地理解和扩散,即投资者更可能对行业信息而非个股信息关注和反应不足。一个直观的例子是投资者能够相对容易地理解房地产公司的定期财报数据,却无法快速而准确地理解重大行业信息,如银行基准利率的变动对房地产行业的整体影响。Cohen 和 Lou(2012)发现,上市公司业务结构的复杂性使投资者很难迅速而准确地估计行业信息对公司股价的影响,业务结构越复杂、行业覆盖面越广的集团公司,吸收行业信息的速度越慢,从而造成此类公司股票收益率的可预测性。胡聪慧等(2015)在 A 股市场上发现了类似的现象。Cen 等(2013)发现,注意力约束导致投资者通过关注行业领头羊公司的市场表现推断行业信息，并利用这些信息对同行业其他公司股票进行定价，然而由于领头羊公司大都为横跨多个行业的集团公司，投资者无法剔除其他行业信息对领头羊公司的股价影响，投资者的这一定价模式将造成对同行业其他公司股票的错误定价。

最后，更为重要的是，Barberis 和 Shleifer（2003）指出，由于注意力约束等原因，投资者存在对资产分类以简化投资过程的行为特征，造成相同类别的资产收益率过度同涨共跌等市场现象，而按行业分类是投资者的重要资产分类方式。Peng 和 Xiong（2006）也指出，面临注意力约束的投资者存在类别学习行为，优先处理市场和行业信息而相对忽视个股信息。这两份研究均表明，理解投资者对行业层次信息的反应模式对于理解投资者的真实投资决策过程至关重要。

基于上述动机，本章从理论与实证两方面研究了投资者关注对行业层面信息扩散与股票定价过程的影响。本章认为，在注意力约束下投资者只能关注有限的行业，从而造成行业信息在市场参与者之间的缓慢扩散，行业信息在行业内的缓慢扩散造成行业内股票收益率的领先—滞后效应，行业信息在行业间的缓慢扩散造成投资者对蕴含重要市场信息的行业股票价格变动反应不足，导致行业收益对市场未来收益具有预测作用，投资者对行业信息的反应不足还将造成行业动量效应。本章的理论推导和实证研究均支撑了上述论点。

第一节　个人投资者关注影响行业股票定价的理论推导

本章首先通过理论模型就投资者关注对行业层面股票定价的潜在影响进行理论推导。具体而言，参考 Hirshleifer、Lim 和 Teoh（2009）以及 Da、Gurun 和 Warachka（2014）等的思路，本节基于投资者注意力异质假设构建了如下理论模型。假设在一个经济体中存在 a、b 两类投资者，a 类投资者注意力有限，其占总投资者的比例为 m，b 类投资者为不存在注意力约束、随时关注所有市场信息的理性投资者。存在唯一的风险资产股票 I，假设初始期为 $t=0$，股票在 $t=1$ 期交易，在 $t=2$ 期出清，为简单起见，假设无风险利率为 0。$t=0$ 时，股票的价格为 P_0，若无新的信息影响，股价依据随机项 ε 随机游走，$\varepsilon \sim N(0, \sigma_\varepsilon^2)$ 是所有投资者的共知知识。$t=1$ 时，信息到达，对股票价格的影响为 $v \sim N(\mu_v, \sigma_v^2)$，$v$ 与 ε 相互独立，投资者 b 注意到新信息的到达，而注意力有限的投资者 a 没有注意到新信息。$t=2$ 时所有投资者都注意到新信息。假设所有投资者是风险厌恶的，且存在均值—方差型效用函数，则投资者 $i=a,b$ 在财富约束下面临的消费最优化问题为：

$$\max U^i = E(C^i) - \frac{1}{2}A^i \mathrm{var}(C^i)$$

$$\text{s. t. } C^i = W_0^i - (x^i - x_0^i)P_1 + x^i P_2 \qquad (7-1)$$

其中，W_0^i 和 x_0^i 分别为投资者 i 的初始财富和初始的股票持有数量，A^i 为风险厌恶系数且 $A^a = A^b = A$，x^i 为投资者 $t=1$ 时对股票的最优持有数量，求解这一数量等同于求解：

$$\max x^i [E_1^i(P_2) - P_1] - \frac{1}{2}A\mathrm{var}_1^i(x^i P_2) \qquad (7-2)$$

解式（7-2），得到：

$$x^i = \frac{E_1^i(P_2) - P_1}{A\mathrm{var}_1^i(P_2)} \qquad (7-3)$$

此时，市场出清条件为：

$$mx^a + (1-m)x^b = S \qquad (7-4)$$

假设净供给 S 为 0，股票仅在两类投资者之间换手，则得到：

$$P_1 = wE_1^a[P_2] + (1-w)E_1^b[P_2] \qquad (7-5)$$

其中，$w = \dfrac{k_1}{k_1 + k_2}$，$k_1 = \dfrac{m}{\mathrm{var}_1^a[P_2]}$，$k_2 = \dfrac{1-m}{\mathrm{var}_1^b[P_2]}$。

投资者 a 在 $t=1$ 时没有关注到信息的到达,因此 $E_1^a[P_2|\varepsilon] = P_0+\varepsilon$,$\mathrm{var}_1^a[P_2|\varepsilon] = \sigma_\varepsilon^2$;投资者 b 关注到信息到达,因而有 $E_1^b[P_2|\varepsilon,v]=P_0+v+\varepsilon$,$\mathrm{var}_1^b[P_2|\varepsilon,v]=\sigma_\varepsilon^2+\sigma_v^2$。这样,可得到:

$$P_1 = P_0 + \varepsilon + \frac{1-m}{1+nm}v \qquad (7-6)$$

其中,$n=\sigma_v^2/\sigma_\varepsilon^2$,$\dfrac{1-m}{1+nm}$ 大于等于 0,小于等于 1,且是 m 的减函数。式(7-6)表明,投资者注意力的有限性造成信息只能缓慢地反映到股票价格之中,股价反映新信息的速度与关注度有限的投资者比例 m 成反比。

利用式(7-6)的结果可推导投资者关注度对同一行业内不同个股吸收行业信息速度的影响。假设同一行业中存在两只基本面完全一致的个股 A 和 I,$t=0$ 时股价 $P_0^A=P_0^I=P_0$,A 和 I 的投资者群体都包括高关注度的投资者和注意力有限的投资者两大类别,且两家公司中注意力有限的投资者互不关注对方公司,即 A 和 I 均遵循前文的定价思路,但定价过程互不相关。A 与 I 的投资者中,注意力有限的投资者比例分别为 m_A 和 m_I,且 $m_A < m_I$,即整体而言 A 公司的投资者对行业信息的关注度相对更高。行业信息 $v \sim N(\mu_v, \sigma_v^2)$ 到达后,根据式(7-6),易得 $P_1^A = P_0 + \varepsilon_A + \dfrac{1-m_A}{1+nm_A}v$,$P_1^I = P_0 + \varepsilon_I + \dfrac{1-m_I}{1+nm_I}v$,$t=2$ 时行业信息为所有投资者所关注,则有 $P_2^A = P_0 + v + \varepsilon_A$,$P_2^I = P_0 + v + \varepsilon_I$。以 $R_{t+1}^i = P_{t+1}^i - P_t^i$ 表示个股 i 在 $t+1$ 期的收益率,则个股 A 在 $t=1$ 期收益率与个股 I 在 $t=2$ 期收益率的协方差为:

$$\mathrm{cov}(R_1^A, R_2^I) = \mathrm{cov}\left[\varepsilon_A + \frac{1-m_A}{1+nm_A}v, \frac{(n+1)m_I}{1+nm_I}v\right]$$

$$= \frac{(1-m_A)(n+1)m_I}{(1+nm_I)(1+nm_A)}\sigma_v^2 \qquad (7-7)$$

同理,个股 I 在 $t=1$ 期收益率与个股 A 在 $t=2$ 期收益率的协方差为:

$$\mathrm{cov}(R_1^I, R_2^A) = \mathrm{cov}\left[\varepsilon_I + \frac{1-m_I}{1+nm_I}v, \frac{(n+1)m_A}{1+nm_A}v\right]$$

$$= \frac{(1-m_I)(n+1)m_A}{(1+nm_I)(1+nm_A)}\sigma_v^2 \tag{7-8}$$

式（7-7）减式（7-8），有：

$$\mathrm{cov}(R_1^A, R_2^I) - \mathrm{cov}(R_1^I, R_2^A)$$

$$= \frac{n(m_I^2 - m_A^2) + (m_A m_I + 1)(m_I - m_A)}{(1+nm_I)(1+nm_A)}\sigma_v^2 \tag{7-9}$$

由于 $0 \leqslant m_A < m_I \leqslant 1$，式（7-7）和（7-8）表明，在共同行业信息的影响下，个股 I 和 A 的收益率存在序列上的正相关性，且式（7-9）恒大于0，这表明受关注度高、吸纳行业信息速度更快的个股 A 的收益率对个股 I 未来收益率的引领效应比反过来更强。当 $m_I = 1$，即只有个股 A 的投资者观察到行业信息时，$\mathrm{cov}(R_1^I, R_2^A) = 0$，个股 I 收益率不再引领个股 A 未来收益率，而 $\mathrm{cov}(R_1^I, R_2^A) = \frac{1-m_A}{1+nm_A}\sigma_v^2 > 0$，个股 A 收益率依然保持对个股 I 未来收益率的引领效应。这一结果表明，投资者关注度高低造成行业内不同公司对相同行业信息反应的快慢，同行业内受关注度高的公司对受关注度低的公司的收益率具有引领作用，反之则不一定成立，即关注度高与关注度低的公司收益率存在所谓的领先—滞后效应。因此，本章提出可检验的假说 H7.1。

H7.1：同行业内，投资者关注度高与关注低的公司股票收益率之间存在领先—滞后效应。

其次，利用式（7-6）可考察投资者关注对行业信息跨行业扩散的影响。假设市场由 X 和 Y 两个行业组成，且两个行业的投资者因注意力有限仅专注于本行业的资产交易。如前文一样交易包括 $t = 0$，1，2 三期，初始期两个行业的股价分别为 P_0^X 和 P_0^Y，在新信息到达前分别基于随机项 ε_X 和 ε_Y 服从随机游走，ε_X 和 ε_Y 相互独立。$t = 1$ 时，X 行业有信息 $v = v_X + v_M$ 到达，v_X 和 v_M 相互独立，$v_X \sim N(u_X, \sigma_X^2)$

为行业 X 专属信息即仅对行业 X 和股价造成影响,相反 $v_M \sim N(u_M, \sigma_M^2)$ 为影响所有行业的市场信息,行业 X 和 Y 对 v_M 的敏感程度分别为 β_X 和 β_Y。行业 X 的收益率 R_1^X 与市场未来收益率 R_2^M 的协方差为:

$$\begin{aligned}\text{cov}(R_1^X, R_2^M) &= \text{cov}(R_1^X, R_2^X + R_2^Y) \\ &= \text{cov}(R_1^X, R_2^X) + \text{cov}(R_1^X, R_2^Y)\end{aligned} \quad (7-10)$$

式(7-10)表明行业 X 的收益率与市场未来收益率的相关性取决于行业 X 收益率的自相关性以及行业 X 收益率与行业 Y 未来收益率的相关性。假定 $t=1$ 时,行业 X 所有投资者均观察到信息的到来,并将其完全反映在行业股价之中,$t=2$ 时没有新的信息反映到股价之中,易有 $\text{cov}(R_1^X, R_2^X)=0$,即 X 行业收益率不存在自相关性;而由于注意力的有限性,只有比例为 $1-m_Y$ 的行业 Y 投资者在 $t=1$ 时观察到 X 行业中新信息的到来,利用式(5-6),得到 $P_1^Y = P_0^Y + \varepsilon_y + \frac{1-m_Y}{1+tm_Y}\beta_Y v_M$,其中 $t = \beta_Y^2 \sigma_M^2 / \sigma_y^2$,$P_2^Y = P_0^Y + \beta_y v_m + \varepsilon_y$,进而得到:

$$\begin{aligned}\text{cov}(R_1^X, R_2^Y) &= \text{cov}\left[v_X + \beta_X v_M + \varepsilon_X, \frac{(t+1)m_Y}{1+tm_Y}\beta_Y v_M\right] \\ &= \frac{(t+1)m_Y}{1+tm_Y}\beta_X \beta_Y \sigma_m^2\end{aligned} \quad (7-11)$$

式(7-11)表明,蕴含在行业 X 中的重要市场信息造成行业 X 当期收益率与市场未来收益率的相关性,这一相关性的符号取决于 β_X 和 β_Y 的符号,大小与 β_X 和 β_Y 的绝对值成正比,与行业 Y 投资者对行业 X 的信息关注度成反比。换句话说,投资者对行业信息的关注不足造成行业信息缓慢地跨行业扩散,当行业信息中蕴含了重要市场信息时,行业收益率与市场未来收益率显著相关,且这一相关程度与行业受到的投资者关注度负相关,即有可检验的假说 H7.2。

H7.2:蕴含重要市场信息的行业收益率与市场未来收益率显著相关,相关程度与行业受到的投资者关注程度成反比。

最后,行业信息的缓慢扩散将导致行业动量效应。假设行业内

只包括 A 和 I 两只股票，符号 A 和 I 的含义以及二者的定价过程如前文所示，则行业组合收益率 $R_P = R_A + R_I$ 的自相关性可以表示为：

$$\mathrm{cov}(R_1^P, R_2^P) = (R_1^A + R_1^I, R_2^A + R_2^I) = \mathrm{cov}(R_1^A, R_2^A) + \mathrm{cov}(R_1^I, R_2^I) + \mathrm{cov}(R_1^A, R_2^I) + \mathrm{cov}(R_1^I, R_2^A) \quad (7-12)$$

式（7-12）表明，行业组合收益率的自相关性由个股 A 和 I 自身收益率的自相关性 $\mathrm{cov}(R_1^A, R_2^A)$ 和 $\mathrm{cov}(R_1^I, R_2^I)$，以及个股 A 和 I 收益率与彼此未来收益率的相关性 $\mathrm{cov}(R_1^A, R_2^I)$ 和 $\mathrm{cov}(R_1^I, R_2^A)$ 两部分组成。当 $m_A = 0$，$m_I = 1$ 时，即所有个股 A 的投资者且只有个股 A 的投资者观察到行业信息时，易得 $\mathrm{cov}(R_1^A, R_2^A)$、$\mathrm{cov}(R_1^I, R_2^I)$ 和 $\mathrm{cov}(R_1^I, R_2^A)$ 均等于 0，但仍有 $\mathrm{cov}(R_1^A, R_2^I) > 0$。这一结果表明，投资者对行业信息的关注不足造成行业信息的缓慢扩散，进而诱发行业动量效应。更重要的是，行业动量效应并不是个股动量效应在行业层面的简单表现，即使不存在个股动量效应，行业内高关注度个股与低关注度个股收益率的领先—滞后效应同样会导致行业动量效应。据此，提出可检验的假说 H7.3。

H7.3：投资者注意力的有限性造成的行业信息缓慢扩散会诱发行业动量效应。

第二节　个人投资者关注影响行业股票定价的实证检验

一　研究设计

（一）样本选择和行业分类

上一节通过模型推导得到了三个可实证检验的假说，本节据此开展相应的实证研究。本节以中国沪深两市所有 A 股公司为样本，在剔除 ST 等非正常状态的公司后，共得到 2875 家样本公司。中国证监会于 2001 年 4 月 3 日正式发布上市公司行业分类指引，将所有公司划分为农林牧渔等 13 个一级行业大类。本章沿用这一分类指引，将所有样本公司划分为 13 个行业类别，并以 2001 年 4 月到 2015 年 12 月为研究样本期。尽管证监会于 2012 年对这一分类指引做出修订，将一级行业大类由 13 个增加至 19 个，但此后 2001 年行业分类标准在学术研究和投资实践中依然得到广泛应用，为保障样本期间研究过程的一致性，2012—2015 年依然使用证监会 2001 年行业分类标准对样本公司分类。截至 2015 年 12 月 31 日，各行业正常上市的公司数如表 7-1 所示。

表 7-1　　　　　样本公司与证监会 2001 年一级行业分类

代码	名称	公司数（家）	代码	名称	公司数（家）
A	农林牧渔业	42	B	采掘业	76
C	制造业	1710	D	电力、煤气及水的生产和供应业	94
E	建筑业	82	F	交通运输、仓储业	87
G	信息技术业	263	H	批发和零售业	150
I	金融、保险业	58	J	房地产业	128
K	社会服务业	113	L	传播与文化产业	51
M	综合类	21		合计	2875

（二）投资者关注度量

本节从四个方面度量投资者对个股（行业）的关注程度。首先，以流通市值表示的个股（行业）公司规模（$Size$）度量投资者关注度。公司规模大小是投资者关注程度的直观指标，大公司多为引人注目的行业领袖，相反小公司更容易被投资者忽视（Hou & Moskowitz, 2005）。Lo 和 Mackinlay（1990）也指出，大公司比小公司能更快地将市场信息反映到股价之中。因此，公司规模越大，越容易受到投资者的关注。其次，以交易金额（$Volume$）度量投资者关注度。交易金额是投资者关注度的常见度量指标，高交易金额、高换手率体现了投资者的高活跃度和高关注度。Barber 和 Odean（2008）发现高交易金额能够引起个人投资者的关注，个人投资者是高交易金额个股的净买入者；Loh（2010）以交易金额为投资者关注度量指标，发现低交易金额即低关注度的股票受分析师荐股意见的影响更小；权小锋和吴世农（2010）以换手率作为投资者关注度量指标，发现投资者关注度与盈余公告效应存在显著的负向关系。再次，以分析师报告数量（An），即分析师的盈利预测报告数量度量投资者关注度。Hong 等（2000）指出，分析师的预测可以提高公司曝光度，帮助投资者解读公司信息，从而提高投资者对公司的关注程度。分析师的盈利预测报告数量越多，表明公司越受关注。最后，以机构投资者持股比例（IO）度量投资者关注度。Barber 和 Odean（2008）认为机构投资者面临的注意力约束更少，更能保持对市场信息的随时关注。饶育蕾、王建新和丁燕（2012）以机构投资者持股比例度量投资者关注度，发现投资者能对高关注度公司的应计项目做出合理定价，相反对低关注度公司的应计项目做出错误的定价。表 7－2 给出了各投资者关注度指标的具体定义与数据来源。①

表 7－2 投资者关注度量指标定义

指标名称	指标符号	指标定义	数据来源
规模	$Size$	样本观测期样本公司（行业）期末 A 股流通市值（单位：10 亿元）的对数	国泰安
交易金额	$Volume$	样本观测期样本公司（行业）A 股交易金额（单位：10 亿元）的对数	国泰安
分析师报告数量	An	样本观测期分析师发布的公司盈利预测报告数的对数	国泰安
机构投资者持股比例	IO	样本观测期基金、券商、QFII、保险公司等机构投资者持有的公司（行业）A 股比例	锐思

---

① 已有研究还常用网络搜索量、媒体报道、广告支出等度量投资者关注度。国内学者多以个股简称在百度搜索中的百度指数和媒体指数度量个股网络搜索量和媒体报道程度，以公司宣传、推广费用度量广告支出，但百度公司屏蔽了约 2/3 的 A 股公司百度指数与媒体指数，超过 1/2 的公司财报中未披露宣传推广费用，因而此三个指标不适用于本章以全行业公司为样本的研究设计。

二 个人投资者关注与行业内股票收益领先滞后效应

参照 Hou（2007）的研究方法，本节使用式（7-13）和式（7-14）所示的向量自回归（VAR）模型对假说 H7.1 进行检验。在每年年初将每个行业所有公司按照其上一年度受投资者关注的程度从低到高划分 3 组，分别包括行业 i 投资者关注度最高的 30%、中间的 40% 和最低的 30%，并以 $R_{i,3}(t)$ 和 $R_{i,1}(t)$ 分别表示行业 i 投资者关注度最高组和最低组股票 t 月的等权重收益率。如果与受关注度低的公司相比，受关注度高的公司对行业信息反应更快，受关注度高的公司收益率对同行业受关注度低的公司股票未来收益率应具有引领作用，而反过来这一关系不应成立。换句话说，如果假说 H7.1 成立，则式（7-13）中的 $R_{i,3}(t-k)$ 系数之和 $\sum_{k=1}^{K} b_k$，应当显著为正，且显著大于式（7-14）中的 $R_{i,1}(t-k)$ 系数之和 $\sum_{k=1}^{K} c_k$。本节以 1—3 阶滞后项作为 $R_{i,3}(t)$ 和 $R_{i,1}(t)$ 的解释变量，即令 $K=3$，以完整地反映一个季度的时间内，两组股票历史收益率对彼此未来收益率的相互影响。本书未报告的研究显示，将滞后阶数减少到 1 阶或增加到 6 阶并未显著影响模型的回归结果。

$$R_{i,1}(t) = \alpha_{i,0} + \sum_{k=1}^{K} a_k R_{i,1}(t-k) + \sum_{k=1}^{K} b_k R_{i,3}(t-k) + e_{i,1(t)}$$
（7-13）

$$R_{i,3}(t) = \beta_{i,0} + \sum_{k=1}^{K} c_k R_{i,1}(t-k) + \sum_{k=1}^{K} d_k R_{i,3}(t-k) + e_{i,3(t)}$$
（7-14）

本节首先以公司规模（Size）为投资者关注度指标进行分组并实施上述实证检验，其结果如表 7-3 中的 Panel A 所示。由于在本章样本期内，交易金额（Volume）、分析师报告数量（An）以及机构投资者持股比例（IO）三个指标与公司规模均存在正向相关关系，在使用这些指标度量投资者关注度时，笔者参照 Hou（2007）的思路对公司规模的可能影响进行了控制。以交易金额（Volume）为例，本节首先以最低30%、中间40%和最高30%为界，分行业将样本公司按照流通市值分为高、中、低三组，然后对每组样本公司按照交易金额再次分为高、中、低三组，从而得到9个子样本公司组合。随后，笔者分别从流通市值高、中、低三组公司中取出其交易金额最低组的子样本公司，得到新的低交易金额样本公司组合及其等权重月收益率 $R_{i,1}(t)$，从流通市值高、中、低三组公司中取出其交易金额最高组子样本公司组合，得到新的高交易金额样本公司组合及其等权重月收益率 $R_{i,3}(t)$，并利用式（7-13）、式（7-14）完成实证检验。类似地，本章按照上述分组方法以分析师报告数量（An）以及机构投资者持股比例（IO）度量投资者关注度完成相关实证检验。

表7-3 Panel B 到 D 依次表示以交易金额（Volume）、分析师报告数量（An）以及机构投资者持股比例（IO）为投资者关注度指标时的面板 VAR 回归结果。列（1）、列（3）、列（5）、列（7）为式（7-13），即以关注度较低组股票收益率 $R_{i,1(t)}$ 为被解释变量时的回归结果，相应地，列（2）、列（4）、列（6）、列（8）为式（7-14），即以关注度较高组股票收益率 $R_{i,3(t)}$ 为被解释变量时的回归结果。如表7-3所示，式（7-13）$R_{i,3}(t-k)$ 的系数在所有回归中均为正，且大多数在统计上显著，表明关注度较高组股票收益率对较低组收益率存在显著的正向冲击；而式（7-14）$R_{i,1}(t-k)$ 的系数符号大多为负且不显著。$R_{i,1(t-1:t-3)}$ 和 $R_{i,3(t-1:t-3)}$ 分别表示 $R_{i,1}$ 和 $R_{i,3}$ 第1—3阶滞后项回归系数之和，如果系数在10%的水平下不显著，则在求和时令该系数为0。$\chi^2(1)$ 和 $\chi^2(2)$ 分别表示对 $R_{i,1(t-1:t-3)}$ 和 $R_{i,3(t-1:t-3)}$ 的显著性进行检验得到的卡方统计量，其原假设分别为 $R_{i,1(t-1:t-3)}$、$R_{i,3(t-1:t-3)}$ 即 $R_{i,1}$ 或 $R_{i,3}$ 第1—3阶滞后项系数之和为0。表7-3的结果表明，以 $R_{i,1(t)}$ 为被解释变量时，$R_{i,3(t-1:t-3)}$ 均显著为正，相反，以 $R_{i,3(t)}$ 为被解释变量时，$R_{i,1(t-1:t-3)}$ 为负或近似于0，且多在统计上不显著，再次表明关注度较高组历史收益率能够引领关注度较

低组未来收益率，而反向的关系并不存在。χ^2（3）是对式（7-13）$R_{i,1(t-1:t-3)}$ 与式（7-14）$R_{i,3(t-1:t-3)}$ 差异的显著性进行检验得到的卡方统计量，其原假设是二者不存在显著差异，检验结果表明，无论使用何种关注度指标，二者的差异均在1%的水平下显著。总的来说，表7-3的回归结果表明，投资者关注度高的股票组合滞后1—3期的收益率，对关注度低的股票组合的当期收益率存在显著的正向冲击，而反过来，关注度低的股票组合滞后1—3期的收益率对关注度高的股票组合当期收益率不存在显著影响，从而支撑了研究假说H7.1，即同行业内关注度高公司与关注度低公司之间存在收益率的领先—滞后效应。

表7-3　　　　　　　　　　　面板VAR回归结果

	Panel A：Size		Panel B：Volume		Panel C：An		Panel D：IO	
	(1) $R_{i,1(t)}$	(2) $R_{i,3(t)}$	(3) $R_{i,1(t)}$	(4) $R_{i,3(t)}$	(5) $R_{i,1(t)}$	(6) $R_{i,3(t)}$	(7) $R_{i,1(t)}$	(8) $R_{i,3(t)}$
$R_{i,1(t-1)}$	0.03 (0.56)	-0.01 (-0.30)	-0.04* (-1.76)	-0.05 (-0.89)	-0.13** (-2.28)	0.06 (0.80)	-0.08*** (2.64)	-0.05 (-0.72)
$R_{i,1(t-2)}$	-0.12** (-2.51)	-0.07* (-1.72)	-0.10** (-2.13)	-0.02 (-0.75)	-0.12** (-2.50)	-0.00 (-0.08)	-0.06* (-1.79)	-0.01 (-0.24)
$R_{i,1(t-3)}$	-0.20*** (-4.34)	-0.09** (-2.32)	0.05 (0.83)	-0.04 (-1.42)	-0.08 (-1.61)	-0.04 (-0.83)	-0.05 (-0.87)	-0.02 (-0.41)
$R_{i,3(t-1)}$	0.13** (2.45)	0.11*** (2.59)	0.22** (2.14)	0.05 (0.93)	0.09* (1.81)	-0.13*** (2.86)	0.12** (2.13)	-0.17*** (-2.99)
$R_{i,3(t-2)}$	0.24*** (4.60)	0.20*** (4.77)	0.11** (2.16)	-0.09* (-1.75)	0.13** (2.35)	-0.14** (2.33)	0.18* (1.82)	-0.05 (-0.74)
$R_{i,3(t-3)}$	0.22*** (4.24)	0.12*** (2.67)	0.04* (1.87)	-0.10* (-1.92)	0.11** (2.17)	0.02 (0.42)	0.03 (0.51)	0.08 (1.28)
$R_{i,1(t-1:t-3)}$ χ^2(1)	-0.32*** (**9.99**)	-0.16* (**5.25**)	-0.14* (**2.69**)	0.00 (**0.64**)	-0.25* (**2.61**)	0.00 (**0.24**)	-0.14** (**3.31**)	0.00 (**0.24**)
$R_{i,3(t-1:t-3)}$ χ^2(2)	0.59*** (**42.56**)	0.43*** (**32.09**)	0.37*** (**11.64**)	-0.29*** (**7.75**)	0.33*** (**7.74**)	-0.27*** (**6.15**)	0.30** (**3.25**)	-0.17* (**2.71**)

续表

	Panel A: Size		Panel B: Volume		Panel C: An		Panel D: IO	
	(1) $R_{i,1(t)}$	(2) $R_{i,3(t)}$	(3) $R_{i,1(t)}$	(4) $R_{i,3(t)}$	(5) $R_{i,1(t)}$	(6) $R_{i,3(t)}$	(7) $R_{i,1(t)}$	(8) $R_{i,3(t)}$
$R_{i,3(t-1:t-3)} - R_{i,1(t-1:t-3)}$ $\chi^2(3)$	0.75*** (***26.93***)		0.37*** (***13.24***)		0.33*** (***9.50***)		0.30*** (***7.45***)	
观测数	2288	2288	2012	2012	2012	2012	2012	2012

注：正常字体括号内为 t 值，加粗斜体括号内为卡方值。

三 个人投资者关注与行业对市场收益的预测作用

本章假说 H7.2 的基本逻辑是，由于投资者注意力的有限性，投资者在同一时间只能关注自己熟悉的少数行业，从而造成行业信息逐步跨行业扩散。如果行业收益率蕴含了重要的市场信息，而投资者因注意力约束对此反应滞后，则行业收益率应显著影响市场未来收益率。受投资者关注程度越低的行业，信息跨行业的扩散速度越慢，对市场未来收益率的影响越显著。本章采用三个步骤验证这一假说：首先，检验行业收益率显著影响市场未来收益率；其次，检验行业收益率蕴含影响整个市场的重要信息，如宏观经济指标走势；最后，检验行业收益率对市场未来收益率的影响及与投资者关注度的相关性。

（一）行业收益率对市场未来收益率的影响

参照 Hong 等（2007）的做法，本章使用式（7-15）检验行业收益率对市场未来收益率的显著影响。$R_{m,t}$ 为等权重市场组合 t 月的收益率，$R_{i,t}$ 为行业 i 所有样本公司 t 月的等权重收益率。式（7-15）的控制变量包括市场收益率的一阶滞后项 $R_{m,t-1}$ 以及市场组合日收益率的波动率 Sigma、期限溢价 Term（10年期国债与6个月国债到期收益率之差）、通货膨胀率 CPI 以及市场总体股息支付率 PRatio（上季度所有公司现金股利总额除以净利润总额）等反映市场时变风险的变量。

$$R_{m,t} = \alpha_i + \beta_i R_{i,t-1} + \gamma \sum Control + \varepsilon_{i,t} \qquad (7-15)$$

本节使用式（7-15）逐一对 13 个一级行业的收益率对市场未来收益率的影响进行了检验，鉴于所有行业都可能对 $R_{m,t}$ 具有预测能力，这一方式可能遗漏了未置入模型的其他行业的收益率，而各行业收益率之间存在截面相关性，这意味着 $R_{i,t-1}$ 与残差 $\varepsilon_{i,t}$ 是相关的。为解决这一内生性问题，本书使用 $R_{i,t-1}$ 的一阶和二阶滞后项（即 $R_{i,t-2}$ 和 $R_{i,t-3}$）作为工具变量，并使用广义矩估计法（GMM）对式（7-15）进行估计。Fama（1998）发现，尽管在样本区间或计量方法改变后，多数有悖于有效市场的资产定价异象都不复存在，但盈余公告漂移与股价动量现象依然稳健。事实上，大量已有研究表明，在 Jegadeesh 和 Titman（1993）、Debondt 和 Thaler（1985）发现股价动量效应和反转效应近 30 年后，二者依然在全球股票市场中广泛存在。Fama 和 French（2012）发现在 1990—2011 年，动量因子是北美、欧洲、亚太等地区股票市场的显著风险因子，Asness 等（2013）发现 1987—2011 年，美国和欧洲等地区的股票、债券、外汇等资产市场的价格始终存在显著的动量趋势。类似地，刘博和皮天雷（2007）、鲁臻和邹恒甫（2007）、潘莉和徐建国（2011）、李少育（2013）均发现 A 股市场在月度周期中存在显著的反转效应，陈蓉、陈焕华和郑振龙（2014）还发现 A 股市场存在显著的月内动量效应，而无论是动量效应还是反转效应，都说明 A 股收益率存在自相关性。本章前文的向量自回归模型结果也发现，无论高关注度或低关注度股票组合，其收益率都与其历史收益率显著相关。因此，由于 $R_{i,t-2}$ 和 $R_{i,t-3}$ 与 $R_{i,t-1}$ 显著相关，而某行业历史收益率显然与其他行业未来收益率不存在相关性，即 $R_{i,t-2}$ 和 $R_{i,t-3}$ 与 $\varepsilon_{i,t}$ 不相关，使用 $R_{i,t-2}$ 和 $R_{i,t-3}$ 作为 $R_{i,t-1}$ 的工具变量是合适的。

表 7-4 给出了式（7-15）的 GMM 估计结果，Hansen J 值是对工具变量进行过度识别检验得到的统计量，其原假设为所有的工具变量均是外生的，括号内的 p 值表明所有回归中都无法拒绝这一原假设，表明本书使用的工具变量是合适的。与 Hong 等（2007）一样，本章使用异方差—自相关一致标准误计算回归系数的显著性。如表 7-4 所

示，采掘业，电力、煤气及水的生产和供应业，批发和零售业以及综合类4个行业，即约1/3的行业收益率显著影响市场未来收益率。除电力、煤气及水的生产和供应业的系数显著为负外，其余三者均显著为正。这些行业的显著性与符号存在一定的经济含义，我国大部分的能源、工业原料和农业生产资料来自采掘业，采掘业的景气程度对整体经济景气程度有指示作用；类似地，批发和零售业的市场表现反映了消费景气程度。电力、煤气及水的生产和供应业为非周期性行业，是所谓的防御行业，此类行业收益率的走高通常预示着市场参与者对经济前景的悲观态度，这解释了其收益率与市场未来收益率的负相关关系。综合类是行业分类最含糊的行业，从投资者关注的角度来说，其行业信息最难以迅速地被市场参与者准确理解和扩散，符合本章从投资者关注角度对行业影响市场未来收益率所做的解释。

表7-4　　　　　　　　行业对市场未来收益率的影响

行业	系数	t值	Hansen J值	行业	系数	t值	Hansen J值
农林牧渔业	-0.78	-0.48	0.32（0.57）	采掘业	1.27***	2363	1.27（0.26）
制造业	1.73	1.08	0.74（0.39）	电力、煤气及水的生产和供应业	-1.31**	-2.01	0.07（0.79）
建筑业	-1.16	-1.28	0.51（0.48）	交通运输、仓储业	0.55	0.76	1.41（0.24）
信息技术业	-1.28	-0.96	1.27（0.26）	批发和零售业	1.55*	1.74	0.02（0.88）
金融、保险业	2.49	1.47	0.79（0.37）	房地产业	-1.73	-0.62	1.06（0.30）
社会服务业	-1.89	-1.56	1.37（0.24）	传播与文化产业	-0.27	-1.05	1.02（0.31）
综合类	0.70***	2.66	0.16（0.69）				

注：括号内为Hansen J统计量的p值，原假设为所有工具变量均为外生的。

为了探究投资者关注度与行业预测能力的关系，本章统计了样本期内各行业样本公司规模、交易金额、分析师报告数量和机构投资者持股比例的中位数，并按照中位数从高到低对各行业进行排名，结果如表7-5所示。批发和零售业的规模和交易金额中位数在所有行业中倒数第1，其分析师报告数量和机构投资者持股比例分别为倒数第5名和倒数第4名。类似地，综合类的分析师报告数量和机构投资者持股比例排名倒数第1，交易金额和规模则分别排在倒数第3位和倒数第5位，电力、煤气及水的生产和供应业的规模、交易金额、分析师报告数量和机构投资者持股比例分别排名倒数第6位、倒数第3位、倒数第4位和倒数第2位，采掘业的规模和交易金额排名相对靠前，分别排在第4位和第6位，但其分析师报告数量和机构投资者持股比例分别排名倒数第4位和第2位，换句话说，所有对市场具有预测能力的4个行业均属于相对为投资者不关注的行业。占总上市公司数比例超过50%的制造业、在样本期内对我国经济有着举足轻重影响的房地产业以及作为经济发展晴雨表的金融、保险业均对市场收益率无显著预测能力，而从各关注度指标来看这些行业的关注度排名均十分靠前。换句话说，在上市公司中的高占比、对整体经济的重要影响使投资者保持对这些行业的高度关注，因此这些行业对市场收益率的影响更可能在同期显现而非滞后。相反，采掘业，电力、煤气及水的生产和供应业等投资者较少关注的行业中所蕴含的重要市场信息，只能在市场中得到滞后反应。

表7-5　　　　　　　　　　　　　行业关注度排名

行业	规模	交易金额	分析师报告	机构投资者持股比例
农林牧渔业	10	7	11	5
采掘业	4	6	10	12
制造业	5	9	2	3
电力、煤气及水的生产和供应业	11	10	12	9
建筑业	3	5	8	7
交通运输、仓储业	8	4	7	4
信息技术业	2	2	5	2
批发和零售业	13	13	9	10
金融、保险业	1	1	1	1
房地产业	6	3	3	6
社会服务业	7	8	4	11
传播与文化产业	12	12	6	8
综合类	9	11	13	13

(二) 行业收益率与宏观经济指标的相关性

如前所述,行业收益率影响市场未来收益率的一个合理解释是行业收益率蕴含了能够影响整个市场的重要信息,如宏观经济的景气程度。本章通过式 (7-16) 对此进行检验,即检验行业收益率与重要的宏观经济指标未来走势的相关性。如果影响市场未来收益率的行业收益率同时与宏观经济指标未来走势显著相关,则表明这些行业的确蕴含了可以影响整个市场的重要宏观经济信息,注意力有限的投资者对这一信息的反应滞后导致了行业对市场未来收益率的显著影响。与 Hong 等 (2007) 一样,本章以工业增加值增长率 IPG 作为宏观经济活动的度量指标。① 在本章样本期内,A 股月度市场超额收益与同期月度 IPG 的相关系数为显著为正的 0.1286。因此,如果行业历史收益率蕴含了影响整个市场的重要宏观信息,则能够显著预测市场未来收益率的行业,应当能够以同样的符号显著预测 IPG 的未来变动。式 (7-16) 的控制变量等模型设定与式 (7-15) 完全一致,同样以行业收益率的一阶和二阶滞后项作为行业收益率的工具变量,使用 GMM 法对模型进行估计,并通过异方差—自相关一致标准误计算系数的显著性。

$$IPG_t = \alpha_i + \lambda_i R_{i,t-1} + \gamma \sum Control + \varepsilon_{i,t} \qquad (7-16)$$

式 (7-16) 的估计结果如表 7-6 所示,采掘业,电力、煤气及水的生产和供应业,批发和零售业,社会服务业以及综合类 5 个行业的收益率显著影响 IPG 的未来走势,其中采掘业,电力、煤气及水的生产和供应业,批发和零售业,综合类 4 个行业以同样的符号显著影响市场未来收益率。图 7-1 描述了行业对市场收益以及 IPG 的预测能力的相关关系,其横轴为行业 i 在式 (7-15) 中的回归系数 β_i,表示行业收益率对市场收益率的预测能力,纵轴为行业 i 在式 (7-16) 中的回归系数 λ_i,表示行业收益率对 IPG 的预测能力。图中直线为二者

---

① 本书还以社会消费品零售总额增长率为宏观经济指标重复了本节研究,关键变量的系数符号与显著性未变化。

OLS 回归的拟合线，该线直观地表明二者存在正向相关关系。β_i 与 λ_i 在 OLS 回归中的系数为 0.76，且系数的 t 值为 8.66，表明行业对市场收益率的预测能力与其对 IPG 的预测能力在 1% 以上的水平高度显著相关。总的来说，图 7-1 和表 7-6 的结果表明，如本章预期的那样，显著影响市场未来收益率的行业，能够以同样的符号显著影响 IPG 这一重要宏观经济指标，符合本章从信息角度对行业影响力所做的解释，即行业对市场收益率的预测能力来自行业中所蕴含的重要市场信息。

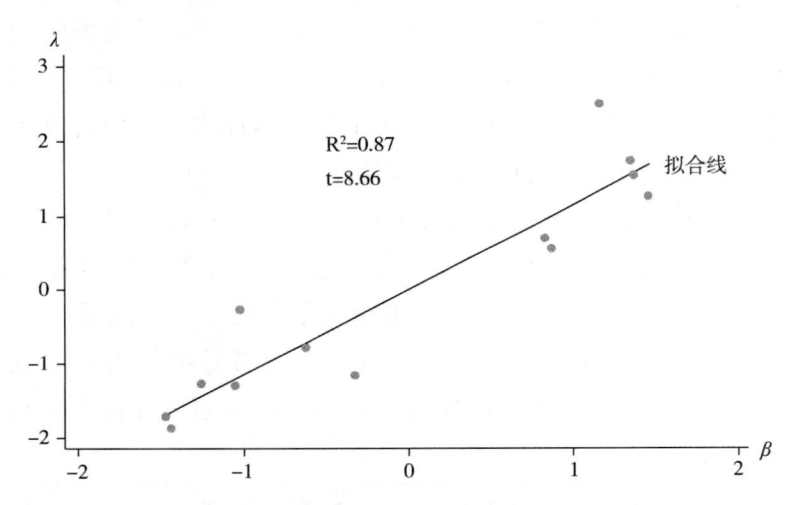

图 7-1 行业收益对市场收益、宏观经济指标预测能力的相关性

表 7-6 行业历史收益率与未来工业增加值增长率的相关性检验

行业	系数	t 值	Hansen J 值	行业	系数	t 值	Hansen J 值
农林牧渔业	-0.62	-0.77	1.20 (0.27)	采掘业	1.46**	2.04	0.18 (0.67)
制造业	1.35	1.26	1.11 (0.29)	电力、煤气及水的生产和供应业	-1.05**	-1.99	0.21 (0.64)
建筑业	-0.32	-1.50	0.59 (0.44)	交通运输、仓储业	0.87	0.58	1.61 (0.20)
信息技术业	-1.26	-0.90	1.61 (0.20)	批发和零售业	1.37*	1.73	0.08 (0.77)
金融、保险业	1.17	1.37	0.70 (0.40)	房地产业	-1.47	-1.00	0.09 (0.77)
社会服务业	-1.44**	-2.22	0.08 (0.77)	传播与文化产业	-1.02	-0.12	0.54 (0.46)
综合类	0.83***	3.29	0.46 (0.50)				

注：括号内为 Hansen J 统计量的 p 值，原假设为所有工具变量均为外生的。

(三) 投资者关注度与行业对市场未来收益率的影响力

表7–5在一定程度上表明行业对市场收益的预测能力与其受关注程度呈负相关，对市场未来收益率存在显著影响的行业的投资者关注度排名均相对靠后。本章使用式（7–17）对投资者关注与行业对市场收益预测能力的关系进行进一步检验。与式（7–15）相比，式（7–17）增加了投资者关注指标及其与行业收益率的交叉项。① 根据假说H7.2，交叉项的系数 γ_i 符号应与行业收益率的系数符号相反，即投资者关注度越弱，行业对市场未来收益率的影响力越强，反之亦然。

$$Rm = \alpha_i + \beta_i R_{i,t-1} + \gamma_i (I_{i,t-1} \times R_{i,t-1}) + \lambda_i I_{i,t-1} + \chi \sum Control + \varepsilon_{i,t}$$
(7–17)

表7–7给出了式（7–17）的估计结果，其模型设定、估计方法以及标准误的选择与式（7–15）、式（7–16）的估计过程完全一致，Panel A 到 Panel D 分别表示以规模、交易金额、分析师报告数量和机构投资者持股比例为关注度指标得到的回归结果。表7–7的结果显示，在加入关注度与行业收益率的交叉项后，显著影响市场未来收益率的行业数量有所增加。但从整体来看，在不同的关注度指标下均对市场未来收益率具有显著影响的行业，依然为采掘业，电力、煤气及水的生产和供应业，批发和零售业，综合类四个行业，且其系数符号与式（7–15）的估计结果保持一致。更为重要的是，所有交叉项的系数均与行业收益率的系数相反，且那些对市场收益率具有预测能力的行业的交叉项系数均显著，表明高关注度抑制了行业对市场未来收益率的预测作用，反过来低关注度则强化了行业的这一预测作用。

---

① 本书还对本节内容进行了如下的稳健性检验。设虚拟变量 $DA_{i,t}$，行业 i 第 t 月的投资者关注度指标高（低）于其样本期均值时，$DA_{i,t}$ 取 1（0），表示行业处于高（低）关注期，以 $DA_{i,t-1} \times R_{i,t-1}$ 替代 $I_{i,t-1} \times R_{i,t-1}$ 重新对式（7–16）进行检验，关键变量的系数符号与显著性未变化。

表 7—7　投资者关注度与行业对市场未来收益率的影响

行业	Panel A: Size		Panel B: Volume		Panel C: An		Panel D: IO	
	$R_{i,t-1}$	$R_{i,t-1} \times I_{i,t-1}$	$R_{i,t-1}$	$R_{i,t-1} \times I_{i,t-1}$	$R_{i,t-1}$	$R_{i,t-1} \times I_{i,t-1}$	$R_{i,t-1}$	$R_{i,t-1} \times I_{i,t-1}$
农林牧渔业	-0.46 (-0.63)	0.35 (0.64)	-0.50 (-0.39)	0.32 (0.48)	-0.61 (-0.42)	0.48 (0.53)	-0.57 (-0.61)	0.21 (0.46)
采掘业	1.74*** (4.26)	-0.37*** (-4.06)	1.81*** (5.80)	-0.20*** (-7.56)	1.97** (2.21)	-0.48* (-1.86)	2.31** (2.27)	-0.67* (-1.76)
制造业	1.26 (0.92)	-0.35 (-0.82)	0.83 (0.53)	-0.08 (-0.42)	0.88 (0.09)	-0.11 (-0.10)	1.64 (1.60)	-0.47* (-1.67)
电力、煤气及水的生产和供应业	-1.89*** (-2.57)	0.50** (2.34)	-1.88** (-2.50)	0.69** (2.45)	-1.93** (-2.03)	0.44*** (2.74)	-1.34 (-1.02)	0.61* (1.70)
建筑业	-0.64 (-0.17)	0.49* (1.70)	-0.98 (-0.37)	0.20 (0.41)	-1.46 (-1.01)	0.70 (0.24)	-0.50 (-0.16)	0.32 (0.38)
交通运输、仓储业	1.64 (0.81)	-0.43 (-0.42)	1.23 (1.17)	-0.22 (-1.13)	1.34 (0.55)	-0.03 (-0.77)	2.09* (1.95)	-0.41** (-2.22)
信息技术业	-2.51 (-1.39)	0.19 (1.07)	-1.97 (-1.25)	0.19 (1.03)	-1.81 (-0.73)	0.15 (-0.67)	-1.00 (-0.10)	0.06 (0.11)
批发和零售业	2.07** (1.91)	-0.64* (-1.79)	1.92*** (3.32)	-0.86*** (-3.21)	1.34 (0.27)	-1.21 (-0.74)	1.87** (2.07)	-0.51* (-1.94)
金融、保险业	1.23 (1.08)	-0.70 (-0.97)	1.31 (1.36)	-0.85 (-0.54)	0.95 (0.85)	-0.29* (-1.69)	1.44 (1.43)	-0.22 (-0.47)

续表

行业	Panel A: Size		Panel B: Volume		Panel C: An		Panel D: IO	
	$R_{i,t-1}$	$R_{i,t-1} \times I_{i,t-1}$	$R_{i,t-1}$	$R_{i,t-1} \times I_{i,t-1}$	$R_{i,t-1}$	$R_{i,t-1} \times I_{i,t-1}$	$R_{i,t-1}$	$R_{i,t-1} \times I_{i,t-1}$
房地产业	-1.55 (-0.37)	0.41 (0.52)	-1.81 (-1.20)	0.66* (1.74)	-1.95 (-1.62)	1.44 (1.45)	-0.78 (-1.10)	0.03 (0.27)
社会服务业	-1.97 (-1.42)	0.95 (1.34)	-1.63 (-0.74)	0.65 (0.74)	-1.65 (-0.27)	0.51 (0.33)	-1.90 (-0.54)	0.67 (1.03)
传播与文化产业	-2.08*** (-3.67)	0.92*** (3.30)	-1.81*** (-2.68)	0.59** (2.41)	-0.37 (-0.24)	0.10 (0.86)	-0.86 (-1.04)	0.16 (1.00)
综合类	1.93*** (3.90)	-0.88*** (-3.24)	1.40*** (3.16)	-0.78*** (-3.48)	1.59** (2.34)	-0.72** (-2.08)	1.44** (1.97)	-0.36** (-2.00)

总的来说，本节的实证结果表明，部分行业的收益率显著影响市场未来收益率，且这一影响力与投资者对行业的关注程度成反比，同时，这些行业大都同样显著影响工业增加值增长率这一重要宏观经济指标的未来走势。这些结果验证了假说 H7.2，行业收益率蕴含了重要的市场信息，由于投资者注意力的有限性，这些信息反映到市场收益率中的过程滞后，从而导致行业收益率与市场未来收益率的显著相关性，行业受关注度越低，信息跨行业扩散的速度越缓慢，对市场未来收益率的潜在影响越强。

四 个人投资者关注与行业动量效应

（一）原始行业动量效应

为检验假说 H7.3，本章按照 Jegadeesh 和 Titman（1993）的动量组合构造方法，计算了样本期内执行形成期为 j 月，持有期为 k 月的 (j,k) 行业动量策略收益，即等权重买入前 j 个月收益率最高行业所有公司，卖出收益率最低行业所有公司，并持有 k 个月的行业动量组合的月度超额收益率。本章通过两种方式来剔除风险因素对收益率的影响，得到组合的超额收益率。一是使用 CAPM 模型调整行业动量组合各股票的收益率，得到个股 i 第 t 月的超额收益 $ER_{i,t} = R_{i,t} - R_{f,t} - \hat{\beta}_{i,t} \times (R_{m,t} - R_{f,t})$，进而得到整个行业动量组合的超额收益。$R_{i,t}$ 为个股的实际月度收益率，$R_{m,t}$ 和 $R_{f,t}$ 分别为月度等权重市场收益率与无风险收益率，$\hat{\beta}_{i,t}$ 为 t 月之前个股所有历史月超额收益数据与市场月超额收益数据回归所得的风险 Beta 值。二是参照 Jegadeesh 和 Titman（2001）、Hirshleifer 等（2009）的做法，首先将所有样本公司按照规模大小分为 5 组，随后将每个规模组合按照账面市值比再次分为 5 组，从而得到 25 个规模、账面市值比各不相同的股票组合，随后以个股所在的股票组合的等权重平均收益率，对行业动量组合中的个股收益率进行调整，进而计算行业动量组合的超额收益率。尽管这一方式未直接考虑市场风险即 Beta 的影响，但买多卖空策略本身在很大程度上抵消了组合的 Beta，同时行业动量组合中股票数量少则百余个，多则上千个，组合本身的高分散化程度也在一定程度上控制了个股 Beta 的影响，实际上行业动量组合的平均 Beta 接近于 0，因此其收益率并未受到市场风险的显著影响。

表 7-8 给出了形成期为 $j=1$，3，6 个月，持有期为 $k=1$，3，6，9，12 个月的行业动量组合的原始收益率、经市场模型调整的收益率以及经规模和账面市值比股票组合调整的收益率。如表 7-8 所示，尽管形成期为 1 个月或 6 个月的行业动量组合收益大都不显著，但形成期为 3 个月的行业动量组合在多数情况下都取得了显著的正向收益。等权重买入前 3 个月收益最高的赢家行业，卖出前 3 个月收益最低的输家行业，并持有 3、6、9、12 个月的行业动量策略，分别能够获得 0.51%、0.59%、0.55% 和 0.51% 的经规模和账面市值比股票组合调整后的超额收益，即近 6%—7% 的年化超额收益，这表明在中期内行业动量效应如本章所预期得那样存在。

更为重要的是，国内已有学者的研究表明，A 股市场在月度及以上周期不存在个股动量效应，相反存在反转效应（刘博和皮天雷，2007；鲁臻和邹恒甫，2007；潘莉和徐建国，2011）。本书未报告的研究得到了类似的结果，执行 (j, k) 个股动量策略（j 或 $k=1$，3，6，9，12），买入收益率前 30% 的赢家个股组合，卖出收益率后 30% 的输家个股组合，得到的超额收益绝大多数情况下显著为负而非正。此外，前文实证研究发现低关注度个股对高关注度个股未来收益率无显著影响。因此，本章所观察到的行业动量效应，只可能来自行业内高关注度个股对低关注度个股收益率的正向引领效应，而这一推论吻合前文的领先—滞后效应实证研究结果。这一结果表明投资者注意力的有限性导致行业内个股收益率存在领先—滞后效应，而这一领先—滞后效应最终诱发行业动量效应，从而验证了本章的假说 H7.3。

表 7-8　　　　　　　　　行业动量策略收益率

Panel A：行业动量策略原始收益率

形成期	持有期				
	1 个月	3 个月	6 个月	9 个月	12 个月
1 个月	0.0027 (0.51)	0.0018 (0.59)	0.0021 (0.89)	0.0022 (1.34)	0.0024* (1.92)
3 个月	0.0051 (0.99)	0.0046* (1.67)	0.0052** (2.38)	0.0050*** (3.18)	0.0048*** (3.92)
6 个月	-0.0005 (-0.11)	-0.0006 (-0.23)	-0.0002 (-0.10)	0.0002 (0.08)	0.0007 (0.43)

Panel B：行业动量策略经 Beta 调整后的收益率

形成期	持有期				
	1 个月	3 个月	6 个月	9 个月	12 个月
1 个月	0.0008 (0.16)	0.0001 (0.03)	0.0001 (0.05)	0.0005 (0.37)	0.0007 (0.66)
3 个月	0.0039 (0.75)	0.0032 (1.14)	0.0038* (1.73)	0.0039** (2.57)	0.0038*** (3.23)
6 个月	-0.0012 (-0.26)	-0.0014 (-0.53)	-0.0013 (-0.52)	-0.0004 (-0.24)	0.0001 (0.07)

Panel C：行业动量策略经规模和账面市值比股票组合调整后的收益率

形成期	持有期				
	1 个月	3 个月	6 个月	9 个月	12 个月
1 个月	0.0018 (0.49)	0.0014 (0.62)	0.0019 (1.07)	0.0019 (1.48)	0.0018* (1.81)
3 个月	0.0056 (1.45)	0.0051** (2.20)	0.0059*** (2.95)	0.0055*** (3.55)	0.0052*** (4.05)
6 个月	0.0013 (0.36)	0.0015 (0.69)	0.0026 (1.23)	0.0028 (1.61)	0.0030* (1.99)

（二）经个股关注度调整的行业动量效应

Barber 和 Odean（2008）指出，个人投资者在买入股票时面临成千种选择，注意力因而分散，从而倾向于买入能够引起自己关注即高关注度高的个股，而在存在卖空限制的条件下，投资者在卖出股票时只需要对手中持有的有限种类股票做出选择。因此，个人投资者是高关注度个股的净买入者，这意味着高关注度个股在短期相对低关注度个股溢价。为此，本节构建了一种根据个股受关注度调整的行业动量策略，即买入赢家行业中关注度最高的股票组合，相应卖出输家行业中关注度最低的股票组合。具体来说，本节利用本书的投资者关注度指标，将前 3 个月收益率最高和最低的行业公司按照上月投资者关注度的高低划分为 5 组，并执行等权重买入前 3 个月收益率最高行业中投资者关注度最高组，同时卖出收益率最低行业受关注度最低组股票组合，并持有 1、3、6、9、12 个月的投资策略。

表 7-9 给出了这一行业动量策略经 Beta 以及经规模和账面市值比组合调整后的月收益率，并将其与原始行业动量组合收益率进行了比较。如表 7-9 所示，除以规模为关注度的指标外，其余经投资者关注度调整后的行业动量组合收益率均显著高于原始行业动量组合。以市场模型计算超额收益时，经规模调整后的行业动量组合收益率高于原始行业动量组合收益率，但在统计上不显著。这一结果是可以预见的，因为该策略为买入赢家行业中规模最大 20% 的股票，卖出输家行业规模最小的 20% 股票，该策略的收益率相较于原始行业动量策略无显著提升可能是规模溢价（小市值股票相对大市值股票溢价）效应的结果。事实上，在经规模和账面市值比调整后，该策略同样获得了显著高于原始行业动量策略的收益率。经交易金额调整的行业动量组合收益率最高，买入前 3 个月赢家行业中上月交易金额最高的 20% 股票，卖出输家行业上月交易金额最低 20% 股票的月度超额收益可高达 4%—5%。需要再次说明的是，在中长期内本节没有发现 A 股市场存在个股动量效应，因此根据个股关注度调整的行业动量策略收益率的提高并非来自个股动量效应的贡献。概括来说，这里的研究验证了本章的假说 H7.3，从行业层面来看，行业内高关注度公司与低关注度公司收益率的领先—滞后效应，造成行业收益率的正自相关性并表现为行业动量效应；从个股层面来看，投资者对高关注度个股的净买入导致其相对溢价，结合这一特征的

行业动量策略能够获得更高的显著正向收益。

表7-9　　　　　经个股关注度调整后的行业动量策略收益率

	Panel A：经 Beta 调整的动量组合收益率				
持有期	1个月	3个月	6个月	9个月	12个月
（1）原始行业动量策略	0.0039 (0.75)	0.0032 (1.14)	0.0038* (1.73)	0.0039** (2.57)	0.0038*** (3.23)
（2）按规模调整	0.0061 (0.71)	0.0043 (0.89)	0.0052 (1.33)	0.0069** (2.47)	0.0067*** (2.89)
（3）按交易金额调整	0.0391*** (4.64)	0.0377*** (7.76)	0.0433*** (10.10)	0.0412*** (13.25)	0.0389*** (15.97)
（4）按分析师报告数量调整	0.0094 (1.09)	0.0092* (1.87)	0.0122*** (3.19)	0.0135*** (5.17)	0.0139*** (6.35)
（5）按机构投资者比例调整	0.0094 (1.11)	0.0111** (2.23)	0.0160*** (3.84)	0.0164*** (5.33)	0.0151*** (6.22)
（2）减（1）	0.0022 (0.32)	0.0011 (0.28)	0.0014 (0.51)	0.0028 (1.53)	0.0029* (1.73)
（3）减（1）	0.0352*** (5.83)	0.0345*** (9.53)	0.0395*** (12.02)	0.0373*** (14.99)	0.0361*** (17.26)
（4）减（1）	0.0055 (0.59)	0.0060 (1.24)	0.0084* (1.75)	0.0096*** (3.14)	0.0101*** (3.67)
（5）减（1）	0.0016 (0.92)	0.0028** (2.47)	0.0046*** (4.55)	0.0057*** (5.86)	0.0063*** (6.33)
	Panel B：经规模和账面市值比组合调整的收益率				
持有期	1个月	3个月	6个月	9个月	12个月
（1）原始行业动量策略	0.0056 (1.45)	0.0051** (2.20)	0.0059*** (2.95)	0.0055*** (3.55)	0.0052*** (4.05)
（2）按流通市值调整	0.0220*** (3.38)	0.0199*** (5.33)	0.0219*** (6.46)	0.0210*** (7.73)	0.0206*** (8.81)
（3）按交易金额调整	0.0501*** (7.34)	0.0479*** (11.49)	0.0537*** (13.62)	0.0489*** (16.07)	0.0458*** (18.93)
（4）按分析师覆盖度调整	0.0151** (2.17)	0.0154*** (3.75)	0.0198*** (5.65)	0.0199*** (7.47)	0.0205*** (9.02)

续表

Panel B：经规模和账面市值比组合调整的收益率					
持有期	1 个月	3 个月	6 个月	9 个月	12 个月
（5）按机构投资者比例调整	0.0143 ** (2.34)	0.0160 *** (4.36)	0.0207 *** (6.30)	0.0206 *** (7.86)	0.0196 *** (8.92)
（2）减（1）	0.0164 *** (3.17)	0.0148 *** (5.59)	0.0160 *** (7.03)	0.0155 *** (8.70)	0.0154 *** (9.73)
（3）减（1）	0.0108 *** (8.28)	0.0428 *** (12.58)	0.0478 *** (15.26)	0.0434 *** (17.68)	0.0406 *** (20.05)
（4）减（1）	0.0095 (1.28)	0.0103 *** (2.79)	0.0139 *** (3.90)	0.0144 *** (5.61)	0.0153 *** (6.83)
（5）减（1）	0.0039 * (1.94)	0.0052 *** (4.50)	0.0080 *** (6.67)	0.0089 *** (8.19)	0.0101 *** (8.71)

五 稳健性检验

本章的假说建立在投资者的类别学习（Peng & Xiong，2006）和类别投资行为（Barberis & Shleifer，2003）之上。按行业分类是投资者最常用的分类方法之一，除证监会的指导性行业分类标准外，万德、申银万国和中信证券等证券和金融服务公司的行业分类标准在投资实践中也存在广泛应用。如果本章的实证研究结果是稳健的，则在这些行业分类标准下应该能够得到近似的研究结果。为此，本节按照中信证券一级行业分类标准，将所有样本公司分为29 个行业，重复了前文研究以进行稳健性检验。中信证券从 2003年 1 月 1 日开始公布这一行业分类标准，研究样本期因而变更为2003 年 1 月至 2015 年 12 月，除此以外，所有实证过程与前文完全一致，得到的研究结果与前文基本一致，即本章研究结论是稳健的。限于篇幅，相关实证结果未列出，感兴趣的读者可自行向作者索取。

第三节 本章小结

　　本章利用理论模型对投资者关注如何影响行业层面信息扩散，进而影响行业层面股票定价进行了推导，并实证检验了模型推导得到的三个假说。受到注意力约束的影响，投资者在同一时间里只能关注少数特定行业，导致行业信息只能缓慢地在市场中扩散。投资者关注度的差异造成不同个股或行业对相同行业信息反应的快慢，进而使个股、行业乃至市场收益率的变动有迹可循。首先，行业信息在行业内逐步扩散，受关注度高、更早将行业信息反应在股票收益率之中的公司，会引领同行业内受关注度低公司的股票收益率，即行业内受关注度高与受关注度低的个股之间应当存在收益率的领先—滞后（Lead-Lag）效应。其次，行业信息在行业之间逐步扩散，注意力有限的投资者同一时间只能关注少数行业，对其他行业收益率信息中所蕴含的重要市场信息反应滞后，使这些行业的收益率与市场未来收益率显著相关，且其相关程度与投资者对行业的关注度成反比。最后，行业信息的逐步扩散还造成投资者对行业信息反应不足，进而诱发行业动量效应。

　　本章以2001—2015年中国A股所有上市公司为样本，依据证监会2001年行业分类指引将样本公司划分为13个行业大类，以公司规模、交易金额、分析师报告数量以及机构投资者持股比例4个指标度量投资者对公司或行业的关注程度，对上述3个假说进行了检验。检验结果支持了本章的假说。首先，行业内受关注度最高的30%公司组合的收益率，显著引领受关注度最低30%公司组合的未来收益率；反之，关注度较低公司组合的收益率对关注度较高公司组合的未来收益率并无显著影响。其次，采掘业，电力、煤气及水的生产和供应业，批发和零售业以及综合类4个较少被投资者关注到的行业的当期收益率与市场未来收益率显著相关，且其相关程度与行业的受关注度成反比。同时，4个行业的当期收益率均与工业增加值增长率这一重要宏观经济指标的未来走势同样显著相关，且相关系数符号与这些行业与市场未来收益率的相关系数符号一致。最后，即使控制了市场、规模和价值等风险因子，买入赢家行业、卖出输家行业的行业动量策略仍然能够获得显著的正向超额收益，且经个股关注度调整后的行业动量组合超额收益更高。在稳健性检验中，本章按照中信证券行业分类标准，将样本公司分为29个一级行业大类，重复了实证过程，得到了基本一致的结果。

  总体而言，本章从行业层面，验证了投资者关注与行业信息扩散速度的关系，进而揭示了其对行业层面股票定价过程的影响，丰富了投资者关注领域的研究。同时，按行业等对资产分类以简化投资决策过程是投资者的重要行为特征，理解投资者对行业层面信息的反应模式兼具重要的学术和投资实践意义。而无论是行业内公司间的领先—滞后效应，行业对市场未来收益率的影响，还是行业动量效应目前在国内学术界都较少得到研究，本章的研究有助于改善这一现状。

第 八 章

个人投资者关注与股票市场整体定价效率

在完成对投资者关注对个股与行业层面股价影响的研究后，本章进一步就投资者关注对市场整体层面股票定价的影响进行实证研究。Peng 和 Xiong（2006）指出，个人投资者对信息的关注顺序依次是市场信息、行业信息和个股信息，与个股或行业信息相比，市场整体信息是否受到投资者足够关注的潜在影响无疑更大、更广。同时，投资者关注对股票市场整体层面的影响路径有别于个股和行业层面。投资者关注对个股与行业层面股票定价的影响，主要来自投资者对不同公司或行业股票关注程度的横截面差异，而投资者关注对市场股票定价的整体影响，更多源自投资者对市场关注程度随时间的变化，即投资者关注的跨期差异。Yuan（2015）还指出，投资者对股票市场整体的关注是其面临个股或行业横截面注意力配置的必要前提，投资者对市场的整体关注程度直接决定投资者关注对个股或行业层面股票定价影响的强度，因此，理解投资者对市场关注程度的跨期差异及其市场影响，还有助于更好地理解投资者关注对个股或行业股票定价过程的潜在影响。

尽管从市场整体层面开展投资者关注研究具有较高的学术价值，但现有文献还较少对这一领域进行深入细致的研究。Yuan（2015）、Andrei 和 Hasler（2015）以及 Goddard 等（2015）是少数几份涉及这一领域研究的文献。Yuan（2015）发现，道琼斯指数创新高或是《纽约时报》等主流媒体头版报道股市动态等重大市场事件会吸引整个市场的注意，并且改变投资者的交易模式进而影响市场表现。这些事件发生后，个人投资者倾向于大量卖出所持有的股票，导致市场收益率较其他时期下跌19个基点。但Yuan（2015）的研究仅涉及投资者关注影响其交易模式这一个角度，且仅使用道琼斯指数创新高等离散性事件度量投资者对市场的整体关注程度，没有涉及投资者对市场关注程度连续变化的潜在影响。Andrei和Hasler（2015）通过建模理论推导了投资者对市场关注程度与股票市场整体波动率和风险溢价水平的相互关联，认为投资者关注将加速市场信息扩散速度，提高市场波动程度，进而导致市场风险和风险溢价水平的上升。但Andrei和Hasler（2015）仅进行了有限的、演示性的实证检验，其模型结果对股票市场实际运行状况的解释能力有待进一步检验。Goddard等（2015）的研究以外汇市场为研究对象，而外汇市场主要由经济与人力资源丰富、相对较少面临注意力约束的机构投资者为主，其研究结果对于股票市场的参考意义有限。

上述研究现状为本章研究提供了动机。具体而言，本章参考Andrei和Hasler（2015）的思路，以沪深300、中小板指、创业板指等A股市场代表性市场指数的简称在百度搜索引擎中被搜索的次数分别度量A股市场个人投资者对沪深两市、中小板以及创业板的整体关注程度，进而检验这一关注度对A股市场整体波动、投资者交易模式以及风险厌恶水平的影响。对市场波动的预测是金融市场监管、金融衍生产品定价、金融风险度量与管理的核心内容，投资者交易模式与风险厌恶水平是股票市场整体表现的重要影响因素。因此，本章在丰富投资者关注领域研究的同时，为我国A股市场参与者的风险管理与投资实践提供了可参考的实证证据。

第一节　个人投资者关注影响股票市场整体定价的实证设计

一　研究假说

本章从市场波动性、投资者交易行为以及风险厌恶水平三个角度实证检验 A 股市场个人投资者对市场整体的关注程度对股票定价过程的影响。

首先，从市场波动性来看，投资者对市场的关注程度与其获取信息的频率直接相关（Sims，2006），更高的投资者关注度意味着投资者获取信息的频率更频繁，往市场注入的信息数量更多，而频繁的信息冲击可能加剧市场的波动性（文凤华等，2013）。Andrei 和 Hasler（2015）亦建模指出，投资者对市场的关注程度较弱时，信息只能缓慢地被市场整合吸收，市场波动的程度自然较低，相反，投资者对市场关注程度较强时，信息被市场整合吸收的速度加快，市场波动程度相应提高。然而，Barber 和 Odean（2008）、Da 等（2014）也指出，极端的价格变化、高市场波动，本身也会吸引投资者的关注。Vlastakis 和 Markellos（2012）还指出，在高市场波动时期，投资者会增加信息获取频率，即对市场给予更大关注，以更大程度减少自身投资组合的不确定性。因此，投资者关注与市场波动可能存在双向因果关系。据此，提出假说 H8.1：

H8.1：个人投资者的市场整体关注程度与市场波动程度存在双向因果关系。

其次，Barber 和 Odean（2008）指出个人投资者在买入和卖出个股时的注意力配置是不对称的，个人投资者在买入股票时因面临成百上千只股票选择而注意力分散，而在卖出时通常只需在少数几只股票中做出选择，因此个人投资者会净买入容易引起他们关注的个股，即存在所谓的注意力驱动交易行为。Da 等（2011）以个股在

Google 中被搜索的次数度量个股受个人投资者关注的程度，发现个股被搜索次数增加会给个股在未来两周内带来上涨的压力，验证了注意力驱动交易行为的存在性。张继德等（2014）以百度搜索数量度量个股受关注度，在 A 股市场发现了类似的注意力驱动交易现象，高关注度引发高交易量、股价的短期上涨和长期反转。将个人投资者对个股的注意力驱动交易行为推导到市场层面，可以预期个人投资者对市场整体关注程度越高，其在市场中的净买入金额越多，即有假说 H8.2：

H8.2：个人投资者在市场中的净买入程度与其对市场整体关注程度显著正向相关。

最后，个人投资者对市场的关注程度还将反映其市场风险厌恶水平。基于文凤华等（2013）、Andrei 和 Hasler（2015）的研究，假说 H8.1 指出，投资者对市场的高度关注将增加市场吸收信息的数量和速度，进而提高市场波动程度。而高波动率意味着市场风险水平的上升，此时投资者的风险厌恶程度也会随之提高。Bollerslev 等（2009）在美国股票市场发现了市场高波动伴随投资者风险厌恶水平急剧显著增长的实证证据。Goddard 等（2015）实证检验了外汇市场上个人投资者关注度与市场风险厌恶水平的关系，发现个人投资者当日与上日的投资者关注度水平均显著正向影响当日市场风险厌恶水平。Vlastakis 和 Markellos（2012）也从市场信息供求的角度指出，投资者对市场的关注程度与其风险厌恶水平存在正向关联。据此，得到假说 H8.3：

H8.3：个人投资者对股票市场的整体关注程度显著正向影响市场风险厌恶水平。

二 变量定义

根据本章研究需要，将主要变量定义如下。

（一）投资者对股票市场的整体关注程度

准确度量个人投资者对市场的整体关注程度是本章的重要基础。Da 等（2011）提出，当投资者在网络搜索引擎 Google 中搜索公司信息时，毫无疑问表明投资者正在对公司给予关注，因此个股在 Google 中被搜索的次数，直接反映了投资者对公司的关注程度。Da 等（2011）提出的这一通过网络搜索量度量投资者关注度的方式随后在学术界得到了广泛的认可和应用（Vozlyublennaia，2014；Goddard et al.，2015）。Andrei 和 Hasler（2015）延续这一思路，使用代表性市场指数简称在搜索引擎中被搜索的次数，度量投资者对市场的整体关注程度。本章参照 Andrei 和 Hasler（2015）的做法构建投资者市场整体关注度量指标。具体而言，鉴于我国 A 股市场的分板上市制度设计，本章分别以沪深 300 指数（000300.SH）、中小板指数（399005.SZ）和创业板指数（399006.SZ）作为 A 股沪深两市、中小板和创业板市场的代表指数，以这些指数的简称在百度中的每日搜索次数，即百度公司公布的日度百度指数，度量各市场板块当日受个人投资者的关注程度。具体而言，对于第 i 个市场指数，其在 t 日受个人投资者关注的程度如式（8-1）所示，为市场指数 i 的简称在 t 日的百度指数值（单位：千）加 1 后取对数。

$$Att_{i,t} = \ln\left(1 + BaiduIndex_{i,t}\right) \qquad (8-1)$$

Da 等（2015）指出网络搜索量存在显著的周历效应和月度效应，周一的网络搜索量通常较高，而临近周末时网络搜索量相对较低，不同月份的网络搜索量也存在明显差异。因此，本章参照 Da 等（2015）的做法，将原始的投资者关注度指标 $Att_{i,t}$ 与周历虚拟变量和月度虚拟变量进行回归，以标准化后的回归残差作为最终的投资者关注度指标。

（二）股票市场波动率

本章参考 Da 等（2015）、侯利强等（2015）的研究通过日内高频数据计算市场指数收益率的已实现波动率，作为市场波动率的代理变量。具体而言，本章以间隔为 5 分钟的日内高频数据计算每个间隔期间市场指数的收益率，进而求得全天所有日内收益率观测值的平方和，随后以其平方根作为该日市场指数的已实现波动率。市场指数 i 第 t 日的已实现波动率 $RV_{i,t}$ 的具体计算公式如式（8-2）所示。其中，$r_{i,j,t}$

为指数 i 第 t 个交易日第 j 个 5 分钟间隔的对数收益率 $\times 100$，由于 A 股市场每日交易 4 小时共计 240 分钟，以 5 分钟为间隔每日共可获取 48 组观测值，从而得到式 (8-2) 所示 $RV_{i,t}$。

$$RV_{i,t} = \sqrt{\sum_{j=1}^{48} r_{i,j,t}^2} \qquad (8-2)$$

（三）股票市场风险厌恶水平

已有研究常使用方差风险溢价（Variance Risk Premium），即通过市场指数期权价格得到的隐含波动率与市场指数的实际已实现波动率之间的差异度量市场风险厌恶水平。Bakshi 和 Madan（2006），Bollerslev、Tauchen 和 Zhou（2009，2011）等多份研究均指出方差风险溢价与投资者风险厌恶水平存在显著正向相关关系。直观而言，方差风险溢价是对投资者忍受波动率不可预期变化的风险的补偿，因此可以有效地度量投资者风险厌恶水平随时间的变化，方差风险溢价越高，投资者的风险厌恶水平越高。

据此，本章同样采用方差风险溢价水平度量 A 股市场投资者风险厌恶水平。本章使用的市场隐含波动率数据为上交所根据上证 50ETF 期权价格编制的中国波指（iVIX），该指数也是我国唯一一个由官方发布的类似指数，因此本章以上证 50 指数（000016.SH）为样本计算相应的已实现波动率。上证 50 指数由沪市规模大、流动性好的最具代表性的 50 只股票组成，是最能综合反映沪市优质大盘企业整体状况的市场指数之一，因此基于上证 50 指数构建的方差风险溢价指标对沪市以及整个 A 股市场投资者风险厌恶水平均具有较好的指示作用。上证 50 指数 t 日的方差风险溢价水平如式 (8-3) 所示，$IV_{50,t}$ 是以中国波指表示的上证 50 指数隐含波动率，$RV_{50,t}$ 则为按式 (8-2) 以上证 50 指数 5 分钟高频日内数据计算得到的已实现收益率。

$$VRP_t = IV_{50,t} - RV_{50,t} \qquad (8-3)$$

（四）股票市场媒体报道度

Fang 和 Peress（2009）、谭松涛等（2014）的研究均表明，媒体报道能够加快市场信息的扩散过程，提高投资者对市场信息的关注程度，并提高市场信息透明度，媒体报道的这些功能对市场波动等本章研究内容毫无疑义均可能存在显著影响。为此，本章将媒体对 A 股市场的报道程度作为实证部分的重要控制变量。参照刘锋等（2014）的做法，本章使用百度公司的百度媒体指数，即各大互联网媒体报道的新闻中与关键词名称相关且被百度新闻频道收录的数量，度量媒体对市场整体的报道程度。媒体报道度 $Med_{i,t}$ 的具体计算公式如式（8-4）所示，$MediaIndex_{i,t}$ 表示第 t 日以市场指数 i 的简称（如沪深 300）在百度搜索引擎中获取的百度媒体指数值（单位：千）。

$$Med_{i,t} = \ln(1 + MediaIndex_{i,t}) \qquad (8-4)$$

与投资者关注度 $Att_{i,t}$ 类似，本章将原始的媒体报道度变量值与周历、月度虚拟变量进行回归，以经过标准化处理后的回归残差作为最终的媒体报道度指标值。

表 8-1 对主要变量的定义和数据来源进行了概括。

表 8-1 变量定义

变量	定义	数据来源
$RV_{i,t}$	已实现波动率，市场指数 i 在 t 日内 5 分钟间隔对数收益率平方和的平方根	国泰安
$IV_{50,t}$	隐含波动率，t 日基于上海证券交易所发布的上证 50ETF 期权价格计算编制的中国波指 iVIX 值	上交所
$Att_{i,t}$	投资者关注度，t 日以市场指数 i 的简称为关键词，于百度搜索引擎中得到的综合百度指数值除以 1000 后加 1 取对数，与周历、月度虚拟变量回归得到的标准化后的残差	百度公司
$Med_{i,t}$	媒体报道度，t 日以市场指数 i 的简称为关键词，于百度搜索引擎中得到的媒体百度指数值除以 1000 后加 1 取对数，与周历、月度虚拟变量回归得到的标准化后的残差	百度公司

三 样本选择

基于本章研究设计，本章使用日度数据以及日内高频数据作为观测值，以 2013—2016 年为样本数据区间。2013 年 6 月，上证综指一度滑落至 1849.65 点，创 2009 年以来的新低，随后上证综指逐步上涨并于 2015 年暴涨至 5178.19 点，随即再度暴跌，至 2016 年 12 月 31 日报收 3103.64 点，较 2015 年最高点下跌近 40%。因此，2013—2016 年 A 股市场经历了一轮完整的牛熊市场转换过程，以这一期间作为本章样本区间能够满足本章研究要求。2013—2016 年 A 股共交易 952 个交易日，本章根据前文变量定义分别计算了 952 组观测值。由于上证 50ETF 期权于 2015 年 2 月 9 日起上市，上交所仅公布了 2015 年 2 月 9 日起的中国波指数据，这意味着在计算方差风险溢价以及进行相应的实证检验时，最多只能获取 463 组观测数据。

第二节 个人投资者关注影响股票市场整体定价的实证检验

一 描述性统计

表 8-2 对本章使用的主要变量进行了简单的描述性统计。下标 t 表示第 t 个交易日，下标 h、z、c 和 50 分别表示沪深 300 指数、中小板指数、创业板指数和上证 50 指数的对应指标变量值。上证 50 指数相关指标的观测区间为 2015 年 2 月 9 日至 2016 年 12 月 31 日，其余变量观测区间均为 2013 年 1 月 1 日至 2016 年 12 月 31 日。投资者关注度 Att 以及媒体报道度 Med 均在控制周历和月度效应后进行了标准化处理，因此其均值为 0，标准差为 1。从已实现波动率来看，创业板的日内波动最大，中小板次之，沪深 300 和上证 50 指数的日内波动相对较小。中国波指 $IV_{50,t}$ 均值为 30.11，显著高于对应的上证 50 指数已实现波动率，$IV_{50,t}$ 和 $RV_{50,t}$ 的标准差均相对较大，表明样本期内 A 股市场投资者风险厌恶水平的时变特征明显，符合样本期内 A 股大起大落的运行状况。本章实证部分大量使用了时间序列模型，对各变量序列的平稳性进行了检验，ADF 检验、PP 检验均拒绝各变量序列存在单位根的原假设，因此本章直接使用各变量序列进行相关实证检验。

表 8-2　　　　　　　　　　　描述性统计

变量	均值	中位数	标准差	最小值	最大值	观测数
$RV_{h,t}$	2.27	0.86	3.95	0.13	26.49	952
$RV_{z,t}$	2.79	1.26	4.66	0.18	32.57	952
$RV_{c,t}$	4.81	2.24	7.18	0.31	48.11	952
$RV_{50,t}$	2.18	0.95	3.91	0.08	24.70	463
$IV_{50,t}$	30.11	30.07	11.26	14.15	63.79	463
$Att_{h,t}$	0.00	-0.07	1.00	-1.82	1.97	952
$Att_{z,t}$	0.00	-0.02	1.00	-1.89	1.97	952
$Att_{c,t}$	0.00	-0.15	1.00	-2.59	1.92	952
$Att_{50,t}$	0.00	0.01	1.00	-2.80	2.04	463
$Med_{h,t}$	0.00	-0.32	1.00	-1.59	2.92	952
$Med_{z,t}$	0.00	-0.20	1.00	-1.88	2.89	952
$Med_{c,t}$	0.00	-0.19	1.00	-1.23	2.28	952
$Med_{50,t}$	0.00	-0.29	1.00	-1.51	2.93	463

二　个人投资者关注与股票市场整体波动

本章使用式（8-5）所示的向量自回归模型（VAR）检验投资者关注与市场波动之间可能的双向因果关系，以对本章假说 H8.1 进行检验。x_t 向量包括日内已实现波动率 RV_t、投资者关注度 Att_t 以及媒体报道度 Med_t，同时，以各变量的 1—3 阶滞后项作为各变量的解释变量。

$$x_t = c + \sum_{j=1}^{3} \beta_j x_{t-j} + \varepsilon_t \qquad (8-5)$$

表 8-3 Panel A 分别给出了以沪深 300、中小板和创业板为市场指数时，市场波动率 RV_t 与投资者关注度 Att_t 二者关系的向量自回归结果。市场波动率 RV_t 与投资者关注度 Att_t 均表现出了显著的正向自相关性，其滞后项与其当期项的相关系数大都显著为正。在以市场波动率为被解释变量时，尽管投资者关注度的二阶和三阶滞后项的系数不显著，但其一阶滞后项 Att_{t-1} 在三个市场中均显著为正，表示个人投资者对市场整体关注度越高，次日市场的日内波动性就越大，

表明个人投资者对市场整体关注程度更高时，市场信息更多、更快地被整合吸收进入股票价格，市场的整体波动性因而增加。以投资者关注度为被解释变量时，市场波动率的二阶和三阶滞后项系数不显著，而其一阶滞后系数显著且为正，表明市场波动加大时，个人投资者会加快市场信息的关注和获取频率以期减少其资产收益的不确定性，这一发现表明，如本章假说 H8.1 所预期的那样，市场波动率与投资者关注度之间可能存在双向因果关系。

为了进一步验证二者的双向因果关系，表 8-3 Panel B 给出了 Panle A 中各 VAR 回归的格兰杰因果检验结果，检验结果在 1% 的水平下拒绝了过去的投资者关注度对预测市场波动率没有帮助的原假设，在 5% 及以上的水平下拒绝了历史波动率对预测投资者关注度没有帮助的原假设，表明投资者关注度与市场波动率互为格兰杰原因，即存在双向因果关系，从而验证本章假说 H8.1。

表 8-3　　　　　　　市场关注市场波动率相关性检验

	Panel A 向量自回归结果					
	沪深 300		中小板		创业板	
	RV_t	Att_t	RV_t	Att_t	RV_t	Att_t
RV_{t-1}	0.40*** (11.05)	0.09* (1.75)	0.37*** (8.43)	0.11** (2.28)	0.48*** (12.48)	0.12* (1.83)
RV_{t-2}	0.17*** (4.99)	0.01 (1.30)	0.16*** (4.69)	0.00 (0.04)	0.16*** (3.84)	-0.07 (-0.44)
RV_{t-3}	0.14*** (4.37)	-0.00 (-0.06)	0.07* (1.73)	0.00 (1.12)	0.10*** (2.75)	0.09 (0.69)
Att_{t-1}	0.50* (1.76)	0.78*** (6.36)	1.59*** (3.24)	0.69*** (6.11)	1.82* (1.79)	0.44*** (21.69)
Att_{t-2}	-0.37 (-1.01)	-0.00 (-0.17)	-0.95 (-1.62)	0.16*** (3.57)	-0.36 (-0.27)	0.34*** (9.11)
Att_{t-3}	0.41 (1.45)	0.14*** (3.82)	0.25 (0.50)	0.12*** (0.50)	-0.29 (-0.28)	0.19*** (5.18)
Constant	0.76*** (5.76)	0.98* (1.95)	1.13*** (6.67)	0.01 (1.34)	1.29*** (5.60)	0.00 (0.36)

续表

		沪深300		中小板		创业板	
Panel A 向量自回归结果							
		RV_t	Att_t	RV_t	Att_t	RV_t	Att_t
观测数		949	949	949	949	949	949
R^2		0.8777	0.5358	0.9285	0.4450	0.9204	0.6046
卡方值		867.86	439.45	976.01	602.93	1149.86	896.19
Panel B 格兰杰因果检验							
Excluded		RV	Att	RV	Att	RV	Att
RV	卡方值		8.40		22.22		8.52
	p 值		0.04		0.00		0.04
Att	卡方值	62.62		63.77		25.99	
	p 值	0.00		0.00		0.00	

注：Panel A 中括号内为 z 值，Panle B 中 p 值的原假设为解释变量不是被解释变量的格兰杰原因。

由于媒体报道可能通过其丰富和传递市场信息的功能影响投资者的市场关注程度以及市场波动程度，为此本章也在控制媒体的这一潜在效应后对式（8-5）进行了重新回归，其结果如表 8-4 所示。与表 8-3 中的结果相比，表 8-5 中的回归在解释变量中加入了日度媒体报道度 Med_t，并在被解释变量中加入了其 1-3 阶滞后项。从表 8-4 的结果可以看出，媒体报道度与投资者关注度、市场波动率一样存在较强的正向自相关性。从两两关系来看，与表 8-3 的结果类似，投资者关注度的一阶滞后项显著正向影响当期市场波动率，而市场波动率的一阶滞后项同样显著正向影响当期的投资者关注度，Panel B 的格兰杰检验进一步支撑了二者互为因果的关系。

媒体报道度的滞后项对当期投资者关注度的影响大都不显著，但滞后一期的投资者关注度在三个市场中显著正向影响媒体报道度，表明媒体存在迎合投资者关注动向的情形，Panel B 的格兰杰检验同样表明投资者关注度是媒体报道度的格兰杰原因，但反过来媒体报道度对预测投资者关注度的未来值并无显著影响。媒体报道度的一阶滞后项在三个市场中均与市场波动率显著正向相关，更多的媒体报道丰富了市场信息的数量,并加快了市场信息的传递,进而提高了市场的波动程度。市场波动率的一阶滞后项同样在三个市场中均显著正向影响媒体报道度,表明市场波动的加剧增加了市场的新闻性进而招致媒体的更多报道,但市场波动率对媒体报道度的这一影响没有通过格兰杰因果检验。总的来说,加入媒体报道度这一变量后,表8-4所示的向量自回归结果再次支撑了本章假说 H8.1,个人投资者对市场的关注程度与市场波动率存在双向因果关系。

表8-4　　市场关注、媒体报道与市场波动率相关性检验

	Panel A 向量自回归结果								
	沪深300			中小板			创业板		
	RV	Att	Med	RV	Att	Med	RV	Att	Med
RV_{t-1}	0.37*** (6.48)	0.13** (-2.12)	0.25** (2.27)	0.36*** (6.97)	0.11** (-2.26)	0.21* (1.81)	0.47*** (12.59)	0.41* (-1.80)	0.14** (2.34)
RV_{t-2}	0.16*** (4.95)	-0.14 (-0.85)	-0.02 (-0.18)	0.16*** (4.19)	0.01 (0.08)	-0.11 (-0.98)	0.16*** (3.98)	-0.06 (-0.38)	-0.50 (-1.11)
RV_{t-3}	0.15*** (4.42)	0.00 (0.01)	-0.13 (-1.17)	0.04 (1.30)	0.04 (1.06)	0.08 (0.75)	0.10** (2.56)	0.10 (0.75)	0.66 (1.60)
Att_{t-1}	0.45*** (6.04)	0.78*** (20.18)	0.10*** (3.41)	1.88*** (3.04)	0.73*** (16.64)	0.19*** (5.85)	1.33** (2.26)	0.43*** (21.38)	0.34*** (2.96)
Att_{t-2}	-0.23 (-1.20)	-0.01 (-0.15)	-0.05 (-1.52)	-0.76 (-1.63)	0.19*** (2.74)	-0.07 (-1.31)	-0.32 (-1.24)	0.35*** (9.27)	-0.10 (-0.71)
Att_{t-3}	-1.02 (-0.96)	0.13*** (4.43)	-0.00 (-0.26)	0.25 (0.41)	0.14*** (2.71)	-0.03 (-0.85)	-0.82 (-0.79)	0.19*** (3.36)	-0.18 (-1.62)
Med_{t-1}	0.39*** (3.02)	0.14 (1.07)	0.39*** (10.39)	0.11 (0.62)	0.09 (1.58)	0.30*** (7.18)	-0.45** (-2.29)	-0.02 (-1.56)	0.37*** (10.09)
Med_{t-2}	0.07 (0.22)	-0.02 (-0.43)	0.07* (1.82)	-0.14 (-0.73)	-0.18 (-1.15)	0.01 (0.34)	0.11 (0.30)	-0.01 (-0.90)	0.09** (2.39)
Med_{t-3}	-0.10 (-0.71)	0.0073 (0.14)	0.06* (1.71)	0.14 (0.80)	-0.03** (-2.23)	0.13*** (3.17)	0.31 (1.55)	-0.01 (-0.67)	0.13*** (3.38)
Constant	0.78*** (5.90)	0.01** (2.20)	-0.00 (-0.61)	1.44*** (6.48)	0.01 (1.59)	-0.00 (-1.11)	1.28*** (5.58)	0.00 (0.24)	-0.02 (-0.65)

续表

		沪深300			中小板			创业板		
		RV	Att	Med	RV	Att	Med	RV	Att	Med
Panel A 向量自回归结果										
观测数		949	949	949	949	949	949	949	949	949
R^2		0.8785	0.5431	0.3990	0.9406	0.4307	0.1798	0.9210	0.6081	0.2900
卡方值		893.80	543.68	499.32	929.84	444.14	128.69	876.12	611.04	307.12
Panel B 格兰杰因果检验										
Excluded		RV	Att	Med	RV	Att	Med	RV	Att	Med
RV	卡方值		10.69	5.66		21.01	5.48		7.34	3.02
	p 值		0.01	0.13		0.00	0.14		0.04	0.39
Att	卡方值	49.36		31.61	59.88		36.50	28.16		13.18
	p 值	0.00		0.00	0.00		0.00	0.00		0.00
Med	卡方值	6.99	3.85		1.95	3.35		8.87	2.76	
	p 值	0.07	0.31		0.58	0.32		0.03	0.46	

注: Panel A 中括号内为 z 值，Panle B 中 p 值的原假设为解释变量不是被解释变量的格兰杰原因。

预测市场波动是金融市场监管、金融衍生产品定价、金融风险度量与管理的核心内容。如果个人投资者对市场的整体关注程度显著影响市场未来波动，则加入投资者关注度指标的市场波动率预测模型应当能够显著减少模型的预测偏差。已有研究通常通过 GARCH 模型及其变种对股票市场收益率及其波动性进行建模，为此本章使用式 (8-6) 所示的 GARCH (1, 1) 模型拟合各样本市场指数的日收益率及其波动性。

$$Ret_{i,t} = \alpha_i + \varepsilon_{i,t}, \quad \varepsilon_{i,t} \mid \Omega_{t-1} \sim N(0, \sigma_t^2)$$

$$\sigma_{i,t}^2 = a_i + b_i Att_{i,t-1} + c_i Med_{i,t-1} + d_i \varepsilon_{i,t-1}^2 + e_i \sigma_{i,t-1}^2 \quad (8-6)$$

$Ret_{i,t}$ 表示市场指数 i 在 t 日的收益率 $\times 100$，方差方程中除 ARCH 项 $\varepsilon_{i,t-1}^2$ 和 GARCH 项 $\sigma_{i,t-1}^2$ 外，还依据前文的 VAR 模型回归结果，加入了投资者关注度以及媒体报道度的一阶滞后项。通过比较投资者关注度和媒体报道度加入前后模型预测偏误的大小，可以直观地考察二者在预测市场波动率上的积极作用。表 8-5 给出了各市场指数收益率的 GARCH 检验结果，$Ret_{h,t}$、$Ret_{z,t}$ 和 $Ret_{c,t}$ 分别表示 t

日沪深 300、中小板以及创业板指数的日收益率,在所有回归中,ARCH 和 GARCH 效应均显著,投资者关注度的一阶滞后项均在 1% 的水平下显著,媒体报道度在以沪深 300 指数和创业板日收益率为被解释变量时显著为正,以中小板日收益率为被解释变量时不显著。

表 8-5　　　　　　　市场波动率 GARCH 模型检验

	$Ret_{h,t}$				$Ret_{z,t}$			$Ret_{c,t}$	
	(1)	(2)	(3)	(4)	(5)	(6)	(7)	(8)	(9)
水平方程									
$Constant$	0.06 (1.41)	0.06 (1.45)	0.06 (1.32)	0.03 (0.44)	0.05 (0.99)	0.03 (0.52)	0.04 (0.51)	0.05 (0.71)	0.05 (0.66)
方差方程									
Att_{t-1}		1.71*** (24.29)	1.63*** (20.74)		2.02*** (10.49)	1.87*** (17.41)		1.05*** (7.67)	0.72*** (4.82)
Med_{t-1}			0.81* (1.71)			-0.25 (-0.37)			1.57*** (3.74)
$\varepsilon_{i,t-1}^2$	0.07*** (8.30)	0.03** (2.38)	0.04*** (2.62)	0.06*** (7.06)	0.05*** (4.68)	0.04** (2.09)	0.05*** (6.34)	0.05*** (4.62)	0.03*** (3.47)
$\sigma_{i,t-1}^2$	0.93*** (41.95)	0.91 (27.44)	0.90 (31.49)	0.94*** (36.28)	0.91*** (63.61)	0.91*** (34.19)	0.94*** (34.25)	0.93*** (74.34)	0.94*** (86.13)
观测数	951	951	951	951	951	951	951	951	951

本章参照侯利强等(2015)的做法,使用了四种损失函数比较各模型的样本内预测偏差,分别是均方误差 MSE、平均绝对误差 MAE、均方百分比误差 MSPE 和平均绝对百分比误差 MAPE,其计算方式分别如式(8-7)至式(8-10)所示。$RV_{i,t}$是市场指数 i 第 t 日按照式(8-2)使用 5 分钟高频日内数据计算得到的实际已实现波动率,$\hat{RV}_{i,t}$为由式(8-6)的 GARCH(1,1)模型中的方差方程得到的市场指数波动率拟合值,二者的差异即为模型的预测误差。

$$MSE_i = \frac{1}{T} \sum_{t=1}^{T} (\hat{RV}_{i,t} - RV_{i,t})^2 \qquad (8-7)$$

$$MAE_i = \frac{1}{T} \sum_{t=1}^{T} |\hat{RV}_{i,t} - RV_{i,t}| \qquad (8-8)$$

$$MSPE_i = \frac{1}{T} \sum_{t=1}^{T} \frac{(\hat{RV}_{i,t} - RV_{i,t})^2}{RV_{i,t}^2} \qquad (8-9)$$

$$MAPE_i = \frac{1}{T} \sum_{t=1}^{T} \left| \frac{\hat{RV}_{i,t} - RV_{i,t}}{RV_{i,t}} \right| \qquad (8-10)$$

表 8-6 给出了各模型下预测误差的大小比较，各损失函数值越小，表示拟合值 $\hat{RV}_{i,t}$ 与实际的已实现波动率 $RV_{i,t}$ 的差异越小，模型的预测能力越强。模型（1）至模式（3）分别表示纯粹的 GARCH 模型、方差方程中加入了投资者关注度 Att_t 的 GARCH 模型以及方差方程中同时加入投资者关注度 Att_t 和媒体报道度 Med_t 的 GARCH 模型。如表 8-6 所示，与纯粹的 GARCH 模型相比，无论从何种损失函数来看，加入投资者关注度和媒体报道度后模型的预测误差均有一定幅度的下降，以中小板指为研究对象，使用 MSPE 度量预测偏误时，下降幅度可达 36%。考虑到预测市场波动率在金融风险管理中的重要作用，这一结果在再次验证本章假说 H8.1 关于投资者关注度显著影响市场波动率的观点的同时，也充分说明在投资实践中考虑投资者市场整体关注程度这一指标的重要现实意义。

表 8-6　　　　　市场波动率模型预测误差比较

损失函数	被解释变量	模型（1） GARCH	模型（2） GARCH + Att	模型（3） GARCH + Att + Med	模型对比 (2) - (1)	(3) - (1)
MSE	沪深 300	13.05	10.20	9.90	-21.84%	-24.14%
	中小板指	21.92	20.82	20.01	-5.02%	-8.71%
	创业板指	66.32	62.76	59.33	-5.37%	-10.54%
MAE	沪深 300	1.96	1.74	1.73	-11.22%	-11.73%
	中小板指	2.83	2.79	2.72	-1.41%	-3.89%
	创业板指	4.30	4.22	4.15	-1.86%	-3.49%
MSPE	沪深 300	6.11	5.69	3.94	-6.87%	-35.52%
	中小板指	18.78	17.05	11.85	-9.21%	-36.90%
	创业板指	23.04	21.55	21.18	-6.47%	-8.07%

续表

损失函数	被解释变量	模型（1）GARCH	模型（2）GARCH + Att	模型（3）GARCH + Att + Med	模型对比 (2) - (1)	(3) - (1)
MAPE	沪深300	1.62	1.60	1.46	-1.23%	-9.88%
	中小板指	2.80	2.71	2.18	-3.21%	-22.14%
	创业板指	4.67	4.36	4.15	-6.64%	-11.13%

三 个人投资者关注与股票市场交易行为

本章假说 H8.2 指出，基于已有文献所观察到的注意力驱动交易行为，个人投资者对股票市场的整体关注程度应显著影响其市场交易模式，个人投资者对市场的关注程度与其净买入股票的金额正向相关。本章沿用 Yuan（2015）的思路和模型检验这一假说。Yuan（2015）将交易金额小于 10000 美元的订单归为个人投资者交易，将交易金额大于 50000 美元的订单归于机构投资者交易，随后根据日内交易数据得到两类订单的净买入金额，用于分别度量两类投资者当日的交易行为，进而检验道琼斯指数创新高等高关注度市场事件对两类投资者交易模式的影响。

与 Yuan（2015）仅考虑离散性市场事件的影响不同，本章以代表性市场指数的简称在百度中的被搜索次数作为投资者关注度的连续性度量指标，研究投资者关注度对投资者交易模式的影响。本章使用的实证模型如式（8-11）所示。被解释变量 $NetBuy_{i,j,t}$ 表示 t 日市场指数 i 的成分股第 j 类订单的净买入金额，与前文研究一样，此处使用的市场指数包括沪深300、中小板指以及创业板指。本章的市场资金流向数据取自 Wind 资讯，Wind 公司每日将订单按交易金额分为超大单、大单、中单和小单四类，分别表示交易金额大于 100 万元、20 万元至 100 万元、4 万元到 20 万元以及小于 4 万元的订单，从交易金额来看，超大单和大单显然更可能来自机构投资者，而小单与中单则更可能来自个人投资者。因此，某日超大单与大单、小单与中单的净买入金额可以分别度量当日机构投资者和个人投资者在市场中的交易方向与交易规模。为了控制 Yuan（2015）发现的市场创新高（新低）事件的影响，本章也加入了虚拟变量 $DHigh_{i,t}$、$DLow_{i,t}$ 及二者与投资者关注度 $Att_{i,t}$ 的交叉项，当市场指数 i 第 t 日的指数点创过去 250 个交易日新高（新低）时，$DHigh_{i,t}$（$DLow_{i,t}$）取 1，否则取 0。在本章样本期 2013—2016 年，沪深 300 指数、中小板指和创业板指分别创新高 73 次、55 次和 100 次，创新低 8 次、7 次和 0 次。$Ret_{i,t-1}$ 和 $Ret_{i,t-250}$ 分别为市场指数上日收益率和过去 250 个交易日的累计收益率。

$$NetBuy_{i,j,t} = \alpha_{i,j} + \beta_{1,i,j}NetBuy_{i,j,t-1} + \beta_{2,i,j}Att_{i,t-1} + \beta_{3,i,j}DHigh_{i,t-1} + \beta_{4,i,j}DHigh_{i,t-1} \times Att_{i,t-1} + \beta_{5,i,j}DLow_{i,t-1} + \beta_{6,i,j}DLow \times Att_{i,t-1} + \beta_{7,i,j}Ret_{i,t-1} + \beta_{8,i,j}Ret_{i,t-250} + \varepsilon_{i,j,t} \quad (8-11)$$

表 8-7 至表 8-9 分别汇报了以沪深 300、中小板和创业板为研究对象时的回归结果，无论以哪个市场为研究对象，无论是否加入创新高（新低）虚拟变量及其交叉项，小单和中单的当日净买入金额均与个人投资者前一日的关注度显著正向相关，而对应地，大单和超大单的当日净买入金额则与投资者关注度显著负向相关，表明个人投资者对 A 股市场的整体关注程度越高，越可能在随后买入更多 A 股股票，而机构投资者的交易模式刚好相反，在个人投资者高度关注市场时向其卖出股票，在个人投资者忽视市场时买入股票。这一结果与 Yuan（2015）的研究结果恰好相反，但更符合 A 股市场上个人投资者追涨杀跌的市场交易特征。当市场指数创新高时，超大单的净买入金额与新高虚拟变量 $DHigh$ 以及 $DHigh$ 与投资者关注度的交叉项的系数在三个市场中均显著为负，而对应地，小单的净买入金额与这两个变量的相关关系均显著为正，表明个人投资者的净买入和机构投资者净卖出行为模式在市场创新高时更加明显。市场指数创新低时，以超大单、大单净买入金额为被解释变量，新低虚拟变量 $DLow$ 及其与投资者关注度的交叉项的系数为正，与以小单、中单净买入金额为被解释变量时刚好相反，但所有这些系数均不显著。文凤华等（2013）指出，A 股市场个人投资者存在追涨杀跌行为，且追涨行为相较杀跌更为明显，因此本章此处的实证结果

同样符合 A 股市场个人投资者的行为特征。总体而言，此处的研究结果表明，从市场整体情况来看，个人投资者对市场关注度越高，越倾向于净买入 A 股股票，而机构投资者越倾向于净卖出 A 股股票，这验证了本章假说 H8.2，A 股个人投资者存在注意力驱动交易行为，在市场中的净买入程度与其对市场的整体关注程度显著正向相关。此外，当市场指数创新高时，这一效应更显著，而市场指数创新低时对这一效应无明显影响。

表 8-7　　　　　　　沪深 300 投资者关注度与投资者交易行为

$NetBuy_{h,t}$	超大单		大单		中单		小单	
	(1)	(2)	(3)	(4)	(5)	(6)	(7)	(8)
$NetBuy_{h,t-1}$	0.51*** (9.38)	0.42*** (6.57)	0.46*** (7.06)	0.42*** (6.42)	0.55*** (11.30)	0.41*** (6.76)	0.50*** (9.09)	0.46*** (7.72)
$Att_{h,t-1}$	-3.28*** (-2.65)	-2.29* (-1.69)	-4.56*** (-4.85)	-4.67*** (-4.95)	1.80*** (3.27)	1.46** (2.40)	5.42*** (4.04)	5.07*** (3.65)
$DHigh_{h,t-1}$		-0.70*** (-5.20)		-0.64 (-1.04)		0.32** (2.45)		0.45*** (7.02)
$DHigh_{h,t-1} \times Att_{h,t-1}$		-1.912** (-3.71)		-3.93* (-1.95)		1.06*** (4.84)		1.21** (2.52)
$DLow_{h,t-1}$		2.71 (1.33)		3.25 (1.27)		-3.63 (-0.70)		-3.09 (-1.47)
$DLow_{h,t-1} \times Att_{t-1}$		3.90 (0.52)		3.10 (1.26)		-3.42 (-1.20)		-3.54 (-1.00)
Ret_{t-1}	-1.94*** (-5.10)	-1.39*** (-3.56)	-1.14*** (-4.23)	-0.99*** (-3.64)	0.85*** (5.04)	0.52*** (3.19)	2.38*** (5.34)	2.03*** (4.48)
Ret_{t-250}	-0.41** (-2.37)	-0.38** (-2.14)	-0.12 (-0.98)	-0.12 (-0.95)	0.19*** (2.81)	0.18*** (2.78)	0.35 (1.50)	0.33 (1.39)
Constant	-2.77*** (-4.76)	-2.39*** (-3.87)	-5.18*** (-6.65)	-5.48*** (-6.95)	1.25*** (5.00)	1.09*** (4.13)	6.15*** (6.72)	6.35*** (6.76)
观测数	951	951	951	951	951	951	951	951
F 值	30.97	27.82	83.08	55.41	44.14	52.23	44.28	30.22

注：括号内是按异方差自相关一致性标准误（HAC）计算的 t 值。

表 8-8　　　　　　　　　中小板投资者关注度与投资者交易行为

$NetBuy_{z,t}$	超大单		大单		中单		小单	
	(1)	(2)	(3)	(4)	(5)	(6)	(7)	(8)
$NetBuy_{z,t-1}$	0.37*** (5.63)	0.32*** (5.28)	0.46*** (7.43)	0.43*** (7.09)	0.48*** (8.04)	0.39*** (6.80)	0.41*** (6.32)	0.40*** (6.12)
$Att_{z,t-1}$	-0.83** (-2.52)	-0.57* (-1.66)	-1.19*** (-4.60)	-1.16*** (-4.40)	0.39*** (2.83)	0.27* (1.86)	1.60*** (3.90)	1.47*** (3.41)
$DHigh_{z,t-1}$		-1.20*** (-2.91)		-0.39 (-1.64)		0.48 (1.14)		1.12*** (5.22)
$DHigh_{z,t-1} \times Att_{z,t-1}$		-3.41** (-2.43)		-1.06* (-1.71)		1.68*** (2.95)		2.48* (1.88)
$DLow_{z,t-1}$		0.21 (0.51)		0.24 (0.76)		0.06 (0.39)		-0.41 (-0.69)
$DLow_{z,t-1} \times Att_{z,t-1}$		0.49*** (3.09)		0.54*** (3.71)		-0.86*** (-3.32)		-1.85*** (-3.45)
$Ret_{z,t-1}$	-0.26*** (-2.89)	-0.19** (-2.29)	-0.33*** (-6.05)	-0.30*** (-5.59)	0.12*** (3.27)	0.07** (2.11)	0.47*** (4.73)	0.43*** (4.39)
$Ret_{z,t-250}$	-0.03 (-0.60)	-0.02 (-0.40)	-0.02 (-0.65)	-0.02 (-0.52)	0.02 (1.53)	0.02 (1.30)	0.03 (0.54)	0.03 (0.42)
Constant	-0.69*** (-5.24)	-0.62*** (-4.43)	-1.39*** (-7.27)	-1.42*** (-7.52)	0.22*** (4.35)	0.17*** (3.24)	1.88*** (7.17)	1.89*** (7.11)
观测数	951	951	951	951	951	951	951	951
F 值	12.07	11.72	63.10	42.70	19.40	22.06	32.12	22.05

注：括号内是按异方差自相关一致性标准误（HAC）计算的 t 值。

表 8-9　　　　　　　　　创业板投资者关注度与投资者交易行为

$NetBuy_{c,t}$	超大单		大单		中单		小单	
	(1)	(2)	(3)	(4)	(1)	(2)	(3)	(4)
$NetBuy_{c,t-1}$	0.23*** (4.56)	0.24*** (4.64)	0.37*** (7.62)	0.38*** (7.59)	0.48*** (8.04)	0.27*** (4.72)	0.36*** (6.66)	0.37*** (6.71)
$Att_{c,t-1}$	-0.31*** (-4.43)	-0.50*** (-9.45)	-0.50*** (-9.67)	-0.28*** (-3.77)	0.39*** (2.83)	0.17*** (4.39)	0.60*** (7.35)	0.60*** (6.96)

续表

$NetBuy_{c,t}$	超大单		大单		中单		小单	
	(1)	(2)	(3)	(4)	(1)	(2)	(3)	(4)
$DHigh_{c,t-1}$		-0.71*** (-2.67)		-0.65*** (-2.69)		0.36*** (4.08)		1.01** (2.42)
$DHigh_{c,t-1} \times Att_{c,t-1}$		-0.35* (-1.85)		-0.01 (-0.06)		0.02 (0.08)		0.41*** (2.97)
$Ret_{c,t-1}$	-0.12*** (-3.09)	-0.12*** (-3.03)	-0.16*** (-7.73)	-0.17*** (-7.46)	0.09*** (4.24)	0.08*** (3.85)	0.23*** (5.60)	0.24*** (5.60)
$Ret_{c,t-250}$	-0.02 (-1.20)	-0.02 (-1.12)	-0.03** (-2.11)	-0.03** (-2.06)	0.01 (0.50)	0.00 (0.25)	0.05** (1.96)	0.05* (1.94)
Constant	-0.20*** (-4.79)	-0.19*** (-4.42)	-0.59*** (-11.05)	-0.58*** (-10.60)	0.06*** (3.03)	0.45** (2.27)	0.70*** (9.52)	0.70*** (9.08)
观测数	951	951	951	951	951	951	951	951
F 值	10.62	7.76	69.66	105.33	16.39	12.97	36.91	41.14

注：括号内是按异方差自相关一致性标准误（HAC）计算的 t 值。样本期内创业板未发生过创 1 年新低事件，相应回归剔除了新低虚拟变量及其交叉项。

四 个人投资者关注与股票市场风险厌恶水平

本章假说 H8.3 指出，随着个人投资者对市场整体关注的提升，个人投资者对风险的厌恶程度将随着上升。本章使用式（8-12）所示模型对这一假说进行检验，VRP_t 为以中国波指（iVIX）表示的上证 50ETF 期权价格的隐含波动率与上证 50 指数实际的日内已实现波动率之差。$Att_{50,t}$ 和 $Med_{50,t}$ 分别为上证 50 指数对应的投资者关注度与媒体报道度。

$$VRP_t = \alpha + \beta_1 VRP_{t-1} + \beta_2 Att_{50,t} + \beta_3 Att_{50,t-1} + \beta_4 Med_{50,t} + \beta_5 Med_{50,t-1} + \varepsilon_t \qquad (8-12)$$

表 8-10 给出了式（8-12）的估计结果，投资者关注度 $Att_{50,t}$ 及其滞后项系数在所有模型设定下均显著为正，表明如本章假说 H8.3 所预期的那样，注意力驱动交易行为会增加个人投资者的股票持有数量，而风险资产的增加引起投资者风险厌恶水平的上升。此

外，市场风险厌恶水平的滞后项系数显著为正，投资者的风险厌恶水平表现出一定的连续性，媒体报道度及其滞后项系数均不显著。

除投资者关注度外，另一个可能影响投资者风险厌恶水平的因素为投资者情绪，投资者情绪高涨时，投资者盲目乐观相对忽视风险，风险厌恶水平降低，相反投资者情绪低迷时则过度悲观，风险厌恶水平增加。如 Antoniou 等（2016）发现，情绪高涨时期，投资者投资于高 β 即高风险个股股票的比例显著高于情绪低迷时期。由于市场情绪高涨会伴随投资者对市场关注度的提升（Hou et al., 2009），因此本节在控制投资者情绪效应后对式（8-12）进行了重新检验，其结果如表 8-11 所示。投资者情绪数据取自国泰安数据库，基于 Baker 和 Wurlger（2006）的方法编制月度投资者综合情绪指数，本章对样本期内这一指数进行了标准化处理，以处理后的指数值作为当月各交易日的情绪值 $Sent_t$，并同时考察 $Sent_t$ 及其与关注度 $Att_{50,t-1}$ 的交叉项对市场风险厌恶水平的影响。

如表 8-11 所示，投资者情绪 $Sent_t$ 的系数在所有模型设定下均显著为负，表明 A 股市场情绪高涨时，投资者的风险厌恶水平因受到乐观情绪的影响而降低，情绪与关注度的交叉项的系数在多数时候同样显著为负，表明投资者的乐观情绪将削弱关注度提高带来的风险厌恶水平提升效应。但关注度及其滞后项的系数依然显著为正，表明在控制了投资者情绪影响后，本章假说 H8.3 依然稳健，投资者风险厌恶水平随其对市场的关注程度的提高而提高。

表 8-10　　　　　　　　投资者关注与市场风险厌恶水平

VRP_t	(1)	(2)	(3)	(4)	(5)	(6)
VRP_{t-1}			0.66 *** (11.57)	0.66 *** (11.91)	0.65 *** (11.51)	0.66 *** (11.77)
$Att_{50,t}$	0.41 *** (3.47)	0.39 *** (3.37)	0.36 *** (2.62)	0.37 *** (4.12)	0.33 ** (2.43)	0.37 *** (4.20)
$Att_{50,t-1}$				0.13 *** (6.02)		0.13 *** (5.84)

续表

VRP_t	(1)	(2)	(3)	(4)	(5)	(6)
$Med_{50,t}$		0.07 (0.98)			0.01 (0.30)	-0.01 (-0.19)
$Med_{50,t-1}$						0.00 (0.09)
Constant	-0.23*** (-4.64)	-0.24*** (-4.78)	-0.06** (-2.02)	-0.09*** (-3.86)	-0.06** (-2.07)	-0.09*** (-3.80)
观测数	463	463	462	462	462	462
F 值	12.07	9.16	93.54	96.02	63.01	58.14

注：括号内是按异方差自相关一致性标准误（HAC）计算的 t 值。

表 8-11　投资者关注、投资者情绪与市场风险厌恶水平

VRP_t	(1)	(2)	(3)	(4)	(5)	(6)
VRP_{t-1}			0.64*** (10.77)	0.65*** (11.25)	0.64*** (10.80)	0.65*** (11.21)
$Att_{50,t}$	0.29** (2.06)	0.26** (2.08)	0.27* (1.93)	0.38*** (4.27)	0.26* (1.88)	0.38*** (4.36)
$Att_{50,t-1}$				0.52*** (5.92)		0.52*** (5.82)
$Sent_t$	-0.45*** (-2.64)	-0.44** (-2.41)	-0.17* (-1.94)	-0.13* (-1.66)	-0.17* (-1.87)	-0.13* (-1.94)
$Sent_t \times Att_{50,t}$	-0.16* (-1.86)	-0.15* (-1.70)	-0.12* (-1.70)	-0.14* (-1.66)	0.08 (1.25)	0.04 (0.94)
$Med_{50,t}$		0.05 (0.64)			0.07 (0.15)	-0.01 (-0.24)
$Med_{50,t-1}$						0.00 (0.01)
Constant	0.06 (0.47)	0.05 (0.38)	0.04 (0.62)	-0.01 (-0.17)	0.04 (0.59)	-0.01 (-0.14)
观测数	463	463	462	462	462	462
F 值	11.07	9.13	69.03	88.75	55.95	64.41

注：括号内是按异方差自相关一致性标准误（HAC）计算的 t 值。

五　稳健性检验

（一）变更波动率预测模型

本章前文研究结果表明，投资者关注在预测股票市场整体波动方面具有显著作用，加入投资者关注的 GARCH 模型最多可以减少 36% 的样本内预测误差。已有研究表明，投资者对利空消息的市场反应往往强于利好消息，因此正负收益对市场波动存在不对称影响，而 GARCH 模型无法体现这一不对称性。为此，许多学者使用 GARCH 模型的变种——指数 GARCH 模型（EGARCH）拟合股票收益率及其波动性，以体现信息性质好坏对市场波动冲击的非对称影响。据此，本章此处也使用 EGARCH 模型，重新检验了投资者关注度对股票市场整体波动的预测作用，以验证前文结果的稳健性。表 8-12 给出了 EGARCH 模型的估计结果，与使用 GARCH 模型类似，上一日的投资者关注度 Att_{t-1} 与沪深 300、中小板、创业板指数的日内波动均显著正向相关，媒体关注度 Med_{t-1} 显著正向影响沪深 300 与创业板指的日内波动，但对中小板指波动率的影响不显著。EGARCH 模型方差方程中的非对称效应项 $\varepsilon_{t-1}/\sigma_{t-1}$ 系数大都为负，表明利空消息对市场波动的影响更大，但这一效应仅在创业板中显著，其大小约为对称效应项 $|\varepsilon_{t-1}/\sigma_{t-1}|$ 的 1/4。

表 8-12　　　　　　　　基于 EGARCH 模型的市场波动率预测

	$Ret_{h,t}$			$Ret_{z,t}$			$Ret_{c,t}$		
	(1)	(2)	(3)	(1)	(2)	(3)	(1)	(2)	(3)
水平方程									
Constant	0.08 (0.88)	0.08 (1.06)	0.08 (1.04)	0.02 (0.42)	0.04 (0.82)	0.06 (0.85)	0.03 (0.46)	0.04 (0.45)	0.04 (0.56)
方差方程									
Att_{t-1}		1.41*** (14.24)	1.22*** (17.98)		1.84*** (15.13)	1.67*** (14.86)		0.94*** (9.33)	0.65*** (5.06)

续表

	$Ret_{h,t}$			$Ret_{z,t}$			$Ret_{c,t}$		
	(1)	(2)	(3)	(1)	(2)	(3)	(1)	(2)	(3)
Med_{t-1}			0.46** (2.31)			0.13 (0.33)			1.09*** (2.86)
$\varepsilon_{t-1}/\sigma_{t-1}$	-0.03*** (-2.78)	-0.02 (-1.41)	-0.02 (-1.45)	-0.01 (-1.41)	-0.06 (1.45)	-0.15 (1.41)	-0.03** (-2.34)	-0.03* (-1.86)	-0.03* (-1.74)
$\|\varepsilon_{t-1}/\sigma_{t-1}\|$	0.13*** (9.80)	0.14*** (8.31)	0.13*** (7.87)	0.12*** (8.08)	0.12*** (5.87)	0.13*** (7.15)	0.13*** (7.25)	0.11*** (5.52)	0.11*** (5.21)
$\ln\sigma_{t-1}^2$	0.94*** (44.47)	0.91*** (43.01)	0.91*** (43.21)	0.92*** (48.50)	0.90*** (40.85)	0.90*** (42.86)	0.94*** (41.10)	0.92*** (42.75)	0.92*** (42.15)
观测数	951	951	951	951	951	951	951	951	951

注：括号内为 z 值，*、**、和 *** 分别表示在 10%、5% 和 1% 的水平下显著。

基于表 8-12 的 EGARCH 模型估计结果，表 8-13 对各模型下对各市场指数波动率预测的样本内误差进行了对比。与前文结果类似，加入投资者关注度后，无论在何种损失函数下，对市场波动预测的样本内误差均有明显的下降，同时加入媒体关注度指标能进一步减少这一误差。以均方百分比误差 MSPE 为例，加入投资者关注度后，对中小板指数日内波动率的预测误差减少 21.79%，在同时加入媒体关注度时，预测误差进一步减少，下降幅度达到 25.52%。概括而言，在考虑了利空利好消息的非对称市场影响后，本章前文的研究结果依然是稳健的，在市场指数波动预测模型中加入投资者关注度能够显著改善模型的预测偏误。

表 8-13 基于 EGARCH 模型的市场波动率模型预测误差比较

损失函数	市场指数	模型 (1) EGARCH	模型 (2) EGARCH + Att	模型 (3) EGARCH + Att + Med	模型对比	
					(2) - (1)	(3) - (1)
MSE	沪深300	13.67	12.01	11.89	-12.14%	-13.02%
	中小板指	22.38	20.54	20.07	-8.22%	-10.32%
	创业板指	68.22	62.18	60.14	-8.85%	-11.84%

续表

损失函数	市场指数	模型（1） EGARCH	模型（2） EGARCH + Att	模型（3） EGARCH + Att + Med	模型对比 (2) – (1)	模型对比 (3) – (1)
MAE	沪深300	1.94	1.74	1.72	–10.31%	–11.34%
	中小板指	2.82	2.74	2.73	–2.84%	–3.19%
	创业板指	4.37	4.16	4.12	–4.81%	–5.72%
MSPE	沪深300	3.81	3.58	3.55	–6.04%	–6.82%
	中小板指	15.83	12.38	11.79	–21.79%	–25.52%
	创业板指	25.98	22.61	21.78	–12.97%	–16.17%
MAPE	沪深300	1.43	1.27	1.27	–11.19%	–11.19%
	中小板指	2.70	2.41	2.25	–10.74%	–16.67%
	创业板指	1.68	1.56	1.56	–7.14%	–7.14%

（二）内生性问题检验

本章第三个重要研究结果是投资者对市场关注度的提高带来其风险厌恶水平的提高。然而，风险厌恶水平的提高同样可能加重投资者对市场的关注程度，即二者可能存在双向因果关系，从而导致前文计量过程出现内生性问题。为了控制这一潜在内生性问题的影响，此处使用两阶段二乘法（2SLS），利用 t 日的首日上市公司数量作为投资者关注度的工具变量，以对前文研究进行稳健性检验。A股市场投资者长期存在追捧新股的倾向，往往在新股首日上市时给予极大的关注（邹高峰等，2015）。因此，某一交易日内首日上市公司的数量 $NIPO_t$ 应与投资者对市场的关注程度呈现显著正向关系。而首日上市公司数量取决于证监会审批这一严格外生行为，与投资者对市场的整体风险厌恶水平显然并无直接关联。换句话说，$NIPO_t$ 与投资者关注度 Att_t 显著相关，而与市场风险厌恶水平 VRP_t 不相关，因此，以 $NIPO_t$ 作为投资者关注度 Att_t 的工具变量满足本章的研究要求。

据此，本章使用 $NIPO_t$ 为 Att_t 的工具变量，随后使用两阶段二乘法，再次检验了投资者关注度对市场风险厌恶水平的影响，其实证结果如表8-14所示。在第1阶段以投资者关注度为被解释变量的回归中，$NIPO_t$ 的系数如预期那样显著为正。在第 2 阶段的回归中，投资者关注度及其一阶滞后项的系数依然显著为正，其余控制变量的系数与显著性也无明显变化。总体而言，表 8-14 的结果表明，在考虑内生性问题后，投资者关注度依然显著正向影响 A 股市场的整体风险厌恶水平，前文研究结果是稳健的。

表 8-14　　　　投资者关注与市场风险厌恶水平：2SLS 方法

被解释变量	(1)		(2)		(3)	
	1 阶段	2 阶段	1 阶段	2 阶段	1 阶段	2 阶段
	$Att_{50,t}$	VRP_t	$Att_{50,t}$	VRP_t	$Att_{50,t}$	VRP_t
$NIPO_t$	0.21*** (4.82)		0.15** (2.12)		0.16** (2.39)	
VRP_{t-1}			0.04 (1.62)	0.68*** (7.18)	0.04 (1.03)	0.67*** (7.33)
$Att_{50,t}$		0.71** (2.35)		0.68*** (2.78)		0.54** (2.16)
$Att_{50,t-1}$			0.71*** (9.29)	0.23** (1.99)	0.76*** (21.12)	0.26*** (3.11)
$Sent_t$	0.32*** (7.61)	-0.15* (-1.86)	0.13** (2.05)	-0.13 (1.63)	0.09* (1.77)	-0.07* (1.92)
$Sent_t \times Att_{50,t}$			-0.09 (-0.78)	-0.16* (-1.68)	0.03 (0.35)	-0.14* (-1.71)
$Med_{50,t}$	0.49*** (18.57)	-0.24 (-0.97)			0.34*** (10.96)	-0.34 -0.36
$Med_{50,t-1}$					0.08 (0.76)	0.03 (0.29)
Constant	0.53*** (13.71)	-0.58** (-2.47)	0.03 (1.47)	-0.08 (-1.39)	0.06* (1.89)	-0.08 (-1.39)
观测数	463	463	462	462	462	462
调整的 R^2	0.42	0.33	0.85	0.47	0.85	0.53
F 值	65.29	115.17	822.90	126.79	925.66	174.46

注：1 阶段回归中括号内为使用稳健性标准误的 t 值，2 阶段回归中括号内为 z 值。

第三节 本章小结

本章以沪深 300 等 A 股市场代表性指数的简称在百度搜索引擎中被搜索的次数度量个人投资者对 A 股市场的整体关注程度，发现这一指标与 A 股市场波动性、市场交易模式以及风险厌恶水平均存在显著的关系。首先，本章发现各市场指数的日内已实现波动率与个人投资者对市场指数的关注程度存在双向因果关系，投资者关注度对预测未来市场波动程度具有明显的作用，加入投资者关注度后的 GARCH 模型最多可减少 36% 的市场波动率预测误差。

其次，个人投资者在市场整体层面存在注意力驱动交易行为，其在市场中的净买入金额随其对市场关注程度的提高而提高，当市场指数创新高时，这一效应得到强化，但市场指数创新低时对这一效应并无显著影响。

最后，个人投资者对市场的关注程度还影响其风险厌恶水平，在注意力驱动交易效应下，投资者对市场关注程度的提升带来其风险资产的增加，进而导致其风险厌恶水平的提升，但投资者的乐观情绪对这一效应有弱化作用。

总体而言，已有研究更多关注个人投资者对不同个股或行业关注程度的差异及其市场影响，而个人投资者对市场整体的关注是其在个股或行业间进行注意力配置的必要前提，本章揭示了这一关注对市场波动、投资者交易模式以及风险厌恶水平的影响，对 A 股市场风险管理与投资实践具有一定的指导意义。

第九章

机构投资者关注与股票定价：实地调研的视角

本书第三章到第八章从多个视角研究了个人投资者的关注程度对股票定价的影响，本章及随后的两章将研究机构投资者是否与个人投资者一样面临注意力约束，以及这一约束对股票定价过程的可能影响。已有研究多数认为机构投资者因具有丰富的人力和经济资源，而面临注意力约束的问题较少。然而，任何个体的时间、精力都是有限的，且机构投资者持有的资产类别、资产数量与决策复杂程度远胜个人投资者。因此，无论机构投资者经济与人力资源如何丰富，也无法在同一时间关注所有的市场信息。事实上，美国投资者责任研究中心（Investor Responsibility Research Center Institute）2011年的一项大规模问卷调查表明，3/4 的机构投资者认为，缺乏足够的时间是妨碍其与上市公司进行交流互动的第一大原因。同时，机构投资者与个人投资者对市场信息的关注方向存在较大差异（Ben-Rephael et al.，2017），机构投资者更多关注与公司基本面相关的媒体报道、分析师报告和盈余公告等信息，而个人投资者更易为公司股票量价表现所吸引。因此，机构投资者作为资本市场的重要参与者和主要外部治理力量，其注意力约束对资本市场运行和股票定价过程存在何种影响，是兼具重要学术与实务研究意义、但尚未得到充分研究的重要问题。

部分新近研究找到了机构投资者同样受到注意力约束影响的实证证据。Fang 等（2014）发现基金经理倾向于买入媒体报道较多因而受关注度更高的股票，而基金的业绩表现与基金经理的这一行为倾向显著负向相关，表明基金经理同样受到注意力约束的影响，因而表现出与个人投资者类似的注意力驱动交易行为偏差。类似地，Lu 等（2016）发现对冲基金经理的基金管理业绩也受到了其注意力约束的影响，当其对市场的关注程度受到其结婚或离婚事件的外生性冲击时，其所管理的基金业绩会显著较差。而 Kacperczyk 等（2016）的理论模型和实证结果均证实，基金经理的注意力约束影响其信息获取活动，进而影响其资产组合配置和收益。Ben-Rephael 等（2017）基于机构投资者对特定数据库中公司新闻的点击量度量其对公司的关注程度，发现这一关注程度与公司盈余公告漂移效应的强度负向相关，同样支撑机构投资者因注意力有限而只能选择性关注部分市场信息的观点。Schmidt（2019）发现注意力约束导致基金管理者与个人投资者存在类似的分心效应，当基金管理者资产组合中有多家公司在短期内同时发布盈余公告时，其因分心关注这些公司，而明显降低对组合中其他股票的交易概率，对这些股票的投资收益显著下降。Kempf 等（2017）则首次通过构建个股层面的机构投资者分心指标，发现机构投资者因外生事件冲击而放松对公司的关注时，公司管理者的利己行为显著增加，证实机构投资者注意力有限，且其对公司的监督强度随其对公司的关注程度变动而变动。利用 Kempf 等（2017）的机构投资者分心指标，Chen 等（2020）发现机构投资者分心时还会影响公司的社会责任投资决策。

综上所述，少量新近研究注意到了机构投资者的注意力约束，但仅研究了这一约束对机构投资者自身投资决策和投资业绩的影响，作为股票市场的重要参与者，机构投资者的注意力约束是否影响、如何影响资本市场运行和股票定价效率，还没有得到系统、专门的研究。本章及随后两章的目标，就是尝试填补这一研究空白。然而，缺乏对机构投资者关注程度进行有效度量的方法是投资者关注领域较少以机构投资者为研究对象的原因之一。部分研究直接使用持股比例度量机构投资者对公司的关注程度,但二者可能存在双向因果关系,进而引发内生性问题;Michaely 等(2016)以及 Segal 和 Segal(2016)以是否临近周末或节假日、是否是工作时间等区分市场关注度的高低,能够克服内生性问题,但无法对个人与机构投资者的关注进行明确区分;Lu 等(2016)基于结婚、离婚等外生事件的研究,能够克服内生性问题,但这一方式不具有普适性;Ben-Rephael 等(2017)以机构投资者对特定数据库中公司新闻的点击数量度量其关注度,但这些数据库在美国以外的资本市场不易获取,因此该方式同样不具有普适性。

本书尝试从三个视角解决机构投资者关注难以度量的问题,首先,本章将利用 A 股市场深交所有关公司实地调研活动的独特披露制度,以机构投资者对上市公司的实地调研频率,直接反映公司为机构投资者所关注的程度。其次,本书第十章参照 Kempf 等(2017)的做法,基于行业极端收益率、极高交易量或新闻媒体报道数量等外生事件对公司受机构投资者关注程度的外生冲击,构建公司层面的机构投资者分心程度指标,用以反向度量机构投资者关注度。最后,本书第十一章基于 A 股市场股票指数成分股调整事件和中证指数公司的备选股制度,通过双重差分等实证设计,检验股指调入或调出对个股受机构投资者关注程度的外生冲击在个股定价过程中的反映。

第一节 实地调研制度背景与文献综述

一 A 股市场实地调研活动制度背景

减少市场信息不对称、维持市场公平性是资本市场的核心监管目标之一,确保上市公司价值相关信息的公平披露是实现这一目标的重要途径。进入 21 世纪后,包括 A 股市场在内的全球主要股票市场相继实施"公平披露"原则，禁止上市公司选择性地向特定对象披露非公开实质性信息，以减少分析师和机构投资者与个人投资者之间的信息不对称问题。Koch等（2013）和Klein等（2020）指出，在公平披露原则实施后，分析师和机构投资者更多依靠与公司管理者的私下接触，即通过所谓的"选择性接触"活动维持自身的信息优势，而此类活动的市场影响也进而成为新的研究热点（Bushee et al.，2017）。

公司实地调研是选择性接触活动的主要形式之一（Brown et al.，2015；Cheng et al.，2016a），相较于其他形式的选择性接触活动，实地调研因赋予调研者与管理者进行正式、面对面且私密的接触机会而更加受到市场关注（Bowen et al.，2018a）。然而，只要在调研过程中管理者未向调研者透露非公开实质性信息，就没有违反公平披露原则。因此，全球多数股票市场并不强制要求上市公司披露接待实地调研的情况，这使实证研究此类活动的市场影响存在数据缺失的不便。相反，我国深交所自2006年8月起，鼓励上市公司在定期报告中披露接待实地调研情况，并于2009年将这一自愿披露行为改为强制披露要求，从而为研究实地调研活动提供了宝贵而独特的数据。

具体而言，我国深交所将公司实地调研归为"投资者关系管理"活动。2003年，深交所发布《上市公司投资者关系管理指引》，要求上市公司"尽量安排投资者、分析师及基金经理等到公司或募集资金项目所在地进行现场参观"。2006年8月9日，深交所发布《上市公司公平信息披露指引》，鼓励上市公司记录实地调研活动时间、地点、内容以及参与者等信息，并在公司定期报告中披露。2008年，深交所对这一披露指引进行了修订，改为强制要求上市公司自2009年起在年报中披露被调研情况。2012年7月17日，深交所发布《信息披露业务备忘录第41号——投资者关系管理及其信息披露》（简称"第41号备忘录"），对调研活动披露提出了新的要求。自第41号备忘录颁布之日起，深交所上市公司需在每次调研活动结束后两个交易日内，将调研信息记录在标准的投资者关系活动记录表中，并将该表以及调研活动中提供给调研者的资料文件，在深交所"互动易"网站中公开披露①，以"确保所有投资者可以获取同样信息"。另外，尽管我国上交所同样在其上市公司信息披露指引中明确提出"公平披露"原则，要求"确保所有投资者可以平等地获取同一信息"，但其并未强制要求上市公司公开披露被调研情况，仅要求公司书面记录调研活动，并在两个交易日内向上交所报备，以防止调研过程中公司向调研者选择性披露实质性的非公开信息。②

二 实地调研活动的市场影响

机构投资者与分析师是实地调研活动最主要的组织者和参与者（Cheng et al.，2016a）。基于 A 股市场实地调研活动的独特数据，已有研究从信息获取和监督治理渠道两个方面入手，探讨了实地调研活动赋予调研者的信息优势以及调研活动对被调研公司财务、运营和治理等管理决策的影响。

在信息获取方面，有丰富研究指出，调研者能够通过调研挖掘到新的公司价值相关信息。Cheng 等（2019）发现调研事件会引起个股收益的异常变动，且这一变动对公司未来盈余具有显著的预测作用，表明调研者挖掘出与公司基本面价值相关的新信息，并将其反映至公司股票价格之中。Cheng 等（2016）和 Han 等（2018）在不同的样本区间段内，均发现参与公司调研的分析师对公司盈余预测的精度较未参与调研的分析师显著更高，肖斌卿等（2017）则发现基于分析师的调研报告构建投资策略能够获取超额收益。这些研究均表明，分析师通过调研获取了新的公司价值相关信息。孔东民

---

① http://irm.cninfo.com.cn/ircs/index.

② http://www.sse.com.cn/lawandrules/guide/disclosure/dailymemo/c/c_20150912_3986004.shtml.

等（2015）和 Liu 等（2017）发现基金经理对公司调研后所做的股票交易活动的盈利程度更高，表明基金经理通过调研获得信息优势，从而做出更好的投资决策。类似地，Hong 等（2019）发现对冲基金参与的公司实地调研活动越多，其基金业绩越好。

另外一些研究从公司调研活动的监督治理作用出发，研究了调研活动对公司管理、运营和财务等活动的影响。分析师和机构投资者是最主要的公司调研活动发起者，二者同时也是资本市场的重要外部监督治理力量，其可以通过调研活动向公司表达自身的关注和诉求，进而对公司起到积极的监督治理作用。如谭松涛和崔小勇（2015）通过理论模型和实证检验，证实实地调研是机构投资者参与公司治理的重要渠道，且这一治理作用主要通过影响公司信息披露质量实现。类似地，李昊洋等（2018）发现机构投资者能够通过调研改善公司信息披露活动，抑制公司的避税行为，而李昊洋和程小可（2018）则发现投资者调研能够削弱管理层对研发投入进行资本化处理的程度。此外，Jiang 和 Yuan（2018）的研究表明，实地调研活动能够替代机构持股对公司的监督治理作用，提升公司的创新活动水平。

概括而言，一方面，学者已对公司调研活动进行了丰富的研究，但更多地着眼于调研活动如何影响调研者的信息优势和被调研公司的管理决策（肖欣荣和马梦璇，2019），这些调研活动是否影响、如何影响公司股票定价效率，尚未得到深入的研究。另一方面，机构投资者是实地调研活动的主要参与者和组织者，当机构投资者对公司进行实地调研时，毫无疑问其正在关注其所调研的公司。机构投资者对公司实地调研的频率，直接反映了机构投资者对公司的关注程度。这为本章基于机构投资者对公司的实地调研频率研究机构投资者关注程度对公司股票定价效率的影响，提供了丰富的研究空间。

第二节 机构实地调研影响股票定价的实证研究设计

一 研究假说

本章从股价崩盘风险和股价同步性两个角度研究机构调研频率对被调研公司股票定价过程的影响。如本书第六章所述，新近研究多以 Jin 和 Myers（2006）的坏消息累积理论解释个股股价崩盘风险的形成过程，认为股价崩盘风险反映了公司利空信息的相对定价无效率程度。同时，个股股价与股票市场整体表现的同涨共跌程度，即股价同步性，反映了个股特质信息的定价效率。而冯用富等（2009）通过梳理有关股价同步性的经典文献，采用逻辑演绎的方法推导并指出，在 A 股市场中，股价同步性实质上反映了公司利用其私有信息进行套利的程度，股价同步性越高，表明公司特质私有信息融入股价的波动相对于系统因素部分越多，公司的私有信息套利空间因而越大。

机构投资者对公司的实地调研可能通过三种路径影响被调研公司的股价崩盘风险和股价同步性等定价效率指标。首先，机构投资者在实地调研过程中能够直接问询公司的运营和发展前景（Cheng et al., 2016a；Han et al., 2018），或是通过观察管理者的肢体语言、语音语调（Hobson et al., 2012；Mayew & Venkatachalam, 2012），以及员工们的士气（Cheng et al., 2019），间接地推断这些与公司基本面相关的信息，并通过其股票交易活动将这些信息传播、扩散到整个市场（孔东民等，2015；Liu et al., 2017）。换言之，机构投资者的实地调研活动能够挖掘公司隐藏的私有信息，特别是其中的利空信息，从而减少公司股价因利空信息累积而崩盘的风险和公司利用私有信息套利的空间，即降低公司股价的同步性。

其次，机构投资者本身即为市场中的重要外部监督者。机构投资者的外部监督活动能够改善公司治理质量和信息透明度（Aggarwal et al.，2011；Schmidt & Fahlenbrach，2017），而从已有文献可以看到，公司自身治理质量的优劣和信息透明度的高低是股价崩盘风险和股价同步性的重要影响因素。换言之，即便机构投资者在实地调研过程中并没有挖掘到公司隐藏的价值相关信息，他们也可以通过调研表达对公司的关注，从而履行其外部监督治理作用（谭劲松和林雨晨，2016），且这一作用主要通过提高公司信息披露质量、减少信息不对称程度实现（Jiang & Yuan，2018）。公司管理者感受到其所受到的监督后，可能减少其隐藏利空信息或利用私有信息获利的倾向，提高公司信息透明度，从而降低公司股价在未来的崩盘风险以及与市场同涨共跌的程度。

最后，机构投资者对公司的实地调研活动也会受到市场其他参与者的高度关注（Brown et al.，2015）。正如本书在第二章所总结的那样，对公司的关注程度与公司信息扩散过程和股票定价效率之间存在直接而显著的关联（Andrei & Hasler，2015；宗计川等，2020）。机构调研使散户、分析师和未参与调研的机构投资者等其他市场参与者更为关注被调研的公司，这些市场参与者会增加对公司特质信息的挖掘，加速这些信息在市场中的扩散，进而提高公司股价定价效率。对公司特质信息的挖掘和传播会减少上市公司进行私有信息套利的空间，从而降低其股价同步性，而对公司负面信息定价效率的提升将降低公司股价在未来崩盘的风险。

概括而言，机构投资者可以通过调研活动挖掘公司特质信息、表达对公司的监督关注和吸引其他市场投资者对公司的关注三个渠道，降低公司股价崩盘风险和同步性。据此，得到本章假说 H9.1。

假说 H9.1：机构投资者对公司的调研频率与公司股价崩盘风险和股价同步性显著负向相关。

如前文小节所示，深交所于 2009 年起即强制要求其上市公司披露实地调研活动，随后又于 2012 年 7 月颁布第 41 号备忘录，对这一披露要求做出了重大的变革。在 2012 年 7 月之前，深交所上市公司每年的所有调研活动直到下一年度才与重要的财务信息一起披露于年报之中，这一滞后、缺乏细节的披露可能无法及时传播扩散机构投资者调研挖掘的公司特质信息；相反，第41号备忘录颁布后，调研活动细节被要求在调研结束后两个交易日内披露，这一方式能够将机构调研挖掘的信息更加快速地扩散到整个市场之中（Yang et al.，2020），并增加市场对调研过程的关注和监督（Bowen et al.，2018b），从而强化调研活动对公司私有信息套利行为的抑制作用。据此，提出本章假说H9.2。

假说H9.2：第41号备忘录实施后，机构投资者对公司的调研频率对公司股价崩盘风险和股价同步性的负向影响显著更强。

二 样本与数据

鉴于深交所要求上市公司于2009年起披露被调研情况，本章以2009—2019年的深交所上市公司为研究样本，以年度为频率获取观测值，并按照以下过程对样本公司进行了筛选。第一，剔除运营管理特征和监管要求存在一定独特性的金融行业公司；第二，出于计算公司股价崩盘风险和股价同步性指标的需要，剔除了年交易周数不足30周或交易天数不足100天的样本公司；第三，2012年及以前，部分上市公司仅在年报中笼统披露已按照要求以合规的方式接待了投资者调研，但并未披露当年度接待调研次数、调研者身份等信息，因而无法计算此类公司的被调研频率指标，故将其从样本中删除；第四，删除了ST等特殊处理公司；第五，删除了控制变量等数据缺失的样本公司。最终的样本包括12159个公司×年观测值。

笔者通过年报手工收集整理了样本公司2009—2012年的被调研信息，通过深交所"互动易"平台下载样本公司2013—2019年的调研活动记录。个股、行业以及市场收益率和换手率等数据来自锐思数据库，股权结构、治理结构、运营管理、财务等公司特征数据来自国泰安数据库，在利用公司总部所在城市极端天气情况作为公司被机构调研频率的工具变量时，使用了来自中国气象数据网的天气数据。

三　变量定义

（一）股价崩盘风险

与本书第六章一样，本章依然通过式（9-1）所示的拓展后的市场模型计算公司特质周收益率，进而计算其负偏度（NCSKEW）和上下波动比（DUVOL），并将其作为股价崩盘风险的度量指标。

$$r_{i,\tau} = \alpha_i + \beta_1 r_{m,\tau-1} + \beta_2 r_{m,\tau} + \beta_3 r_{m,\tau+1} + \varepsilon_{i,\tau} \quad (9-1)$$

其中，$r_{i,\tau}$ 为公司 i 第 τ 周的周收益率，而 $r_{m,\tau}$ 为第 τ 周 A 股市场所有股票的市值加权周收益率。式（9-1）中加入了市场股票组合收益率的领先和滞后一期周收率，以控制非同步股票交易的潜在影响。按式（9-1）将个股周收率与市场股票组合收益率进行回归，将回归得到的残差加 1 后取对数，即可得到公司特质周收率 $W_{i,\tau}$。随后，按照式（9-2）和式（9-3），得到负偏度和上下波动比两个股价崩盘风险指标：

$$NCSKEW_{i,t+52w} = -\left[n(n-1)^{3/2}\sum W_{i,\tau}^3\right]/$$
$$\left[(n-1)(n-2)\left(\sum W_{i,\tau}^2\right)^{3/2}\right] \quad (9-2)$$

$$DUVOL_{i,t+52w} = \log\left\{\left[(n_u-1)\sum_{DOWN} W_{i,\tau}^2\right]/\left[(n_d-1)\sum_{UP} W_{i,\tau}^2\right]\right\}$$
$$(9-3)$$

n 为 t 年度用于计算 NCSKEW 的股票周收益率个数，n_u 和 n_d 分别为特定年度公司股票价格上涨或下跌的周数。NCSKEW 或 DUVOL 越大，公司股价崩盘的风险越高。

（二）股价同步性

本章参照冯用富等（2009）、陈小林和孔东民（2012）的做法，使用股价同步性度量公司的私有信息套利程度。冯用富等（2009）通过梳理有关股价同步性的经典文献，采用逻辑演绎的方法推导指出，在 A 股市场中股价同步性可以用于度量公司的私有信息套利空间。股价同步性越高，表明公司特质私有信息融入股价的波动相对于系统因素部分越多，公司的私有信息套利空间因而越大。陈小林和孔东民（2012）采用这一方式度量私有信息套利程度，发现机构投资者的信息搜寻加速了公司私有信息的公开化速度，从而降低其套利可能性，这一研究结果也证实了使用股价同步性度量公司私有信息套利行为的合理性。

依据这一思路，本章参照 Morck 等（2000）和何贤杰等（2018）的做法，使用式（9-4）所示的市场模型计算 R^2：

$$R_{i,t} = \alpha + \beta_1 RM_{i,t} + \varepsilon_{i,t} \qquad (9-4)$$

其中，$R_{i,t}$ 为个股 i 的日收益率，$RM_{i,t}$ 为流通市值加权的 A 股市场组合日收益率，利用式（9-4）逐年、分公司将 $R_{i,t}$ 与 $RM_{i,t}$ 进行回归，得到回归结果的拟合优度 R^2，进而对其进行对数化处理，得到股价同步性指标 $SYN = \ln[R^2/(1-R^2)]$。SYN 越大，个股股价与市场同涨共跌的程度越高，公司私有信息套利程度越低。

（三）公司被机构投资者调研的频率

本章从是否被调研、被调研次数两个方面度量公司在特定年度被机构投资者调研的频率。虚拟变量 $DIVisit_{i,t}$ 等于 1 表示 t 年度公司 i 至少被机构投资者调研 1 次，否则 $DIVisit_{i,t}$ 取 0。$NIVisit_{i,t}$ 为 t 年度公司 i 被机构投资者调研的总次数加 1 后取对数。

（四）控制变量

在以股价崩盘风险为被解释变量时，与第六章类似，本章控制了投资者的异质信念（$DTrend$）、公司股票特质周收益率的均值和标准差、以公司过去三年可操纵应计利润绝对值之和度量的公司信息不透明度（$ABACC$）、公司规模（$Size$）、市值账面比（MB）、财务杠杆度（Lev）以及资产收益率（ROA）等公司特征变量、CEO 两职合一（$Duality$）、董事会规模（$BSize$）和董事会独立性（$BIndep$）等公司治理变量、机构持股比例（IO）、分析师关注度（$Analyst$）、公司性质（$SOE_{i,t}$），以及会计稳健性（$CScore_{i,t}$）。

在以股价同步性 SYN 为被解释变量时，本章参考陈小林和孔东民（2012），何贤杰、王孝钰、孙淑伟和朱红军（2018）等前人的研究，控制了以下变量对公司私有信息套利程度的影响：第一大股东持股比例（$TOP1$）、公司股权集中度（$HHI10$）、公司规模（$Size$）、市值账面比（MB）、资产收益率（ROA）、资产负债率（Lev）、换手率（$Turn$）、分析师关注度（$Analyst$）、机构持股比例（IO）、企业性质（SOE）、审计质量（$Big4$）以及信息披露质量（$DRate$）。表 9 – 1 给出了全章变量的详细定义。

表 9 – 1　　　　　　　　　　变量定义

变量	定义
$NCSKEW_{i,t+1}$	t 年度公司 i 特质周收益率的负偏度系数，参见式（9 – 2）
$DUVOL_{i,t+1}$	t 年度公司 i 在下跌时和上涨时特质周收益率方差的相对比例，参见式（9 – 3）
$SYN_{i,t}$	$R^2/(1-R^2)$ 取对数，R^2 为公司 i 日收益率在模型（9 – 4）中的拟合优度
$DIVisit_{i,t}$	t 年度公司 i 被机构投资者实地调研过取 1，否则取 0
$NIVisit_{i,t}$	t 年度公司 i 被机构投资者实地调研的次数加 1 后取对数
$Sigma_{i,t}$	t 年度公司 i 特质周收益率的标准差
$Ret_{i,t}$	t 年度公司 i 特质周收益率的均值
$ABACC_{i,t}$	公司 i 过去三年可操纵应计利润绝对值的均值
$Size_{i,t}$	t 年初公司 i 总资产规模（单位：10 亿元）
$MB_{i,t}$	t 年末公司 i 的市值账面比
$Lev_{i,t}$	t 年末公司 i 的资产负债率
$ROA_{i,t}$	t 年度公司 i 的资产收益率
$IO_{i,t}$	t 年末公司 i 的机构持股比例
$Aanalyst_{i,t}$	t 年度跟踪公司 i 的分析师数量加 1 后取对数
$SOE_{i,t}$	t 年末公司 i 为国有企业取 1，否则取 0
$BIndep_{i,t}$	t 年末公司 i 董事会中独立董事的比例
$Duality_{i,t}$	t 年末公司 i 的 CEO 与董事长两职合一取 1，否则取 0
$BSize_{i,t}$	t 年末公司 i 的董事会董事成员数量
$CScore_{i,t}$	t 年度公司 i 的会计稳健性评分，计算方法参考 Khan 和 Watts（2009）
$Turn_{i,t}$	t 年度公司 i 按流通股计算的换手率

续表

变量	定义
$TOP1_{i,t}$	t 年末公司 i 第一大股东的持股比例
$HHI10_{i,t}$	t 年末公司 i 前十大股东持股比例的平方和
$Big4_{i,t}$	t 年度公司 i 年报由四大会计师事务所审计取 1,否则取 0
$DRate_{i,t}$	t 年度深交所给予公司 i 的信息披露质量评级为合格或不合格取 1,为优秀或良好取 0

表 9–2 给出了本章主要变量的描述性统计结果。$NCSKEW_{i,t+1}$ 和 $DUVOL_{i,t+1}$ 的均值分别为 –0.2714 和 –0.1998,其相应的标准差为 0.5487 和 0.7583,与许年行、于上尧和伊志宏(2013),姜付秀、蔡欣妮和朱冰(2018)以及李沁洋和许年行(2019)等已有研究的统计比较接近。$SYN_{i,t}$ 的均值为 –0.4861,其对应的样本公司 R^2 均值约为 0.3808,略低于陈小林和孔东民(2012)的 0.404。$DIVisit_{i,t}$ 的均值为 0.3895,表明平均而言,每年约有 38.95% 的公司至少接待一次有机构投资者参与的调研活动,而 $NIVisit_{i,t}$ 的均值表明,公司每年被机构投资者调研次数的平均值为 1.2184 次,与 Cheng 等(2019)中的统计结果较为接近。同时,三者的标准差均高于其均值,这意味着公司间被机构调研次数的差异较大。在其他变量方面,平均而言,样本公司第一大股东和机构投资者分别持有 35.05% 和 22.14% 的公司股份,其资产收益率和资产负债率分别为 5.50% 和 45.02%,33.94% 的样本公司为国有企业,3.92% 的公司聘用了四大会计师事务所审计公司年报,而有 14.56% 的公司信息披露质量被深交所评为"合格"或"不合格"。

表 9–2   描述性统计

变量	观测数	均值	25 分位数	中位数	75 分位数	标准差
$NCSKEW_{i,t+1}$	12159	–0.2714	–0.4859	–0.2560	0.1953	0.7583
$DUVOL_{i,t+1}$	12159	–0.1998	–0.5451	–0.1805	0.1023	0.5487
SYN	12159	–0.4861	0.7454	–0.9342	–0.4354	0.0278
$DIVisit_{i,t}$	12159	0.3895	0	0	1	0.5767
$NIVisit_{i,t}$	12159	0.7948	0.9194	0	0.6931	1.386

续表

变量	观测数	均值	25分位数	中位数	75分位数	标准差
$DTrend_{i,t}$	12159	−0.1467	−0.3106	−0.0907	0.0912	0.4897
$Sigma_{i,t}$	12159	0.0524	0.0358	0.0470	0.0591	0.0348
$Ret_{i,t}$	12159	−0.0011	−0.0260	−0.0038	0.0187	0.0479
$ABACC_{i,t}$	12159	0.1078	0.0399	0.0675	0.1104	0.2152
$Size_{i,t}$（10亿元）	12159	10.4054	1.3767	2.7821	6.3294	35.1256
$MB_{i,t}$	12159	1.1378	1.0725	1.7603	2.9871	0.5562
$Lev_{i,t}$	12159	0.4502	0.2523	0.4109	0.5815	0.5779
$ROA_{i,t}$	12159	0.0550	0.0257	0.0471	0.0709	0.0572
$IO_{i,t}$	12159	0.2214	0.0469	0.1448	0.3501	0.2205
$Analyst_{i,t}$	12159	3.8745	1	4	11	7.9301
$SOE_{i,t}$	12159	0.3394	0	0	1	0.4705
$BIndep_{i,t}$	12159	0.3729	0.3333	0.3333	0.4302	0.0554
$Duality_{i,t}$	12159	0.2874	0	0	1	0.4489
$BSize_{i,t}$	12159	8.5213	7	9	9	1.6920
$CScore_{i,t}$	12159	0.1504	0.0978	0.1416	0.2088	0.1019
$TOP1_{i,t}$	12159	0.3505	0.1472	0.2258	0.3304	0.4412
$HHI10_{i,t}$	12159	0.1715	0.1148	0.0785	0.1306	0.2086
$Big4_{i,t}$	12159	0.0392	0.1904	0	0	0
$DRate_{i,t}$	12159	0.1456	0.3328	0	0	0
$Turn_{i,t}$	12159	5.3410	4.8551	1.6912	4.0746	7.5025

第三节 机构实地调研影响股票定价的实证研究结果

一 机构调研频率的影响

（一）基准回归

本章首先使用式（9-5）和式（9-6）两个基准模型，检验假说 H9.1，即机构投资者对公司的调研频率对公司股价崩盘风险和股价同步性的潜在影响。

$$CrashRisk_{i,t+1} = \alpha + \beta_1 Visit_{i,t} + \sum Control + YearFE + IndustryFE + ProvinceFE + \varepsilon_{i,t} \quad (9-5)$$

$$SYN_{i,t} = \alpha + \beta_1 Visit_{i,t} + \sum Control + YearFE + IndustryFE + \varepsilon_{i,t} \quad (9-6)$$

式（9-5）中被解释变量 $CrashRisk_{i,t+1}$ 为公司的股价崩盘风险，分别以公司特质周收益率的负偏度 $NCSKEW_{i,t+1}$ 和下跌上涨波动比 $DUVOL_{i,t+1}$ 表示；式（9-6）中的被解释变量为公司股价的同步性程度 $SYN_{i,t}$。在两个式子中，主要的解释变量均为 t 年度机构投资者对公司 i 进行调研的频率 $Visit_{i,t}$，具体由虚拟变量 $DIVisit_{i,t}$ 和连续变量 $NIVisit_{i,t}$ 进行表征。前文给出了基准回归中所使用到的控制变量。两个基准模型均加入了年度固定效应和行业固定效应，式（9-5）中还加入了省份固定效应，以控制诸如信仰（Callen & Fang, 2015）、社会信任水平（Li et al., 2017）等非正式制度对公司股价崩盘风险的潜在影响。这些非正式制度对管理者的价值观念存在潜移默化的作用，而管理者的价值观念直接影响其隐藏坏消息的倾向，进而影响公司的股价崩盘风险。这些非正式制度很难直接被观测和度量，但是存在明显的地域性。因此，通过加入省份固定效应，能够控制公司所在地域的非正式制度对其股价崩盘风险的潜在影响。更具体而言，本章基于公司总部所在地构建相应的省份虚拟变量以在模型中加入省份固定效应。

表9-3 Panel A 和 Panel B 分别给出了式（9-5）和式（9-6）的基准回归结果。Panel A 中，用以计算系数 t 值的标准误同时在省份和公司两个层面聚类，Panel B 中，标准误在公司层面聚类。如表9-3 Panel A 所示，代表机构调研频率的虚拟变量 $DIVisit_{i,t}$ 和连续变量 $NIVisit_{i,t}$ 与 $NCSKEW_{i,t+1}$ 和 $DUVOL_{i,t+1}$ 两个股价崩盘风险指标在10%或者更高的显著性水平上负向相关。这一负向关联同样具有经济意义上的显著性，以列（1）为例，$DIVisit_{i,t}$ 的系数为 -0.045，

这意味着与未被任何机构投资者实地调研过的公司相比，被机构调研过的公司下一年以 $NCSKEW_{i,t+1}$ 所表示的股价崩盘风险要低 0.045。鉴于 $NCSKEW_{i,t+1}$ 的样本均值为 -0.2714，该系数意味着平均而言，被机构调研过的公司比其他公司的股价崩盘风险低（-0.045）/（-0.2714）≈16.0%。类似地，列（3）中 $DIVisit_{i,t}$ 的系数表明，被机构调研过的公司比其他公司以 $DUVOL_{i,t+1}$ 表示的股价崩盘风险要低（-0.047）/（-0.1998）≈23.5%。换言之，列（1）和列（3）的回归结果表明，如本章假说 H9.1 所预期的那样，机构投资者的调研能够降低被调研公司股价在未来崩盘的风险。而在列（2）和列（4）中以 $NIVisit_{i,t}$ 主要解释变量时，同样能够得到类似的结论。

表 9-3 Panel B 中，列（5）$DIVisit_{i,t}$ 的系数为 0.086 且在 1% 的水平下显著（t 值 = 4.58），相较于未被机构调研的公司，至少被机构调研一次的样本公司的股价同步性指标 $SYN_{i,t}$ 显著更高，由于 $SYN_{i,t}$ 反向度量了公司的私有信息套利程度，这一结果表明被机构调研公司的私有信息套利程度更低。列（6）中 $NIVisit_{i,t}$ 的系数为 0.055 且同样在 1% 的水平下显著（t 值 = 8.01），表明公司股价同步性随公司被机构调研次数的增加而显著增加。这一结果同样符合本章假说 H9.1 的预期，参与调研的机构投资者通过随后的股票交易活动，将其调研获得的公司私有信息公开化，同时还可能通过调研活动强化对公司的监督作用，并吸引其他市场参与者关注这些公司，从而抑制公司利用私有信息进行套利的空间，使公司股价呈现出更高的同步性。

表 9-3 中控制变量的系数符号与显著性水平大都与已有研究的发现相吻合，在股价崩盘风险方面，公司特质周收益率的均值 Ret 和标准差 Sigma 与其股价崩盘风险正相关，且信息透明度低、规模大、机构持股比例高、分析师关注度高、会计稳健性水平低，以及国有性质的公司股价崩盘风险更大，其他控制变量的系数在统计上不显著；在股价同步性方面，第一大股东持股比例高、股权集中、资产

负债率高、换手率高、机构持股多、信息披露质量差的公司股价同步性更低,即此类公司进行私有信息套利的可能性更大;相反,规模大、账面市值比高、盈利能力强以及国有企业的股价同步性较高,其私有信息套利程度相对更弱。概括而言,表9-3的结果支撑了本章的假说H9.1,机构投资者关注程度与公司股价在未来的崩盘风险显著负向相关,而与公司股价同步性显著正向相关。

表9-3 基准模型回归结果

	Panel A 股价崩盘风险					Panel B 股价同步性	
	(1) $NCSKEW_{i,t+1}$	(2) $NCSKEW_{i,t+1}$	(3) $DUVOL_{i,t+1}$	(4) $DUVOL_{i,t+1}$		(5) $SYN_{i,t}$	(6) $SYN_{i,t}$
$DIVisit_{i,t}$	-0.045** (-2.17)		-0.047* (-1.90)		$DIVisit_{i,t}$	0.086*** (4.58)	
$NIVisit_{i,t}$		-0.023** (-2.29)		-0.0266** (-2.12)	$NIVisit_{i,t}$		0.055*** (8.01)
$DTrend_{i,t}$	0.013 (0.30)	0.013 (0.29)	0.014 (0.32)	0.014 (0.34)	$TOP_{i,t}$	-1.415*** (-8.63)	-1.388*** (-8.49)
$Sigma_{i,t}$	0.425*** (2.76)	0.461*** (2.61)	0.878*** (3.02)	0.904*** (3.25)	$HHI10_{i,t}$	-2.230*** (-9.26)	-2.412*** (-9.45)
$Ret_{i,t}$	0.075** (2.31)	0.081** (2.42)	0.073** (2.34)	0.077** (2.49)	$Size_{i,t}$	0.086*** (9.71)	0.083*** (9.43)
$ABACC_{i,t}$	0.225** (2.23)	0.228** (2.26)	0.290* (1.91)	0.292* (1.92)	$MB_{i,t}$	-0.684*** (8.30)	-0.704*** (8.25)
$Size_{i,t}$	0.071** (2.33)	0.069** (2.42)	0.062** (2.51)	0.058** (2.29)	$ROA_{i,t}$	0.040 (1.25)	0.059* (1.74)
$MB_{i,t}$	-0.011 (-1.12)	-0.012 (-1.13)	-0.010 (-1.03)	-0.010 (-1.02)	$Lev_{i,t}$	-0.345*** (-6.72)	-0.339*** (-6.51)
$ROA_{i,t}$	0.209 (0.75)	0.201 (0.80)	0.172 (0.63)	0.175 (0.65)	$Turn_{i,t}$	-0.010*** (-5.75)	-0.021*** (-5.80)
$Lev_{i,t}$	0.125 (1.41)	0.130 (1.55)	0.109 (1.20)	0.103 (1.21)	$Aanalyst_{i,t}$	-0.004 (-0.50)	-0.005 (-0.88)

续表

	Panel A 股价崩盘风险					Panel B 股价同步性	
	(1) $NCSKEW_{i,t+1}$	(2) $NCSKEW_{i,t+1}$	(3) $DUVOL_{i,t+1}$	(4) $DUVOL_{i,t+1}$		(5) $SYN_{i,t}$	(6) $SYN_{i,t}$
$IO_{i,t}$	0.197 ** (2.19)	0.184 ** (2.06)	0.199 ** (2.45)	0.196 ** (2.39)	$IO_{i,t}$	−0.108 *** (−3.45)	−0.114 *** (−4.09)
$Analyst_{i,t}$	0.071 ** (2.31)	0.078 ** (2.40)	0.072 ** (2.36)	0.069 ** (2.13)	$SOE_{i,t}$	0.097 *** (5.47)	0.095 *** (5.36)
$SOE_{i,t}$	0.078 * (1.85)	0.080 * (1.89)	0.085 * (1.94)	0.083 * (1.91)	$Big4_{i,t}$	−0.057 (−1.44)	−0.053 (−1.36)
$BIndep_{i,t}$	0.028 (0.24)	0.027 (0.24)	−0.019 (−0.22)	−0.020 (−0.23)	$DRate_{i,t}$	−0.141 ** (−2.50)	−0.138 ** (−2.37)
$Duality_{i,t}$	0.072 ** (2.38)	0.075 ** (2.46)	0.076 ** (2.50)	0.077 ** (2.52)	Constant	−0.541 ** (−2.45)	−0.486 ** (−2.22)
$BSize_{i,t}$	−0.042 (−0.33)	−0.050 (−0.41)	−0.046 (−0.55)	−0.039 (−0.34)			
$CScore_{i,t}$	−0.175 ** (−2.34)	−0.139 ** (−2.00)	−0.145 ** (−2.06)	−0.171 ** (−2.30)			
Constant	−0.104 (−0.70)	−0.115 (−0.71)	−0.036 (−0.43)	−0.035 (−0.34)			
省份 FE	Yes	Yes	Yes	Yes			
年度 FE	Yes	Yes	Yes	Yes	年度 FE	Yes	Yes
行业 FE	Yes	Yes	Yes	Yes	行业 FE	Yes	Yes
观测数	12159	12159	12159	12159	观测数	12159	12159
调整的 R^2	0.083	0.085	0.085	0.084	调整的 R^2	0.398	0.402
F 值	4.91	4.88	4.92	5.03	F 值	147.68	150.61

(二) 变换主要变量的度量方式

表 9-3 中的基准回归结果与本章假说 H9.1 的预期完全吻合,本节通过更换主要变量的度量方式,进一步检验这些回归结果的稳健性。在基准回归中,以公司特质周收益的负偏度 NCSKEW 和

下跌上涨波动比 DUVOL 度量股价崩盘风险，同时基于式（9-4）所示的模型计算公司股价的同步性指标。本节以崩盘虚拟变量 $DCrash_{i,t+1}$ 以及崩盘次数变量 $CrashCount_{i,t+1}$ 度量股价崩盘风险，并基于式（9-7）所示的模型重新计算公司股价的同步性指标，即 $SYN2_{i,t}$。

$$R_{i,t} = \alpha + \beta_1 RM_{i,t} + \beta_2 IndR_{i,t} + \beta_3 RM_{i,t-1} + \beta_4 IndR_{i,t-1} + \varepsilon_{i,t}$$
(9-7)

具体而言，若公司 i 于 $t+1$ 年度出现过股价崩盘事件，虚拟变量 $DCrash_{i,t+1}$ 取 1，否则取 0。参考 Hutton、Marcus 和 Tehranian（2009）等研究的做法，若 $t+1$ 年度公司某周的股票特质周收益率向下偏离其均值的程度超过 3.09 个标准差，则将其定义为一起股价崩盘事件。从统计意义上而言，在正态分布下，样本观测值偏离其样本均值的程度超过 3.09 个标准差的概率不超过 0.1%，因而符合所谓股价"崩盘"的概念。相应地，参照 Callen 和 Fang（2015）的做法，本章将 $CrashCount_{i,t+1}$ 定义为 $t+1$ 年度公司特质周收益率向下偏离均值超过 3.09 个标准差的次数与其向上偏离 3.09 个标准差的次数之差。在股价同步性指标方面，与式（9-4）相比，式（9-7）加入了行业日收益 $IndR_{i,t}$ 以控制公司所属行业的影响，并加入市场和行业日收益的滞后一期，以控制非同步交易活动的影响（Gul et al.，2010）。

表 9-4 给出了更换被解释变量后的基准模型回归结果，其标准误的设定与表 9-3 一致，限于篇幅，控制变量的回归结果未列示。$DIVisit_{i,t}$ 和 $NIVisit_{i,t}$ 的系数依然与两个新的股价崩盘风险指标负向相关，而与新的股价同步性指标显著正向相关，且在 5% 及以上的水平上显著。这些回归结果表明，机构投资者关注程度对公司股价崩盘风险和股价同步性的影响，并未因被解释变量的度量方式改变而发生显著变化。换言之，机构投资者关注程度的这一影响是稳健的，本章假说 H9.1 再次得到了支撑。

表 9–4　　　　　　　　变换主要变量度量方式

	(1) $DCrash_{i,t+1}$	(2) $DCrash_{i,t+1}$	(3) $CrashCount_{i,t+1}$	(4) $CrashCount_{i,t+1}$	(1) $SYN2_{i,t}$	(4) $SYN2_{i,t}$
$DIVisit_{i,t}$	−0.147** (−2.31)		−0.104** (−2.17)		0.197*** (4.25)	
$NIVisit_{i,t}$		−0.169** (−2.25)		−0.113* (−1.94)		0.202*** (4.31)
省份 FE	Yes	Yes	Yes	Yes		
年度 FE	Yes	Yes	Yes	Yes	Yes	Yes
行业 FE	Yes	Yes	Yes	Yes		Yes
观测数	12159	12159	12159	12159	12159	12159
调整的 R^2/伪 R^2	0.071	0.075	0.046	0.050	0.412	0.455
F 值/卡方值	141.12	155.62	4.79	5.28	178.63	200.11

（三）工具变量与两阶段回归

前文表 9–3 中的基准回归建立起了机构投资者对公司关注程度与公司股价崩盘风险以及股价同步性的显著关联，然而，这一相关性并不能直接得到机构关注度与二者的因果方向。一方面，机构投资者可能通过实地调研活动表达对公司的关注，从而影响其特质信息扩散与股价定价效率。另一方面，公司披露的价值相关信息和股价市场表现，也可能是机构投资者前往公司进行调研的原因。换言之，机构投资者对公司的关注程度与公司股票定价效率可能存在双向因果关系，从而导致内生性问题。尽管表 9–3 以下一期的股价崩盘风险为被解释变量能够在一定程度上克服这一内生性问题，依然需要通过合理的实证研究手段来正式处理这一问题。

本节通过使用工具变量进行两阶段回归来克服内生性问题的潜在影响。参照 Han 等（2018）的做法，使用公司总部所在城市的极端天气情况（$Weather_{i,t}$）作为公司被调研频率的工具变量，并通过两阶段最小二乘法（2SLS）重新检验公司被调研频率对其私有信息套利程度的影响。$Weather_{i,t}$ 为 t 年度公司 i 总部所在城市最高气温超过 38℃ 或最低气温低于 $-10℃$ 或日降雨量超过 50 毫米的天数所占的比例。极端的天气情况会降低调研者对该城市上市公司进行调研的意愿或是通过影响飞机等交通工具的通行能力减少调研者前往调研的渠道，但自然天气状况显然不会影响上市公司股票的定价效率。在本节样本期内，$Weather_{i,t}$ 的均值和方差分别为 0.1078 和 0.1216，与 Han 等 (2018) 的结果类似。

表 9-5 给出了以 $Weather_{i,t}$ 为工具变量时的两阶段回归结果，Panel A 和 Panel B 在第一阶段分别以机构是否调研 $DIVisit_{i,t}$ 和机构调研次数 $NIVisit_{i,t}$ 为被解释变量，而在第二阶段以经工具变量拟合的被机构调研概率（$In\_DIVisit_{i,t}$）和次数（$In\_NIVisit_{i,t}$）为主要解释变量，并检验二者与公司股价崩盘风险和股价同步性的关联。Panel A 和 Panel B 中 $Weather_{i,t}$ 的系数为负且均在 1% 的水平上显著，表明如预期那样，极端天气会显著降低公司被调研的可能。Staiger 和 Stock (1997) 指出，根据经验法则，使用单个工具变量时，F 值大于 10 时能够拒绝弱工具变量的假设。Panel B 列（1）中 F 值为 89.45，远超这一临界值，表明不存在弱工具变量的问题。在两个 Panel 中，$In\_DVisit_{i,t}$ 和 $In\_NVisit_{i,t}$ 均与两个股价崩盘风险指标负向相关，而与股价同步性指标正向相关，且至少在 5% 的水平上显著，与表 9-3 中的 OLS 回归结果一致。这一结果表明，在克服潜在的内生性问题后，机构投资者对公司的关注程度依然显著负向影响公司的股价崩盘风险，而显著正向影响公司的股价同步性，从而再次支撑了本章的假说 H9.1。

表 9-5　　　　　　　　工具变量与两阶段回归

	Panel A 机构是否调研的影响			
	(1) $DIVisit_{i,t}$	(2) $NCSKEW_{i,t+1}$	(3) $DUVOL_{i,t+1}$	(4) $SYN_{i,t}$
$In\_DIVisit_{i,t}$		-0.049*** (-3.37)	-0.045*** (-2.96)	0.412*** (3.04)

续表

Panel A 机构是否调研的影响				
	(1) $DIVisit_{i,t}$	(2) $NCSKEW_{i,t+1}$	(3) $DUVOL_{i,t+1}$	(4) $SYN_{i,t}$
$Weather_{i,t}$	-2.187*** (-6.08)			
控制变量	Yes	Yes	Yes	Yes
省份 FE	Yes	Yes	Yes	Yes
行业 FE	Yes	Yes	Yes	Yes
年度 FE	Yes	Yes	Yes	Yes
观测数	11895	11895	11895	11895
调整的 R^2/伪 R^2	0.175	0.404	0.412	0.355
F 值/卡方值	781.36	148.71	125.02	165.03
Panel B 机构调研次数的影响				
	(1) $NIVisit_{i,t}$	(2) $NCSKEW_{i,t+1}$	(3) $DUVOL_{i,t+1}$	(4) $SYN_{i,t}$
$In\_NIVisit_{i,t}$		-0.011** (-2.33)	-0.012** (-2.26)	0.234** (2.41)
$Weather_{i,t}$	-0.348*** (-4.51)			
控制变量	Yes	Yes	Yes	Yes
省份 FE	Yes	Yes	Yes	Yes
行业 FE	Yes	Yes	Yes	Yes
年度 FE	Yes	Yes	Yes	Yes
观测数	11895	11895	11895	11895
调整的 R^2/伪 R^2	0.321	0.429	0.433	0.346
F 值/卡方值	89.45	171.04	166.89	144.26

二 实地调研信息披露制度的影响

(一) 第 41 号备忘录实施前后对比

如前文所述,深交所于 2012 年 7 月发布第 41 号备忘录,将深市上市公司实地调研活动的披露要求由在年报集中、滞后、笼统披露某年度所有调研活动信息修改为在每次调研结束后 2 个工作日内披露调研活动细节信息。前文在推导假说 H9.2 时提出，第 41 号备忘录对调研活动披露的新要求，能够将机构投资者调研挖掘的公司私有信息更加快速地扩散至整个市场（Yang et al., 2020），并增加市场对被调研公司的关注程度（Bowen et al., 2018b）。因此，本章假说 H9.2 预期机构投资者的调研频率对公司股价崩盘风险和股价同步性的影响，在第 41 号备忘录实施后显著更强。

为了检验这一预期，本节构建了虚拟变量 $DMemo_{i,t}$，$DMemo_{i,t}$ 在 2013—2019 年取 1，而在 2009—2012 年取 0。随后，本节将 $DMemo_{i,t}$，以及 $DMemo_{i,t}$ 与机构调研频率指标的交叉项加入基准模型，并再次利用本章样本对模型进行了回归，结果如表 9-6 所示。表 9-6 中，$DIVisit_{i,t}$ 和 $NIVisit_{i,t}$ 依然与股价崩盘风险指标显著负向相关，而与股价同步性指标显著正向相关。$DMemo_{i,t}$ 的系数均不显著，表明 2012 年前后 A 股整体的股票定价效率并未发生显著的变化。最重要的是，交叉项 $DIVisit_{i,t} \times DMemo_{i,t}$ 和 $NIVisit_{i,t} \times DMemo_{i,t}$ 均与股价崩盘风险显著负向相关，而与股价同步性指标显著正向相关，这意味着如本章假说 H9.2 所预期的那样，机构调研对股价崩盘风险和股价同步性的影响，在第 41 号备忘录实施后显著更强。以列（1）为例，$DIVisit_{i,t}$ 的系数为 -0.035，而 $DIVisit_{i,t} \times DMemo_{i,t}$ 的系数则为 -0.016，这意味着机构是否调研对以负偏度所度量的股价崩盘风险的影响，在 2012 年后增强了 (-0.016)/(-0.035) = 45.7%；相应地，列（5）的结果表明，机构是否调研对公司股价同步性的影响在 2012 年后增强了 (0.028/0.067) = 41.8%。同时，在其他列中也能得到类似的结果，从而支撑了本章的假说 H9.2。

表 9-6　　　　　　　　第 41 号备忘录的影响

	(1) $NCSKEW_{i,t+1}$	(2) $NCSKEW_{i,t+1}$	(3) $DUVOL_{i,t+1}$	(4) $DUVOL_{i,t+1}$	(5) $SYN_{i,t}$	(6) $SYN_{i,t}$
$DIVisit_{i,t}$	-0.035* (-1.93)		-0.045* (-2.09)		0.067** (2.39)	

续表

	(1) $NCSKEW_{i,t+1}$	(2) $NCSKEW_{i,t+1}$	(3) $DUVOL_{i,t+1}$	(4) $DUVOL_{i,t+1}$	(5) $SYN_{i,t}$	(6) $SYN_{i,t}$
$NIVisit_{i,t}$		-0.020** (-2.16)		-0.022** (-2.16)		0.049** (2.31)
$DMemo_{i,t}$	0.017 (1.32)	0.019 (1.55)	0.017 (1.35)	0.020 (1.60)	-0.014 (-0.97)	-0.008 (-0.81)
$DIVisi_{i,t} \times DMemo_{i,t}$	-0.016* (-1.78)		-0.019* (-1.93)		0.028* (1.88)	
$NIVisit_{i,t} \times DMemo_{i,t}$		-0.012** (-2.38)		-0.011** (-2.16)		0.021** (2.11)
省份 FE	Yes	Yes	Yes	Yes		
年度 FE	Yes	Yes	Yes	Yes	Yes	Yes
行业 FE	Yes	Yes	Yes	Yes	Yes	Yes
观测数	12159	12159	12159	12159	12159	12159
调整的 R^2	0.078	0.081	0.069	0.066	0.397	0.428
F 值	5.35	5.61	4.94	4.82	168.45	177.31

(二) 深交所与上交所上市公司对比

表9-6通过直接引入时间虚拟变量 $DMemo_{i,t}$ 的方式,检验第41号备忘录是否改变了机构调研的市场影响。然而,尽管表9-6的结果表明,2013年前后机构调研对股价崩盘风险和同步性的影响存在差异,却并不能确保这一差异仅由第41号备忘录导致,而没有受到同期A股市场其他制度变革和市场环境变化的影响。为了克服这一问题,本节基于A股市场中上交所与深交所在实地调研活动披露上的差异,重新检验机构调研频率对被调研公司股票定价效率的影响在第41号备忘录实施前后的变化。

我国现有上海和深圳两个股票交易所,二者因同样受到我国证券监督委员会的监管而有着极为类似的市场制度环境。而是否强制要求公开披露调研等投资者关系活动,是深交所与上交所在信息披露制度上少有的差异之一,这为在控制A股市场同期其他制度变革、经济事件和市场环境变化的同时,检验第41号备忘录与机构调研活动的市场影响之间的关联提供了准自然实验。尽管深交所自 2009 年即要求上市公司公开披露调研活动,但在第 41 号备忘录颁布之前,对机构调研活动滞后、笼统的披露可能难以起到传播扩散调研信息的预期作用。换言之,此时是否要求披露机构投资者的调研活动,不应对深交所和上交所公司信息环境和股票定价效率的相对差异产生实质性的影响。相反,如假说 H9.2 所指出的那样,第 41 号备忘录实施后,调研细节信息的及时、广泛扩散,以及披露调研活动对被调研公司市场关注度的提升,可能进一步抑制公司隐藏坏消息和利用私有信息套利的倾向。换言之,如果假说 H9.2 成立,则第 41 号备忘录实施后,与上交所上市公司相比,深交所上市公司的股价崩盘风险水平应当相对更低,其股价同步性应当相对更高。

  本节余下内容将对这一理论预期进行正式的检验。为了进一步控制深交所和上交所上市公司自身的特征差异,此处使用"倾向得分匹配 + 双重差分"的实证方法。首先,利用倾向得分匹配法为深交所样本公司构建相匹配的对照组上交所公司。具体而言,笔者以是否为深交所样本公司为处理变量,以公司总部所在城市的极端天气指标 *Weather* 以及表 9 – 3 Panel A 中的控制变量为协变量,按照可放回、一比一近邻匹配的方法,逐年为每一家深交所样本公司匹配一家上交所公司,进而得到最终的匹配公司样本。在匹配后,两组公司所有变量值的差异在统计上均不显著,即满足数据平衡性要求。限于篇幅,具体的倾向得分匹配数据平衡结果未在本书中专门列出。

  随后,笔者基于双重差分的思想,检验作为实验组公司的深市上市公司,与经倾向得分匹配法得到的、作为对照组的沪市上市公司在股价崩盘风险和股价同步性方面的差异是否在第 41 号备忘录实施前后发生了显著变化。为此,本节构建虚拟变量 $DSZ_{i,t}$,取 1 表示深市上市公司,而相反取 0 表示沪市上市公司。随后,将 $DSZ_{i,t}$ 及其与 $DMemo_{i,t}$ 的交叉项置入回归,回归结果如表 9 – 7 所示。

  表 9 – 7 Panel A 使用经倾向得分匹配法构造的观测样本作为稳健性检验,Panel B 以所有金融行业以外的深市和沪市正常上市公司

为样本。在倾向得分匹配样本中，$DSZ_{i,t}$ 的系数均不显著，表明匹配过程很好地平衡了实验组和对照组的公司特征，两组公司在股价崩盘风险和同步性方面不存在显著差异。在以股价崩盘风险为被解释变量时，$DMemo_{i,t}$ 的系数在 10% 的水平上显著为负，表明平均而言，2012 年以后 A 股市场中个股的崩盘风险有所下降。$DSZ_{i,t} \times DMemo_{i,t}$ 的系数在以股价崩盘风险为被解释变量时显著为负，而以股价同步性为被解释变量时显著为正。在 Panel B 以所有金融行业以外的 A 股市场正常上市公司为样本时，得到了类似的结果。这些结果表明，2012 年后，相较于可匹配的沪市上市公司，深市上市公司的股价崩盘风险显著下降，而股价同步性显著增加。由于沪市上市公司与深市上市公司同属于我国 A 股市场，除第 41 号备忘录外，A 股市场制度变革、重大经济事件和市场环境的变化，对两组公司股票定价效率的影响应当是相近的。这就意味着两组公司股价崩盘风险和股价同步性的相对水平在 2012 年前后所出现的显著变化，应当可以直接归因于第 41 号备忘录的实施。即如本章假说 H9.2 所陈述的那样，在第 41 号备忘录实施后，调研细节信息的及时、广泛扩散，以及披露调研活动对被调研公司市场关注度的提升，可能进一步抑制公司隐藏坏消息和利用私有信息套利的倾向，降低被调研公司的股价崩盘风险，并提升其股价同步性。而上交所并未建立类似制度要求其上市公司披露实地调研活动细节，即机构调研对沪市上市公司股票定价效率的影响在 2012 年后并未发生显著变化，从而显著改变深市和沪市上市公司的股价崩盘风险和同步性的相对水平。

表 9-7　　　　　　　　　　深交所与上交所公司对比

	Panel A 倾向得分匹配样本			Panel B 全样本		
	(1) $NCSKEW_{i,t+1}$	(2) $DUVOL_{i,t+1}$	(3) $SYN_{i,t}$	(4) $NCSKEW_{i,t+1}$	(5) $DUVOL_{i,t+1}$	(6) $SYN_{i,t}$
$DSZ_{i,t}$	0.011 (1.08)	0.010 (1.00)	-0.012 (-1.23)	0.019** (2.29)	0.018** (2.01)	-0.029* (-1.94)

续表

	Panel A 倾向得分匹配样本			Panel B 全样本		
	(1) $NCSKEW_{i,t+1}$	(2) $DUVOL_{i,t+1}$	(3) $SYN_{i,t}$	(4) $NCSKEW_{i,t+1}$	(5) $DUVOL_{i,t+1}$	(6) $SYN_{i,t}$
$DSZ_{i,t} \times DMemo_{i,t}$	-0.076*** (-2.98)	-0.072*** (-2.83)	0.097*** (3.14)	-0.064*** (-2.60)	-0.061** (-2.54)	0.084*** (2.89)
$DMemo_{i,t}$	-0.015* (-1.92)	-0.014* (-1.92)	0.005 (0.90)	-0.11* (-1.74)	-0.10* (-1.69)	0.011 (1.40)
控制变量	Yes	Yes	Yes	Yes	Yes	Yes
省份 FE	Yes	Yes	Yes			
年度 FE	Yes	Yes	Yes	Yes	Yes	Yes
行业 FE	Yes	Yes	Yes	Yes	Yes	Yes
观测数	10642	10642	10642	24578	24578	24578
调整的 R^2	0.068	0.067	0.443	0.072	0.078	0.439
F 值	4.69	4.58	139.24	5.22	5.31	135.78

三 进一步分析

本章认为机构投资者的实地调研活动可能通过三条路径影响其被调研公司的股价崩盘风险和股价同步性，即挖掘公司价值相关信息、对公司进行外部监督以及增加公司受市场关注的程度。为便于表述，后文将这三者分别简称为信息效应、监督效应和关注效应。三种影响路径可能同时存在，本节尝试探讨哪种路径更可能在其中起到了主导作用。

（一）异质性分析

本节首先通过异质性分析，即通过检验机构调研的影响在不同公司中的横截面差异，验证主导这一影响的路径。具体而言，"信息效应"预期机构投资者调研挖掘的信息数量，决定其调研活动对公司股票定价效率的影响大小；相反，"监督效应"或"关注效应"无法得到类似的预期。因此，通过检验这一理论预期是否成立，能够直接验证"信息效应"是否主导了机构调研的潜在市场影响。

已有研究指出，机构投资者对信息披露质量差的公司或是制造业公司进行实地调研时，能够挖掘出更多的公司价值相关信息。对于信息披露质量差的公司而言，调研者能够通过直接的问询，了解更多的、未披露的公司运营管理细节进而挖掘更多信息（Cheng et al.，2019）；而对于制造业公司而言，其有形资产比例相对更高，调研者更能够通过现场观察公司车间生产制造过程和员工士气，间接地推断公司的实际经营情况和发展前景（Cheng et al.，2016）。因此，如果"信息效应"主导了机构调研的市场影响，则这一影响应当在信息披露质量差或是制造业公司显著更强。

为了实证检验这一理论预期，本节分别将样本公司按照信息披露质量和所属行业进行分组，进而利用基准模型进行分组回归。样本公司的行业归属情况根据我国证监会2012年行业分类指引确定，如果$DRate_{i,t}=1$，即t年度样本公司i的信息披露质量被深交所评为"不合格"或"合格"，则将该观测值归入信息披露质量低的组别，相反，若其信息披露质量评级为"良好"或"优秀"，则归入信息披露质量高的组别。表9-8报告了分组回归的结果，其上半部分给出了各个样本组别中，以公司特质收益负偏度$NCSKEW_{i,t+1}$为被解释变量时，机构是否调研$DIVisit_{i,t}$和机构调研次数$NIVisit_{i,t}$这两个主要解释变量的系数，并对系数的组间差异进行了对比，方括号为这些系数组间差异的卡方统计量。在制造业公司组，$DIVisit_{i,t}$和$NIVisit_{i,t}$在所有回归中均显著为负，而在非制造业公司组，$NIVisit_{i,t}$的系数尽管为负，但不具有统计意义上的显著性。同时，制造业公司组中的系数绝对值均高于非制造业公司，且这些系数差异在多数情况下在10%及以上的水平上显著①。类似地，表9-8下半部分给出了各个样本组别中，以股价同步性指标$SYN_{i,t}$为被解释变量时，$DIVisit_{i,t}$和$NIVisit_{i,t}$这两个主要解释变量的系数及其组间差异。尽管$DIVisit_{i,t}$和$NIVisit_{i,t}$在所有组别中均显著为正，但在制造业以及信息披露质量低的公司

---

① 当以$DUVOL_{i,t+1}$为被解释变量时，得到了类似的结果，限于篇幅未在表9-8中报告。

中，这两个变量的系数均显著更大。概括而言，表 9-8 的结果表明，机构是否调研、调研次数对公司股价崩盘风险和股价同步性的影响，在制造业公司和信息披露质量低的公司中显著更强，这些结果与"信息效应"的预期相吻合，表明"信息效应"是机构调研影响被调研公司股票定价效率的潜在主导路径。

表 9-8　　异质性分析

被解释变量	组别	主要解释变量 = $DIVisit_{i,t}$	主要解释变量 = $NIVisit_{i,t}$
$NCSKEW_{i,t+1}$	制造业	-0.069*** (-2.94)	-0.030** (-2.49)
	非制造业	-0.036* (-1.82)	-0.017* (-1.69)
	制造业减非制造业	-0.33* [2.93]	-0.013 [1.86]
	信息披露质量低	-0.073*** (-3.24)	-0.032*** (-2.60)
	信息披露质量高	-0.031* (-1.69)	-0.015 (-1.69)
	低减高	-0.43* [4.15]	-0.017 [2.39]
$SYN_{i,t}$	制造业	0.105*** (9.61)	0.070*** (8.46)
	非制造业	0.080** (2.49)	0.045** (2.17)
	制造业减非制造业	0.025* [2.91]	0.025* [2.83]
	信息披露质量低	0.114*** (10.39)	0.072*** (9.21)
	信息披露质量高	0.069** (2.49)	0.042** (2.28)
	低减高	0.045** [5.71]	0.030* [3.14]

注：圆括号内为 t 值，方括号内为卡方值。

（二）调研问答情况的影响

验证"信息效应"的第二条路径，是直接检验机构调研挖掘的信息数量对被调研公司股价崩盘风险和股价同步性的影响。在第 41 号备忘录实施后，深市上市公司需按照深交所的要求，通过详细的文本，记录并披露机构调研时的问题以及管理者对问题的回答等细节信息。Bowen 等（2018）以及肖欣荣和马梦璇（2019）均证实，这些文本所记录的信息对公司股价存在显著影响，即这些信息蕴含了未公开的公司价值相关信息。因此，基于机构调研的问答内容，可以刻画其挖掘到的公司价值信息数量。具体而言，本章以给定年度公司被机构投资者调研时问到的问题数量、问题字数以及管理者对问题的回答字数，度量机构调研所挖掘到的信息多少，进而检验这些变量与被调研公司股价崩盘风险和股价同步性的关联。

表 9-9 给出了上述实证检验的回归结果，列（1）到列（3）以公司特质周收益率的负偏度 $NCSKEW_{i,t+1}$ 为被解释变量，列（4）到列（6）则以股价同步性指标 $SYN_{i,t}$ 为被解释变量。以 $DUVOL_{i,t+1}$ 为被解释变量时，得到的结果与以 $NCSKEW_{i,t+1}$ 为被解释变量时类似，限于篇幅，未在本书中报告。解释变量 $NQ_{i,t}$、$LQ_{i,t}$ 和 $AQ_{i,t}$ 分别表示 t 年度机构投资者对公司 i 进行实地调研时，问到的问题总数加 1 后取对数、问题的字数（单位：百字）加 1 后取对数以及管理者对问题回答的字数（单位：百字）加 1 后取对数。列（1）至（3）中，$NQ_{i,t}$、$LQ_{i,t}$ 和 $AQ_{i,t}$ 的系数在 10% 以上的水平上显著为负，而在列（4）至列（6）中，他们的系数均在 1% 的水平上显著为正，表明机构调研时问到的问题数量越多、问题字数越多、管理者回答的字数越多，其调研活动对股价崩盘风险（股价同步性）的负向（正向）影响越强。概况而言，表 9-9 的回归结果支撑了"信息效应"，而并不能为"监督效应"和"关注效应"所解释，从而再次表明，"信息效应"是机构调研活动影响被调研公司股票定价效率的主要路径。机构投资者通过调研挖掘新的公司价值相关信息，并将其扩散到整个市场，这一过程能够抑制管理者隐藏利空消息和利用私有信

息套利的空间，从而缓解公司股价在未来崩盘的风险，并提高其股价同步性。

表9-9　　　　　　　　　调研问答情况的影响

	(1) $NCSKEW_{i,t+1}$	(2) $NCSKEW_{i,t+1}$	(3) $NCSKEW_{i,t+1}$	(4) $SYN_{i,t}$	(5) $SYN_{i,t}$	(6) $SYN_{i,t}$
$NQ_{i,t}$	-0.092** (-2.01)			0.029*** (4.61)		
$LQ_{i,t}$		-0.064** (-2.35)			0.019*** (5.69)	
$AQ_{i,t}$			-0.034* (-1.83)			0.028*** (4.97)
省份FE	Yes	Yes	Yes			
年度FE	Yes	Yes	Yes	Yes	Yes	Yes
行业FE	Yes	Yes	Yes	Yes	Yes	Yes
观测数	8094	8094	8094	8094	8094	8094
调整的 R^2	0.071	0.069	0.074	0.472	0.469	0.461
F值	5.49	5.86	6.31	185.15	172.36	169.05

第四节　本章小结

本章利用我国A股市场深交所上市公司接待机构投资者实地调研活动的数据，以公司被机构投资者调研的频率度量其为机构投资者关注的程度，研究机构关注对公司股价崩盘风险和股价同步性的潜在影响。研究结果表明，机构投资者对公司的调研频率越高即对公司关注的程度越高，公司股价在未来崩盘的风险越低，而公司的股价同步性则越高；在更换主要变量的度量方式以及使用公司总部所在城市的天气情况作为公司被机构调研频率的工具变量以克服内生性问题后，机构调研对公司股价崩盘风险和股价同步性的影响依然显著，且这一影响在深交所颁布第 41 号备忘录，即要求深市公司在调研结束后两个交易日内及时披露调研活动细节后显著更强。进一步分析发现，前述影响在制造业公司、信息披露质量低的公司中更强，同时，机构在调研时问的问题数量越多、问题字数越多或是管理者回答问题用到的字数越多，前述影响越强，表明这一影响与机构调研过程中挖掘到的公司价值相关信息数量显著正相关。本章研究表明，机构投资者通过实地调研活动表达对公司的关注时，能够通过挖掘并在市场中扩散公司特质信息，抑制了公司管理者隐藏利空信息和利用私有信息套利的倾向，从而提高了公司股票的定价效率。

第 十 章

机构投资者关注与股票定价：外生信息冲击的视角

前一章以机构投资者对公司实地调研的频率度量其对公司的关注程度，发现机构投资者能够通过实地调研挖掘新的公司价值相关信息，提高公司股票定价效率，进而减少其股价在未来崩盘的风险，而提升其股价同步性。本章则从机构投资者的监督治理作用出发，进一步验证机构投资者关注程度对公司股票定价的潜在影响。相较于个人投资者，机构投资者对公司的持股比例相对较高，更少受到"搭便车"行为的影响，因而是更加积极的监督者（Shleifer & Vishny，1986）；同时，由于流动性和交易成本的限制，机构投资者更倾向于"用手投票"直接参与上市公司决策，而非像个人投资者一样"用脚投票"（陆瑶等，2012）。最后，机构投资者所拥有的专业知识、信息、人力和经济资源，使它们较个人投资者而言具有更强的监督治理能力（Aggarwal et al.，2011）和更多的治理渠道（伊志宏和李艳丽，2013）。因此，除挖掘公司特质信息外，机构投资者也可能通过参与公司治理活动、监督管理者自利行为，改善公司的信息环境，从而影响公司股票的定价效率。

对公司的监督治理活动无疑需要耗费机构投资者的注意力。因此，当机构投资者面临注意力约束时，可能无法始终保持以最优的水平关注并监督其持有的每一家公司，而是被迫将其有限的注意力在众多的公司中进行分配（Kempf et al.，2017）。这意味着机构投资者对特定公司的关注程度并不是固定的，而是随着机构投资者注意力配置策略的变动而变化，而机构对公司关注程度的变动会相应地改变其对公司的监督治理强度，从而改变公司信息环境，并最终影响其股票定价效率。然而，对这一理论预期进行实证检验同样会面临机构投资者关注程度难以量化，以及机构投资者关注程度与公司信息环境之间可能存在内生关系等问题。为了解决这一问题，本章拟参照 Kempf 等（2017）和 Chen 等（2020）的研究思路，观察公司受机构投资者的关注和监督程度因外生信息事件冲击而变动时，公司股票定价效率的相应变化，从而在控制内生性问题的基础上，从机构投资者的外部监督治理角色出发，揭示其注意力约束对资本市场运行效率的潜在影响。

更具体而言，本章拟研究公司受机构投资者关注程度因外生性的行业信息冲击而波动时，公司股票知情交易概率的相应变动。一方面，知情交易概率（Probability of Informed Trading，PIN）从金融市场微观结构的视角，表征了公司所处的信息环境。知情交易概率越高，意味着公司信息透明度越低，信息不对称程度越高，而在不透明的信息环境下，公司股票的定价效率无疑更低。因此，知情交易概率的高低，在反映公司信息环境优劣的同时，也从侧面表征了公司股票的定价效率。另一方面，当特定行业出现新的重大信息事件时，机构投资者会增加对这些行业公司的关注，由于存在注意力约束，他们不得不同时减少对其资产组合中其他行业公司的关注和监督强度，感受到监督强度变化的管理者可能调整其信息披露决策，造成公司信息环境的变化，进而反映在公司的股票知情交易概率中。更重要的是，若两类公司在基本面上不存在显著关联，则前者新行业信息到达事件对后者受机构关注程度和监督强度的影响是严格外生的。本章这一研究视角能够克服内生性问题的潜在影响。

本章内容安排如下：第一节构建理论模型，推导外生信息冲击对公司受机构投资者关注程度和公司信息环境的潜在影响;第二节基于模型推导结果,完成本章实证研究设计;第三节从公司股票知情交易概率的角度,实证检验公司受机构关注程度因外生信息事件冲击,公司股票定价效率可能受到的影响;第四节对本章进行总结。

第一节 外生信息冲击影响机构投资者关注与股票定价的理论模型

本章此处参照 Kempf 等（2017）的思路,通过理论模型分析外生信息冲击对机构投资者在不同公司之间注意力配置策略的影响,以及这一影响在公司信息环境中的可能反映。在这一模型中,公司管理者的时间和精力可以用于两个方面:一是尽心运营公司以增加公司价值,即以股东财富最大化为目标;二是忽视公司价值追求个人的私有收益,即以个人利益最大化为目标。假设管理者用于追求私有收益的精力占比为 $e \in [0, 1]$,而公司的价值与管理者用于公司运营中的精力成正比,即给定 e,公司的价值为 $(1-e)V$。管理者持有的公司股份比例为 α,这一持股比例表征了管理者在运营公司时得到的激励程度。

管理者的效用函数为 $U = (1-e)\alpha V + eB$,其中,B 是管理者将一单位精力用于追求其私人利益时所得到的收益。为了使本节的模型具有实际意义,假设 $\alpha V < B$,即相较于最大化公司价值,管理者将精力用于最大化其私人利益时获得的效用更大。因此,如果管理者没有受到监督制约,他们会将所有精力用于最大化私人收益,即 $e=1$。以本章的研究内容为例,不透明的公司信息环境更有利于管理者的自利行为（Hutton et al.,2009）,因此,在失去监督制约时,管理者将极大地降低公司信息透明度,加剧投资者之间的信息不对称水平,进而损害股票定价效率。

假设机构投资者持有剩余的公司股份，即持股比例为 $1-\alpha$。机构投资者的目标是最大化其持有的股票价值，这一目标等价于最大化公司价值。鉴于公司价值 $(1-e)V$ 与管理者用于追求私有收益的精力 e 负向线性相关，机构投资者的理性做法是通过监督活动尽可能降低 e。为简便起见，假设机构投资者对公司的监督强度等同于其对公司的关注程度。若机构投资者用于监督管理者的注意力为 m，则此时管理者的效用最大化决策方程为：

$$\max_{e}\ (1-e)\alpha V + eB - m\frac{e^2}{2} \quad (10-1)$$

从式（10-1）可以看到，在机构投资者的监督下，管理者的自利行为面临一个凸性的成本 $m\frac{e^2}{2}$，其边际成本取决于机构投资者对其行为的监督强度 m。

从式（10-1）可以看到，给定监督强度，管理者效用最大化的一阶条件为：

$$e^* = \frac{B-\alpha V}{m} \quad (10-2)$$

前文假设 αV 始终小于 B，这意味着 e^* 始终为正。这一结果刻画了公司治理领域的基本假设，即管理者在运营公司的过程中始终存在攫取公司价值以获得个人私有收益的动机，因而需要得到合理的激励和监督。式（10-2）的另一个含义是，机构投资者对管理者的监督强度 m 负向影响管理者用于追求私有收益的精力 e^*。m 越大，管理者追求私有收益的成本越高、意愿越小。从理论上而言，当 m 趋近于无穷大时，e^* 趋向于 0，管理者完全不追求私有利益，将全部精力用于增加公司价值；相反，当 m 趋近于 0 时，e^* 趋向于无穷大，管理者将所有精力用于追求私有利益而完全无视公司价值。

机构投资者对公司的监督活动需要消耗注意力，在注意力约束下，机构投资者对公司的监督能力显然并不是无限的，当机构投资者同时持有多家公司股票时尤其如此。假设机构投资者同时持有两

家公司 A 和 B，持股比例均为 $1-\alpha$。两家公司的管理者均持有比例为 α 的公司股票，二者的效用最大化决策函数均如式（10-1）所示。机构投资者对公司 A 和 B 的关注程度或者说监督强度分别为 m_A 和 m_B。机构投资者的注意力上限为 M，即有 $m_A + m_B \leq M$。机构投资者需要将其有限的注意力 M 在公司 A 和 B 之间进行配置，以实现自身股票组合价值的最大化，其决策函数为：

$$\max_{m_A, m_B} \ [1 - e_A^*(m_A)](1-\alpha)V + [1 - e_B^*(m_B)](1-\alpha)V$$

(10-3)

其中，e_A^* 和 e_B^* 分别表示面临强度为 m_A 和 m_B 的监督时，公司 A 和 B 的管理者用于追求私有收益的最优精力水平。鉴于前述模型的所有假设都是完全对称的，式（10-3）等价于：

$$\max_{m_A, m_B} \ -e_A^*(m_A) - e_B^*(m_B)$$

(10-4)

从式（10-2）可以看出，机构投资者的最优策略是将所有精力都用于对管理者的监督之中，即应当满足 $m_A + m_B = M$。基于两家公司参数的对称性，可以得到对公司 A、B 的最优关注和监督强度为：

$$m_A^* = m_B^* = \frac{M}{2}$$

(10-5)

式（10-5）的含义在于，如果公司 A 和 B 是相同的，那么机构投资者的注意力最优配置策略是将其注意力在两个公司之间平分。

假设此时公司 B 所处行业出现重大信息事件，如技术水平、监管政策等行业基本面情况的变动。Kempf 等（2017）认为，这些变动将改变公司所处的市场和行业环境，降低机构投资者原有监督策略的效率。基于这一逻辑，此时公司 B 管理者效用最大化的决策函数可以表示为：

$$\max_{e_B} \ (1 - e_B)\alpha V + e_B B - m\theta \frac{e_B^2}{2}$$

(10-6)

参数 $\theta \in (0, 1)$ 表示机构监督效率下降的程度。此时，管理者用于追求私有收益的最优精力水平为：

$$e_B^* = \frac{B - \alpha V}{\theta m_B} \quad (10-7)$$

将式（10-7）代入式（10-5），求解得到机构投资者配置于公司 A 和 B 的最优关注程度分别为：

$$m_A^* = M \frac{\sqrt{\theta}}{1 + \sqrt{\theta}} \quad (10-8)$$

$$m_B^* = M \frac{1}{1 + \sqrt{\theta}} \quad (10-9)$$

由于 $\theta \in (0, 1)$，恒有 $m_A^* < \frac{M}{2}$ 和 $m_B^* > \frac{M}{2}$，表明公司 B 所属行业出现重大信息事件时，机构投资者会增加对公司 B 的关注和监督强度，同时减少对公司 A 的关注和监督强度，此时公司 A 管理者的自利行为增加。假设公司 B 和 A 属于不同行业，则公司 B 行业信息对公司 A 受机构关注程度的冲击是外生的。同时，Hutton 等（2009）指出，不透明的信息环境可以为管理者提供更多的自利机会。因此，当机构投资者减少对公司 A 的关注和监督强度时，公司 A 的管理者可能主动降低公司的信息透明度，此时公司内外部人士的信息不对称程度增加，而根据金融市场微观结构理论，这将增加公司股票的知情交易概率。本章下一节将基于这一模型推导结果建立正式的实证假说，并完成相应的实证设计。

第二节　外生信息冲击影响机构投资者关注与股票定价的实证设计

一　研究假说

前文理论模型的推导结果表明，由于存在注意力约束，当机构投资者因出现重大信息事件而增强对某些行业公司的关注时，必然会减少对其他行业公司的关注，从而降低对这些行业公司的监督强度。例如，若某机构同时持有某汽车行业和某农业公司股票，当国家出台新的政策，如增加对新能源汽车的补贴投入时，机构投资者显然将增加对汽车行业公司股票的关注，而相应地减少对农业公司股票的关注。由于汽车行业和农业在基本面上并不存在显著关联，汽车行业产业政策的调整对农业公司受机构投资者关注程度的冲击应当是严格外生的。

更重要的是，产业政策等行业重大信息事件对行业内各公司基本面的影响，通常需要较长的时间才能完全显现或是完全为市场参与者理解（Kacperczyk et al.，2016）。换言之，市场参与者需要持续跟踪关注这些重大信息事件，这些事件对其他行业公司受机构投资者关注和监督程度的外生冲击因而是长期的。同时，正如 Kempf 等（2017）所指出的那样，管理者能够通过其与机构投资者的交互频率，感受到机构投资者对其关注和监督强度的变化。例如，当机构投资者因行业信息事件冲击而分心时，其参与其他行业公司电话会议的频率下降、在会议上发起的提案数量减少。因此，本章认为，当公司受机构投资者关注程度因外生性的行业信息事件冲击而下降时，感受到受关注和监督程度变化的管理者会调整其信息披露策略，导致公司信息环境的外生变动，从而引起其股票知情交易概率程度的变化。机构投资者受到的分心效应越大，管理者降低公司信息透明度以实施自利行为的动机越强，此时公司投资者之间的信息不对称程度越大，而其股票知情交易概率应当越高。据此，提出本章假设 H10.1。

H10.1：机构投资者对公司的分心程度与公司股票知情交易概率水平显著正向相关。

为了验证机构投资者分心对公司股票知情交易概率的影响机制，需要进一步探讨这一潜在影响的横截面差异。本章的理论模型推导结果表明，机构投资者对公司分心时放松对公司的关注和监督，从而导致公司股票知情交易概率的上升。而已有研究表明，机构投资者对公司的监督作用，因机构性质和投资策略的差异而有所不同

(陆瑶等，2012；袁知柱等，2014；Bird & Karolyi，2016)。如果公司股票知情交易概率的上升，缘于机构投资者因分心而无法以最优的强度对公司管理者进行监督，则机构投资者对公司的监督作用越强，其分心时引发的监督缺失效应更强，对公司信息披露决策和股票知情交易概率的影响越大。据此，提出本章假设H10.2。

H10.2：机构投资者的监督作用越强，其分心程度对公司股票知情交易概率的影响越大。

除了机构投资者等外部监督治理力量，公司自身的内外部治理环境也是管理者利己行为的重要决定因素。治理机制较弱的公司为管理者的自利行为提供了更为宽松的环境，相反治理机制较强的公司能够对管理层的自利行为进行更好的约束（李春涛等，2018）。因此，在自身内外部治理机制更弱的公司中，管理者更可能利用机构投资者分心造成的监督缺失，降低公司信息透明度以实施自利行为。因此，机构投资者分心对公司股票知情交易概率的影响，应当在内外部治理机制更弱的公司中显著更强。更具体而言，本章预期这一影响在运营费率（Expense Ratio）更高、内部控制体系质量更差和管理者持股比例更低的公司中显著更强。首先，Ang等（2000）指出，管理者的过度在职消费等非必要运营开支反映了公司委托代理问题和管理者自利行为的严重程度，而这些开支通常被列在公司的运营支出里，因此公司运营支出占其年销售额的比例，即运营费率，可以用以度量公司治理环境的优劣。高运营费率意味着更多的过度在职消费支出，以及更低的公司治理质量（Jiang et al.，2015）。此外，内部控制体系是重要的内部公司治理机制（叶康涛等，2015），而管理者持股可以缓和公司的委托代理问题，从而抑制管理者的自利行为倾向。从前文式（10-7）也可以看到，管理者用于自利的精力与其持有的公司股份比例 α 成反比。因此，在内部控制体系质量差、管理者持股比例低的公司中，机构投资者的监督治理作用更为重要，其分心对公司股票知情交易概率的影响应当更大。据此，提出假说H10.3。

H10.3：机构投资者分心对股票知情交易概率的影响，在运营费率更高、内部控制质量更差、管理层持股比例更低的公司中显著更强。

二 数据与样本

本章以股票的知情交易概率即 PIN 为主要的被解释变量，这一指标通常参照 Easley、Kiefer、O'Hara 和 Paperman 四位学者构建 EKOP 模型（Easley et al.，1996），使用股票的日内逐笔、分时高频交易数据计算得到，其数据获取、处理和计算的工作量巨大。因此，已有研究大都通过缩短样本区间或是减少样本公司数量，来处理高频交易数据的超大数据量这一现实困难（屈文洲等，2011；王春峰等，2018；陈国进等，2019）。针对这一困难，本章以所有 A 股正常上市公司为样本，而以 2016—2019 年为样本区间，在避免出现样本选择偏差的同时，使用相对较短的样本区间以适应高频交易数据的超大数据量特征。随后，从本章的研究目标出发，删除了金融行业公司、ST 等非正常上市公司、上市不足半年的新股公司以及主要变量数据缺失的公司。另外，Easley 等（1996）指出，精确计算 PIN 值的所需要的时间间隔应不小于 3 个月，基于这一标准，本章以季度为周期获取观测值，并删除了样本公司中因当季交易天数不超过 30 天从而无法计算 PIN 值的观测值。经过这一筛选过程，本章最终使用的样本包括 2889 家公司的 37626 个季度观测值。

三 变量定义

（一）股票知情交易概率

参照多数已有研究的做法，本章基于 Easley 等（1996）的 EKOP 模型，利用日内高频股票交易数据识别知情交易者和非知情交易者，进而计算股票知情交易概率 PIN：

$$PIN = \frac{\alpha\mu}{\alpha\mu + \varepsilon^b + \varepsilon^s} \quad (10-10)$$

其中，μ 为某交易日知情交易者的委托单到达率，ε^b 和 ε^s 分别为非知情交易者的买单和卖单到达率，α 为该交易日发生信息事件的概率，δ 表示该信息事件为坏消息的概率，相应地，$1-\delta$ 表示该信息为好消息的概率。随后，使用高频股票交易数据识别各笔交易的发起方和发起方向，使用最大似然估计法对下式进行估计：

$$L(\theta | B, S) = (1-\alpha) e^{-\varepsilon_b}\frac{\varepsilon_b^B}{B!}e^{-\varepsilon_s}\frac{\varepsilon_s^S}{S!} + \alpha\delta e^{-\varepsilon_b}\frac{\varepsilon_b^B}{B!}e^{-(\mu+\varepsilon_s)}\frac{(\mu+\varepsilon_s)^S}{S!} +$$
$$\alpha(1-\delta) e^{-(\mu+\varepsilon_b)}\frac{(\mu+\varepsilon_b)^B}{B!}e^{-\varepsilon_s}\frac{\varepsilon_s^S}{S!} \quad (10-11)$$

$L(\theta | B, S)$ 为最大似然函数表达式，B 和 S 分别表示单位时间内买方和卖方发起的交易数量，e 为自然常数。如前文所述，本章以季度为周期获取观测值，利用每个季度各交易日的高频交易数据，对式（10-11）进行估计，随后将 μ、α、δ、ε^b 和 ε^s 等参数的估计值代入式（10-10），即可得到 q 季度股票 i 的知情交易概率 $PIN_{i,q}$。

（二）机构投资者分心

本章的实证思路是检验公司受机构投资者的关注程度因行业信息冲击而波动时，所造成的公司股票知情交易概率变动。合理界定可能引起公司受机构投资者关注程度变动的行业信息事件，进而度量这一机构关注程度变动，是保障本章实证研究结果稳健性的基础。新市场信息的到来显然会引起股票收益率的异常变动，基于这一逻辑，本章以是否出现极端收益率判断某行业是否发生了重大信息事件，即将出现极端收益率的行业定义为可能导致机构投资者对其他行业公司分心的高关注行业，随后参照 Kempf 等（2017）的思路，构建机构投资者对特定公司的分心程度指标，以度量其对公司关注程度的下降幅度。

具体而言，基于 A 股市场各行业上市公司的流通市值加权季度收益率，以及各 A 股公司的机构投资者持股明细情况，可将 q 季度机构投资者对公司 i 的总分心程度表示为：

$$InAtt_{i,q} = \sum_{n \in N_{i,-1}}\sum_{In \neq In_i} w_{i,n,q-1} \times w_{n,q-1}^{In} \times D_q^{In} \quad (10-12)$$

其中，N 为 $q-1$ 季度末持有公司 i 股票的机构投资者数量。D_q^{In} 为虚拟变量，若公司 i 不属于行业 In，且 q 季度行业 In 的收益率在所有行业中排名第一或倒数第一，D_q^{In} 取 1，否则 D_q^{In} 取 0。换言之，D_q^{In} 等于 1 表示 q 季度行业 In 为市场中的高关注度行业。机构投资者因分心于这一行业的公司而减少对公司 i 的关注程度，分心的程度取决于 $w_{n,q-1}^{In}$ 和 $w_{i,n,q-1}$ 两个权重系数的乘积。$w_{n,q-1}^{In}$ 是上个季度末机构投资者 n 持有的行业 In 公司股票市值占其股票组合总市值的比例；$w_{i,n,q-1}$ 代表了机构投资者 n 在公司 i 监督活动中的重要程度，由 $q-1$ 季度末公司 i 的股票被机构投资者 n 持有的比例，以及这些股票的市值占机构投资者 n 股票组合总市值的比例共同决定。更具体而言，$w_{i,n,q-1}$ 的计算方式如下：

$$w_{i,n,q-1} = \frac{QPI_{i,n,q-1} + QPO_{i,n,q-1}}{\sum_{n \in N_{i-1}} (QPI_{i,n,q-1} + QPO_{i,n,q-1})} \quad (10-13)$$

其中，$PI_{i,n,q-1}$ 表示 $q-1$ 季度末公司 i 股票被机构投资者 n 持有的比例，而 $PO_{i,n,q-1}$ 为 $q-1$ 季度末机构投资者 n 持有的公司 i 股票市值占其股票组合总市值中的比例。$PI_{i,n,q-1}$ 和 $PO_{i,n,q-1}$ 为连续变量，为了避免极端值的影响，参考 Kempf 等（2017）的做法，本章将所有 N 个持有公司 i 股票的机构投资者，按照 $PI_{i,n,q-1}$ 从大到小分为 5 组，将机构投资者 n 所对应的组别记为变量 $QPI_{i,n,q-1}$；类似地，按照 $PO_{i,n,q-1}$ 从大到小分为 5 组，将机构投资者 n 所对应的组别记为变量 $QPQ_{i,n,q-1}$。以机构投资者 n 的 $QPI_{i,n,q-1}$ 值和 $QPQ_{i,n,q-1}$ 值之和为分子，将所有 N 个机构投资者的 $QPI_{i,n,q-1}$ 和 $QPQ_{i,n,q-1}$ 之和作为分母，即可得到权重系数 $w_{i,n,q-1}$。本质上而言，$w_{i,n,q-1}$ 表示当机构投资者 n 因分心关注行业 In 而忽视公司 i 时，这一分心效应对公司 i 所受到的监督强度影响的大小。

D_q^{In}、$w_{n,q-1}^{In}$ 和 $w_{i,n,q-1}$ 的乘积表示了单个机构投资者 n 对公司的分心程度，按式（10-12），将所有 N 个机构投资者的分心程度进行加总，即可得到 q 季度机构投资者对公司 i 的总分心程度，即其对公司关注程度的下降幅度 $InAtt_{i,q}$。$InAtt_{i,q}$ 越大，q 季度机构投资者对公司 i 的关注程度越弱。

（三）其他变量

参考前人的研究，本章在实证过程中加入了一系列控制变量，以控制其他因素对公司股票知情交易概率的潜在影响，包括公司资产规模（$Asset$）、账面市值比（BM）、营收增长率（$Growth$）、净资产收益率（ROE）、企业性质（SOE）、换手率（$Turn$）、分析师关注度（$Analyst$）以及机构持股比例（IO）。其中，公司资产规模指 q 季度期初公司的总资产金额（单位：亿元），账面市值比为公司 q 季度末账面价值与其市场价值的比率，营收增长率为公司 q 季度营业收入总额相较于去年同期的增长比率，SOE 取 1 表示国有企业，而取 0 表示非国有企业，分析师关注度为 q 季度分析师发布的公司盈余预测报告数量。表 10 - 1 总结了本章使用的主要解释变量的定义和数据来源。计算知情交易概率所使用的高频交易数据来自大智慧，机构投资者持股明细来自万得（Wind）数据库，公司股票换手率数据来自锐思数据库，其余数据若无特殊说明均取自国泰安数据库。为剔除极值的影响，本章所有连续变量在 1% 和 99% 的水平上进行了缩尾处理。

表 10 – 1　　　　　　　　　　主要变量定义

变量	定义	数据来源
$PIN_{i,q}$	q 季度公司 i 股票的知情交易概率，基于日内高频股票交易数据，通过最大似然法估计式（10 – 11）后，将各参数代入式（10 – 10）计算得到	大智慧
$InAtt_{i,q}$	q 季度公司 i 的所有机构投资者对公司分心程度的加权之和，详见式（10 – 12）	万得
$Asset_{i,q}$	q 季度期初公司 i 总资产规模（单位：亿元）	国泰安
$BM_{i,q}$	q 季末公司 i 账面价值与市场价值的比率	国泰安
$Growth_{i,q}$	q 季度公司 i 营业收入总额相较于上年同期营业收入总额的增长幅度	国泰安
$ROE_{i,q}$	q 季度公司 i 的净资产收益率	国泰安
$SOE_{i,q}$	虚拟变量，若公司 i 为国有企业取 1，否则取 0	国泰安

续表

变量	定义	数据来源
$Turn_{i,q}$	q 季度公司 i 的交易股数与 q 季度期初流通股股数的比值	锐思
$IO_{i,q}$	q 季末机构投资者持有公司 A 股的比例	国泰安
$Analyst_{i,q}$	q 季度分析师发布的公司盈余预测报告数	国泰安

表 10-2 对上述变量进行了描述性统计。$PIN_{i,q}$ 的均值为 0.142，与王春峰、李思成和房振明（2018）等新近研究的统计结果接近。$InAtt_{i,q}$ 的均值为 0.071，相较之下，Kempf 等（2017）以美国上市公司为研究对象，得到的机构投资者分心程度均值约为 0.16。在 Kempf 等（2017）的研究中，美国上市公司的机构投资者持股比例均值约为 43%，而本章样本公司的机构持股比例均值仅为 15.9%。换言之，相较于美国股票市场，A 股市场中机构投资者的影响力相对更弱，其分心时对公司外部监督环境的影响因而可能更小。另外，$InAtt_{i,q}$ 的标准差大于其均值，这意味着不同公司受机构投资者分心的影响存在明显的差异。

表 10-2 描述性统计

变量	观测数	均值	标准差	p25	中位数	p75
$PIN_{i,q}$	37626	0.142	0.031	0.118	0.140	0.179
$InAtt_{i,q}$	37626	0.071	0.092	0.015	0.065	0.102
$Analyst_{i,q}$	37626	3.721	5.456	0	1	5
$IO_{i,q}$	37626	0.159	0.178	0.026	0.089	0.223
$Turn_{i,q}$	37626	0.779	0.554	0.361	0.570	0.983
$Asset_{i,q}$	37626	44.01	86.58	10.33	17.98	36.59
$BM_{i,q}$	37626	0.674	0.223	0.512	0.649	0.817
$Growth_{i,q}$	37626	0.113	0.580	-0.105	0.041	0.266
$SOE_{i,q}$	37626	0.279	0.450	0	0	1
$ROE_{i,q}$	37626	0.043	0.056	0.011	0.038	0.073

第三节 外生信息冲击影响机构投资者
关注与股票定价的实证结果

一 基准模型回归结果

本章以式（10-14）为基准模型，检验机构投资者分心程度对公司股票知情交易概率的影响：

$$PIN_{i,q} = \alpha + InAtt_{i,q} + \sum Control + QtrFE + IndFE + \varepsilon_{i,q}$$

（10-14）

被解释变量 $PIN_{i,q}$、主要解释变量 $InAtt_{i,q}$，以及控制变量 $\sum Control$ 已在前文进行了定义，$QtrFE$ 和 $IndFE$ 分别表示季度固定效应和行业固定性效应。

表10-3给出了式（10-14）的回归结果。为便于实证分析，在回归时对 $InAtt_{i,q}$ 做了标准化处理，而对公司的资产规模和分析师关注度进行了对数化处理，并使用稳健性标准误计算系数的 t 值。列（1）为将 $InAtt_{i,q}$ 作为唯一解释变量并控制季度和行业固定效应后的回归结果，$InAtt_{i,q}$ 的系数为0.007，且在1%的水平上显著（t 值 = 3.15）。由于样本公司的股票知情交易概率均值为0.142，这一系数意味着机构投资者对公司的分心程度每增加1个标准差，公司股票的知情交易概率较平均水平要高出约 0.007/0.142 = 4.92%。列（2）至列（4）依次加入了一系列控制变量，此时 $InAtt_{i,q}$ 的系数大小和显著性略有下降，但在加入所有控制变量后，$InAtt_{i,q}$ 的系数依然为正（系数值 = 0.005），且在5%的水平上显著。因此，表10-3的结果与本章的假说 H10.1 相吻合，机构投资者因分心关注其他行业出现的极端收益率事件时，忽视对样本公司的关注和监督程度，造成其股票知情交易概率的上升。

表 10-3 基准模型回归结果

	(1) $PIN_{i,q}$	(2) $PIN_{i,q}$	(3) $PIN_{i,q}$	(4) $PIN_{i,q}$
$lnAtt_{i,q}$	0.007*** (3.15)	0.006*** (2.79)	0.006*** (2.64)	0.005** (2.41)
$\ln(1+Analyst_{i,q})$		-0.001*** (-4.09)	-0.001*** (-3.88)	-0.001*** (-3.91)
$IO_{i,q}$		0.002 (1.01)	0.002 (0.95)	0.002 (1.14)
$\ln(TAsset_{i,q})$			-0.018*** (-3.17)	-0.018*** (-3.28)
$BM_{i,q}$			0.029*** (5.46)	0.029*** (5.58)
$Turn_{i,q}$				-0.029*** (-6.18)
$Growth_{i,q}$				0.001* (1.91)
$SOE_{i,q}$				0.002*** (2.73)
$ROE_{i,q}$				-0.035*** (-5.26)
Constant	0.105*** (4.23)	0.112*** (4.69)	0.119*** (5.03)	0.130*** (6.25)
行业 FE	Yes	Yes	Yes	Yes
季度 FE	Yes	Yes	Yes	Yes
观测数	37626	37626	37626	37626
调整的 R^2	0.088	0.179	0.305	0.441
F 值	23.55	42.05	89.14	115.64

在控制变量方面，分析师对公司的关注度 $[\ln(1+Analyst_{i,q})]$ 与股票知情交易概率显著负向相关，分析师可以通过挖掘、分析和传播公司价值相关信息，提高公司信息透明度进而抑制知情交易；机构投资者的持股比例系数为正但不显著，表明尽管机构投资者被

认为是公司的重要外部监督者,但在注意力约束下,当其因外部信息冲击而无暇关注公司时,无法有效地履行监督治理职能,因而对公司股票知情交易概率并无显著影响;公司资产规模 [$\ln(TAsset_{i,q})$] 与 $PIN_{i,q}$ 显著负向相关,小公司的信息透明度通常更低,因而更容易导致投资者之间的信息不对称,从而诱发知情交易。此外,换手率低、净资产收益率低、账面市值比高的公司以及国有企业的股票知情交易概率更高,与已有研究的发现基本吻合。

二 机构投资者异质性的影响

表10-3的实证结果支撑了本章假说H10.1,机构投资者对公司的分心程度显著正向影响公司的知情交易概率。而前文假说H10.2进一步指出,如果这一影响源于机构投资者分心后减少了对公司的监督强度,则这一影响应当因机构投资者的性质和投资策略不同而表现出明显的异质性。机构投资者原本对公司的监督作用越强,其分心时引发的监督缺失效应更强,因此对公司股票知情交易概率的影响应当越大。

本节对这一理论预期进行实证检验。首先,参照国内学者的做法,按照机构性质对机构投资者进行划分,进而检验机构性质对其分心效应的影响。从机构性质来看,A股市场中的机构投资者大致可以分为社保基金、共同基金、保险、信托、券商、银行、企业年金以及境外机构投资者等类别。如式(10-12)所示,前文的主要解释变量 $InAtt_{i,q}$ 通过将公司 i 所有机构投资者对公司的分心程度按一定权重加总后得到。因此,在将公司 i 的机构投资者按性质分类后,可按照式(10-12)的思路,分别加总得到 q 季度不同性质机构投资者对公司的分心程度,进而可以按照式(10-14)所示的模型,分别检验各类机构投资者的分心指标对公司股票知情交易概率的影响,回归结果如表10-4所示。

表 10-4　　异质性分析：机构投资者类型的影响差异

$Dep\ Var = PIN_{i,q}$	(1) 社保基金	(2) 保险	(3) 共同基金	(4) 境外机构	(5) 信托	(6) 企业年金	(7) 券商	(8) 银行
$InAtt_{i,q}$	0.009*** (4.19)	0.007*** (3.34)	0.004 (1.54)	0.006** (2.08)	-0.002 (-1.05)	0.001 (0.91)	0.001 (0.84)	0.000 (0.25)
控制变量	Yes	Yes	Yes	Yes	Yes	Yes	Yes	Yes
行业 FE	Yes	Yes	Yes	Yes	Yes	Yes	Yes	Yes
季度 FE	Yes	Yes	Yes	Yes	Yes	Yes	Yes	Yes
观测数	34156	32185	35504	30848	30125	30189	32418	30006
调整的 R^2	0.454	0.445	0.461	0.435	0.474	0.415	0.426	0.406
F 值	102.58	112.21	89.69	96.21	100.27	94.15	96.02	100.64

表 10-4 均以 $PIN_{i,q}$ 为被解释变量，列（1）至列（8）中，主要解释变量 $InAtt_{i,q}$ 分别为 q 季度持有公司 i 股份的社保基金、保险、共同基金、境外机构投资者、信托、企业年金、券商以及银行对公司 i 的分心程度，其中境外机构投资者为包括 QFII 和 RQFII 在内的合格境外机构投资者。表 10-4 中，仅社保基金、保险以及境外机构投资者的分心指标与 $PIN_{i,q}$ 存在显著正向关联，而其他类型机构投资者的分心程度对公司股票的知情交易概率不存在统计意义上的显著影响。这些结果符合假说 H10.2 的预期，同时也与陆瑶等（2012）、梅洁和张明泽（2016）等已有研究的发现相吻合。社保基金实质上是我国第一大单一机构投资者，其所持有的 A 股公司股票市值占机构投资者持股总市值的比例约为 5%，同时，社保基金属于长期投资者，因此其既有动力对公司管理者进行监督治理，也有足够的影响力来影响公司决策，以期提升公司长期内在价值进而从中获益；类似地，从总持股比例来看，保险公司是当前我国 A 股市场的第一大机构投资者类别，且同样存在明确的长期价值导向，其与社保基金一样，有意愿和能力通过监督公司管理者自利行为、改善公司信息环境提升其持有的公司股票价值。在境外投资者方面，李春涛等（2018a）、李沁洋和许年行（2019）以及陈运森和黄健峤（2019）

等研究均表明，境外机构投资者大都来自成熟市场、遵循价值投资的理念，因而能够在 A 股市场中发挥重要的外部治理作用。因此，境外机构投资者分心时同样会导致显著的监督缺失效应，从而造成公司股票知情交易概率的上升。相反，在 A 股市场中，共同基金并不能总是发挥积极的治理作用，反而可能成为帮助管理者实施自利行为的同谋（邵新建等，2019）；同时，券商、信托、银行等机构投资者持有 A 股上市公司的股票比例相对较小，参与公司治理活动的积极性不足，因此，这些机构投资者是否分心并不能显著地影响公司股票的知情交易概率。换言之，这些结果表明，如本章假说 H10.2 所预期的那样，只有自身监督作用较强的机构投资者，才可能在分心时引发公司股票知情交易概率的显著上升。

其次，本章参照国外学者的做法，基于机构投资者的投资策略区分其监督治理意愿和作用，进而检验不同机构投资者的分心程度对公司股票知情交易概率的影响差异。Bushee（1998）最早提出了基于持股交易策略区分机构投资者的监督治理作用的方法。具体而言，Bushee（1998）利用机构投资者的投资组合集中度、组合中个股的平均持股比例、组合中持股比例超过5%的公司占比、持股组合的赫芬达尔指数、持股换手率、持有期超过 2 年的个股比例、股票组合变动对个股盈余变动的敏感程度、买入和卖出个股的相对平均收益变动、持有正收益和负收益个股的比例变动 9 个变量，通过主成分分析将它们转化为三个因子，分别代表机构投资者持股组合的多元化程度、周转速度以及对个股会计盈余的敏感程度，进而通过 K-Means 聚类分析，将所有机构投资者分为专注型、临时型和准指数型三类。专注型机构投资者（Dedicated Institutional Investors）存在单只股票持股比重高、股票组合换手率低、持股期限长等特征，愿意积极参与公司监督治理活动，以通过提升公司长期价值实现自身资产价值的增长；临时型机构投资者（Transient Institutional Investors）的股票组合换手率较高，追求短期投资收益的倾向明显，其较短的投资期限使其参与公司监督治理活动的积极性相对不足（McCahery et al.，2016）；准指数型机构投资者包括严格盯住指数的指数型基金和持股组合接近特定指数的主动管理基金，其股票组合相对分散，且单只股票的持股比重较低，因而不愿意花费过多时间、金钱或精力用于对组合中特定公司的监督活动（Bird & Karolyi，2016）。概括而言，只有专注型机构投资者能够在市场中发挥积极的监督作用，这一理论预期在 A 股市场中也得到了一定的实证支撑（唐松莲和胡奕明，2011）。而根据本章假说 H10.2，这意味着只有专注型机构投资者的分心会造成公司外部监督力量的削弱，进而影响其股票知情交易概率。

基于这一思路，本章按照 Bushee（1998）的方法，将样本公司的机构投资者分为专注型、临时型和指数型三类，并分别基于式（10 - 12），计算 q 季度公司 i 三类机构投资者的分心程度，表示为 $InAttD_{i,q}$、$InAttT_{i,q}$ 和 $InAttQ_{i,q}$，进而分别检验三者与公司股票知情交易概率的关联，回归结果如表 10 - 5 所示。由于计算各机构投资者的投资策略特征因子时，需要用到机构近 3 年的持股明细等数据，这些数据的缺失使表 10 - 5 的观测值数量相较于表 10 - 3 有所减少。列（1）中 $InAttD_{i,q}$ 的系数为正且在 1% 的水平上显著，表明如前文所预期的那样，专注型机构投资者对公司分心时，造成公司受到的外部监督治理强度下降，进而使公司股票知情交易概率上升。在列（2）中，$InAttT_{i,q}$ 的系数为负且在 10% 的水平上显著，这一结果表明，临时型机构投资者追逐短期利益，不是公司的积极外部监督者；相反，它们可能成为管理者的同谋，以获得私有信息并从中获利。因此，当临时型机构投资者分心时，其获取私有信息进而进行知情交易的行为反而减少。最后，列（3）中 $InAttQ_{i,q}$ 的系数不显著，受到动机和能力的制约，准指数型机构投资者并不是上市公司的积极监督者，因而其分心与否并不会对公司股票定价效率造成显著的差异。

表 10-5　　　　　　　　异质性分析：机构投资者投资策略的差异

	(1) $PIN_{i,q}$	(2) $PIN_{i,q}$	(3) $PIN_{i,q}$
$lnAttD_{i,q}$	0.007 *** (3.15)		
$lnAttT_{i,q}$		-0.004 * (-1.92)	
$lnAttQ_{i,q}$			0.001 (0.64)
控制变量	Yes	Yes	Yes
行业 FE	Yes	Yes	Yes
季度 FE	Yes	Yes	Yes
观测数	24369	24369	24369
调整的 R^2	0.384	0.392	0.355
F 值	102.35	110.54	96.41

三　公司治理环境异质性的影响

本章的研究思路是，在注意力约束下，机构投资者对公司的监督强度取决于其对公司的关注程度，机构投资者因受到外生的行业信息冲击而分心，减少了对公司的关注和监督，管理者因而降低公司信息透明度，导致股票知情交易概率的上升。根据这一研究思路，本章假说 H10.3 预期在运营费率更高、内部控制质量更差、管理层持股比例更低的公司即公司委托代理问题更严重、内外部公司治理机制更弱的公司中，机构投资者分心导致的监督缺失对公司信息环境和股票定价效率的影响显著更强。

为了实证检验假说 H10.3，本节分别以样本公司的运营费率、内部控制质量以及管理者持股比例的样本中位数为界限对样本公司进行分组，随后在各子样本中检验机构投资者分心指标对公司股票知情交易概率的影响，并对比这一影响在各子样本之间的差异。其中，运营费率为公司运营支出占其年销售额的比例，公司内部控制质量由迪博（DIB）内部控制指数度量。表 10-6 中 Panel A 到 Panel C 分别给出了按运营费率、内部控制质量和管理者持股比例进行分组后的回归结果。如列（1）所示，机构投资者分心程度（$InAtt_{i,q}$）的系数在运营费率低的子样本中为 0.004，但其 t 值仅为 1.61，不存在统计意义上的显著性；在列（2）即运营费率高的子样本中，这一系数仅为 0.007，且在 1% 的水平上显著。列（3）对两个系数的差异进行了检验，其卡方统计量为 3.12，表示这一差异在 10% 的水平上显著。类似地，在 Panel B 中，$InAtt_{i,q}$ 的系数仅在内部控制质量低的子样本中显著为正，而在内控质量高的子样本中为正但不显著，二者的差异同样在 10% 的水平上显著（卡方统计量 = 4.29）；在 Panel C 中，$InAtt_{i,q}$ 的系数在管理者持股比例低的子样本中显著为正，而在管理者持股比例高的子样本中不显著，二者的差异在 5% 的水平上显著（卡方统计量 = 5.12）。

概况而言，表 10-6 的结果表明，机构投资者分心时对公司股票知情交易概率的影响，仅在委托代理成本高、内外部治理机制弱的公司中存在，这些结果支撑了本章的假说 H10.3，即公司本身的治理环境越弱，机构投资者分心造成的监督缺失效应越强，其对公司股票知情交易概率的影响越显著。

表 10-6　　　　　异质性分析：公司治理环境的差异

Dep Var = $PIN_{i,q}$	Panel A 分组变量：运营费率			Panel B 分组变量：内部控制质量			Panel C 分组变量：管理者持股比例		
	(1) 低	(2) 高	(3) 高减低	(4) 低	(5) 高	(6) 低减高	(7) 低	(8) 高	(9) 低减高
$InAtt_{i,q}$	0.004 (1.61)	0.007*** (4.15)	0.003* [3.12]	0.008*** (3.79)	0.003 (1.24)	0.005* [4.29]	0.009*** (5.67)	0.002 (1.00)	0.007** [5.12]
控制变量	Yes	Yes		Yes	Yes		Yes	Yes	
季度 FE	Yes	Yes		Yes	Yes		Yes	Yes	
行业 FE	Yes	Yes		Yes	Yes		Yes	Yes	
观测数	18086	18086		16572	16572		15643	15643	
调整后的 R^2	0.412	0.468		0.447	0.399		0.451	0.404	
F 值	100.85	126.74		116.42	98.56		115.25	97.45	

四 稳健性检验

(一) 更换股票知情交易概率度量方式

前文发现机构投资者分心时公司股票知情交易概率显著上升,本节对这一实证结论进行稳健性检验。前文基于 EKOP 模型计算股票知情交易概率,此处尝试利用其他方法计算这一指标。首先,本节参照 Bernile 等(2016)的做法,利用公司股票交易订单流的不平衡程度 $OIB_{i,q}$ 度量公司股票的知情交易概率:

$$OIB_{i,q} = (B_{i,q} - S_{i,q})/(B_{i,q} + S_{i,q}) \qquad (10-15)$$

其中,$B_{i,q}$ 和 $S_{i,q}$ 分别为 q 季度公司 i 的股票交易中由买方和卖方发起的交易股数。参照前人的做法,如果某时刻股票成交价格高于前一笔买卖报价的中点,认为该笔交易为买方发起,相应地,如果低于中点则认为为卖方发起;如果成交价格等于买卖报价中点,则将当笔交易的方向等同于上一笔交易的买卖方向。

其次,Easley 等(2012)改进了传统的 PIN 指标计算方法,通过以高频交易中的量时间(Volume Time)为标度,利用买卖交易量的累计差值对 PIN 指标进行近似替换,得到所谓的量同步(Volume-Synchronized)知情交易概率指标,即 VPIN。与传统的 PIN 相比,VPIN 避免了传统参数估计中关于分布假设的主观性,且能够同时对价格和交易量两种信息进行及时更新。陈国进等(2019)已经验证了 VPIN 指标在 A 股市场上的有效性,据此,本节此处利用 VPIN 进行稳健性检验。

表 10 – 7 列(1)和列(2)分别给出了以 $OIB_{i,q}$ 和 $VPIN_{i,q}$ 为被解释变量的实证回归结果。在两列回归中,$InAtt_{i,q}$ 的系数均为正,且分别在 1% 和 5% 的水平上显著。这些结果表明,在改变度量方式后,机构投资者分心程度对公司股票知情交易概率的正向影响依然稳健。

表 10-7　　　　　　　　　　稳健性检验

	(1) $OIB_{i,q}$	(2) $VPIN_{i,q}$	(3) $PIN_{i,q}$	(4) $PIN_{i,t}$	(5) $PIN_{i,q}$	(6) $PIN_{i,q}$
$InAtt_{i,q}$	0.013*** (3.31)	0.017** (2.24)		$PIN_{i,t}$		
$InAtt_{i,q-1}$			0.003* (1.89)			
$InAtt_{i,t}$				0.019*** (3.26)		
$InAttV_{i,q}$					0.008* (1.93)	
$InAttM_{i,q}$						0.015*** (3.64)
控制变量	Yes	Yes	Yes	Yes	Yes	Yes
行业 FE	Yes	Yes	Yes	Yes	Yes	Yes
季度 FE	Yes	Yes	Yes		Yes	Yes
年度 FE				Yes		
观测数	24369			24369	24369	
调整的 R^2	0.384			0.392	0.355	
F 值	102.35			110.54	96.41	

（二）更换机构投资者分心度量方式

首先，前文以当期的机构投资者分心指标解释同期的公司股票知情交易概率，二者可能存在双向因果关系进而导致内生性问题。为了解决这一问题，本节在稳健性检验中以滞后一期的机构分心指标作为主要解释变量。此外，行业层面重大信息的市场影响通常需要较长时间才会完全显现，或是完全为市场参与者理解（Kacperczyk et al.，2016），其造成的机构投资者分心效应可能是长期的。鉴于此，本节也尝试以年度为频率构造股票知情交易指标、机构分心指标以及其他控制变量，并重新检验机构分心对股票知情交易的影响。

其次，前文以行业是否存在极端收益率来判定该行业是否会吸引机构投资者的关注，而使其对其他公司分心。作为稳健性检验，本节基于 Barber 和 Odean（2008）的研究结果，从行业股票成交量和新闻数量两个视角识别高关注度行业。股票收益率或交易量的异常变动反映新市场信息的到来，而新闻媒体报道是搜集、生产和传播这些信息的重要渠道，因此若行业出现极高的异常交易量或新闻报道数量，也会引发高度的市场关注。据此，本节此处将 q 季度异常交易量或异常新闻媒体报道数量最高的行业定义为导致机构投资者对公司 i 分心的高关注行业，即式（10 – 12）中 $D_q^{In}=1$ 时的行业，进而按照式（10 – 12）构建机构投资者分心指标。某行业 q 季度的异常交易量为其 q 季度交易量减去其过去 4 个季度的交易量均值，并除以过去 4 个季度交易量的标准差。利用类似的方法可以计算各行业 q 季度异常新闻媒体报道数量，其中行业公司的新闻媒体报道数量为公司名称出现在"中国重要报纸全文数据库"的新闻标题中的次数。

表 10 – 7 列（3）和列（4）分别给出了以滞后一个季度的机构投资者分心指标 $InAtt_{i,q-1}$ 和以年度机构分心指标 $InAtt_{i,t}$ 为主要解释变量时的回归结果，列（5）和列（6）则分别以基于异常交易量和异常新闻报道数量构建的机构分心指标，即 $InAttV_{i,q}$ 和 $InAttM_{i,q}$ 为主要解释变量。回归结果表明，这些机构分心指标均与公司股票知情交易概率正向相关，且在 10% 及以上的水平显著。概况而言，机构分心对公司股票知情交易概率的正向影响并未因机构分心指标度量方式的改变而改变，因而是稳健的。

（三）机构投资者分心对公司信息透明度的影响

本章的研究思路是，机构投资者因外生性的行业信息事件冲击而分心时，放松对管理者的关注和监督，管理者为便于其自利行为而降低公司信息透明度，从而加剧投资者之间的信息不对称水平，造成公司股票知情交易概率的上升。因此，机构分心导致公司信息透明度的下降，是本章实证研究结论稳健的基本前提，本节实证检验这一前提是否成立。

具体而言，本节参照 Lang 等（2012）和辛清泉等（2014）的做法，使用上市公司的盈余质量、关联交易笔数、关联交易金额、审计质量、信息披露评级 5 个指标，并以这 5 个指标的百分位数（Percentile）平均值的对数作为公司年度信息透明度综合指数，表示为 $TRAN_{i,t}$。随后，同样以年度为频率构建样本公司的机构分心指标，进而检验该指标对公司信息透明度指数的影响。检验结果见表 10-8，所使用的控制变量包括分析师关注度、机构持股比例、公司规模、账面市值比、资产负债率、资产收益率等，限于篇幅，控制变量的结果未在表中列出。如表 10-8 所示，机构分心指标与 $TRAN_{i,t}$ 始终显著负向相关，即机构投资者分心程度越高，公司的信息透明度越低，与前文的预期相吻合。这些结果表明机构投资者分心而放松对管理者的关注和监督强度时，管理者的确会主动降低公司的信息透明度，从而成为公司股票知情交易概率上升的潜在诱因。换言之，本章研究的实证思路是合理的，其研究结论是稳健的。

表 10-8　　　　机构投资者分心对公司信息透明度的影响

	（1） $TRAN_{i,t}$	（2） $TRAN_{i,t}$
$InAtt_{i,t}$	-0.023*** (-3.59)	-0.019*** (-2.88)
控制变量		Yes
行业 FE	Yes	Yes
年度 FE	Yes	Yes
观测数	30332	30332
调整的 R^2	0.289	0.494
F 值	45.63	116.82

第四节　本章小结

本章从机构投资者的注意力约束出发，研究机构投资者对公司的关注程度因外生事件冲击而变动时，所引起的公司股票知情交易概率的变化，在克服内生性问题的基础上，揭示机构投资者关注对股票定价效率的影响。本章的理论模型推导结果表明，当机构投资者因外生性的行业信息冲击而减少对公司的关注程度时，其对公司的监督强度随之减弱，感受到监督强度变化的管理者会基于利己目的，降低公司信息透明度，加剧内外部人士之间的信息不对称水平，进而可能导致公司股票知情交易概率的上升。

本章的实证研究支撑了这一理论预期。以2016—2019年A股上市公司为样本，本章实证研究发现，当特定行业出现极端收益即发生重大信息事件时，机构投资者因分心关注这些行业而降低对其他行业公司的关注程度，导致其他行业公司的股票知情交易概率显著上升。进一步分析表明，这一分心效应仅在社保基金、保险、境外机构投资者以及专注型机构投资者等注重公司内在价值提升、积极参与公司监督治理活动的机构投资者中存在；同时，这一效应在运营费率高、内部控制质量差以及管理层持股比例低的公司即委托代理问题严重、内外部治理环境孱弱的公司中显著更强。此外，机构投资者的分心程度与公司的信息透明度显著负向相关，验证了机构分心因改变公司信息环境而影响公司股票定价效率的路径。

总结而言，本章为基于外生事件研究机构投资者的注意力约束对股票市场运行效率和股票定价效率的影响提供了可借鉴思路，有助于在克服已有研究基于机构持股比例的研究范式所存在的内生性等问题的基础上，探讨注意力约束对机构投资者监督治理职能的影响机制，并为更好地理解公司信息环境的影响因素提供了实证依据。

第十一章

机构投资者关注与股票定价：股指成分股调整的视角

前文第九章和第十章分别从机构投资者实地调研、行业信息外生冲击两个角度，检验了机构投资者关注程度对股价崩盘风险、股价同步性和股票知情交易概率的影响。本章进一步基于股票指数成分股调整事件对个股受机构关注程度的冲击，即所谓的指数效应（Indexing Effect），研究机构投资者关注与股票定价效率的关联。个股被调入（调出）特定股票指数后，跟踪该指数的被动型基金，以及以该指数为收益比较基准的主动型基金等机构投资者会增加（减少）对个股的关注程度（Chang et al., 2015），而股票指数编制公司通常依据股票历史市场表现调整指数成分，其调整决策不会受到个股未来定价效率的影响。因此，股票指数调整对成分股受机构投资者关注程度的影响是严格外生的。此外，成分股调整周期通常为半年及以上，调整事件足以对公司受机构关注程度产生长期影响，进而反映在公司股票的定价效率之中。鉴于此，通过观察个股被调入（调出）股票指数前后的定价效率变动，可在控制个股受机构关注程度与个股定价效率之间的内生性问题基础之上，建立起二者的因果方向。

我国A股市场的股票指数备选股制度，为这一研究思路提供了独特的实验环境。中证指数公司承担了我国A股市场沪深300等代表性股票指数的编制和维护工作。2006年6月，中证指数公司出台了沪深300指数的备选股制度，即在按照既定规则定期调整沪深300指数成分股的同时，发布该指数的15只备选股，以便于部分成分股在指数定期调整之前因退市等特殊原因而不适合继续作为成分股时，将其用备选股进行替换。换言之，中证指数公司认为这些备选股同样达到了作为沪深300指数成分股的要求。因此，这些备选股为研究沪深300指数成分股调整如何影响个股定价效率提供了绝佳的对照样本（叶康涛等，2018）。

具体而言，本章拟参考叶康涛等（2018）的做法，以实际调入沪深300指数的样本公司为实验组，以同样满足成为指数成分股条件的备选股为对照组，利用双重差分法，检验个股在调入沪深300指数之前和之后，与备选股公司股票定价效率差异的变动，从而进一步揭示机构投资者关注度对股票定价的影响。

本章余下内容安排如下：第一节对股票市场成分股调整事件的相关文献进行了回顾，第二节基于A股市场沪深300指数成分股调整事件，以及相应的备选股制度，完成了本章的实证研究设计，第三节报告了本章的实证研究结果，第四节检验了公司信息透明度对沪深300指数调整与个股定价效率相关性的中介作用，第五节对本章进行了总结。

第一节 股指成分股调整相关研究回顾

在资本市场中，证券交易所通常会按照特定规则，选择具有代表性的股票编制股票指数，并定期对指数成分股进行调整，以反映股票市场整体运行情况。国外学者的研究表明，个股入选代表性股票指数的成分股后，往往会带来其股价和交易量的显著变化，这一变化被称为所谓的股票指数调整效应。例如，Shleifer（1986）、Harris和Gurel（1986）发现个股在被纳入标普500指数后的十天内存在显著的正向异常收益，认为其原因在于，股票的需求曲线向下倾斜，指数型基金对个股的被动买入带来股价的上涨，即个股被纳入（剔出）指数会带来个股为机构投资者持股比例的被动上升（下降）。同时，个股被纳入指数会传达公司前景向好的有利信息（Cai，2007），从而吸引更多的分析师和机构投资者关注公司（Denis et al.，2003）。

在 A 股市场中，沪深 300 指数是最具代表性的股票指数，但早期研究发现，沪深 300 指数的成分股调整并不存在类似的股价和交易量变动效应。陆蓉和谢晓飞（2020）利用断点回归方法，确认沪深 300 指数调整对成分股的股价和交易量存在显著影响，早期研究未观察到这一效应的原因在于，沪深 300 指数和中证 500 指数会同时调整成分股，而大部分从沪深 300 指数中调出的股票会同时被纳入中证 500 指数，成分股的沪深 300 指数调出效应与中证 500 指数调入效应相互抵消，因而无法直接在市场中被观察到。

概括而言，已有研究大都认同，个股被调入（调出）特定股票指数后，跟踪该指数的被动型基金，以及以该指数为收益比较基准的主动型基金等机构投资者会增加（减少）对个股的关注程度（Chang et al.，2015）。而如前文所述的那样，股票指数编制公司依据既定编制规则，对成分股进行外生性的调整，这一调整事件对个股受机构关注程度的冲击因而也是外生的。新近的研究尝试利用此类外生事件克服机构投资者对公司持股比例或关注程度与公司决策、信息环境的内生性关系，验证机构投资者在资本市场中的监督治理角色和作用路径。

具体而言，国外学者大都基于美国市场中罗素 1000 指数和罗素 2000 指数的成分股调整事件开展研究。在美国市场中，罗素 1000 指数和罗素 2000 指数的成分股分别为市值排名前 1000 和第 1001 名到第 2000 名的股票。而由于两个指数均以市值为权重编制，这意味着市值排名靠近 1000 但在 1000 之外的个股，会被纳入罗素 2000 指数，且在该指数中占有相对较大的权重。相反，市值排名靠近 1000，且在 1000 之内的个股，被纳入罗素 1000 指数，但在该指数中仅占有相对较低的权重。而成分股的权重决定了跟踪这些指数的机构投资者对成分股的持股比例和关注程度。因此，罗素 1000 指数排名末尾和罗素 2000 指数排名靠前的个股市值接近，但被机构投资者持股的比例却存在明显差异。同时，些微的市值变动就可能造成这些个股的指数成分身份发生变化，进而带来机构持股比例和关注程度的外生变化，这为研究机构投资者关注对公司财务决策或信息环境的影响，提供了准自然实验。

多个新近研究利用罗素 1000 和 2000 指数成分股调整的自然实验，以及断点回归方法检验了机构持股比例的外生变动所带来的市场影响。Chang 等（2015）发现个股从罗素 1000 指数调入罗素 2000 指数带来机构持股比例的增加和股价的上涨，而相反，从罗素 2000 指数调入罗素 1000 指数导致机构持股比例的减少和股价的下跌。Boone 和 White（2015）则基于罗素 1000 和 2000 指数成分股调整事件，研究了外生性的机构持股比例变动对公司信息透明度和信息产出的影响，发现机构持股比例的上升增加管理者的信息披露活动、分析师跟踪数量以及公司股票流动性，从而缓解了公司的信息不对称程度，而信息不对称的降低带来市场信息产出的增加和股票交易成本的下降。Appel 等（2016）同样基于这一指数成分变更事件研究了机构投资者的治理作用，发现即便是被动跟踪个股的指数型基金，也会积极参与公司治理活动，带来公司价值和长期业绩表现的改善。Chen 等（2020）基于这一事件探讨了机构投资者的社会责任偏好，发现当外生性的成分股调整事件导致个股为机构投资者持股的比例上升时，公司的社会责任表现更好，表明机构投资者对公司参与社会责任活动存在积极推动作用。Crane 等（2016）则利用罗素 1000 和 2000 指数成分股调整事件，从股利支付的视角再次验证了机构投资者对公司的治理作用，发现指数成分股调整导致个股受机构持股比例上升时，公司更愿意支付股利，支付的股利数量更多。此外，Chattopadhyay 等（2020）在日本股票市场中也发现了指数成分股调整对公司的治理作用。JPX-Nikkei 400 指数代表了日本股票市场中盈利最强、流动性最好的公司，个股被纳入这一指数的可能会提升公司管理者改善盈利能力的动力，进而通过削减研发支出、改善利润率提升公司净资产收益率（ROE）。

国内学者相对较少基于股票指数调整事件研究机构投资者持股和关注的市场影响，在这一领域的少数研究中，比较有代表性的是叶康涛等（2018）的研究。叶康涛等（2018）基于 A 股市场沪深 300 指数的备选股制度，利用双重差分模型，检验了个股入选沪深 300 指数成分股前后，相较于备选股的股价崩盘风险水平变动，发现个股被纳入沪深 300 指数后，跟踪个股的分析师数量增加，且分析师对公司未来盈余的乐观程度更强，这一盲目乐观推动公司股价非理性上涨，进而增加公司股价在未来崩盘的风险。

概括而言，已有研究已经证实，指数成分股调整事件会带来成分股受机构关注程度的外生变化，而 A 股市场沪深 300 指数的备选股制度进一步为此类研究提供了准自然实验环境，这为本章基于沪深 300 指数成分股调整事件，研究机构投资者关注对股票定价的影响提供了理论基础和实证依据。

第二节　基于沪深 300 指数备选股制度的研究设计

一　研究假说

本章拟从股票价格方差比的角度，研究机构投资者关注对股票定价效率的影响。根据有效市场理论，股票定价越有效率，股价波动越接近随机游走过程。Lo 和 MacKinlay（1988）据此提出可使用方差比检验股票的定价效率。如果股票价格遵循随机游走的过程，则 T 时刻股价 P_T 的 k 阶差分的方差应等于其一阶差分方差的 k 倍，即有 $\mathrm{var}(P_T - P_{T-k}) = k[\mathrm{var}(P_T - P_{T-1})]$。相反，如果股价因定价无效率而存在正向（负向）序列相关关系，则 $\mathrm{var}(P_T - P_{T-k})$ 与 $k[\mathrm{var}(P_T - P_{T-1})]$ 的比值大于（小于）1。换言之，这一比值与 1 的绝对差异越大，即所谓的方差比越大，股票的定价效率越低。

指数成分股调整会改变个股为机构投资者持股的比例和关注的程度（Chang et al., 2015），持股比例的上升会增加机构投资者对个股的监督治理动力，而如前文第十章所探讨的那样，机构投资者对个股的关注程度，决定其对公司的监督治理强度。而在国外学者的研究中，也大都发现个股被纳入代表性指数改善了公司的治理质量和信息环境（Appel et al., 2016; Chattopadhyay et al., 2020）。据此，本章预期，个股被纳入沪深 300 指数会导致机构投资者增加对其的关注程度，改善公司信息环境，从而提高公司股票的定价效率，降低其股价方差比，即有本章假说 H11.1。

H11.1：个股被纳入沪深 300 指数后，股价方差比显著下降。

本章从机构投资者对个股关注程度的视角，推导指数成分股调整对相关个股股价方差比的潜在影响，认为这一影响的作用机制在于，机构投资者对个股关注程度的上升，导致个股信息环境的改善，从而提高个股定价效率。对这一影响进行异质性分析，有助于验证前述作用机制。如果这一作用机制成立，个股在被纳入沪深 300 指数之前，已经得到了较高的市场关注，则纳入沪深 300 指数所带来的关注边际效应应当相对较弱。换言之，前述影响应当在市场关注度高的个股中显著更弱。

更具体而言，本章从机构持股比例、媒体报道度和分析师跟踪度三个角度度量个股的市场关注程度。机构投资者对公司的持股比例越高，监督治理公司的动力和强度显然应当越大，此时个股被纳入沪深 300 指数可能并不会对其受机构投资者关注和监督强度产生明显影响。类似地，媒体和分析师也是资本市场中的重要外部监督力量（黄俊和郭照蕊，2014；刘笑霞和李明辉，2018），能够通过新闻报道和发布分析报告收集、制造和传播扩散公司信息，进而改善公司信息环境。若公司已经得到较多的新闻报道和分析师跟踪，则其纳入沪深 300 指数的边际影响也应当显著更弱。据此，得到本章假说 H11.2。

H11.2：个股被纳入沪深 300 指数对其股价方差比的影响，在机构持股比例高、媒体报道多和分析师跟踪数量多的公司中显著更弱。

本章从机构投资者的监督治理作用出发，探讨其关注度对个股定价效率的影响，通过检验个股自身治理环境与这一潜在影响的关联，能够进一步验证其影响作用机制。个股自身治理质量越弱，沪深 300 指数成分股调整带来的治理效应应当越强。与前文第十章类似，本章此处从公司的委托代理问题严重程度、内部控制质量和外部审计质量的高低三个层面，度量公司自身的治理环境。公司的委托代理问题越严重，内部控制和外部审计质量越低，机构投资者参与公司治理活动的边际效应越大，对公司股票定价效率的影响因而越强。据此，得到本章假说 H11.3：

H11.3：个股被纳入沪深 300 指数对其股价方差比的影响，应当在委托代理问题更严重、内部控制或外部审计质量更差的公司中显著更强。

二 研究样本

本章基于沪深 300 指数的备选股制度进行实证检验。中证指数公司于 2006 年 6 月起实施备选股制度，据此本章以 2007 年 1 月 1 日为样本起点，以 2007—2019 年为样本期。在此期间，沪深 300 指数共实施了 26 次定期调整，累计入选股 457 只，备选股 390 只。基于研究目标，删除了期间重复入选沪深 300 指数的股票、被调整进入成分股的备选股、金融行业公司以及主要控制变量缺失的公司，最终的样本包括 345 只成分股和 211 只备选股。由于沪深 300 指数以半年为频率调整成分股，本章以半年度为频率获取样本观测值。

三 变量定义

本章的基准回归模型设定如式（11-1）所示：

$$VR_{i,t} = \alpha + \beta_1 DCSI_{i,t} + \beta_2 DCSI_{i,t} \times DTreat_{i,t} + \sum Control + IndFE + HYFE + \varepsilon_{i,t} \quad (11-1)$$

其中，被解释变量为 t 期个股 i 的股价方差比 $VR_{i,t}$，主要解释变量包括虚拟变量 $DCSI_{i,t}$，及其与虚拟变量 $DTreat_{i,t}$ 的交叉项。股价方差比的计算公式如下：

$$VR = \left| \frac{\text{var}(P_T - P_{T-k})}{k[\text{var}(P_T - P_{T-1})]} - 1 \right| \quad (11-2)$$

股价方差比反映了个股股价 k 阶差分的方差与其 k 倍一阶差分方差的比值相较于 1 的绝对偏离程度。股票定价效率越高，股价越接近于随机游走过程，前述比值越接近于 1，即股价方差比指标 VR 越小，反之亦然。参考孔东民等（2015）的做法，本章以 5 天为周期，即令 $k=5$，计算个股每个半年度的股价方差比指标。

虚拟变量 $DCSI_{i,t}$ 为沪深 300 指数成分股标签，如果公司 i 在本章样本期内为沪深 300 指数成分股，则虚拟变量 $DCSI_{i,t}$ 取 1；反之，若公司 i 为备选股，则 $DCSI_{i,t}$ 取 0。虚拟变量 $DTreat_{i,t}$ 为沪深 300 指数成分股调整事件标签，样本公司入选沪深 300 指数后 $DTreat_{i,t}$ 等于 1，否则等于 0。$IndFE$ 和 $HYFE$ 分别为行业固定效应和半年度时间固定效应，样本公司所属行业参照 2012 年证监会行业分类标准指引确定，其中制造业公司细分至一级行业大类，其他公司按照行业门类划分。由于半年度时间固定效应已包含了一系列时间虚拟变量，式（11-2）无须单独加入 $DTreat_{i,t}$ 作为额外的解释变量。

同时，本章参照孔东民等（2015）的做法，控制了以下公司特征对股价方差比的潜在影响，包括机构投资者持股比例（IO）、分析师关注度（Ana）、公司规模（$LnSize$）、账面市值比（BM）、营收增长率（$SGrow$）、资产负债率（Lev）、企业性质（SOE）以及是否外部审计质量（$Big4$）。表11-1给出了各变量的具体定义。

表11-1　　　　　　　　　　变量定义

变量	定义	数据来源
$VR_{i,t}$	t期个股i的股价方差比，等于其日股价1阶差分的方差，除以日股价5阶差分的方差，再除以5后，减去1取绝对值。见式（11-2）	CCER
$DCSI_{i,t}$	虚拟变量，若样本期内公司i被调入沪深300指数，$DCSI_{i,t}$取1；若样本期内公司i为沪深300指数成分股备选股，$DCSI_{i,t}$取0	中证指数公司
$DTreat_{i,t}$	虚拟变量，若t期公司i被调入沪深300指数，取1，否则取0	中证指数公司
$IO_{i,t}$	t期末机构投资者持有公司i流通股的比例	CSMAR
$Ana_{i,t}$	分析师关注度，t期发布公司i盈余预测报告的分析师数加1后取对数	CSMAR
$Media_{i,t}$	媒体关注度，t期公司i股票名称在中国重要报纸全文数据库出现的次数加1后取对数	中国重要报纸全文数据库
$LnSize_{i,t}$	t期末公司i总资产（单位：亿元）取对数	CSMAR
$BM_{i,t}$	t期末公司i账面价值与市场价值的比值	CSMAR
$Turn_{i,t}$	t期公司i的流通股换手率	CSMAR
$Lev_{i,t}$	t期末公司i的资产负债率	CSMAR
$SGrow_{i,t}$	t期公司i营业收入相较于上期的增长幅度	CSMAR
$SOE_{i,t}$	虚拟变量，t期末公司i为国有企业取1，否则取0	CSMAR
$Big4_{i,t}$	虚拟变量，t期公司i聘请四大会计师事务所审计公司年报取1，否则取0	CSMAR

第三节　基于沪深300指数备选股制度的实证研究结果

一　描述性统计

表11-2给出了本章主要变量的描述性统计结果，VR的均值和

标准差分别为 0.145 和 0.144，略低于孔东民等（2015）的统计结果，其原因可能是孔东民等（2015）以 6 天为周期计算股价方差比，而本章以 5 天为周期计算这一指标。$DCSI$ 和 $DTreat$ 的均值分别为 0.547 和 0.451，表明本章样本公司中沪深 300 指数成分股和备选股的数量大致相当，且个股被纳入沪深 300 指数前后的观测值数量较为接近，能够满足将备选股作为控制组样本的研究目标。在其余变量方面，样本公司半年的平均流通股换手率约为 225%，平均资产负债率为 48.9%，国有企业和非国有企业的比例约各占一半，机构投资者平均持有样本公司 29.0% 的可流通股票，约 13.3% 的样本公司聘请了四大会计师事务所审计公司年报。

表 11-2　　　　　　　　　　描述性统计

变量	观测数	均值	标准差	25 分位数	75 分位数
VR	7986	0.145	0.144	0.051	0.190
$DCSI$	7986	0.547	0.498	0	1
$DTreat$	7986	0.451	0.469	0	1
$Turn$	7986	2.250	1.983	0.977	3.247
Lev	7986	0.489	0.210	0.336	0.645
SOE	7986	0.508	0.500	0	1
$Big4$	7986	0.133	0.340	0	0
Ana	7986	1.870	1.230	0.693	2.940
$LnSize$	7986	4.190	1.590	3.070	5.230
BM	7986	0.651	0.266	0.439	0.874
$SGrow$	7986	0.398	1.390	-0.045	0.345
IO	7986	0.290	0.249	0.076	0.487

此外，表 11-3 给出了各变量的相关性系数，除极个别系数之外，绝大多数变量的相关性系数绝对值未超过 0.5，表明变量之间不存在严重的共线性问题，从而保障了本章实证研究结论的稳健性。

表 11-3　　　　　　　　　　　　　相关性系数

	VR	DCSI	DTreat	Turn	Lev	SOE	Big4	Ana	LnSize	BM	SGrow
VR	1										
DCSI	0.022	1									
DTreat	-0.024	0.124	1								
Turn	0.206	-0.049	0.075	1							
Lev	0.067	0.103	-0.001	-0.068	1						
SOE	-0.005	-0.022	-0.023	-0.056	0.185	1					
Big4	-0.055	0.144	0.049	-0.129	0.207	0.153	1				
Ana	-0.205	0.014	0.147	-0.160	-0.054	-0.032	0.155	1			
LnSize	-0.084	0.178	0.116	-0.321	0.534	0.278	0.393	0.424	1		
BM	-0.009	0.131	-0.001	-0.165	0.451	0.239	0.245	-0.105	0.616	1	
SGrow	0.060	-0.014	-0.025	0.016	0.103	0.008	-0.053	-0.102	-0.020	0.021	1
IO	-0.069	0.053	0.024	-0.345	0.059	0.024	0.114	0.122	0.326	0.096	-0.025

二　沪深 300 指数调整对股价方差比的影响

（一）双变量分组检验

为了验证沪深 300 指数调整对相关个股股价方差比的影响，本章首先利用双变量分组的方法，对沪深 300 指数成分股调整前后，被纳入指数的成分股与备选股的股价方差比差异变动进行了分析，结果如表 11-4 所示。表 11-4 将样本公司按照 DCSI 和 DTreat 两个变量的取值，分为 4 组，并对比了各组间样本公司股价方差比指标的均值差异。在被纳入沪深 300 指数之前，成分股的股价方差比均值为 0.155，较备选股高出 0.020。然而，在被纳入沪深 300 指数之后，成分股的股价方差比均值下降至 0.139，尽管备选股的股价方差比均值也有一定程度的下降，但二者的差异缩小至 0.010。换言之，在被纳入沪深 300 指数后，成分股比备选股的股价方差比要多减少 0.010，且这一差异在统计上显著（t 值 = 1.92），这一结果吻合本书假说 H11.1 的预期，入选沪深 300 指数增加了机构投资者对个股的关注程度，来自机构投资者的监督和关注改善了个股的信息环境，进而提升其定价效率。

表 11-4　　　　　　　　　双变量分组检验

对比变量 = $VR_{i,t}$	组别			
组别	入选前 $DTreat=0$	入选后 $DTreat=1$	"入选后"减"入选前"	t 统计量
CSI 成分股 $DCSI=1$	0.155	0.139	0.016**	(2.38)
CSI 备选股 $DCSI=0$	0.135	0.129	0.005	(0.34)
"成分股"减"备选股"	0.020*** (2.91)	0.010* (1.90)	0.010* (1.92)	

(二) 多元回归分析

本章也利用式（11-1）所示的回归模型，对假说 H11.1 进行了正式的实证检验，回归结果报告在表 11-5 中。表 11-5 列（1）以 $DCSI$ 以及 $DCSI$ 与 $DTreat$ 的交叉项为解释变量，并控制了行业固定效应和半年度时间效应。$DCSI$ 的系数为 -0.017，但在统计意义上不显著，表明沪深 300 指数成分股公司与备选股公司的股价方差比并不存在显著差异，这也印证了备选股作为对照样本的有效性。$DCSI \times DTreat$ 的系数为 -0.019，且在 1% 的水平上显著（t 值 = -3.80），表明在成为沪深 300 指数成分股后，个股的股价方差比相对于备选股减少了 0.019。由于本章样本期内，样本公司的股价方差比均值为 0.145，这意味着被纳入沪深 300 指数使个股的股价方差比较备选股减少近 0.019/0.145 = 13.1%。列（2）到列（4）的回归中逐步加入了一系列控制变量，此时 $DCSI$ 的系数在多数情况下仍然不显著，而 $DCSI \times DTreat$ 的系数和对应的 t 统计量在绝对大小上均有所提升。例如，在列（4）中，$DCSI \times DTreat$ 的系数为 -0.023，且 t 统计量高达 -4.61，表明被纳入沪深 300 指数后，相较于备选股，成分股的股价方差比减少了 0.023/0.145 = 15.9%。概况而言，表 11-5 所有回归均支撑了本章的假说 H11.1，即个股被纳入沪深 300 指数后，股价方差比显著更低。

表 11-5　　　　　　　　　多变量回归检验

	(1) VR	(2) VR	(3) VR	(4) VR
DCSI	-0.017 (-0.91)	-0.025 (-1.33)	-0.025 (-1.34)	-0.031* (-1.72)
DCSI×DTreat	-0.019*** (-3.80)	-0.021*** (-4.30)	-0.022*** (-4.56)	-0.023*** (-4.61)
IO		-0.067*** (-5.01)	-0.062*** (-4.67)	-0.052*** (-3.85)
Ana		-0.020*** (-8.34)	-0.016*** (-6.07)	-0.015*** (-5.48)
BM			0.009 (0.67)	0.006 (0.39)
LnSize			-0.006** (-2.09)	-0.008** (-2.24)
Turn				0.001 (0.63)
Lev				0.026 (1.49)
SOE				-0.003 (-0.68)
Big4				0.008 (1.19)
Constant	0.238*** (8.36)	0.273*** (9.55)	0.271*** (9.43)	0.258*** (8.23)
行业 FE	Yes	Yes	Yes	Yes
半年度 FE	Yes	Yes	Yes	Yes
观测数	8512	8309	8046	7986
调整的 R^2	0.0468	0.0748	0.0999	0.1187
F 值	6.54	5.99	7.53	10.49

在控制变量中，IO、Ana 以及 LnSize 的系数显著为正，机构投资者持股比例越高、跟踪公司的分析师人数越多，越有助于提高公司

信息透明度，进而减少其股价方差比；同时，小公司的信息透明度相对更低，因而有着更低的股票定价效率和更高的股价方差比。此外，其余控制变量的系数大都不显著。

（三）稳健性检验

表 11-5 的回归结果初步证实了假说 H11.1 的预期，即被纳入沪深 300 指数，能够提高个股的定价效率，降低其股价方差比。假说 H11.1 的成立是本章其他假说成立的基础，因此，有必要进一步验证表 11-5 实证结果的稳健性。首先，本章考察个股入选沪深 300 指数前后的股价方差比变化，而被纳入沪深 300 指数需要满足特定条件，这意味着这些个股自身的公司特征在入选前后发生了一定的变化，从而造成其股票定价效率和股价方差比的变化，而并非因为入选后得到了机构投资者的更多关注和监督。为了控制这一公司特征随时间变化对实证结果的潜在影响，本章利用固定效应模型对式（11-1）进行了再次检验，检验结果报告在表 11-6 列（1）和列（2）中，列（1）未加入控制变量，而列（2）使用了与表 11-5 列（4）相同的控制变量。相较于表 11-5 的回归结果，表 11-6 列（1）和列（2）中，$DCSI \times DTreat$ 的系数绝对值和显著性水平均有一定程度的下降，但依然在 5% 的水平上显著为负，表明在控制公司特征的时变后，假说 H11.1 依然成立。

其次，本章前文以 5 天为周期，即将式（11-2）中的参数 k 设定为 5，计算个股的股价方差比指标。作为稳健性检验，此处以 10 天为周期重新计算了股价方差指标，表示为 $VR2$。表 11-6 列（3）和列（4）给出了以 $VR2$ 为被解释变量的回归结果，其中列（3）未加入控制变量，而列（4）加入了全部控制变量。在两列回归中，$DCSI \times DTreat$ 的系数均在 1% 的水平上与 $VR2$ 显著负向相关，再次验证了纳入沪深 300 指数对个股股价方差比的负向影响。换言之，这一负向影响对股价方差比的计算周期 k 不敏感，因而是稳健的。

表 11-6　　　　　　　　　　稳健性检验

	(1) VR2	(2) VR2	(3) VR2	(4) VR2
DCSI	-0.022 (-1.31)	-0.020 (-1.28)	-0.023 (-1.04)	-0.022 (-1.02)
DCSI × DTreat	-0.017*** (-2.39)	-0.016** (-2.14)	-0.038*** (-3.25)	-0.040*** (-3.46)
控制变量	No	Yes	No	Yes
个股 FE	Yes	Yes	No	No
行业 FE	Yes	Yes	Yes	Yes
半年度 FE	Yes	Yes	Yes	Yes
观测数	8512	8309	8046	7986
总体 R^2	0.0629	0.1143		
调整后的 R^2			0.0725	0.1054
F 值	7.08	12.55	6.81	10.26

三　基于市场关注度的异质性分析

前文的实证结果揭示了入选沪深 300 指数对个股股价方差比的负向影响。前文在推导假说 H11.2 时指出，如果这一负向影响源自个股被纳入指数后，机构投资者对个股关注程度的增加，则假如个股在被纳入指数前已经得到了较高的关注，纳入指数对其受机构投资者关注程度的边际影响应当相对更小，对其股价方差比的影响因而应当相对更弱，反之亦然。基于这一思路，本章假说 H11.2 指出，入选沪深 300 指数对个股股价方差比的负向影响，应当在机构投资者、媒体或分析师关注程度更低的个股中显著更强。

为了实证检验这一假说预期，此处分别将样本公司中的沪深 300 成分股公司按照机构投资者的持股比例、媒体报道数量和分析师跟踪数量是否高于同期中位数，分为高关注度和低关注度两组，随后分别就纳入沪深 300 指数对不同组别公司股价方差比的影响进行实证检验。其中，媒体报道数量为公司名称在中国重要报纸全文数据库中新闻标题的出现次数，分析师跟踪数量为对样本公司发布盈余预测报告的人数。表 11-7 给出了分组回归的结果，低组和高组分别以市场关注度低和高的成分股为实验组公司，即 DCSI 等于 1 的公司，但均以备选股为对照组公司，即 DCSI 等于 0 的公司；DTreat 的定义与表 11-5 中相同。表 11-7 列（1），即以机构持股比例低的公司为样本时，DCSI × DTreat 的系数为 -0.026，t 统计量为 -4.97，即在 1% 的水平上显著，而列（2），即以机构持股比例高的公司为样本时，DCSI × DTreat 的系数为 -0.010，t 统计量为 -1.45，不具有统计意义上的显著性。同时，在以分析师跟踪数量或媒体报道度度量公司受关注度时，低关注度组中 DCSI × DTreat 的系数和 t 统计量在绝对值上均高于高关注度组公司。因此，表 11-7 的回归结果吻合假说 H11.2 的预期，对于市场关注度高的公司而言，被纳入沪深 300 指数对其受机构投资者关注程度的边际影响相对更小，对公司股票定价效率的提升作用因而相对更弱。

表 11-7　　　　　　　异质性检验：市场关注度

Dep Var = VR	机构持股比例		分析师关注度		媒体关注度	
	（1）低	（2）高	（3）低	（4）高	（5）低	（6）高
DCSI	-0.019 (-1.01)	-0.022 (-1.31)	-0.027 (-1.54)	-0.013 (-0.98)	-0.024 (-1.47)	-0.016 (-1.29)
DCSI × DTreat	-0.026*** (-4.97)	-0.010 (-1.45)	-0.023*** (-4.22)	-0.013* (-1.78)	-0.024*** (-4.36)	-0.014** (-2.43)
控制变量	Yes	Yes	Yes	Yes	Yes	Yes
行业 FE	Yes	Yes	Yes	Yes	Yes	Yes
半年度 FE	Yes	Yes	Yes	Yes	Yes	Yes
观测数	5986	5986	5986	5986	5986	5986
调整的 R^2	0.1157	0.1204	0.1198	0.1168	0.1171	0.1192
F 值	10.54	11.09	10.89	10.78	11.24	11.56

四　基于公司治理质量的异质性分析

本章的主要论点是，被纳入沪深 300 指数会提升机构投资者对个股的关注程度，鉴于机构投资者在资本市场中的监督治理角色，机构关注程度的提升会改善公司治理质量和信息环境，从而提升公司股票定价效率。本章 H11.3 指出，如果这一作用机制成立，则在委托代理问题严重、内部控制质量和外部审计质量低的公司中，纳入沪深 300 指数所带来的机构关注和监督边际效应更强，对其股价方差比的改善作用应当更显著。本小节对这一假说预期进行正式的实证检验。具体而言，本小节参照本书第十章的做法，以公司运营支出占其年销售额的比例，即运营费率，度量公司委托代理问题的严重程度，以迪博（DIB）内部控制指数度量公司内控质量。此外，前文基准回归中以 $Big4$，即公司是否聘请四大会计师事务所审计年报度量公司外部审计质量。表 11-2 的描述性统计结果表明，仅有 13.3% 的样本公司聘请了四大会计师事务所，如果基于 $Big4$ 对样本公司进行分组，会得到两个十分不均衡的分组样本。针对这一问题，本小节参照 Sun 等（2019）的做法，以公司是否聘请国内十大会计师事务所审计公司年报度量其外部审计质量。中国注册会计师协会每年会评出十大会计师事务所，Sun 等（2019）认为聘请这些会计师事务所的公司审计质量相对较高。本章约 53.7% 的样本公司聘请了十大会计师事务所，这使基于这一门槛区分样本公司外部审计质量，能够得到相对均衡的两个样本组。

表 11-8 给出了按内控质量、运营费率和审计质量进行分组，进而分别基于式（11-1）进行实证回归的结果。列（1）和列（2）中，$DCSI \times DTreat$ 的系数均显著为负，表明纳入沪深 300 指数的效应大小与公司运营费率的高低无显著关联。$DCSI \times DTreat$ 的系数在列（3）和列（5）中显著为负，而在列（4）和列（6）中尽管为负，但在统计意义上不显著，即纳入沪深 300 指数仅会显著降低内部控制或外部审计质量低的公司的股价方差比，而对内部控制或外部审计质量高的公司股价方差比的影响不明显。因此，表 11-8 的回归结果依然表明，纳入沪深 300 指数对个股股价方差比的影响，直接受到公司自身治理质量高低的影响。这一结果再次验证了纳入沪深 300 指数影响个股定价效率的作用机制，即纳入沪深 300 指数

增加了机构投资者对公司的关注程度和监督强度,公司自身的治理水平越低,纳入指数对公司股价方差比的边际影响越大。

表 11-8　　　　　　　　异质性检验:公司治理质量

Dep Var = VR	Panel A 运营费率		Panel B 内部控制质量		Panel C 外部审计质量	
	(1) 低	(2) 低	(3) 低	(4) 低	(5) 低	(6) 高
DCSI	-0.020* (-1.92)	-0.010 (-1.01)	-0.017 (-1.25)	-0.019 (-1.48)	-0.024 (-1.62)	-0.018 (-1.46)
DCSI × DTreat	-0.022*** (-3.88)	-0.024*** (-4.16)	-0.029*** (-4.98)	-0.013 (-1.62)	-0.028*** (-4.51)	-0.012 (-1.56)
控制变量	Yes	Yes	Yes	Yes	Yes	Yes
行业 FE	Yes	Yes	Yes	Yes	Yes	Yes
半年度 FE	Yes	Yes	Yes	Yes	Yes	Yes
观测数	7986	7986	7986	7986	7986	7986
调整后的 R^2	0.1129	0.1105	0.1166	0.1154	0.1178	0.1206
F 值	11.47	11.06	11.26	11.18	10.98	11.32

第四节　基于公司信息透明度的中介效应检验

前文分析表明,入选沪深 300 指数成分股会降低个股的股价方差比,并将这一效应归于个股受机构投资者关注和监督程度的提高。鉴于机构投资者主要通过改善公司信息披露质量发挥其监督治理作用(谭劲松和林雨晨,2016),如果前述影响路径成立,则公司信息披露活动应当是这一影响的重要传导机制。本节采用温忠麟等(2004)提出的中介效应程序,检验这一传导机制是否成立。

检验中介效应分为三个步骤,分别需要使用到以下三个回归模型:

$$VR_{i,t} = b_0 + b_1 DCSI_{i,t} + b_2 DCSI_{i,t} \times DTreat_{i,t} +$$
$$\sum Control + IndFE + HYFE + \varepsilon_{i,t} \quad (11-3)$$
$$Tran_{i,t} = a_0 + a_1 DCSI_{i,t} + a_2 DCSI_{i,t} \times DTreat_{i,t} +$$

$$\sum Control + IndFE + HYFE + \varepsilon_{i,t} \quad (11-4)$$

$$VR_{i,t} = c_0 + c_1 DCSI_{i,t} + c_2 DCSI_{i,t} \times DTreat_{i,t} + c_3 Tran_{i,t} +$$

$$\sum Control + IndFE + HYFE + \varepsilon_{i,t} \quad (11-5)$$

其中，$Tran_{i,t}$ 表示公司信息透明度，为本节所考察的中介变量。与本书第四章一样，$Tran_{i,t}$ 由公司盈余质量、审计质量、信息披露评级、关联交易笔数以及关联交易金额5个指标综合构造得到，$Tran_{i,t}$ 越高，表示公司信息透明度越高，信息环境越好。

根据温忠麟等（2004）的研究，应当先对式（11-3）进行回归，在不考虑中介变量的情况下，检验纳入沪深300指数对个股股价方差比的影响，如果系数 b_2 显著，表明存在指数调整效应，可以进一步进行中介效应检验。随后，对式（11-4）进行回归，即检验纳入沪深300指数对公司信息透明的潜在影响。最后，对式（11-5）进行回归，在控制中介变量的基础上，检验纳入沪深300指数是否对个股股价方差比依然存在边际影响。如果式（11-4）中的系数 a_2 和式（11-5）的系数 c_3 都显著，表明存在中介效应。此时，若式（11-5）中系数 c_2 不显著，表明 $Tran_{i,t}$ 起到了完全中介效应；若 c_2 依然显著，表明 $Tran_{i,t}$ 起到了部分中介效应。

表11-9报告了中介效应的检验结果。系数 b_2 显著为负，表明如前文实证研究所发现的那样，纳入沪深300指数的确会显著改善公司股价方差比，因此可以进一步进行中介效应检验。系数 a_2 即式（11-4）中 $DCSI_{i,t} \times DTreat_{i,t}$ 的系数为正，且在5%的水平上显著，表明纳入沪深300指数有助于提升公司信息透明度。系数 c_3 即式（11-5）中 $Tran_{i,t}$ 的系数显著为负，根据温忠麟等（2004）的研究，这意味着公司信息透明度起到了改善公司股价方差比的中介作用。同时，系数 c_2 即式（11-5）中 $DCSI_{i,t} \times DTreat_{i,t}$ 的系数依然显著为负，表明公司信息透明度起到的是部分中介而非完全中介效应。概括而言，表11-9的实证结果证实了公司信息透明度所起到的中介效应，再次表明纳入沪深300指数使个股受机构关注和监督程度提

升，公司信息透明度得以改善，进而反映为公司股票定价效率的提升、股价方差比的降低。

表11-9　　　　　　　　　　中介效应检验

	(1) VR	(2) Tran	(3) VR
$DCSI \times DTreat$	-0.025*** (-4.12)	0.175** (2.18)	-0.021*** (-3.04)
Tran			-0.017** (-2.31)
控制变量	Yes	Yes	Yes
行业 FE	Yes	Yes	Yes
半年度 FE	Yes	Yes	Yes
观测数	7486	8309	8046
调整后的 R^2	0.1009	0.3946	0.1146
F 值	8.04	35.16	9.59

第五节　本章小结

本章基于 A 股市场沪深 300 指数调整制度中特有的备选股制度，检验了个股入选沪深 300 指数成分股前后，与沪深 300 指数备选股股价方差比的差异变动，进而检验了这一指数调整对个股受机构投资者关注程度的外生冲击，对个股定价效率的影响。本章实证研究结果表明，入选沪深 300 指数显著降低了个股的股价方差比，且这一影响在机构持股高、媒体报道度高、分析师跟踪数多，即受市场关注度更高的个股中较弱，说明这一影响与成为成分股对个股受机构关注程度的提升边际效应存在直接关联。进一步分析表明，这一影响在内部控制或外部审计质量更低的公司中显著更强，表明这一影响还受到成分股自身治理环境的影响，符合指数调整效应导致机构投资者更加关注成分股进而更为积极地对其进行监督治理的作用机制。最后，本章通过中介效应检验程序验证了公司信息透明度对这一影响的中介作用。

本章的理论和现实意义在于，在理论层面上，本章利用沪深300指数调整这一外生事件，在克服常规研究方法潜在的内生性问题的基础上，从机构投资者的监督治理角色出发，检验了个股受机构投资者关注程度对股票定价效率的影响，有助于进一步理解机构投资者对资本市场运行效率的重要影响。在实践层面上，本章有助于深入理解机构投资者的监督治理作用的影响因素、机制和路径。本章研究进一步表明，机构投资者注意力的稀缺性可能成为其履行监督治理职能的重要约束，而在面临这一约束时，代表性股票指数的定期调整事件将引发个股受机构投资者关注和监督程度的定期波动，从而导致个股股票定价效率的变化，这些发现可为市场监管部门进一步理解股票指数调整事件的市场影响，进而采取针对性的监管措施提供实证依据。

第十二章

结论与展望

第一节 主要研究结论

　　本书基于信息时代极大丰富的市场信息与相对贫穷的投资者注意力这一矛盾的现象,从个股、行业与市场三个层面研究了投资者关注对股票市场定价的影响,主要研究结论如下。

　　第一,本书使用经本地网民数量占比调整后的、个股股票简称在百度中为本地网民搜索的比例,度量A股市场投资者的本地关注程度与股票配置本地偏差倾向,发现平均而言,A股公司在百度中为本地网民搜索的全国占比是当地网民数量全国占比的5.73倍,表明A股投资者存在显著的过度关注和过度配置本地上市公司股票的倾向。本书随后就投资者本地关注程度对A股个股风险溢价水平、股价同步性和股票定价效率的影响进行了实证检验,发现经市场、规模、价值、动量因子等已知风险因子调整后,本地关注度更高的A股公司风险溢价水平更高;本地关注度更高的A股公司股价与市场、行业以及地域组合的同步性更强,股价中的公司特质信息更少,公司为本地投资者关注程度的提高会导致股价中公司特质信息的减少;尽管A股公司的定价效率会因为受市场关注度的增加而提高,但当公司所受到的关注更多来自本地投资者时,公司股票定价效率不升反降。所有三个实证结果均更加符合投资者非理性行为偏差假说的解释，表明在 A 股市场中，投资者对本地上市公司的过度关注更可能源自其对熟悉事物的非理性偏好等行为偏差而非信息优势。

第二，本书从盈余质量、关联交易、信息披露评级和审计质量等方面构建了一个公司透明度的综合指数，并对其与公司盈余公告惯性强度的相关性进行检验，以研究公司透明度是否影响投资者对公司的关注程度，进而影响盈余公告等重大市场信息反映到公司股价中的速度。研究发现，透明度越低的公司盈余公告即时反应越弱，滞后反应越强，盈余反应滞后比率越高，盈余公告期异常交易量越低；当同一日市场有多家公司发布盈余公告时，公司相对透明度越高，其盈余惯性程度越弱，在控制信息泄露、信息含量差异、流动性、投资者情绪以及盈余管理等因素的影响后，这些发现依然稳健，表明公司透明度的高低是投资者是否关注并优先处理公司价值相关信息的重要影响因素，公司透明度通过影响投资者对公司关注程度，而非公司的信息不对称水平，影响公司盈余惯性这一错误定价现象。

第三，本书基于突出理论，检验了个股历史收益的突出程度对个股受关注程度的影响，以及这一影响与个股未来收益的关联，发现个股上月日收益率的突出程度越强，其下月的收益率越低。这一负向影响无法为短期股价反转效应所解释，且在那些以往更受关注的个股中显著更强，与注意力驱动交易理论的预期相悖，而符合突出理论的预期。最后，这一负向影响在规模小、股票非流动性高、异质波动率高、机构持股比例低和分析师覆盖度低，即更难套利的个股中显著更强，且在市场情绪高涨时更强，符合投资者因非理性给予那些更为突出的股票收益更高决策权重，从而造成个股被错误定价的理论解释。

第四，本书发现上年度于投资者关注度高时披露年报，而在本年度于投资者关注度低时披露年报的公司，在披露年报后的 52 周内有着更高的股价崩盘风险。这一效应在使用多种方式构建股价崩盘风险、加入个股固定效应、处理选择偏差等问题后，依然稳健。同时，这一效应在那些管理者或大股东披露负面消息的成本更高，或者是隐藏负面消息所面临的限制更少的公司中更强。这些结果证实，当管理者有意识地选择在投资者关注度低的时期披露年报等重要信息时，其可能的动机是为了隐藏其中的负面消息，而这一行为将为公司股价在未来崩盘埋下隐患。

第五，本书利用理论模型对投资者关注如何影响行业层面信息扩散，进而影响行业层面股票定价进行了推导，并实证检验了模型推导得到的三个假说。受到注意力约束的影响，投资者在同一时间里只能关注少数特定行业，导致行业信息只能缓慢地在市场中扩散。投资者关注度的差异造成不同个股或行业对相同行业信息的反应有快有慢，进而导致个股、行业乃至市场收益率变动的有迹可循。首先，行业信息在行业内逐步扩散，受关注度高、更早将行业信息反映在股票收益率之中的公司，会引领同行业内受关注度低的公司股票收益率，即行业内受关注度高与受关注度低的个股之间应当存在收益率的领先—滞后（Lead-Lag）效应。其次，行业信息在行业之间逐步扩散，注意力有限的投资者同一时间只能关注少数行业，对其他行业收益率信息中所蕴含的重要市场信息反应滞后，使这些行业的收益率与市场未来收益率显著相关，且其相关程度与投资者对行业的关注度成反比。最后，行业信息的逐步扩散还造成投资者对行业信息反应不足，进而诱发行业动量效应，在控制了市场、规模和价值等风险因子后，买入赢家行业、卖出输家行业的行业动量策略仍然能够获得显著的正向超额收益。

第六，本书以沪深 300 等 A 股市场代表性指数的简称在百度搜索引擎中被搜索的次数度量个人投资者对 A 股市场的整体关注程度，发现各市场指数的日内已实现波动率与个人投资者对市场指数的关注程度存在双向因果关系，投资者关注度对预测未来市场波动程度具有明显的作用，加入投资者关注度后的 GARCH 模型最多可减少 36% 的市场波动率预测误差；个人投资者在市场整体层面存在注意力驱动交易行为，其在市场中的净买入金额随其对市场关注程度的提高而提高，当市场指数创新高时，这一效应得到强化，但当市场指数创新低时对这一效应并无显著影响；个人投资者对市场的关注程度还影响其风险厌恶水平，在注意力驱动交易效应下，投资者对市场关注程度的提升带来其风险资产的增加，进而导致其风险厌恶水平的提升，但投资者的乐观情绪对这一效应有弱化作用。

第七，以公司总部所在城市的天气情况作为公司被机构调研频率的工具变量，本书研究发现机构投资者对公司的调研频率越高，即对公司关注的程度越高，公司股价在未来崩盘的风险越低，而公司的股价同步性则越高，且这一影响在深交所颁布第41号备忘录，即要求深市公司在调研结束后两个交易日内及时披露调研活动细节后显著更强。进一步分析发现，前述影响在制造业公司、信息披露质量低的公司中更强，同时，机构在调研时间的问题数量越多、问题字数越多或是管理者回答问题用到的字数越多，前述影响越强，说明这一影响与机构调研过程中挖掘到的公司价值相关信息数量显著正相关。本书研究结果表明机构投资者通过实地调研活动表达对公司的关注时，能够通过挖掘并在市场中扩散公司特质信息抑制公司管理者隐藏利空信息和利用私有信息套利的倾向，从而提高公司股票的定价效率。

第八，本书发现当特定行业出现极端收益，即发生重大信息事件时，机构投资者因分心关注这些行业而降低对其他行业公司的关注程度，导致这些行业公司的股票知情交易概率显著上升。进一步分析表明，这一分心效应仅在社保基金、保险、境外机构投资者以及专注型机构投资者等注重公司内在价值提升、积极参与公司监督治理活动的机构投资者中存在；同时，这一效应在运营费率高、内部控制质量差以及管理层持股比例低的公司，即委托代理问题严重、内外部治理环境孱弱的公司中显著更强。此外，机构投资者的分心程度与公司的信息透明度显著负向相关，验证了机构分心因改变公司信息环境而影响公司股票定价效率的路径。

第九，本书发现入选沪深300指数显著降低了个股的股价方差比，且这一影响在机构持股高、媒体报道度高、分析师跟踪数多，即受市场关注度更高的个股中较弱，说明这一影响与成为成分股对个股受机构关注程度的提升边际效应存在直接关联。进一步分析表明，这一影响在内部控制和外部审计质量更低的公司中显著更强，表明这一影响还受到成分股自身治理环境的影响，符合指数调整效应导致机构投资者更加关注成分股，进而更为积极地对其进行监督治理的作用机制。最后，中介效应检验表明公司信息透明度对这一影响存在部分中介作用。

第二节 创新与不足

本书可能在以下方面有所创新。

一 研究工具创新

投资者本地偏差倾向的度量是本地偏差领域实证研究的难点，本书基于投资者注意力配置与其资产配置的紧密关联，利用上市公司简称为本地投资者在百度中搜索的次数占全国投资者搜索总次数的比例，度量投资者对本地公司的关注程度，进而利用这一关注程度间接度量投资者资产配置的本地偏差倾向。这一度量方式的理论与实证依据坚实，数据来源规范可靠，度量指标直观易懂，度量结果吻合A股市场实际状况，能够达到有效度量A股市场投资者本地偏差倾向的目的，在严谨性、便捷性、时效性等方面较已有度量方式有一定优势，为本领域相关研究提供了可借鉴的研究工具。

二 研究视角创新

首先，本书从投资者注意力配置的地域偏好出发，研究了投资者的本地关注倾向对A股个股风险溢价水平、股价同步性和定价效率的影响。其次，本书验证了公司透明度通过影响公司受关注程度而非信息不对称程度影响公司股票定价过程的路径，为理解公司透明度对公司股票市场表现的影响提供了新的视角。再次，本书研究了投资者关注对行业与市场整体层面股票定价过程的影响。相较于以个股层面为主的已有研究，行业层面研究对比不同公司对相同行业信息反应速度的差异，更能量化投资者关注对股票定价过程的潜在影响；市场层面研究揭示投资者对市场关注程度随时间的变化，即投资者关注的跨期差异所带来的市场影响。最后，本书打破了机构投资者完全理性，同时关注所有市场信息的假设，从实地调研、外生行业信息冲击和股票指数成分股调整三个视角，探讨了面临注意力约束时，机构投资者对个股关注程度的配置策略和时变特征对股票定价效率的影响，深化了对机构投资者监督治理作用的影响因素和作用路径的认识。

三　理论研究创新

首先，本书通过理论模型，分别推导了个人投资者的注意力约束对本地股票、历史收益突出股票的非理性偏好，以及机构投资者注意力约束对其监督治理活动的作用，为从投资者关注的视角，解释个人投资者股票配置本地偏差现象、个股收益率横截面差异以及股票知情交易概率等市场现象提供了理论基础。其次，本书构建了投资者关注影响行业层面信息扩散与股票定价过程的理论模型，从投资者关注的视角，在一个统一的理论框架内，对行业内股票收益率的领先—滞后效应、行业收益对市场整体未来收益的引领效应以及行业层面股价动量效应等市场现象做出了合理解释，并在 A 股市场上得到了实证证据的支撑。由于按行业对资产分类以简化投资决策过程是投资者的重要行为特征，这一研究有助于理解 A 股市场投资者对行业层面信息的真实反应模式与 A 股市场整合吸收行业层面信息的实际过程。

由于本书研究涉及资产定价、微观结构、公司财务和会计等多个学科知识，受笔者在学术水平和研究能力等方面的限制，本书不可避免地存在研究不够深入、部分研究内容分析严谨度有待提高等不足。首先，本书以实证研究为主，在投资者关注与资产定价理论模型创新方面的内容不够深入。其次，本书分别对投资者关注在个股、行业和市场层面的影响进行研究，未能对三个层面研究形成统一的整体性研究。最后，除有限关注外，个人投资者还存在处置效应、保守主义、过度自信等非理性行为偏差，在如何区分投资者有限关注与其他行为偏差的市场影响方面，本书还存在一定的完善空间。

第三节　未来研究展望

本书从个股、行业和市场三个层面研究了投资者关注对股票定价过程的影响，对理解 A 股市场本地偏差、盈余惯性、行业动量效应、市场波动等市场现象有一定的参考意义。基于本领域已有研究情况，笔者认为，后续研究可以从以下几个方面开展。

一　投资者关注与媒体偏见

已有研究表明，媒体报道通过吸引投资者对特定信息的关注影响他们的投资行为进而影响资产价格。因此，媒体报道度也是度量个股为投资者关注程度的主要指标之一。媒体报道对投资者关注与资产价格的显著影响，引发了另一个重要的问题，即在丰富和传递市场信息的过程中，媒体自身是完全客观、理性的，还是存在主观上的偏误？Gentzkow 和 Shapiro（2006）指出，媒体会有选择性地传递信息，并将这一现象称为媒体偏见（Media Slant）。尽管媒体偏见现象很早为国外学者所注意到，但相关研究大都关注研究媒体偏见对重要竞选活动的影响（Chiang & Knight，2011；Duggan & Martinelli，2011），只有少量研究就媒体偏见对投资者关注与资产价格的可能影响进行了直接探讨。Reuter 和 Zitzewitz（2006）发现金融媒体更可能推荐曾购买其广告版面的基金公司。Gurun 和 Butler（2012）也发现，本地媒体较少报道本地上市公司的负面消息，其中一个重要原因是本地媒体的广告版面费更多地来自本地的企业。邵新建等（2015）发现，拟上市公司可以通过投入媒体公关费用来增加媒体对该公司的正面报道，为公司上市创造更好的市场环境。才国伟等（2015）发现，在再融资实施期间，企业倾向于通过与媒体合谋，释放更多的正面消息，以保证再融资顺利完成。概括来说，尽管一些学者已经注意到媒体自身偏见对信息效率、投资者关注和资产价格的影响，但在媒体偏见产生的原因、度量方法，媒体偏见对投资者关注与资产价格的具体影响路径和结果，公司管理者是否存在主动应对乃至操纵媒体偏见进而影响投资者对公司特定信息的关注和理解等方面，均存在较大的研究空间。

二 投资者关注与市场监管

投资者对市场信息的关注影响投资者解读信息的效率，现有研究已经就媒体、分析师、机构投资者等市场参与者在丰富和传递信息过程中的作用，及其对投资者关注市场信息的程度与投资决策的影响进行了研究。然而，作为市场交易规则的直接制定者，证券交易所以及证券监管部门（简称监管部门）这一重要的市场参与者对投资者的信息关注与获取过程、投资行为模式等方面的影响尚未得到足够的研究。

监管部门对市场信息的影响可以分为事前、事中和事后三个方面。首先，监管部门通过事前的市场交易、信息披露等规则制度设计，影响市场信息的形式、内容、数量以及质量。其次，监管部门通过事中的监管关注，如正式的监管问询、关注、通报等向市场发出警示性信息。最后，监管部门还可以通过事后的信息披露考评、董秘考核乃至监管处罚纠正公司发布虚假信息等违规行为。目前国内外学者，尤其是国内学者大都只对监管部门事前的制度设计对投资者行为模式与市场效率的影响进行了研究。如陈晓虹（2012）对股指期货制度、许红伟和陈欣（2012）对融资融券制度、张小成等（2012）对不同发行机制下的 ipo 抑价情况进行了研究。然而，在监管部门的事中关注和事后考核处罚方面，还较少有学者进行细致规范的学术研究。监管问询、关注乃至处罚等旨在向投资者等市场参与者传递重要的风险警示信息，理应得到投资者的高度关注，但投资者是否如监管者所期望的那样关注并吸收了这些信息？如果投资者关注了此类消息，个股及市场的定价效率是否因此得到改善？如果投资者未对此类消息给予足够重视，监管部门应如何强化投资者对此类信息的关注？现有研究对这些问题均较少涉及，尚存在较大研究空间。

三 机构投资者关注与公司决策

投资者有限关注市场的特征导致市场信息无法快速、及时地被反映到资产价格中去，造成持久、广泛和显著的错误定价现象（Da et al.，2011；Da et al.，2014；彭叠峰等，2015b）。而出于融资成本、股票薪酬、职业发展等因素考虑，上市公司及其管理者有强烈的动机利用管理决策去迎合投资者的心理或行为特征，以影响公司股票市场表现。但投资者的有限关注特征如何影响公司管理决策尚未得到充分的研究。少数研究检验了投资者关注程度与公司信息披露时机的关联，但未对个人与机构投资者的关注度及其各自影响进行区分。而二者对市场信息的关注和需求方向存在显著差异（Ben-Rephael et al.，2017），机构投资者更多关注与公司基本面相关的媒体报道、分析师报告和盈余公告等信息，而个人投资者更易为公司股票量价表现所吸引。同时，机构投资者更有能力、动机和渠道去监督上市公司的信息披露行为（谭松涛和崔小勇，2015；Appel et al.，2016），换言之，管理者更可能迎合机构投资者，而非个人投资者的市场关注。另外，在信息披露时机之外，投资者的关注程度对公司信息披露数量、质量、形式、内容，以及其他财务或运营决策存在何种影响的研究还相对缺失，这些影响会对公司信息环境和股票定价效率等造成何种后果尚不明确。因此，有必要在未来研究中以机构投资者为专门研究对象，对公司关注程度与公司信息披露策略、财务运营决策的关联及其经济后果进行深入探讨。

参考文献

才国伟、邵志浩、徐信忠：《企业和媒体存在合谋行为吗？——来自中国上市公司媒体报道的间接证据》，《管理世界》2015年第7期。

曹丰、鲁冰、李争光、徐凯：《机构投资者降低了股价崩盘风险吗？》，《会计研究》2015年第11期。

陈国进、张润泽、谢沛霖、赵向琴：《知情交易、信息不确定性与股票风险溢价》，《管理科学学报》2019年第4期。

陈国进、张贻军：《异质信念、卖空限制与我国股市的暴跌现象研究》，《金融研究》2009年第4期。

陈蓉、陈焕华、郑振龙：《动量效应的行为金融学解释》，《系统工程理论与实践》2014年第3期。

陈小林、孔东民：《机构投资者信息搜寻、公开信息透明度与私有信息套利》，《南开管理评论》2012年第1期。

陈晓虹：《沪深300股指期货上市前后股市波动的实证分析》，《管理世界》2012年第3期。

陈运森、黄健峤：《股票市场开放与企业投资效率——基于"沪港通"的准自然实验》，《金融研究》2019年第8期。

董大勇、肖作平：《证券信息交流家乡偏误及其对股票价格的影响：来自股票论坛的证据》，《管理世界》2011年第1期。

方军雄、伍琼、傅颀：《有限注意力、竞争性信息与分析师评级报告市场反应》，《金融研究》2018年第7期。

冯旭南:《注意力影响投资者的股票交易行为吗?——来自"股票交易龙虎榜"的证据》,《经济学(季刊)》2017年第1期。

冯用富、董艳、袁泽波、杨仁眉:《基于R^2的中国股市私有信息套利分析》,《经济研究》2009年第8期。

何贤杰、王孝钰、孙淑伟、朱红军:《网络新媒体信息披露的经济后果研究——基于股价同步性的视角》,《管理科学学报》2018年第6期。

侯利强、杨善林、王晓佳、陈志强:《上证综指的股指波动:基于模糊FEGARCH模型及不同分布假设的预测研究》,《中国管理科学》2015年第6期。

胡聪慧、刘玉珍、吴天琪、郑建明:《有限注意、行业信息扩散与股票收益》,《经济学(季刊)》2015年第3期。

黄俊、郭照蕊:《新闻媒体报道与资本市场定价效率——基于股价同步性的分析》,《管理世界》2014年第5期。

姜付秀、蔡欣妮、朱冰:《多个大股东与股价崩盘风险》,《会计研究》2018年第1期。

金宇超、靳庆鲁、李晓雪:《资本市场注意力总量是稀缺资源吗?》,《金融研究》2017年第10期。

孔东民、孔高文、刘莎莎:《机构投资者、流动性与信息效率》,《管理科学学报》2015年第3期。

孔东民、刘莎莎、陈小林、邢精平:《个体沟通、交易行为与信息优势:基于共同基金访问的证据》,《经济研究》2015年第11期。

李春涛、刘贝贝、周鹏、张璇:《它山之石:QFII与上市公司信息披露》,《金融研究》2018年第12期。

李春涛、薛原、惠丽丽:《社保基金持股与企业盈余质量:A股上市公司的证据》,《金融研究》2018年第7期。

李昊洋、程小可、姚立杰:《机构投资者调研抑制了公司避税行为吗?——基于信息披露水平中介效应的分析》,《会计研究》2018年第9期。

李昊洋、程小可：《投资者调研与创业板公司研发资本化选择》，《财贸研究》2018 年第 3 期。

李沁洋、许年行：《资本市场对外开放与股价崩盘风险——来自沪港通的证据》，《管理科学学报》2019 年第 8 期。

李少育：《稳健性偏好、惯性效应与中国股市的投资策略研究》，《经济学（季刊）》2013 年第 2 期。

李小晗、朱红军：《投资者有限关注与信息解读》，《金融研究》2011 年第 8 期。

郦金梁、何诚颖、廖旦、何牧原：《舆论影响力、有限关注与过度反应》，《经济研究》2018 年第 3 期。

刘博、皮天雷：《惯性策略和反转策略：来自中国沪深 A 股市场的新证据》，《金融研究》2007 年第 8 期。

刘春、孙亮：《税收征管能降低股价暴跌风险吗？》，《金融研究》2015 年第 8 期。

刘锋、叶强、李一军：《媒体关注与投资者关注对股票收益的交互作用：基于中国金融股的实证研究》，《管理科学学报》2014 年第 1 期。

刘杰、陈佳、刘力：《投资者关注与市场反应——来自中国证券交易所交易公开信息的自然实验》，《金融研究》2019 年第 11 期。

刘莉亚、金正轩、陈瑞华：《资金优势账户可以利用投资者注意力获利吗？——基于"龙虎榜"上榜股票的券商营业部账户成交数据》，《财经研究》2020 年第 6 期。

刘笑霞、李明辉：《媒体负面报道、分析师跟踪与税收激进度》，《会计研究》2018 年第 9 期。

鲁臻、邹恒甫：《中国股市的惯性与反转效应研究》，《经济研究》2007 年第 9 期。

陆蓉、谢晓飞：《凤尾变鸡头：被忽视的指数成分股交换》，《金融研究》2020 年第 6 期。

陆蓉、杨康：《有限关注与特质波动率之谜：来自行为金融学新证据》,《统计研究》2019年第6期。

陆瑶、朱玉杰、胡晓元:《机构投资者持股与上市公司违规行为的实证研究》,《南开管理评论》2012年第1期。

罗进辉、杜兴强:《媒体报道、制度环境与股价崩盘风险》,《会计研究》2014年第9期。

罗玫、宋云玲:《中国股市的业绩预告可信吗?》,《金融研究》2012年第9期。

罗琦、伍敬侗:《投资者关注与IPO首日超额收益——基于双边随机前沿分析的新视角》,《管理科学学报》2017年第9期。

梅洁、张明泽:《基金主导了机构投资者对上市公司盈余管理的治理作用?——基于内生性视角的考察》,《会计研究》2016年第4期。

潘莉、徐建国:《A股个股回报率的惯性与反转》,《金融研究》2011年第1期。

潘越、戴亦一、林超群:《信息不透明、分析师关注与个股暴跌风险》,《金融研究》2011年第9期。

彭叠峰、饶育蕾、雷湘媛:《基于注意力传染机制的股市动量与反转模型研究》,《中国管理科学》2015a年第5期。

彭叠峰、饶育蕾、雷湘媛:《有限关注、噪声交易与均衡资产价格》,《管理科学学报》2015b年第9期。

屈文洲、谢雅璐、高居先:《信息不对称、流动性与股权结构——基于深圳证券市场的实证研究》,《南开管理评论》2011年第1期。

权小锋、洪涛、吴世农:《选择性关注、鸵鸟效应与市场异象》,《金融研究》2012年第3期。

权小锋、吴世农、尹洪英:《企业社会责任与股价崩盘风险:"价值利器"或"自利工具"?》,《经济研究》2015年第11期。

权小锋、吴世农:《投资者关注、盈余公告效应与管理层公告择机》,《金融研究》2010年第11期。

饶育蕾、王建新、丁燕:《基于投资者有限注意的"应计异象"

研究——来自中国 A 股市场的经验证据》,《会计研究》2012 年第 5 期。

饶育蕾、徐莎、彭叠峰:《股价历史新高会导致股票收益异常吗?——来自中国 A 股市场的证据》,《中国管理科学》2014 年第 12 期。

邵新建、何明燕、江萍、薛熠、廖静池:《媒体公关、投资者情绪与证券发行定价》,《金融研究》2015 年第 9 期。

邵新建、王兴春、贾中正、廖静池:《投资银行—机构投资者关系、"捧场"与 IPO 中的利益问题》,《金融研究》2019 年第 11 期。

宋顺林、唐斯圆:《投资者情绪、承销商行为与 IPO 定价——基于网下机构询价数据的实证分析》,《会计研究》2016 年第 2 期。

宋献中、胡珺、李四海:《社会责任信息披露与股价崩盘风险——基于信息效应与声誉保险效应的路径分析》,《金融研究》2017 年第 4 期。

孙书娜、孙谦:《投资者关注和股市表现——基于雪球关注度的研究》,《管理科学学报》2018 年第 6 期。

孙淑伟、梁上坤、阮刚铭、付宇翔:《高管减持、信息压制与股价崩盘风险》,《金融研究》2017 年第 11 期。

谭劲松、林雨晨:《机构投资者对信息披露的治理效应——基于机构调研行为的证据》,《南开管理评论》2016 年第 5 期。

谭松涛、崔小勇、孙艳梅:《媒体报道、机构交易与股价的波动性》,《金融研究》2014 年第 3 期。

谭松涛、崔小勇:《上市公司调研能否提高分析师预测精度》,《世界经济》2015 年第 4 期。

谭伟强:《我国股市盈余公告的"周历效应"与"集中公告效应"研究》,《金融研究》2008 年第 2 期。

唐松、吴秋君、温德尔、杨斯琦:《卖空机制、股价信息含量与暴跌风险——基于融资融券交易的经验证据》,《财经研究》2016 年第 8 期。

唐松莲、胡奕明：《机构投资者关注上市公司的信息透明度吗？——基于不同类型机构投资者选股能力视角》，《管理评论》2011年第6期。

田金方、杨晓彤、薛瑞、王晨：《不确定性事件、投资者关注与股市异质特征——以COVID-19概念股为例》，《财经研究》2020年第11期。

田利辉、王可第：《社会责任信息披露的"掩饰效应"和上市公司崩盘风险——来自中国股票市场的DID-PSM分析》，《管理世界》2017年第11期。

田利辉、王冠英、谭德凯：《反转效应与资产定价：历史收益率如何影响现在》，《金融研究》2014年第10期。

王春峰、李思成、房振明：《投资者认知度、信息不对称与股价延迟》，《管理评论》2018年第11期。

王建新、饶育蕾、彭叠峰：《什么导致了股票收益的"媒体效应"：预期关注还是未预期关注？》，《系统工程理论与实践》2015年第1期。

王磊、孔东民：《盈余信息、个人投资者关注与股票价格》，《财经研究》2014年第11期。

王磊、叶志强、孔东民、张顺明：《投资者关注与盈余公告周一效应》，《金融研究》2012年第11期。

王宇哲、赵静：《"用钱投票"：公众环境关注度对不同产业资产价格的影响》，《管理世界》2018年第9期。

温忠麟、张雷、侯杰泰、刘红云：《中介效应检验程序及其应用》，《心理学报》2004年第5期。

文凤华、龚旭、黄创霞、陈晓红、杨晓光：《股市信息流对收益率及其波动的影响研究》，《管理科学学报》2013年第11期。

肖斌卿、彭毅、方立兵：《上市公司调研对投资决策有用吗？基于分析师调研报告的实证研究》，《南开管理评论》2017年第1期。

肖欣荣、马梦璇：《信息共享还是利益冲突？——基于买方单独调研与买卖双方联合调研的实证检验》,《金融研究》2019年第8期。

辛清泉、孔东民、郝颖:《公司透明度与股价波动性》,《金融研究》2014年第10期。

徐浩峰、侯宇:《信息透明度与散户的交易选择——基于深圳交易所上市公司的实证研究》,《金融研究》2012年第3期。

徐浩萍、杨国超:《股票市场投资者情绪的跨市场效应——对债券融资成本影响的研究》,《财经研究》2013年第2期。

许红伟、陈欣:《我国推出融资融券交易促进了标的股票的定价效率吗?——基于双重差分模型的实证研究》,《管理世界》2012年第5期。

许年行、于上尧、伊志宏:《机构投资者羊群行为与股价崩盘风险》,《管理世界》2013年第7期。

杨德明、林斌:《信息泄漏、处置效应与盈余惯性》,《管理科学学报》2009年第5期。

杨洁、詹文杰、刘睿智:《媒体报道、机构持股与股价波动非同步性》,《管理评论》2016年第12期。

杨涛、郭萌萌:《投资者关注度与股票市场——以PM2.5概念股为例》,《金融研究》2019年第5期。

杨晓兰、沈翰彬、祝宇:《本地偏好、投资者情绪与股票收益率:来自网络论坛的经验证据》,《金融研究》2016年第12期。

叶康涛、曹丰、王化成:《内部控制信息披露能够降低股价崩盘风险吗?》,《金融研究》2015年第2期。

叶康涛、刘芳、李帆:《股指成份股调整与股价崩盘风险:基于一项准自然实验的证据》,《金融研究》2018年第3期。

伊志宏、李艳丽:《机构投资者的公司治理角色:一个文献综述》,《管理评论》2013年第5期。

易志高、茅宁:《中国股市投资者情绪测量研究:CICSI的构建》,《金融研究》2009年第11期。

余峰燕、郝项超、梁琪:《媒体重复信息行为影响了资产价格么?》,

《金融研究》2012 年第 10 期。

俞庆进、张兵：《投资者有限关注与股票收益——以百度指数作为关注度的一项实证研究》，《金融研究》2012 年第 8 期。

袁知柱、王泽燊、郝文瀚：《机构投资者持股与企业应计盈余管理和真实盈余管理行为选择》，《管理科学》2014 年第 5 期。

[美] 詹姆斯·迈天：《生存之路：计算机技术引发的全新经营革命》，李东贤等译，清华大学出版社 1997 年版。

张继德、廖微、张荣武：《普通投资者关注对股市交易的量价影响——基于百度指数的实证研究》，《会计研究》2014 年第 8 期。

张圣平、于丽峰、李怡宗、陈欣怡：《媒体报道与中国 A 股市场盈余惯性——投资者有限注意的视角》，《金融研究》2014 年第 7 期。

张小成、黄少安、周永生：《不同发行机制下 IPO 抑价比较研究》，《中国管理科学》2012 年第 6 期。

张谊浩、李元、苏中锋、张泽林：《网络搜索能预测股票市场吗？》，《金融研究》2014 年第 2 期。

赵龙凯、陆子昱、王致远：《众里寻"股"千百度——股票收益率与百度搜索量关系的实证探究》，《金融研究》2013 年第 4 期。

郑振龙、孙清泉：《彩票类股票交易行为分析：来自中国 A 股市场的证据》，《经济研究》2013 年第 5 期。

周开国、应千伟、陈晓娴：《媒体关注度、分析师关注度与盈余预测准确度》，《金融研究》2014 年第 2 期。

朱红兵、张兵：《价值性投资还是博彩性投机？——中国 A 股市场的 MAX 异象研究》，《金融研究》2020 年第 2 期。

宗计川、李纪阳、戴芸：《慕"名"而来的投资偏误——有限关注视角下的实证检验》，《管理科学学报》2020 年第 7 期。

Aboody, D., Lehavy, R., Trueman, B., "Limited Attention and the Earnings Announcement Returns of Past Stock Market Winners", *Review of Accounting Studies*, Vol. 15, No. 2, 2010.

Aggarwal, R., Erel, I., Ferreira, M., Matos, P., "Does Governance Travel around the World? Evidence from Institutional Investors", *Journal of Financial Economics*, Vol. 100, No. 1, 2011.

Alok, S., Kumar, N., Wermers, R., "Do Fund Managers Misestimate Climatic Disaster Risk?", *Review of Financial Studies*, Vol. 33, No. 3, 2020.

Aman, H., "An Analysis of the Impact of Media Coverage on Stock Price Crashes and Jumps: Evidence from Japan", *Pacific-Basin Finance Journal*, Vol. 24, No. 4, 2013.

An, H., Zhang, T., "Stock Price Synchronicity, Crash Risk, and Institutional Investors", *Journal of Corporate Finance*, Vol. 21, No. 3, 2013.

Andrei, D., Hasler, M., "Investor Attention and Stock Market Volatility", *Review of Financial Studies*, Vol. 28, No. 1, 2015.

Andreou, P. C., Antoniou, C., Horton, J., Louca, C., "Corporate Governance and Firm-Specific Stock Price Crashes", *European Financial Management*, Vol. 22, No. 5, 2016.

Andreou, P. C., Louca, C., Petrou, A. P., "CEO Age and Stock Price Crash Risk", *Review of Finance*, Vol. 21, No. 3, 2017.

Ang, J. S., Cole, R. A., Lin, J. W., "Agency Costs and Ownership Structure", *Journal of Finance*, Vol. 55, No. 1, 2000.

Antoniou, C., Doukas, J. A., Subrahmanyam, A., "Investor Sentiment, Beta, and the Cost of Equity Capital", *Management Science*, Vol. 62, No. 2, 2016.

Aouadi, A., Arouri, M., Teulon, F., "Investor Attention and Stock Market Activity: Evidence from France", *Economic Modelling*, Vol. 35, 2013.

Appel, I. R., Gormley, T. A., Keim, D. B., "Passive Investors, Not Passive Owners", *Journal of Financial Economics*, Vol. 121, No. 1, 2016.

Asness, C. S. , Moskowitz, T. J. , Pedersen, L. H. , "Value and Momentum Everywhere", *Journal of Finance*, Vol. 68, No. 3, 2013.

Baker, M. , Wurgler, J. , *Behavioral Corporate Finance: A Current Survey. Handbook of Economics of Finance*, Amsterdam: Elsevier Press, 2012.

Baker, M. , Wurgler, J. , "Investor Sentiment and the Cross-Section of Stock Returns", *Journal of Finance*, Vol. 61, No. 4, 2006.

Bakshi, G. , Madan, D. , "A Theory of Volatility Spreads", *Management Science*, Vol. 52, No. 12, 2006.

Bali, T. G. , Cakici, N. , Whitelaw, R. F. , "Maxing Out: Stocks as Lotteries and the Cross-Section of Expected Returns", *Journal of Financial Economics*, Vol. 99, No. 2, 2011.

Barber, B. M. , Odean, T. , "All That Glitters: The Effect of Attention and News on the Buying Behavior of Individual and Institutional Investors", *Review of Financial Studies*, Vol. 21, No. 2, 2008.

Barberis, N. , Mukherjee, A. , Wang, B. , "Prospect Theory and Stock Returns: An Empirical Test", *Review of Financial Studies*, Vol. 29, No. 11, 2016.

Barberis, N. , Shleifer, A. , Vishny, R. , "A Model of Investor Sentiment", *Journal of Financial Economics*, Vol. 49, No. 3, 1998.

Barberis, N. , Shleifer, A. , "Style Investing", *Journal of Financial Economics*, Vol. 68, No. 2, 2003.

Barinov, A. , Park, S. S. , Yildizhan, C. , "Firm Complexity and Post Earnings Announcement Drift", https://ssrn.com/abstrcut=2360338, September 23, 2020.

Basu, S. , Markov, S. , Shivakumar, L. , "Inflation, Earnings Forecasts, and Post-Earnings Announcement Drift", *Review of Accounting Studies*, Vol. 15, No. 2, 2010.

Becker, B. , Ivkovic, Z. , Weisbenner, S. , "Local Dividend Clienteles", *Journal of Finance*, Vol. 66, No. 2, 2011.

Benmelech, E., Kandel, E., Veronesi, P., "Stock-Based Compensation and CEO(Dis)Incentives", *Quarterly Journal of Economics*, Vol. 125, No. 4, 2010.

Ben-Rephael, A., Da, Z., Israelsen, R. D., "It Depends on Where You Search: Institutional Investor Attention and Underreaction to News", *Review of Financial Studies*, Vol. 30, No. 9, 2017.

Bernile, G., Kumar, A., Sulaeman, J., "Home away from Home: Geography of Information and Local Investors", *Review of Financial Studies*, Vol. 28, No. 7, 2015.

Bernile, G., Hu, J. F., Tang, Y. H., "Can Information Be Locked up? Informed Trading ahead of Macro-News Announcements", *Journal of Financial Economics*, Vol. 121, No. 3, 2016.

Bird, A., Karolyi, S. A., "Do Institutional Investors Demand Public Disclosure?", *Review of Financial Studies*, Vol. 29, No. 12, 2016.

Bollerslev, T., Gibson, M., Zhou, H., "Dynamic Estimation of Volatility Risk Premia and Investor Risk Aversion from Option-Implied and Realized Volatilities", *Journal of Econometrics*, Vol. 160, No. 1, 2011.

Bollerslev, T., Tauchen, G., Zhou, H., "Expected Stock Returns and Variance Risk Premia", *Review of Financial Studies*, Vol. 22, No. 11, 2009.

Boone, A. L., White, J. T., "The Effect of Institutional Ownership on Firm Transparency and Information Production", *Journal of Financial Economics*, Vol. 117, No. 3, 2015.

Bordalo, P., Gennaioli, N., Shleifer, A., "Memory, Attention, and Choice", *Quarterly Journal of Economics*, Vol. 135, No. 3, 2020.

Bordalo, P., Gennaioli, N., Shleifer, A., "Salience and Asset Prices", *American Economic Review*, Vol. 103, No. 3, 2013a.

Bordalo, P., Gennaioli, N., Shleifer, A., "Salience and Consumer

Choice", *Journal of Political Economy*, Vol. 121, No. 5, 2013b.

Bordalo, P., Gennaioli, N., Shleifer, A., "Salience Theory of Choice under Risk", *Quarterly Journal of Economics*, Vol. 127, No. 3, 2012.

Bordalo, P., Gennaioli, N., Shleifer, A., "Salience Theory of Judicial Decisions", *Journal of Legal Studies*, Vol. 44, No. S1, 2015.

Boulland, R., Degeorge, F., Ginglinger, E., "News Dissemination and Investor Attention", *Review of Finance*, Vol. 21, No. 2, 2017.

Bowen, R. M., Dutta, S., Tang, S. L., Zhu, P. C., "Inside the 'Black Box' of Private In-House Meetings", *Review of Accounting Studies*, Vol. 23, No. 2, 2018.

Brandt, M. W., Brav, A., Graham, J. R., Kumar, A., "The Idiosyncratic Volatility Puzzle: Time Trend or Speculative Episodes?", *Review of Financial Studies*, Vol. 23, No. 2, 2010.

Brown, L. D., Call, A. C., Clement, M. B., Sharp, N. Y., "Inside the 'Black Box' of Sell-Side Financial Analysts", *Journal of Accounting Research*, Vol. 53, No. 1, 2015.

Bushee, B. J., Jung, M. J., Miller, G. S., "Do Investors Benefit from Selective Access to Management?", *Journal of Financial Reporting*, Vol. 2, No. 1, 2017.

Bushee, B. J., "The Influence of Institutional Investors on Myopic R&D Investment Behavior", *Accounting Review*, Vol. 73, No. 3, 1998.

Bushman, R. M., "Thoughts on Financial Accounting and the Banking Industry", *Journal of Accounting & Economics*, Vol. 58, No. 2–3, 2014.

Cai, J., "What's in the News? Information Content of S&P 500 Additions", *Financial Management*, Vol. 36, No. 3, 2007.

Callen, J. L., Fang, X. H., "Crash Risk and the Auditor-Client Relationship", *Contemporary Accounting Research*, Vol. 34, No. 3, 2017.

Callen, J. L., Fang, X. H., "Institutional Investor Stability and Crash Risk: Monitoring Versus Short-Termism?", *Journal of Banking & Finance*, Vol. 37, No. 8, 2013.

Callen, J. L., Fang, X. H., "Religion and Stock Price Crash Risk", *Journal of Financial and Quantitative Analysis*, Vol. 50, No. 1 – 2, 2015a.

Callen, J. L., Fang, X. H., "Short Interest and Stock Price Crash Risk", *Journal of Banking & Finance*, Vol. 60, No. 11, 2015b.

Campbell, J. Y., Hentschel, L., "No News Is Good News: An Asymmetric Model of Changing Volatility in Stock Returns", *Journal of Financial Economics*, Vol. 31, No. 3, 1992.

Campbell, T. C., Gallmeyer, M., Johnson, S. A., Rutherford, J., Stanley, B. W., "CEO Optimism and Forced Turnover", *Journal of Financial Economics*, Vol. 101, No. 3, 2011.

Cao, H. H., Coval, J. D., Hirshleifer, D., "Sidelined Investors, Trading-Generated News, and Security Returns", *Review of Financial Studies*, Vol. 15, No. 2, 2002.

Cattaneo, M. D., Ma, X. W., Masatlioglu, Y., Suleymanov, E., "A Random Attention Model", *Journal of Political Economy*, Vol. 128, No. 7, 2020.

Cen, L., Chan, K., Dasgupta, S., Gao, N., "When the Tail Wags the Dog: Industry Leaders, Limited Attention, and Spurious Cross-Industry Information Diffusion", *Management Science*, Vol. 59, No. 11, 2013.

Chan, K. N., Chen, H. K., Hu, S. Y., Liu, Y. J., "Share Pledges and Margin Call Pressure", *Journal of Corporate Finance*, Vol. 52, 2018.

Chang, X., Chen, Y. Y., Zolotoy, L., "Stock Liquidity and Stock Price Crash Risk", *Journal of Financial and Quantitative Analysis*,

Vol. 52, No. 4, 2017.

Chang, Y. C., Hong, H., Liskovich, I., "Regression Discontinuity and the Price Effects of Stock Market Indexing", *Review of Financial Studies*, Vol. 28, No. 1, 2015.

Chattopadhyay, A., Shaffer, M. D., Wang, C. C. Y., "Governance through Shame and Aspiration: Index Creation and Corporate Behavior", *Journal of Financial Economics*, Vol. 135, No. 3, 2020.

Che, Y. K., Mierendorff, K., "Optimal Dynamic Allocation of Attention", *American Economic Review*, Vol. 109, No. 8, 2019.

Chen, J., Chan, K. C., Dong, W., Zhang, F., "Internal Control and Stock Price Crash Risk: Evidence from China", *European Accounting Review*, Vol. 26, No. 1, 2017.

Chen, J., Hong, H., Stein, J. C., "Forecasting Crashes: Trading Volume, Past Returns, and Conditional Skewness in Stock Prices", *Journal of Financial Economics*, Vol. 61, No. 3, 2001.

Chen, L., Kok, A. G., Tong, J. D., "The Effect of Payment Schemes on Inventory Decisions: The Role of Mental Accounting", *Management Science*, Vol. 59, No. 2, 2013.

Chen, T., Dong, H., Lin, C., "Institutional Shareholders and Corporate Social Responsibility", *Journal of Financial Economics*, Vol. 135, No. 2, 2020.

Cheng, L. Y., Yan, Z. P., Zhao, Y., Gao, L. M., "Investor Inattention and Under-Reaction to Repurchase Announcements", *Journal of Behavioral Finance*, Vol. 16, No. 3, 2015.

Cheng, Q., Du, F., Wang, B. Y. T., Wang, X., "Do Corporate Site Visits Impact Stock Prices?", *Contemporary Accounting Research*, Vol. 36, No. 1, 2019.

Cheng, Q., Du, F., Wang, X., Wang, Y. T., "Seeing Is Believing: Analysts' Corporate Site Visits", *Review of Accounting Studies*, Vol. 21,

No. 4, 2016a.

Cheng, Q., Lee, J., Shevlin, T., "Internal Governance and Real Earnings Management", *Accounting Review*, Vol. 91, No. 4, 2016b.

Chetty, R., Looney, A., Kroft, K., "Salience and Taxation: Theory and Evidence", *American Economic Review*, Vol. 99, No. 4, 2009.

Chhaochharia, V., Kumar, A., Niessen-Ruenzi, A., "Local Investors and Corporate Governance", *Journal of Accounting & Economics*, Vol. 54, No. 1, 2012.

Chiang, C. F., Knight, B., "Media Bias and Influence: Evidence from Newspaper Endorsements", *Review of Economic Studies*, Vol. 78, No. 3, 2011.

Christie, A. A., "The Stochastic-Behavior of Common-Stock Variances-Value, Leverage and Interest-Rate Effects", *Journal of Financial Economics*, Vol. 10, No. 4, 1982.

Cohen, L., Frazzini, A., "Economic Links and Predictable Returns", *Journal of Finance*, Vol. 63, No. 4, 2008.

Cohen, L., Lou, D., "Complicated Firms", *Journal of Financial Economics*, Vol. 104, No. 2, 2012.

Conrad, J., Dittmar, R. F., Ghysels, E., "Ex Ante Skewness and Expected Stock Returns", *Journal of Finance*, Vol. 68, No. 1, 2013.

Cooper, M. J., Dimitrov, O., Rau, P. R., "A Rose.com by Any Other Name", *Journal of Finance*, Vol. 56, No. 6, 2001.

Cooper, M. J., Gulen, H., Rau, P. R., "Changing Names with Style: Mutual Fund Name Changes and Their Effects on Fund Flows", *Journal of Finance*, Vol. 60, No. 6, 2005.

Corwin, S. A., Coughenour, J. F., "Limited Attention and the Allocation of Effort in Securities Trading", *Journal of Finance*, Vol. 63, No. 6, 2008.

Cosemans, M., Frehen, R., "Salience Theory and Stock Prices:

Empirical Evidence", *Journal of Financial Economics*, Vol. 140, No. 2, 2021.

Coval, J. D., Moskowitz, T. J., "Home Bias at Home: Local Equity Preference in Domestic Portfolios", *Journal of Finance*, Vol. 54, No. 6, 1999.

Coval, J. D., Moskowitz, T. J., "The Geography of Investment: Informed Trading and Asset Prices", *Journal of Political Economy*, Vol. 109, No. 4, 2001.

Crane, A. D., Michenaud, S., Weston, J. P., "The Effect of Institutional Ownership on Payout Policy: Evidence from Index Thresholds", *Review of Financial Studies*, Vol. 29, No. 6, 2016.

Da, Z., Engelberg, J., Gao, P. J., "In Search of Attention", *Journal of Finance*, Vol. 66, No. 5, 2011.

Da, Z., Engelberg, J., Gao, P. J., "The Sum of All Fears Investor Sentiment and Asset Prices", *Review of Financial Studies*, Vol. 28, No. 1, 2015.

Da, Z., Gurun, U. G., Warachka, M., "Frog in the Pan: Continuous Information and Momentum", *Review of Financial Studies*, Vol. 27, No. 7, 2014.

Da, Z., Huang, X., Jin, L. J., "Extrapolative Beliefs in the Cross-Section: What Can We Learn from the Crowds?", *Journal of Financial Economics*, Vol. 140, No. 1, 2021.

Dai, L. L., Parwada, J. T., Zhang, B. H., "The Governance Effect of the Media's News Dissemination Role: Evidence from Insider Trading", *Journal of Accounting Research*, Vol. 53, No. 2, 2015.

Damodaran, A., "The Weekend Effect in Information Releases: A Study of Earnings and Dividend Announcements", *Review of Financial Studies*, Vol. 2, No. 4, 1989.

Daniel, K., Hirshleifer, D., Subrahmanyam, A., "Investor Psychology and Security Market Under-and Overreactions", *Journal of Finance*, Vol. 53, No. 6, 1998.

Daniel, K., Hirshleifer, D., Teoh, S. H., "Investor Psychology in Capital Markets: Evidence and Policy Implications", *Journal of Monetary Economics*, Vol. 49, No. 1, 2002.

Debondt, W. F. M., Thaler, R., "Does the Stock-Market Overreact", *Journal of Finance*, Vol. 40, No. 3, 1985.

Dechow, P. M., Dichev, I. D., "The Quality of Accruals and Earnings: The Role of Accrual Estimation Errors", *Accounting Review*, Vol. 77, 2002.

DeFond, M. L., Hung, M. Y., Li, S. Q., Li, Y. H., "Does Mandatory IFRS Adoption Affect Crash Risk?", *Accounting Review*, Vol. 90, No. 1, 2015.

deHaan, E., Shevlin, T., Thornock, J., "Market(In) Attention and the Strategic Scheduling and Timing of Earnings Announcements", *Journal of Accounting & Economics*, Vol. 60, No. 1, 2015.

Dellavigna, S., Pollet, J. M., "Investor Inattention and Friday Earnings Announcements", *Journal of Finance*, Vol. 64, No. 2, 2009.

Demarzo, P. M., Kaniel, R., Kremer, I., "Diversification as a Public Good: Community Effects in Portfolio Choice", *Journal of Finance*, Vol. 59, No. 4, 2004.

Denis, D. K., McConnell, J. J., Ovtchinnikov, A. V., Yu, Y., "S&P 500 Index Additions and Earnings Expectations", *Journal of Finance*, Vol. 58, No. 5, 2003.

Dessaint, O., Matray, A., "Do Managers Overreact to Salient Risks? Evidence from Hurricane Strikes", *Journal of Financial Economics*, Vol. 126, No. 1, 2017.

Dong, Y., Ni, C. K., "Does Limited Attention Constrain Investors' Acquisition of Firm-Specific Information?", *Journal of Business Finance &*

Accounting, Vol. 41, No. 9 – 10, 2014.

Doyle, J. T., Magilke, M. J., "The Timing of Earnings Announcements: An Examination of the Strategic Disclosure Hypothesis", *Accounting Review*, Vol. 84, No. 1, 2009.

Drake, M. S., Jennings, J., Roulstone, D. T., Thornock, J. R., "The Comovement of Investor Attention", *Management Science*, Vol. 63, No. 9, 2017.

Duggan, J., Martinelli, C., "A Spatial Theory of Media Slant and Voter Choice", *Review of Economic Studies*, Vol. 78, No. 2, 2011.

Easley, D., De Prado, M. M. L., O'Hara, M., "Flow Toxicity and Liquidity in a High-Frequency World", *Review of Financial Studies*, Vol. 25, No. 5, 2012.

Easley, D., Kiefer, N. M., OHara, M., Paperman, J. B., "Liquidity, Information, and Infrequently Traded Stocks", *Journal of Finance*, Vol. 51, No. 4, 1996.

Engelberg, J. E., Parsons, C. A., "The Causal Impact of Media in Financial Markets", *Journal of Finance*, Vol. 66, No. 1, 2011.

Ertugrul, M., Lei, J., Qiu, J. P., Wan, C., "Annual Report Readability, Tone Ambiguity, and the Cost of Borrowing", *Journal of Financial and Quantitative Analysis*, Vol. 52, No. 2, 2017.

Fama, E. F., French, K. R., "A Five-Factor Asset Pricing Model", *Journal of Financial Economics*, Vol. 116, No. 1, 2015.

Fama, E. F., French, K. R., "International Tests of a Five-Factor Asset Pricing Model", *Journal of Financial Economics*, Vol. 123, No. 3, 2017.

Fama, E. F., French, K. R., "Size, Value, and Momentum in International Stock Returns", *Journal of Financial Economics*, Vol. 105, No. 3, 2012.

Fama, E. F., "Market Efficiency, Long-Term Returns, and Behavioral

Finance", *Journal of Financial Economics*, Vol. 49, No. 3, 1998.

Fang, L., Peress, J., "Media Coverage and the Cross-Section of Stock Returns", *Journal of Finance*, Vol. 64, No. 5, 2009.

Fang, L. H., Peress, J., Zheng, L., "Does Media Coverage of Stocks Affect Mutual Funds' Trading and Performance?", *Review of Financial Studies*, Vol. 27, No. 12, 2014.

Feng, L., Seasholes, M. S., "Correlated Trading and Location", *Journal of Finance*, Vol. 59, No. 5, 2004.

Firth, M., Wang, K., Wong, S. M. L., "Corporate Transparency and the Impact of Investor Sentiment on Stock Prices", *Management Science*, Vol. 61, No. 7, 2015.

Fracassi, C., Tate, G., "External Networking and Internal Firm Governance", *Journal of Finance*, Vol. 67, No. 1, 2012.

Francis, B., Hasan, I., Li, L. X., "Abnormal Real Operations, Real Earnings Management, and Subsequent Crashes in Stock Prices", *Review of Quantitative Finance and Accounting*, Vol. 46, No. 2, 2016.

Francis, J. R., Michas, P. N., "The Contagion Effect of Low-Quality Audits", *Accounting Review*, Vol. 88, No. 2, 2013.

Frederickson, J. R., Zolotoy, L., "Competing Earnings Announcements: Which Announcement Do Investors Process First?", *Accounting Review*, Vol. 91, No. 2, 2016.

French, K. R., Poterba, J. M., "Investor Diversification and International Equity Markets", *American Economic Review*, Vol. 81, No. 2, 1991.

Frydman, C., Wang, B. L., "The Impact of Salience on Investor Behavior: Evidence from a Natural Experiment", *Journal of Finance*, Vol. 75, No. 1, 2020.

Gabaix, X., "Variable Rare Disasters: An Exactly Solved Framework for Ten Puzzles in Macro-Finance", *Quarterly Journal of Economics*,

Vol. 127, No. 2, 2012.

Garcia, D. , Norli, O. , "Geographic Dispersion and Stock Returns", *Journal of Financial Economics*, Vol. 106, No. 3, 2012.

Garcia, D. , Strobl, G. , "Relative Wealth Concerns and Complementarities in Information Acquisition", *Review of Financial Studies*, Vol. 24, No. 1, 2011.

Gargano, A. , Rossi, A. G. , "Does It Pay to Pay Attention?", *Review of Financial Studies*, Vol. 31, No. 12, 2018.

Gennotte, G. , Trueman, B. , "The Strategic Timing of Corporate Disclosures", *Review of Financial Studies*, Vol. 9, No. 2, 1996.

Gentzkow, M. , Shapiro, J. M. , "Media Bias and Reputation", *Journal of Political Economy*, Vol. 114, No. 2, 2006.

Goddard, J. , Kita, A. , Wang, Q. W. , "Investor Attention and FX Market Volatility", *Journal of International Financial Markets Institutions & Money*, Vol. 38, 2015.

Goh, B. W. , Li, D. , "Internal Controls and Conditional Conservatism", *Accounting Review*, Vol. 86, No. 3, 2011.

Graham, J. R. , Harvey, C. R. , Huang, H. , "Investor Competence, Trading Frequency, and Home Bias", *Management Science*, Vol. 55, No. 7, 2009.

Greenwood, R. , Shleifer, A. , "Expectations of Returns and Expected Returns", *Review of Financial Studies*, Vol. 27, No. 3, 2014.

Grinblatt, M. , Han, B. , "Prospect Theory, Mental Accounting, and Momentum", *Journal of Financial Economics*, Vol. 78, No. 2, 2005.

Grinblatt, M. , Keloharju, M. , "How Distance, Language, and Culture Influence Stockholdings and Trades", *Journal of Finance*, Vol. 56, No. 3, 2001.

Gul, F. A. , Kim, J. B. , Qiu, A. A. , "Ownership Concentration, Foreign Shareholding, Audit Quality, and Stock Price Synchronicity: Evidence from China", *Journal of Financial Economics*, Vol. 95, No. 3, 2010.

Gul, F. A., Srinidhi, B., Ng, A. C., "Does Board Gender Diversity Improve the Informativeness of Stock Prices?", *Journal of Accounting & Economics*, Vol. 51, No. 3, 2011.

Gurun, U. G., Butler, A. W., "Don't Believe the Hype: Local Media Slant, Local Advertising, and Firm Value", *Journal of Finance*, Vol. 67, No. 2, 2012.

Han, B., Kong, D. M., Liu, S. S., "Do Analysts Gain an Informational Advantage by Visiting Listed Companies?", *Contemporary Accounting Research*, Vol. 35, No. 4, 2018.

Harris, L., Gurel, E., "Price and Volume Effects Associated with Changes in the Standard-and-Poor-500 List-New Evidence for the Existence of Price Pressures", *Journal of Finance*, Vol. 41, No. 4, 1986.

Harvey, C. R., Siddique, A., "Conditional Skewness in Asset Pricing Tests", *Journal of Finance*, Vol. 55, No. 3, 2000.

He, G. M., "The Effect of CEO inside Debt Holdings on Financial Reporting Quality", *Review of Accounting Studies*, Vol. 20, No. 1, 2015.

He, W., Luo, J. H., "Agency Problems in Firms with an Even Number of Directors: Evidence from China", *Journal of Banking & Finance*, Vol. 93, 2018.

Hillert, A., Jacobs, H., Muller, S., "Media Makes Momentum", *Review of Financial Studies*, Vol. 27, No. 12, 2014.

Hirshleifer, D., Lim, S. S., Teoh, S. H., "Driven to Distraction: Extraneous Events and Underreaction to Earnings News", *Journal of Finance*, Vol. 64, No. 5, 2009.

Hirshleifer, D., Teoh, S. H., "Limited Attention, Information Disclosure, and Financial Reporting", *Journal of Accounting & Economics*, Vol. 36, No. 1 – 3, 2003.

Hobson, J. L., Mayew, W. J., Venkatachalam, M., "Analyzing Speech to Detect Financial Misreporting", *Journal of Accounting Research*, Vol. 50, No. 2, 2012.

Hong, H., Lim, T., Stein, J. C., "Bad News Travels Slowly: Size, Analyst Coverage, and the Profitability of Momentum Strategies", *Journal of Finance*, Vol. 55, No. 1, 2000.

Hong, H., Stein, J. C., "Differences of Opinion, Short-Sales Constraints, and Market Crashes", *Review of Financial Studies*, Vol. 16, No. 2, 2003.

Hong, H., Torous, W., Valkanov, R., "Do Industries Lead Stock Markets?", *Journal of Financial Economics*, Vol. 83, No. 2, 2007.

Hong, X., Zhuang, Z., Kang, D., Wang, Z. B., "Do Corporate Site Visits Impact Hedge Fund Performance?", *Pacific-Basin Finance Journal*, Vol. 56, 2019.

Hou, K., Xiong, W., Peng, L., "A Tale of Two Anomalies: The Implications of Investor Attention for Price and Earnings Momentum", https://ssrn.com/abstract=976394, 2009.

Hou, K. W., Moskowitz, T. J., "Market Frictions, Price Delay, and the Cross-Section of Expected Returns", *Review of Financial Studies*, Vol. 18, No. 3, 2005.

Hou, K. W., "Industry Information Diffusion and the Lead-Lag Effect in Stock Returns", *Review of Financial Studies*, Vol. 20, No. 4, 2007.

Huang, L., Liu, H., "Rational Inattention and Portfolio Selection", *Journal of Finance*, Vol. 62, No. 4, 2007.

Huang, S. Y., Huang, Y. L., Lin, S. C., "Attention Allocation and Return Co-Movement: Evidence from Repeated Natural Experiments", *Journal of Financial Economics*, Vol. 132, No. 2, 2019.

Huang, X., Nekrasov, A., Teoh, S. H., "Headline Salience, Managerial Opportunism, and Over-and Underreactions to Earnings", *Ac-*

counting *Review*, Vol. 93, No. 6, 2018.

Huang, Y. Q., Qiu, H. Y., Wu, Z. G., "Local Bias in Investor Attention: Evidence from China's Internet Stock Message Boards", *Journal of Empirical Finance*, Vol. 38, 2016.

Huberman, G., Regev, T., "Contagious Speculation and a Cure for Cancer: A Nonevent That Made Stock Prices Soar", *Journal of Finance*, Vol. 56, No. 1, 2001.

Huberman, G., "Familiarity Breeds Investment", *Review of Financial Studies*, Vol. 14, No. 3, 2001.

Huddart, S., Lang, M., Yetman, M. H., "Volume and Price Patterns around a Stock's 52 − Week Highs and Lows: Theory and Evidence", *Management Science*, Vol. 55, No. 1, 2009.

Hung, M. Y., Li, X., Wang, S. H., "Post-Earnings-Announcement Drift in Global Markets: Evidence from an Information Shock", *Review of Financial Studies*, Vol. 28, No. 4, 2015.

Hutton, A. P., Marcus, A. J., Tehranian, H., "Opaque Financial Reports, R-2, and Crash Risk", *Journal of Financial Economics*, Vol. 94, No. 1, 2009.

Irani, R. M., Oesch, D., "Analyst Coverage and Real Earnings Management: Quasi-Experimental Evidence", *Journal of Financial and Quantitative Analysis*, Vol. 51, No. 2, 2016.

Ivkovic, Z., Weisbenner, S., "Information Diffusion Effects in Individual Investors' Common Stock Purchases: Covet Thy Neighbors' Investment Choices", *Review of Financial Studies*, Vol. 20, No. 4, 2007.

Ivkovic, Z., Weisbenner, S., "Local Does as Local Is: Information Content of the Geography of Individual Investors' Common Stock Investments", *Journal of Finance*, Vol. 60, No. 1, 2005.

Jacobs, H., Weber, M., "The Trading Volume Impact of Local Bias: Evidence from a Natural Experiment", *Review of Finance*, Vol. 16,

No. 4, 2012.

Jegadeesh, N., Titman, S., "Returns to Buying Winners and Selling Losers: Implications for Stock Market Efficiency", *Journal of Finance*, Vol. 48, No. 1, 1993.

Jiang, G. H., Rao, P. G., Yue, H., "Tunneling through Non-Operational Fund Occupancy: An Investigation Based on Officially Identified Activities", *Journal of Corporate Finance*, Vol. 32, 2015.

Jiang, X. Y., Yuan, Q. B., "Institutional Investors' Corporate Site Visits and Corporate Innovation", *Journal of Corporate Finance*, Vol. 48, No. 1, 2018.

Jin, L., Myers, S. C., "R−2 around the World: New Theory and New Tests", *Journal of Financial Economics*, Vol. 79, No. 2, 2006.

Kacperczyk, M., Van Nieuwerburgh, S., Veldkamp, L., "A Rational Theory of Mutual Funds' Attention Allocation", *Econometrica*, Vol. 84, No. 2, 2016.

Kahneman, D., *Attention and Effort*, Englewcal Clitts, NJ: Prentive Hall, 1973.

Kaniel, R., Parham, R., "WSJ Category Kings: The Impact of Media Attention on Consumer and Mutual Fund Investment Decisions", *Journal of Financial Economics*, Vol. 123, No. 2, 2017.

Karlsson, A., Norden, L., "Home Sweet Home: Home Bias and International Diversification among Individual Investors", *Journal of Banking & Finance*, Vol. 31, No. 2, 2007.

Kempf, E., Manconi, A., Spalt, O., "Distracted Shareholders and Corporate Actions", *Review of Financial Studies*, Vol. 30, No. 5, 2017.

Kim, J. B., Li, L. Y., Lu, L. Y., Yu, Y. X., "Financial Statement Comparability and Expected Crash Risk", *Journal of Accounting & Economics*, Vol. 61, No. 2−3, 2016.

Kim, J. B., Li, Y. H., Zhang, L. D., "CFOs Versus CEOs: Equity Incentives and Crashes", *Journal of Financial Economics*, Vol. 101, No. 3, 2011a.

Kim, J. B., Li, Y. H., Zhang, L. D., "Corporate Tax Avoidance and Stock Price Crash Risk: Firm-Level Analysis", *Journal of Financial Economics*, Vol. 100, No. 3, 2011b.

Kim, J. B., Zhang, L., "Accounting Conservatism and Stock Price Crash Risk: Firm-Level Evidence", *Contemporary Accounting Research*, Vol. 33, No. 1, 2016.

Kim, J. B., Zhang, L. D., "Financial Reporting Opacity and Expected Crash Risk: Evidence from Implied Volatility Smirks", *Contemporary Accounting Research*, Vol. 31, No. 3, 2014.

Kim, Y., Li, H. D., Li, S. Q., "Corporate Social Responsibility and Stock Price Crash Risk", *Journal of Banking & Finance*, Vol. 43, 2014.

Klein, A., Li, T., Zhang, B. B., "Seeking out Non-Public Information: Sell-Side Analysts and the Freedom of Information Act", *Accounting Review*, Vol. 95, No. 1, 2020.

Koch, A. S., Lefanowicz, C. E., Robinson, J. R., "Regulation FD: A Review and Synthesis of the Academic Literature", *Accounting Horizons*, Vol. 27, No. 3, 2013.

Kothari, S. P., Shu, S., Wysocki, P. D., "Do Managers Withhold Bad News?", *Journal of Accounting Research*, Vol. 47, No. 1, 2009.

Kottimukkalur, B., "Attention to Market Information and Underreaction to Earnings on Market Moving Days", *Journal of Financial and Quantitative Analysis*, Vol. 54, No. 6, 2019.

Kubick, T. R., Lockhart, G. B., "Proximity to the SEC and Stock Price Crash Risk", *Financial Management*, Vol. 45, No. 2, 2016.

Kumar, A., "Who Gambles in the Stock Market?", *Journal of Finance*, Vol. 64, No. 4, 2009.

Lang, M., Lins, K. V., Maffett, M., "Transparency, Liquidity, and Valuation: International Evidence on When Transparency Matters Most", *Journal of Accounting Research*, Vol. 50, No. 3, 2012.

Lau, S. T., Ng, L., Zhang, B. H., "The World Price of Home Bias", *Journal of Financial Economics*, Vol. 97, No. 2, 2010.

Li, J., Yu, J. F., "Investor Attention, Psychological Anchors, and Stock Return Predictability", *Journal of Financial Economics*, Vol. 104, No. 2, 2012.

Li, K. K., You, H. F., "What Is the Value of Sell-Side Analysts? Evidence from Coverage Initiations and Terminations", *Journal of Accounting & Economics*, Vol. 60, No. 2-3, 2015.

Li, M., Liu, C., Scott, T., "Share Pledges and Firm Value", *Pacific-Basin Finance Journal*, Vol. 55, No. 3, 2019.

Li, X. R., Wang, S. S., Wang, X., "Trust and Stock Price Crash Risk: Evidence from China", *Journal of Banking & Finance*, Vol. 76, 2017.

Lin, M. C., Wu, C. H., Chiang, M. T., "Investor Attention and Information Diffusion from Analyst Coverage", *International Review of Financial Analysis*, Vol. 34, No. 4, 2014.

Lin, M. F., Viswanathan, S., "Home Bias in Online Investments: An Empirical Study of an Online Crowdfunding Market", *Management Science*, Vol. 62, No. 5, 2016.

Liu, S. S., Dai, Y. H., Kong, D. M., "Does It Pay to Communicate with Firms? Evidence from Firm Site Visits of Mutual Funds", *Journal of Business Finance & Accounting*, Vol. 44, No. 5-6, 2017.

Lo, A. W., MacKinlay, A. C., "Stock Market Prices Do Not Follow Random Walks: Evidence from a Simple Specification Test", *Review of Financial Studies*, Vol. 1, No. 1, 1988.

Lo, A. W., Mackinlay, A. C., "When Are Contrarian Profits Due to Stock-Market Overreaction", *Review of Financial Studies*, Vol. 3, No. 2, 1990.

Loh, R. K. , "Investor Inattention and the Underreaction to Stock Recommendations", *Financial Management*, Vol. 39, No. 3, 2010.

Lou, D. , "Attracting Investor Attention through Advertising", *Review of Financial Studies*, Vol. 27, No. 6, 2014.

Louis, H. , Sun, A. , "Investor Inattention and the Market Reaction to Merger Announcements", *Management Science*, Vol. 56, No. 10, 2010.

Lu, Y. , Ray, S. , Teo, M. , "Limited Attention, Marital Events and Hedge Funds", *Journal of Financial Economics*, Vol. 122, No. 3, 2016.

Madsen, J. , Niessner, M. , "Is Investor Attention for Sale? The Role of Advertising in Financial Markets", *Journal of Accounting Research*, Vol. 57, No. 3, 2019.

Mayew, W. J. , Venkatachalam, M. , "The Power of Voice: Managerial Affective States and Future Firm Performance", *Journal of Finance*, Vol. 67, No. 1, 2012.

McCahery, J. A. , Sautner, Z. , Starks, L. T. , "Behind the Scenes: The Corporate Governance Preferences of Institutional Investors", *Journal of Finance*, Vol. 71, No. 6, 2016.

Miao, B. , Teoh, S. H. , Zhu, Z. N. , "Limited Attention, Statement of Cash Flow Disclosure, and the Valuation of Accruals", *Review of Accounting Studies*, Vol. 21, No. 2, 2016.

Michaely, R. , Rubin, A. , Vedrashko, A. , "Are Friday Announcements Special? Overcoming Selection Bias", *Journal of Financial Economics*, Vol. 122, No. 1, 2016.

Mondria, J. , Wu, T. , Zhang, Y. , "The Determinants of International Investment and Attention Allocation: Using Internet Search Query Data", *Journal of International Economics*, Vol. 82, No. 1, 2010.

Morck, R., Yeung, B., Yu, W., "The Information Content of Stock Markets: Why Do Emerging Markets Have Synchronous Stock Price Movements?", *Journal of Financial Economics*, Vol. 58, No. 1-2, 2000.

Ouimet, P., Tate, G., "Attention for the Inattentive: Positive Effects of Negative Financial Shocks", *Review of Finance*, Vol. 24, No. 3, 2020.

Park, K., "Pay Disparities within Top Management Teams and Earning Management", *Journal of Accounting and Public Policy*, Vol. 36, No. 1, 2017.

Peng, L., Xiong, W., "Investor Attention, Overconfidence and Category Learning", *Journal of Financial Economics*, Vol. 80, No. 3, 2006.

Pevzner, M., Xie, F., Xin, X. G., "When Firms Talk, Do Investors Listen? The Role of Trust in Stock Market Reactions to Corporate Earnings Announcements", *Journal of Financial Economics*, Vol. 117, No. 1, 2015.

Piotroski, J. D., Wong, T. J., Zhang, T. Y., "Political Incentives to Suppress Negative Information: Evidence from Chinese Listed Firms", *Journal of Accounting Research*, Vol. 53, No. 2, 2015.

Pirinsky, C., Wang, Q. H., "Does Corporate Headquarters Location Matter for Stock Returns?", *Journal of Finance*, Vol. 61, No. 4, 2006.

Reuter, J., Zitzewitz, E., "Do Ads Influence Editors? Advertising and Bias in the Financial Media", *Quarterly Journal of Economics*, Vol. 121, No. 1, 2006.

Sagi, J. S., Seasholes, M. S., "Firm-Specific Attributes and the Cross-Section of Momentum", *Journal of Financial Economics*, Vol. 84, No. 2, 2007.

Saunders, E. M., "Stock-Prices and Wall-Street Weather", *American Economic Review*, Vol. 83, No. 5, 1993.

Schmidt, C., Fahlenbrach, R., "Do Exogenous Changes in Passive Institutional Ownership Affect Corporate Governance and Firm Value?", *Journal of Financial Economics*, Vol. 124, No. 2, 2017.

Schmidt, D., "Distracted Institutional Investors", *Journal of Financial and Quantitative Analysis*, Vol. 54, No. 6, 2019.

Segal, B., Segal, D., "Are Managers Strategic in Reporting Non-Earnings News? Evidence on Timing and News Bundling", *Review of Accounting Studies*, Vol. 21, No. 4, 2016.

Shleifer, A., Vishny, R. W., "Large Shareholders and Corporate Control", *Journal of Political Economy*, Vol. 94, No. 3, 1986.

Shleifer, A., "Do Demand Curves for Stocks Slope Down", *Journal of Finance*, Vol. 41, No. 3, 1986.

Simon, H. A., "Designing Organizations for an Information-Rich World", in Greenberger, M. ed., *Computers, Communications, and the Public Interest*, Baltimore: The Johns Hopkins Press, 1971.

Sims, C. A., "Implications of Rational Inattention", *Journal of Monetary Economics*, Vol. 50, No. 3, 2003.

Sims, C. A., "Rational Inattention: Beyond the Linear-Quadratic Case", *American Economic Review*, Vol. 96, No. 2, 2006.

Staiger, D., Stock, J. H., "Instrumental Variables Regression with Weak Instruments", *Econometrica*, Vol. 65, No. 3, 1997.

Stambaugh, R. F., Yu, J. F., Yuan, Y., "The Short of It: Investor Sentiment and Anomalies", *Journal of Financial Economics*, Vol. 104, No. 2, 2012.

Stambaugh, R. F., Yu, J. F., Yuan, Y., "Arbitrage Asymmetry and the Idiosyncratic Volatility Puzzle", *Journal of Finance*, Vol. 70, No. 5, 2015.

Sun, S. L., Habib, A., Huang, H. J., "Tournament Incentives and Stock Price Crash Risk: Evidence from China", *Pacific-Basin Finance Journal*, Vol. 54, No. 2, 2019.

Van Nieuwerburgh, S., Veldkamp, L., "Information Immobility and the Home Bias Puzzle", *Journal of Finance*, Vol. 64, No. 3, 2009.

Vlastakis, N., Markellos, R. N., "Information Demand and Stock Market Volatility", *Journal of Banking & Finance*, Vol. 36, No. 6, 2012.

Vozlyublennaia, N., "Investor Attention, Index Performance, and Return Predictability", *Journal of Banking & Finance*, Vol. 41, No. 4, 2014.

Xu, H. Y., Xiao, X., Kang, L. N., "The Research on Earnings Management and Financing Constraints in China Listed Companies", in *Proceedings of the Third International Symposium: Management, Innovation & Development, Bks One & Two*, Beijing Jiaotong Universtity, Beijing, China, December 10 – 11, 2016.

Xu, N. H., Jiang, X. Y., Chan, K. C., Yi, Z. H., "Analyst Coverage, Optimism, and Stock Price Crash Risk: Evidence from China", *Pacific-Basin Finance Journal*, Vol. 25, No. 3, 2013.

Xu, N. H., Li, X. R., Yuan, Q. B., Chan, K. C., "Excess Perks and Stock Price Crash Risk: Evidence from China", *Journal of Corporate Finance*, Vol. 25, No. 2, 2014.

Yang, J., Lu, J., Xiang, C., "Do Disclosures of Selective Access Improve Market Information Acquisition Fairness? Evidence from Company Visits in China", *Journal of Corporate Finance*, Vol. 64, No. 5, 2020.

Yuan, R. L., Sun, J., Cao, F., "Directors' and Officers' Liability Insurance and Stock Price Crash Risk", *Journal of Corporate Finance*, Vol. 37, No. 2, 2016.

Yuan, Y., "Market-Wide Attention, Trading, and Stock Returns", *Journal of Financial Economics*, Vol. 116, No. 3, 2015.

Zhang, W., Shen, D. H., Zhang, Y. J., Xiong, X., "Open Source Information, Investor Attention, and Asset Pricing", *Economic Modelling*,

Vol. 33, No. 4, 2013.

Zhang, Y., "Analyst Responsiveness and the Post-Earnings-Announcement Drift", *Journal of Accounting & Economics*, Vol. 46, No. 1, 2008.

Zhu, W., "Accruals and Price Crashes", *Review of Accounting Studies*, Vol. 21, No. 2, 2016.

索　引

B

本地偏差　3，5，6，8，9，17，37，39-41，43，47，49-52，58，60，62，65，68，73，74，181，316，320-322

C

错误定价　35，77，110，132，139，140，143，182，317，324

D

定价效率　3，5-7，9，10，15，16，40，51-53，63，64，68-70，72-74，150，151，210，238，242-244，256，257，259-263，265，266，268-271，287，288，294-296，299-302，306，308，310，311，314-316，319，321，324，325

动量效应　3，7，8，10，12，13，15，24-26，29，30，32，34，37，128，182，186，187，194，202-205，208，209，318，321，322

董事会　81，82，84，85，153，160，162，166，167，247，248

F

反转效应　7，26，110，128，133-135，143，194，203，317

分析师　3-5，8，13，15，26，31，32，46，59，61，64，75，80-85，87，89，91，92，94，96，100，128，133-135，139，143，160，162，189-191，194-196，199，206，208，237，240-242，244，247，248，252，280-283，293，297-303，307，309，310，314，317，320，323，324

分心效应　10，31，48，88，89，97，100，101，156，238，275，279，284，291，294，319

风险溢价　5，9，25，40，51，53-

55，57，58，68，70，73，74，92，100，110，147，211，215，217，316，320

风险因子　16，53，56，68，73，194，209，316，318

G

个人投资者　5，8，9，12，13，15－17，20，23，27－30，32，34，38－41，43，44，47，50，53，58，63，67，68，75，77，79，80，84，85，112，117，144－147，149，151，162，165，181，182，187，188，190，193，202，204，205，210－214，217－219，221，222，225－227，229，236－238，240，269，318，319，321，322，324

工具变量　194，195，197，198，234，246，256，257，267，319

公司财务　5，8，22，39，40，74，145－148，153，241，298，321

公司透明度　6，9，75－89，91，92，94－102，104，105，107－111，181，317，321

公司治理　39，149，151，153，160，167，242，244，247，269，272，276，286，288，289，298，301，310－312

股价崩盘　4，6，8，9，38，145－155，158－162，165－171，173，175－177，179，180，243－247，250－257，259－263，265－267，295，299，317

股价同步性　7，10，51，58－62，68－70，72，73，243－248，252－257，259，261－267，269，295，316，319，320

股票定价　4，6－11，27，38，39，51－53，63，64，73，74，77，86，111－113，117，119，124，135，144，151，181，182，187，208－210，212，237，238，242－244，250，256，259－263，265，266，269－271，274，282，287，288，294－296，299，301，302，308，310，311，314－316，318，319，321，322，325

股票指数　7，16，239，295－297，299，315，321

管理者迎合　35

J

机构投资者　4，5，7－10，12，13，15，16，28，32，38，39，46，59，61，64，75，80－85，89，91，92，94，100，139，160，162，166，189－191，195，196，199，206－208，211，225－227，237－245，247－253，255－257，259，261，

263，264，266－305，307－310，
312，314，315，319，320，321，
323－325

金融监管 147

L

理性疏忽 17－20，27

M

媒体报道 4，13－15，18，32，46，
51，59，64，75，80－87，89，
91，92，95，97，112，154，173，
175，189，215－218，220－224，
229，230，237－239，292，300，
301，309，310，314，320，322，
324

N

内部治理 153，173

内生性 83，194，234，235，239，
256，257，267，270，291，294，
295，297，315

Q

前景理论 6，113，116，117，120－
122，126，127，142，143

S

市场波动 5，7，8，10，147，151，
211－214，216，218－224，232，
233，236，318，322

实地调研 7，10，237，239－244，
248，250，256，258，260，262－
264，266－269，295，319，321

双重差分 239，261，296，299

T

投资者关注 2－17，20，23－41，
43－45，51，58，59，61，62，
64，70，74－77，79－87，89，
93，95，100，110－113，136，
144－146，149－154，156，157，
162，165，166，169，171，180－
182，184－193，195，199，202，
205，208－214，216－220，222－
239，242，253，255，267，269－
271，274，275，278，282，294－
300，309，310，312，314－318，
321－324

投资者情绪 108，110，140，230，
231，317

突出理论 4，6，9，112－117，119－
122，124－144，317

W

外部治理 5，38，145，146，149，
154，160，237，276，286，289，
294，319

委托代理 151，153，154，173，
276，288，289，294，301，311，

319

X

行为金融　1，2，6，13，37，113，143

信息不对称　15，77，86，92，94，96，100，110，111，154，239，240，244，270，271，274，275，284，292，294，298，317，321

信息冲击　7，10，94，212，269－271，274，278，282，284，288，294，321

信息含量　5，9，40，51，52，58，59，62，106，107，110，148，317，320

信息环境　76，148，261，269－271，274，275，285，288，294，297，298，300，305，311，313，319，325

信息扩散　1，3，5，10，15，30，32，33，64，144，146，181，182，208，209，211，244，256，318，321

信息披露　6，8，9，36，76，78，79，83，90，105，106，109，110，145，146，149－154，157，159，160，180，240－242，244，248，249，253，258，260，264，265，268，270，275，276，293，298，312，313，317，319，323，324，325

选择偏差　168－170，180，277，317

Y

迎合　35，37，150，220，324

盈余公告　6，13－15，20，24，30－34，36，37，76，77，86－105，107，108，110，144，155，161，163，180，181，189，194，237，238，317，324

盈余惯性　3，6－9，13，23，24，30，32，75，77，85－87，89，91－93，96－98，100－102，107－110，317，322

有限关注　1，3，7，12，27，31，37，114，146，149，150，180，322，324

Z

择机　3，9，35－37，150－154，157，159，165，173，177，179，180

资产定价　2－7，12，14，17，21，27，30，33，35，37－39，75，77，100，110－113，144，147，194，321，322

资产配置　3，5，8，9，35，37，39－41，43，49，58，73，74，320

治理环境 173，276，288，289，294，301，314，319，320

中介效应 312-315，320

注意力驱动交易 2，4，12，23，27-30，37，43，112，135-138，143，144，212，213，225，227，229，236，238，317，318，319

注意力约束 4-9，12，13，15，17，19，21，23，24，27，30，32，37，38，42，43，91，112，114，135，136，142，144-147，149-151，181-183，189，193，208，211，237，238，269，270，272，274，284，288，294，318，321